总 主 编　李红权　朱宪
本卷主编　李红权　朱宪

近代蒙古文献大系

政治卷

◇ 第 十 册 ◇

中华书局

目　录

蒙古自治代表请将内蒙自治办法重付审查……………………… 4969

日人侵夺西蒙之心愈切………………………………………… 4974

蒙政委会重要人选及其自治实施方案………………………… 4976

日本组织蒙古军之重要性……………………………………… 4979

三圣宫政教交涉………………………………………………… 4982

察哈尔问题与中国外交（特载）………………………………… 4983

训练蒙古行政人员……………………………………………… 4986

内蒙经界与其行治组织………………………………………… 4988

察省民众团体之诊断及瞻望…………………………………… 4998

复兴蒙古民族基本工作………………………………………… 5003

日人眼中的西北问题…………………………………………… 5006

蒙古青年的责任………………………………………………… 5011

日苏备战中之两蒙……………………………………………… 5013

复兴蒙古民族青年应有之认识与努力………………………… 5017

蒙古民族的前途观……………………………………………… 5020

蒙古青年工作的目标…………………………………………… 5025

复兴蒙古民族与东亚和平……………………………………… 5028

敬告蒙绥执政长官……………………………………………… 5034

由哈尔哈事件谈到外蒙古……………………………………… 5037

"察东告警"之远因近果并望政府注意两点…………………… 5045

复兴蒙古与鸦片……………………………………………… 5051

我对蒙地考察团的态度……………………………………… 5053

复兴蒙古民族与几种必要的运动…………………………… 5055

蒙古如何渡过目前的危机…………………………………… 5059

绥蒙纠纷问题………………………………………………… 5062

从意亚争端说到复兴蒙古民族……………………………… 5074

荣总管一年来的政绩………………………………………… 5077

复兴蒙古与青年训练………………………………………… 5081

复兴蒙古民族青年应有之态度……………………………… 5086

蒙政会三届大会感言………………………………………… 5089

绥省蒙汉联欢………………………………………………… 5091

蒙古青年应有之努力………………………………………… 5093

东蒙同胞被毒策麻醉了……………………………………… 5095

蒙古民族之危险及挽救之方策……………………………… 5097

蒙古同胞应有的觉悟………………………………………… 5100

敬告颓废蒙古的青年们……………………………………… 5102

复兴中华民族与复兴蒙古民族……………………………… 5104

和蒙古青年同志谈几句话…………………………………… 5106

蒙古民族之危亡与将来之挽救……………………………… 5108

日人积极侵蒙与中国西北部之危机………………………… 5111

外蒙古的过去、现在和将来………………………………… 5113

察哈尔蒙旗调查……………………………………………… 5121

敬告被压迫的蒙古民众……………………………………… 5122

蒙政会三次大会……………………………………………… 5127

察东事件之认识……………………………………………… 5129

苏俄加紧"赤化"外蒙政策………………………………… 5132

西公旗纠纷始末……………………………………………… 5133

西陲宣化使公署成立经过……………………… 5135

绥远农村自治应有之新的努力………………… 5140

对蒙政会二次全会之一点贡献………………… 5158

对于蒙政会之希望……………………………… 5161

中央统治与内蒙自治…………………………… 5164

蒙古王公物质生活之面面观…………………… 5171

内蒙政委会成立一周年之回顾………………… 5172

设立内蒙自治指导长官公署之殷望及其必要… 5177

蒙、伪冲突考察………………………………… 5181

察东事件解决以后……………………………… 5182

察省司法概况…………………………………… 5183

日俄战争与蒙古民族之厄运…………………… 5188

对于政会建设费处分之鸟瞰…………………… 5197

敬告蒙古青年大众……………………………… 5200

就现实环境谈内蒙前途………………………… 5205

破除蒙民迷信之重要…………………………… 5209

谈蒙旗内的主要官吏…………………………… 5212

何竞武来绥……………………………………… 5214

蒙古现状之剖析………………………………… 5217

蒙古的过去与现在……………………………… 5222

俄蒙军事同盟与外蒙之研究…………………… 5264

献给蒙政会诸当道……………………………… 5292

乌、伊两盟政治概况及其今后整理之刍议…… 5297

满洲里会议之僵局……………………………… 5316

由西公旗事变谈到王公之黜陟………………… 5319

由王部长来绥谈到盟旗司法…………………… 5323

察东问题解决之经过…………………………… 5327

多事的内蒙……………………………………………… 5335

内蒙西公旗纠纷事件…………………………………… 5339

外蒙古的将来…………………………………………… 5341

西公旗政变……………………………………………… 5345

西公旗纠纷转趋严重…………………………………… 5346

解决西公旗纠纷………………………………………… 5350

德王在燕大讲内蒙问题………………………………… 5352

外蒙现势………………………………………………… 5354

满清苏俄之对蒙［守］政策〈及〉我国今后应取之方针…… 5360

复兴民族声中之边疆问题……………………………… 5378

日俄争夺下之我内蒙…………………………………… 5380

蒙古各盟旗行政人员研究所组织大纲………………… 5382

察省风波中应有之认识………………………………… 5384

外蒙"共和国"的发展与其战略的重要性……………… 5386

冀察事件前途的展望…………………………………… 5402

应如何繁兴察哈尔……………………………………… 5406

一年来的绥远民政……………………………………… 5412

土默特旗之沿革………………………………………… 5416

蒙古青年的责任………………………………………… 5418

蒙古的将来及其出路…………………………………… 5420

从蒙古沿革上鸟瞰中俄蒙的关系……………………… 5425

对于整顿喇嘛教者进一言……………………………… 5432

中、俄、蒙的外交关系………………………………… 5434

中央当局与蒙古知识分子双方应有之反省…………… 5455

危险线上的蒙古………………………………………… 5461

内蒙独立谣传…………………………………………… 5465

忠告蒙古青年学生……………………………………… 5467

蒙古社会之阶级的鸟瞰……………………………………… 5470

内蒙革命纪…………………………………………………… 5477

蒙古问题与国难……………………………………………… 5487

蒙藏会调查内蒙西公旗纠纷………………………………… 5493

外蒙与日俄之关系及其右倾政策之前后…………………… 5494

内蒙问题的面面观…………………………………………… 5504

外蒙的现势及其对外关系…………………………………… 5518

蒙古自治政务会筹设蒙古实验新村………………………… 5532

蒙绥纠纷不可任其发展……………………………………… 5534

蒙古自治代表请将内蒙自治办法重付审查

作者不详

自一月十七日中政会通过《内蒙自治办法》（载见本报第十卷第二期），内蒙在京各代表随予以反对，其理由，据蒙古代表廿七日呈中政会、国府及各部、院、会文，所列计有三项，即：

（甲）盟旗消灭。按（一）（三）两项规定，是"自治区以未设县地方为范围，其已设县地方，完全属于省行政区域"。所谓已设县地方，就广义言之，凡县之权力所及之处皆属之，则察、绥两省之内，可谓已无未设县之地方，将于何处设立自治区。就狭义言之，则所谓已设县地方，当指已开垦之处而言，然则察哈尔部、土默特旗十之八九，乌盟、伊盟十之五六，均经开垦，其未垦之处，只有锡盟一盟、乌盟北部及伊盟、察部、土旗之各零星处所，在此等地方设立自治区，其区域已不如盟、部原有区域之完整。再照（二）（五）两项"察、绥两省内各设两区"，"自治区为区、旗两级制"等规定，是以一盟或一部为一自治区，而盟、部即无存在之余地矣；如谓仍旧存在，则蒙古方面，又有二重组织，岂不益增纠纷。又照（六）（七）（九）三项之规定，则自治区内之各种蒙旗行政，均须受省政府之支配，以省县侵蚀蒙旗之过去情形测之，难免将来不整个取而代之，似此远不如原有盟、部之自治区，蒙人果何所为而来之？更有（四）（八）两项之规定，使"阿拉善、额济纳尔特别旗不列入自治范围"，"已设县地方之蒙旗行政由当地省政府处理"，岂非将原属于盟或直隶中央之蒙旗，分别消纳于各省之内。今以另成一系统之蒙旗，尚不能免省县之剥削，一旦归省管辖之后，宁复有完整存在之理。总之，中政会决定之自治办法，一经实行，则盟、部、旗原有之地位、区域、权限，无不一落千丈，将来只有消灭，决无繁荣之望。

（乙）牧地日蹙。查蒙古从前牧地广大，故对垦殖并无反感，且有自行招致内地农民前往垦殖者，足证蒙古对于内地移民，从无排斥之意。惟近年垦地日广，牧地日蹙，蒙民复绌于生活技能，以致生计艰窘，始有停止放垦、保留牧地之呼吁，此系向中央及国人要求保留一线生机，并无丝毫抵制内地垦民之意。如照（十一）项之规定，"未经开垦之蒙旗地方，以畜牧为主业，农垦副之，中华民国人民，应不分种族，凡在本区域内继续居住满一年以上者，均得享有游牧、垦种之权利"，则内地人民，必将大批移居蒙地，满一年后，即可自由游牧、垦种。现在居留蒙古牧地之内地商民，已为数不少，此项办法实行后，万一再移居数十百万，则现有区区牧地，将无蒙民立足之处。蒙民一时改业农工，又为事实所不能，彼时不流为盗匪，即将转入沟壑。姑不论其于边局之影响如何，即于人情上，亦似有未安。是上项办法，在形式上虽有不分种族之美观，而实际上实有致蒙民死命之虞。

（丙）租税尽失。蒙古未垦地方之收入，向由蒙旗自理，其已垦地方，蒙旗亦有各项征收及劈分情形。如照（十）项之规定，"凡属地方税性质者，其在已设县治区域内，由省政府征收，其在未设□治区域内由区政府征收"，则归区政府征收者，不过蒙旗现在自理之收入耳。至已设县地方之蒙旗各项收益，又完全改归省政府征收，现在赖此收益维持之蒙旗，其将何以自存？如谓省政府征收后，仍可交还蒙旗，则证之以往省县历次扣压蒙旗应得之地租、地价等事实，殊属不敢相信。是经此项规定之后，蒙旗租税，完全丧失，蒙人所求者，岂不适得其反？

内蒙代表谓中政会通过之内蒙自治办法与黄绍雄在百灵庙商决之十一条大相违悖。闻事实真相，并不如此，据黄绍雄一月二十日对记者谈：去年十一月十七日德王、云王派代表亢仁等送上之最后书面要求计有甲乙两种办法如左：

（甲）（一）名称　定为蒙古第一自治区政府，蒙古第二自治区政府，以下类推。

（二）区域　锡林果勒盟，暨察哈尔部各旗编为蒙古第一自治区政府，乌伊两盟，暨土默特、阿拉善、额济纳各旗，编为蒙古第二自治区政府，其他各盟部旗照比例编区。

（三）隶属　蒙古各自治区政府，直隶于行政院，遇有关涉省之事件，与省政府会商办法。

（四）权限　蒙古自治区政府，管理各本区内各盟部旗一切政务。

（五）经费　蒙古各自治区政府经费由中央按月发给。

（六）联络　蒙古各自治区间设一联席会议，商决各自治区间共同事宜。

（乙）（一）内蒙设一统一最高自治机关，定名为内蒙自治政府，直隶行政院，总揽内蒙各盟部旗治权，其经费由中央补助之。

（二）蒙古各盟部旗之管辖治理权一律照旧。

（三）内蒙各盟部旗境内以后不得再设县或设治局，其现有之县或设治局不及设治成分者一律取消。

（四）蒙古现有荒地一律划为蒙古牧区，永远不得开垦，其既有突入牧区之零星垦地，一律恢复为牧区。

（五）凡蒙古牧区以内各项税收，均由内蒙统一最高自治机关详定统一办法征收之，其由省县设立牧区内之各项税收局卡一律取消。

（六）蒙古已垦土地，另订妥善办法整理之，其所得临时收益及每年租税，以内蒙统一最高自治机关与各关系省政府平分为原则。

（七）蒙古已垦土地，在未整理以前，按下列各项办理之，（甲）蒙旗对于境内之土地、矿产、山林、川泽等蒙旗固有权，一律照旧，其向有征收者，照旧征收，（乙）蒙旗境内所设之各省县局征收土地、矿产、山林、川泽等租税将由内蒙统一最高自治机关派员会同征收之，所收款项，一律即时平分，（丙）蒙古官厅及蒙民之原有私租一律予以保障，（丁）蒙民除对于本族应有负担外，省县不得再加以任何负担。

（八）凡蒙旗境内，关于十〔土〕地以外界〔由〕省县所设之各项税收机关，一律由内蒙统一最高自治机关派员会同征收，其所收款项一律即时平分。

（九）凡在蒙旗境内已设之各级司法机关，均由内蒙统一最高自治机关选派专员，对于蒙汉诉讼事件，实行会审制度。

（十）内蒙统一最高自治机关各项收入，均作为卫生、教育、实业、交通各项事业费。

（十一）内蒙统一最高自治机关在各关系省政府所在地，各设一办事处以资联络。

十八日云王、德王请示时，当以甲种办法于中央所定原则尚无不合，允为转呈中央核准施行，内蒙代表所称一种办法之十一条，并未经讨论。此次中政会通过之自治办法与百灵庙最后决定之甲案各项，大致无出入，而且对于百灵庙未经决定之乙案十一条，亦经择要采纳云。

《时事月报》

南京时事月报社

1934 年 10 卷 3 期

（李红权　整理）

日人侵夺西蒙之心愈切

蒋默掀　撰

日人自夺我东四省后，东蒙已入其掌握，惟彼意图将整个内蒙据为己有，以便窥伺外蒙，进攻苏俄，故自热河沦陷后，彼即亟亟从事于道路之修治，以为侵略中蒙之计，复派遣军人、政客，一方面窥测地势，一方面诱说王公。因此邻近热河之锡林郭勒盟，几有朝难保夕之势，而林西至多伦之汽车路，亦已建筑完成，其输送军队与军器，至为便利。刻下日军之屯驻于多伦者，达一师团以上，而军器、弹药之积聚尤夥，其用心所在，不问可知。又闻日人除图以军事侵略西蒙外，更以所谓二年计划分期调查北蒙兴安各地矿产、商务、农业、水产、狩猎、牧养以及工商业等之资源、交易、分配、种类、数量、性质各事项，企图确立其产业开发之根本方针与基础。现已与〔于〕伪实业部设立临时产业调查局，拟定计划，分期实施。近更据北平通讯："日本并吞东蒙后，早将东蒙裂分为三分省（即东分省、北分省、南分省），现已进一步侵略西蒙，亦分数省，并派员煽动蒙王。顷据张家口来人谈，日本侵略西蒙各盟，近更加紧，多伦日本特务机关长，已亲率日人七名，伪实业部职员五人，赴锡林郭勒盟，调查各地矿产及商业情形，据一般预料，日对西蒙，最短期间，必有新的动作。"而苏俄外交人民部长加拉罕，最近发表旅蒙论文，"谓内蒙方面之日本军人视察旅行，逐日增加，俄国对于日人之侵略外蒙，应急注意，良以日本为保障'满洲国'之安全，企图并吞内蒙，就最近内蒙之情势观之，因内蒙对日本感情，均抱不快，日本将以武力并吞内蒙，以遂其野心"。综合以上种种消息观之，日人图西蒙之心，已昭然若揭，我政府若不速筹防遏之策，则整个内蒙，恐在短期间内，将非复我有矣。

《时事月报》

南京时事月报社

1934 年 11 卷 1 期

（李红权　整理）

蒙政委会重要人选及其自治实施方案

作者不详

蒙古自治政务委员会在百灵庙成立后，重要人选，大致决定如左：

【秘书厅】秘书长德穆楚克栋鲁普，字希贤，东蒙锡林果勒盟西苏尼特旗札萨克（即旗长）。秘书吉尔各郎，字致祥，东蒙卓索图盟喀喇沁旗人。三宝，即包文昇（汉名），东蒙卓索图盟喀喇沁旗人。马哈西里，即赵文儒（汉名），东蒙人。赛吉尔完，即丁我愚（汉名），东蒙人。科长乌勒吉秃，即张炳之（汉名），东蒙人。萨木波拉诺尔布，即萨儒文（汉名），察哈尔部人（今将改盟）。陈赓扬（汉名），东蒙人。巴雅尔，字润斋，绥远土默特旗人。

【参事厅】参事长吴鹤龄（汉名），东蒙人。参事莫尔根巴土尔，即宝道新（汉名），锡盟乌珠穆沁人。楚克巴土尔，即陈绍武（汉名），东蒙人。土普新巴图，即康济民（汉名），绥远土默特旗人。关翼卿（汉名），东蒙人。

【民治处】处长沙拉布多尔济，乌盟达尔汗旗人。科长赵那宿兔，即赵福海（汉名），黑龙江省蒙人。拉希色楞，乌盟达尔汗旗人，现已辞职。札坤珠，即纪永忠（汉名），察哈尔前额总管之子。

【保安处】处长补英达赖，即赵福海（汉名），察哈尔部人。科长康可巴图鲁，即韩凤林（汉名），东蒙人。吴能巴图普，即朱实甫（汉名），绥远土默特旗人。白海峰（汉名），东蒙人。

【实业处】处长阿拉担鄂齐尔，字宝珍，伊克昭盟副盟长。科长贺云章（汉名），绥远土默特旗人。苏苏可太，即苏保丰（汉名），额济纳旗代表。

【教育处】处长富龄阿，察哈尔十二总管之一。科长昌森，绥远土默特旗人。暴子青（汉名），东蒙人。

【财委会】主任委员三八雅尔，即包悦卿（汉名），东蒙人。（财委会尚有科长二员，现尚未派委。）

政委会于重要人选决定之后，随拟定本年度自治实施方案，该方案已由委员托克托胡携京，分呈行政院及蒙藏委员会，兹录其计划纲要原文如左：

一、民治　限本年度完成下列各项：（甲）厘定地方自治人员调练班之办法。（乙）派员赴盟旗宣传自治意义。（丙）调查各盟旗确实户口。（丁）实行调查各盟旗已垦之土地及其租税情形。（戊）调查流入各盟旗之外蒙人民实数及其生活状况。（己）通令各盟旗厉行禁烟。（庚）筹设小规模医院。（辛）筹设警察训练班。（壬）本会所在地设立公安总局，各盟旗设立公安分局，并划分警政区域。

二、保安　限本年度完成下列各项：（甲）通令各盟旗具报保安队实数及官佐姓名。（乙）考查保安队枪械。（丙）划一保安队编制。（丁）分期训练现任保安队官佐。（戊）规定联合保安队击匪办法。（己）调查现有军队一切情形。（庚）编练本会卫队。

三、实业　限本年度完成下列各项：（甲）奖励人民造林办法。（乙）筹设毛织工厂。（丙）官办营业汽车行之办法。（丁）调查已开采之矿业现状。（戊）测量各盟旗间台站。（己）奖励改良牧畜办法。

四、教育　限本年度完成下列各项：（甲）通令调查学龄儿童。（乙）规定教育方案。（丙）调查学校私塾现状及学生数目。（丁）规定强迫儿童入学办法。（戊）调查地方原有教育经费。（己）拟定创办刊物之办法，以资宣传。（庚）拟订本会任用各盟旗毕业学生办法。

　　五、财政　限本年度完成下列各项：（甲）调查各盟旗各机关经费之收支。（乙）调查各盟旗现有财政状况。（丙）遵照中央规定，拟订向各省政府交涉劈分已设县治之各盟旗地方税收办法。（丁）拟定创设各盟旗征收税捐办法。

《时事月报》
南京时事月报社
1934 年 11 卷 1 期
（李红权　整理）

日本组织蒙古军之重要性

作者不详

当今春内蒙人士要求自治之时，举国皇皇惟恐大变将作，于是有允许自治之举，设置指导委员会，以策进行，乃事历半载，未闻政府有何切实计划，而社会对于内蒙前途，亦不复有人讨论，一若内蒙问题从此可以解决矣。国人惯性，只知头痛医头，脚痛医脚，凡百问题皆不从根本着想，以求一劳永逸之方策，此国事所以不可为也。日本夺我东北四省之后，其目光集中内蒙，为世界识者所共知，久据多伦，不肯撤兵，即欲以此为攫取内蒙之军事基点，而我对于内蒙尚漫无计划如故，长此因循，不亦蹈东北覆辙乎？当今最重要工作，莫过于保守未失领土，方能进而再谈收复失土。若未失之土尚岌岌可危，则已失之土何能收复！此理至浅，妇孺皆知。然我于东北严重教训之后，所以谋自卫领土者，究有若干努力，若干计划，此举国民众所共抱之疑惑也。吾人一试考察日本所孜孜经营内蒙者，诚足令人栗然危惧，而深刻感觉大难之作，期必不远。日本一方运用罗维〔网〕手段，联络蒙古王公，以供驱使，一方运用同化政策，教育蒙古青年，以为爪牙。当其未如愿以偿也，则施之以小惠，怀之以情感，必使其信服而后已。此盖帝国主义者惯用之方法，无足奇异者也。

近闻日本为同化蒙古青年计，在我兴安区王爷庙地方设立兴安军官学校，专门收纳蒙古青年，施以特殊军事教育。而主其事者，则为历年奔走内蒙之松本七郎。校长虽属蒙人巴特玛布坦，但拥虚名，毫无实权。兴安区原为蒙古之一部，惟彼之目的，欲利用此地为训练蒙古军之重心，以图侵入察、绥两省，无待赘言。该军官学校设立趣旨书中首谓："对于蒙古人施以特别军事教育，以为将来蒙古军之骨干，而谋蒙古民族之复兴。"该校教育科目中复特别规定："从东亚大局观察，应强调日满两国亲善之必要，以不违反与他民族协和之精神为限度。应助长强化对日信赖之倾向。"试问东北四省既在日本囊中，有何组织蒙古军之必要？所谓蒙古民族之复兴，无非欲以此口号，挑动蒙古青年离叛中华民国之心理而已。所谓助长强化对日信赖之倾向，更显然表示欲养成甘作日本奴隶之蒙古青年。故该校教育方法，以同化为第一目的，所谓军事教育，不过初步之军队智识，备作下级军官而已。该校系于本年七月一日正式开学，两年毕业，在学学生约有二百余人。依吾人观察，两年之后，彼必先在兴安区，招集蒙古军队，以此项毕业生充任下级军官，营长以上，则由日本人任之。再过两年复有一班毕业生，则又将业经在队供职之下级军官，派往察、绥两省，组织军队，而由蒙古人出面要求我国政府拨付军费，在相当时期以内，表面上仍佯作服从我国之态度，一俟时机成熟，即挟其武力要求独立。彼时彼既有实力为后盾，我进退两难，结果将陷于放弃外蒙之同一运命。藩篱尽撤，我将奈何？

　　日本处心积虑以谋内蒙者，亦历二三十年之久。彼所养成之"蒙古通"亦不下百数十人。凡内蒙之地形、交通、经济、风俗、气候，靡不了如指掌。在九一八以前，徒以东北尚未到手，未易进窥内蒙。今东北既在掌中，东蒙亦归统治，则内蒙即在唇边，安得不积极进行？彼将来攫取内蒙之方式，不外两种。其一，挑动内蒙与伪组织启衅，然后日根据军事同盟之约，出兵助伪，一举而占领百灵庙，再仿照伪组织办法，由蒙人出面组织蒙古帝国。

其二，利用彼所养成之蒙古青年军官夺取蒙古军权，挟迫蒙古王公、民众宣布独立，日本首先承认，缔结军事同盟，使我国陷于不能讨伐之境遇。彼操纵两个伪组织，以夹攻我之北部，不难将我置于彼铁蹄之下。此两种方式，当然须视彼时环境而定，惟彼终必攫我内蒙而去，可断言也。

吾人默察日本行动与内蒙情势，觉其危险性远过于九一八以前之东北。倘非政府自今日始，倾其全力，以指导内蒙，开发内蒙，则内蒙之变化，必不出三五年以外。为今之计，第一，须扶助蒙人自治；第二，须启发蒙人智识；第三，须开辟蒙古富源；第四，须增进蒙人生计；第五，须整理蒙古交通；第六，须统制蒙人军队。凡此问题，悉应切实计划，负责进行。而内蒙人士亦当洞察世界大势，增强国家意识。须知真正能援助蒙人者，唯有数百年来同患难共休戚之同怀兄弟，勿为他人之花言巧语所惑，自丧其民族永久之生命，则东亚前途，未始无吾人扬眉吐气之日也。

（录八月二十五日《北平晨报》）

《国闻周报》

上海国闻周报社

1934 年 11 卷 35 期

（朱宪　整理）

三圣宫政教交涉

作者不详

陕北、宁夏接壤安边、定边、靖边等地，俗称三圣宫，旧系阿拉善王地。清末因教案，由蒙旗领袖出任交涉，被法天主堂侵占土地，东西长二百余里，南北六七十里，开渠灌溉，招佃放垦，开辟道路，建筑城堡，教育设施，应有尽有，居然一独立王国。其佃户概系天主教徒，无匪类，无烟赌。历年以来，亦未受兵灾蹂躏，诚世外桃源。在中国境内，尚属一片干净土，至今地方事宜仍由教堂主持。邵力子前派冉寅谷来平，偕冀晋察绥外交专员靳志与该区主教法人石杨伐交涉。提出三点：（一）宗教以宣道为主，不能侵占土地；（二）为促进一般人信仰宗教，应无条件将占有土地交还；（三）由当地人氏收受土地，以免教民与非教民争用渠水发生纠纷。石答覆：（一）管辖之地如无条件归还，其他教产收受连带影响；（二）为敦睦邦交，应由华方备原购价三分之一分段收回；（三）按现有河道通流，任何人不得阻碍。靳已电政府请求。

《兴华报》（周刊）

上海华美书局

1934 年 31 卷 34 期

（朱岩　整理）

察哈尔问题与中国外交（特载）

——胡展堂先生对新闻记者之谈话

记者　问　胡展堂　答

问：察哈尔现势转趋严重，先生处有何新的消息，足供发表？

答：旬日前，余于察哈尔情形，即已得详细之报告，同时并得平、津、宁、沪间关于此项事件之情报，知察局纷扰，已属无可避免。所以然者，则以政府对日，始终为投降屈辱故也。据昨、今报载：察东战事，业已爆发，查日本之侵占满蒙，兼并华北，为其历来所持一贯之政策，政府当局，不图力的制止，而徒为卑怯之屈辱，则蒙其祸者，将尤不至满蒙、华北而止，更可以断言也。

问：以先生观察，当局对于察事，将如何应付，又先生以为当如何应付之？

答：据昨日北平电谓："某当局表示对察事镇静，始终望和平，世人共见"，可知当局政策，将仍为不抵抗。余于五日间，得北平同志来电，谓宋哲元等，对察事均准备抵抗，惟宁则密令其于必要时退回晋境。我人观于北平军分会会议数日，迄未决战，知其对于察省，正不难于重蹈放弃辽宁及热河之覆辙。九一八之役，日人偷袭沈阳，外长王正廷电告国联，竟云两军冲突，避重就轻，国际传为笑柄。今日军已侵察数日，未闻政府有何抗议纠正，而日本武官，已公然承认日本对察进攻，并谓："如华军抵抗，日军当不只进攻至独石口为止。"两两相形，尤令人痛心。推南京之此种态度以往，则放弃全察及华北，亦意中事也。余自九一八以来，即持对日抗战之主张，或者讥为不切事实，然则数年以来之对日投降，固已解除国难耶，抑国难竟日甚而日重耶？是非得失，已可由是判之。

问：就先生所论，当局对整个外交，究持何种政策，亦可得而解说之否？

答：就过去之事实观之，当局对整个外交，并无政策可言。九一八以后，自镇静忍耐而呈诉国联，以至于签订《淞沪协定》、《塘沽协定》及本年之通车通邮，与通过海关进口税新税则等，无一非对日屈辱之事实，对人屈辱，决不能谓为外交上之政策也。至对其他各国，亦仅在敷衍拉拢中，如对俄、意两国使节，均升格为大使，乃驻俄大使返国后，久滞不返，益可知政府于外交之实际策动，无一处致力。如此外交，何得谓为有政策？南京对日外交之错误，即为自始便无政策，当局无抵抗之决心与勇气，于是有乘机挟外交以自重，固持其权位利禄者，其始尚为交换之条件，似乎为人受过，继则为其名而兼尽其实，示有奥援，牢不可破，以患得患失之心，成争先恐后之举。中华民国之主权与领土及中国人民之生活与福利，皆因是陷于丧失而无可救挽。凡此种种，言之徒增人愤懑，然又无一非确切之事实也。日人前此兼并热河，谓系依于某种协定，"伪满国界以长城为界"之规定，今之进犯察东，又不知何所依据？而黄郛等在平，侈言其对日屈辱，为能保障华北安全，行政当局者，亦斤斤以能降日自喜，则张邦昌、刘豫等等，亦正可借以自赎，谓幸能受金人之册立，始保全河北数百万生灵，此适与宋室汪伯彦、黄潜等之谬论，如出一辙，实可叹之尤，然宋卒至偏安南渡，而中国之现势，其祸恐犹不止此也。

问：日本广田外相最近演讲日本对华政策，先生对之，有何感想？

答：就广田之演辞观之，日本并未变更其过去之狂妄态度，美国方面政界中人，谓其对华态度，有若视中国为其保护国，未免令人失意云云，可谓洞见症结。广田又谓"日本政府，已与中国政府逐渐解决各项悬案"，并渴望中国人民，继续向此途径而行。余可郑重声告日本，中国人民，将决不向此途径而行，向此途径而行者，惟背反人民意旨之卖国政府耳。然由广田之演词，亦可知当局对日之屈辱投降，已至最深切之程度，而解决悬案云云，其间丧失之国家主权，又不知何所底也。

《策源地》（周刊）
广州策源地周刊社
1935 年 5 期
（朱宪　整理）

训练蒙古行政人员

行政院通过蒙古各盟旗行政人员研究所章程

作者不详

中央蒙藏委员会以蒙古盟旗行政人员，平日缺乏训练与联络，不但于政令推行，诸多窒碍；且对内地感情，日形隔阂，为便于统一边地意志及推行政令起见，拟筹设蒙古各盟旗行政人员讲习所，并拟具《组织大纲》及《预算草案》，呈经行政院召集内政、财政等关系部会会同审查修正，提经第一九○次行政院会议议决通过。兹将该所《组织大纲》抄录如下：

第一条：蒙藏委员会为增进蒙古各盟旗行政效率起见，特设蒙古各盟旗行政人员研究所（以下简称本所）。

第二条：本所直隶蒙藏委员会，设于首都。

第三条：本所设正副所长各一人，由蒙藏委员会委员长、副委员长兼任之，主任一人，事务员两人，翻译员三人，书记五人，由所长选派之，指导员若干人，由所长延聘之。

第四条：本所研究员之资格及名额，依照左列之规定：

一、蒙古各盟部各选派现任参领以上人员一人；

二、蒙古各旗札萨克或总管。

前项札萨克或总管不能离职时，得各选派现任参领以上一人。

第五条：本所研究期间定为六月。

第六条：研究员在京研究期间，其原任职务及应支薪给，概予保留照支。

研究员期满，仍回任原职，其成绩优良者，并得以应升之职尽先补用。

第七条：研究员往返旅费由本所按照途程远近酌给之。

第八条：研究员在研究期间，其膳宿、书籍等概由本所供给，并酌给津贴。

第九条：本所研究科目如左：

一、党义；

二、行政概要；

三、现行蒙事法规；

四、史地概要；

五、国语国文；

六、畜牧概要；

七、卫生概要；

八、农业常识；

九、精神讲话；

十、现行行政组织；

十一、其他认为必修之科目。

第十条：研究员研究期满，由本所给予证书，并呈报行政院分行内政部及蒙古地方自治政务委员会备案。

第十一条：本所各项规则另定之。

第十二条：本大纲自呈准之日施行。

《内政消息》（半月刊）

南京内政部总务司

1935 年 6 期

（朱宪　整理）

古即佐领的统率者，乃直接处理"旗"务的地方官，现在则属于札兰章京的前佐役，处理租税、户管及执行上司的命令和传达等事务，下属有骁骑校。

札萨克在清季乃由王公世系中正统的敕选，在原则上是世袭的，但还有所谓"公中"的例外制度。所谓"公中"，乃现为札萨克的人，在其死亡或发生意亡〔外〕的事情时，因没有相当的承继人物，或在一族中遴选不出相当的人物时，不分别其爵秩之高下，而任为札萨克爵的制度。札萨克世袭制度，从表面上看来，虽属简单，因有承袭条例的限制，手续非常繁杂。相续之时，先由札萨克向盟长申达承袭者（附以户籍），盟长则提出理藩院（民国前曾一度改为蒙藏院），其间要经过二三年的功夫，有些时候非贿赂直辖的官员不可，于是始得相继。但一就职务，有服务规定的严重制度，与夺之权，在于该时的政府，故不得不严守规定，而效劳其职。饮酒和擅离职守，或与外人私营贸易，无上令的许可向外人借款，典卖旗地和招募汉人垦殖"旗"地，而贪食其租税，以及隐慝〔匿〕户口等等，而受停职褫夺或降级之例，常数见不鲜。

不消说，"旗"内是不许招募汉人耕作者而取其租银，当然土地的典卖，也在禁止之例（后来虽有被允的"旗"，但须各附以正当的理由，待盟长和直辖机关的允准）。又虽是僚属，也要按照中央政府规定的徭赋，过之则不得征收（例如规定凡有二十匹羊者征其一，牛一头课以三锅之米）。凡婚姻和移居，亦不得征收规定以上的租税，如有违反，则由盟长告发，加以处罚。札萨克虽是一旗内的王公的"王"，但在其职权行使之时，则受着极严重的取缔。对于旗民，虽可毅然裁判，但乃限于初审，立法权是不予以札萨克。重要的"旗"务，须一一与盟长协议，决不得断然执行。各札萨克又须每年十月一班或十二月一班，各派一人宿卫于盟长的居处。

在军事方面，札萨克是一个军区单位的指挥官，但关于编制及兵器等的条例和军规，则有严重的规定。各旗的兵员，每年春天，会集于一处，须经盟长的检阅，一旦有事，则受中央政府所任命的将领的统辖。

"旗"有所谓闲散王公、台吉，他们各有各的特权，其中还有旧存"公主"系统的，各有其僚属，得征收徭役。这些原是"旗"内的贵族，其祖先有曾历任札萨克者，又有和札萨克同族的僚属，所以不能和普通的旗民一视同仁，因之其待遇亦自不同。在札萨克职的人，不得不监督这些人，而其责任又非自己担当不可。

在"旗"民中关于刑事和民事问题，和内地人不同，须按照蒙古民族固有的传统法律而处理。在普通情况下，第一审由札萨克举行，如有不服，则可控诉于盟长，更不服盟长的决判时，可请求直辖蒙民的最高政治机关审理之。凡和汉人间兴诉讼的时候，由中央政府所任命的札萨克会同举行豫审，然后再经中央直辖机关所任命的专员覆审。没〔设〕有重大事件，则由中央直辖机关直接审理之。

"盟"（Chigalgan）为较"旗"更高的政治单位，系由一"旗"（因地而设）或数"旗"的集合体，它不能直接干涉"旗"内的行政。在"旗"内有重大的事件时，则会同所属的札萨克而处理之，关于"盟"内的利害问题，只能把自己的意见上告于上司。"旗"内有"旗长"，同样"盟"内也有"盟长"和"副盟长"。有的在其"旗"不设"盟"的时候，则直接接受政府所任命的地方官的管辖，例如未改省前的青海蒙古及西套蒙古，就是属于这个系统。

"盟长"和"副盟长"，〔如〕从札萨克中选出，如有候补者，则提交中央直辖机关审核。"盟长"和"副盟长"，因为由札萨克中选出，故常站在监督札萨克的地位。所以其在"旗"内劳力，则驾札萨克而上之，例如因盟长的意思，而决定札萨克的去就，盟长对于"旗"显然地握有实权。

关于"旗"内的治安和行政，盟长只监督着札萨克设施的方法，设若札萨克对于规律上有不正的行为时，得告发直辖机关，如有不服札萨克而行控诉时，须再举行覆审。"盟长"每年须检阅盟内的札萨克旗兵，检点兵器，注意军规，将其详情造册呈报中央。有事之日，则统率盟内各旗的兵员动员。

"部"（Aimak）者，是一种血缘的划分，为同族集合体的总称，而不是政治集团的区划，如辽宁治边的科尔沁部六旗，和河套的鄂尔多斯部七"旗"，皆属一族，则其著例。但是卓索图盟的土默特部二旗，却为例外，因其右翼是成吉思汗系，而左翼是其臣僚的系统，这种以异族而并成一部的畸形集团，大约时〔是〕受着地理环境的支配。按上所说，我们即把"部"看作为"旗"，亦属无妨，"部"只是一族的集合名称，它和"旗"、"盟"间，并没有直接利害的关系。

关于"盟"、"部"、"旗"以及"佐领"的组织，我们已作括概〔概括〕的叙述，大体言之，"盟"则为一部或数部综合而成，"部"大抵是同族的集合体，"旗"为自治机关的主体，"佐领"仅为组织该旗的基础团体。

我们且把属于内蒙的二十六部，以"盟"为单位，作一个简略的检讨。

一　哲里木盟共五部，十一旗，二百三十四佐领：

1. 科尔泌〔沁〕部六旗。

左翼中旗二十三，同前旗十六，左〔右〕翼中旗四十六，同旗三，同前旗三二。

2. 部〔郭〕尔罗斯部，〈二〉旗五十七佐领。

前旗三十四，后旗二十三。

3. 杜尔柏〔伯〕特部，一旗二十五佐领。

4. 扎赍特部，一旗十六佐领。

5. 附伊克明安部，一旗二佐领。

哲里木盟的各旗，位于内蒙东北角，除了西南方面，均与东三省各县地方相互狗牙错综，很难区别出什么地方是满州〔洲〕，什么地方是蒙古。现在日本南满洲铁道会社乃设于科尔泌〔沁〕左翼的中、后二旗地内。中东铁路亦通过杜尔伯特旗内。西北与外蒙和乌珠穆沁毗连，西南则连札鲁特及阿鲁科尔沁等地。

在这四部十旗中，皆为成吉思汗之弟哈撒尔系的属领，最早归属于清朝的伊克明安部，在乾隆年间，移殖蒙古，清廷则允以黑龙江省通肯河和瑚裕尔汗〔河〕间一带做了牧地。这十一种〔旗〕，因其所在地与满洲错综，而受东三省的管辖。

二　卓索图盟三部六旗，三百三十二佐领：

1. 喀喇沁部三旗。

右翼四十四，中旗五十一，左翼四十八。

2. 土默特部二旗。

左翼八十，右翼九十七。

3. 喀尔喀部一旗。

卓索图盟各旗，在内蒙的南部，与河北和东三省西南部毗连。东土默特旗（左翼）与科尔沁左翼的宾图旗相邻，西〔边〕土默特旗则位于锦州与赤峰间，包有朝阳县。中旗直至天津界线。喀尔喀旗东接库伦，属于喇嘛旗的区域，北部与西部为昭乌达盟的奈曼旗。哈〔喀〕拉沁三旗和东土默特旗乃成吉思汗功臣济拉旗的后裔。西土默特，和归化城土默特同为一旗，乃成吉思汗之直系俺答汗的旗领。天聪年间因林丹汗的压迫，移牧到这里来的喀尔喀旗，亦出自成吉思汗的子孙，上述六旗，属热河管辖。

三　昭乌达盟八部十二旗，二百九十八佐领：

1. 敖汉部二旗。

左翼三十五，右翼二十。

2. 奈曼部一旗，佐领五十。

3. 巴林部二旗。

右翼二十六，左翼十六。

4. 札鲁特部二旗。

右翼十六，左翼十六。

5. 阿尔科鲁沁部一旗，佐领五十。

6. 翁牛特部二旗。

右翼三十八，左翼二十。

7. 克什克腾部一旗，佐领十。

8. 喀尔喀左翼部一旗，佐领一。

昭乌达盟旗的西北，乃接锡林郭尔盟的乌珠穆沁旗、浩齐特旗及察哈尔的一部。东北与科尔沁部的多尔汗旗及宾图旗为界，南方则襟带卓索图盟。辽的奠都，即在今之巴林旗内。元帝逝世的应昌府，乃在里西里伦旗内。此盟内的哈萨尔旗，只有阿鲁科尔沁一旗。翁牛特旗是成吉思汗之弟幹〔斡〕楚因的系统。十三世纪末，因与海都相结叛离，曾与忽必烈一战，败于辽河，系属于诺颜的血统。其余的六部，皆出自成吉思汗的子孙。这个盟旗，和卓索图盟一样，同属于热河的管辖。

四　锡林郭尔盟〈五〉部五〔十〕旗，一百一十三佐领。

1. 乌珠穆沁部二旗。

右翼二十一，左翼九。

2. 浩齐特部二旗。

右翼五，左翼七。

3. 荔〔苏〕尼特二旗。

右翼十三，左翼二十。

4. 阿巴噶部二旗。

右翼十一，左翼十一。

5. 阿巴哈那尔部二旗。

右翼七，左翼九。

锡林郭尔盟的旗地，占内蒙中央的北部，西南与四子部落及察哈尔部接壤，北与外蒙的车臣汗部和土谢图汗部毗连，南至卓索图盟旗，东则连科尔沁右翼部的中旗，各旗均位于内外蒙古的交通要路。前当外蒙未独立前，张库间滂江电信局，即在荔〔苏〕尼特右翼旗内，同时张库间干道，亦经过此地。东乌珠穆沁旗，位于海拉尔和辽宁、热河、多伦诺尔等地交通辏集的要枢。浩齐特及阿巴噶，则扼占由林西和经梱〔棚〕至外蒙的桑贝子的要道。浩齐特更以产天然盐著名。阿巴噶和阿巴哈那尔两旗，均出自成吉思汗之异田〔母〕弟别勒古台的系统，其余均出自成吉思汗的子孙系统，该盟系受察哈尔的管辖。

五　乌兰札〔察〕布盟共四部六旗，五十二佐领：

1. 四子部落部一旗，佐领二十。

2. 茂明安部一旗，佐领四。

3. 乌喇特部三旗。

中旗六，前旗十二，后旗六。

4. 喀尔喀右翼部，一旗，佐领四。

这个盟旗，位于内蒙的西北部，北接外蒙的土谢图和赛因诺颜两部，东连察哈尔和苏尼特，南达归绥。西部的乌喇特，介于南黄河而接近鄂尔多斯部，西则和阿拉善旗及甘肃的东北部相邻。其蒙民的系统，喀尔喀右翼部，出自成吉思汗系的子孙，其余三部，则出自合撒儿系，和科尔沁同旗，此盟系绥远省管辖。

六　伊克昭盟其〔共〕一部七旗，二七四佐领，其部名号为鄂尔多斯。

　　左翼中旗十七，同前旗四十二，同后旗四十。

　　右翼中旗八十四，同前旗四十二，同后旗三十六，同前末旗十三。

　　此旗南接陕西，其余三面，则环绕黄河，故又名之曰河套，盟名叫做伊克昭（蒙语大庙之意），该旗境内自元成吉思汗后，有元朝历代的陵墓，故较为有名。此旗之特殊情形，只是一部一族，而出自成吉思汗的子孙，与归化城的土默特同族。这个部族，在蹯〔蟠〕据白山黑水的女真民族未入主华夏以前，便占据了河套一带，累难明庭。其血统和乌兰察布盟一样，同归绥远的管辖。

　　以上蒙旗经界区划与政治的组织，大抵如斯。自伪国称制，暴日的满蒙政策，仍在扑朔迷离的状况下，着着进行，所以逼近满、热、察东边缘的蒙旗，凡中央政治力不逮的地方，日人或以利诱，或以威胁，运用其毒辣的政治手段，冀达其最终目的，所以在这种情形下蒙旗的更改，当然很多。如近日日人在察东设立伪蒙旗自治公署，其用意吾人当可想见。

　　内蒙以察哈尔部为中心，综上以观，约可分为东四盟和西二盟，在其经界的嬗变和边省的交错，它们间政治的区划，从来就没有很具体界线，加以政府对蒙政策的□儿，由羁縻而垦殖，由垦殖而增设州县，从政治的见地说来，不能不说是一种进步，然从土地所有权的观点看来，给与蒙古王公或蒙民的土地，始终则承认其权利，例如内地人欲垦殖开放地以外的荒地时，则只出荒租银的租价，使可占有耕作的土地，即法律上所谓"永租权"。而再于其上增设县治，这不能说不是一种矛盾的措施，终于免不了一度的冲突，此种措施，当然不是始自今日，溯其源在清末时已有这种趋向。迨中央特许蒙古自治，在所规定之八项原则中之第四条谓："各盟旗管辖治理权一律照旧"，第八条谓："盟旗地方以后不再增设县治或设治局",州县与盟旗间的区划,较前稍具明显,然而在详细的条文上,总免不了许多模棱的地方。所以这次蒙、绥的税务纠纷,因在蒙方所谓"未设县治纯属蒙旗地方的善丹庙、太阳庙、哈沙图、百灵庙一带,绥方增设稽查分处及分卡",两方互持不下,更于哈沙图(即黑沙坨)一带,绥、蒙各增兵若干,几酿成内讧,幸当局相机而行,以快刀斩乱麻之法打开此僵局,不假人以恣恚之机,深愿国人勿固执小我之权利问题,应以民族、国家为重。

《西北论衡》(月刊)
西安西北论衡社
1935 年 17 期
(程静　整理)

一 应有之目的

（1）促进民治：成促〔促成〕地方团体之成立，使全省民众于兹团结。团体在前，择仁而就，人民主张，供给于后，结果舆论集中，民权渐张，其有俾宪政，当非鲜浅。

（2）促进政治：无论省县行政，如有民众团体之监督，受其感染循诱，久必趋善良之途径。同时地方团体能集思广益，搜罗人才，澄清政治，促成地地〔方〕自治之精神。

（3）树立政治道德：政府受地方严厉之监督，所有一切设施在众目所视，十手所指之下，自然营私舞弊，贪赃鬻法之行为，不易发生。

二 必具之条件

民众团体必具之条件有二：即形式与实质是也。形式条件者，即其组织必须合乎法令，依法向当地直辖机关申请许可，并向主管官署备案之谓也。而实质条件，即民众团体自身所不可缺之要素也，约可拆之为四：

（1）要有一定之主张：不论任何团体，必须具有其根本主张，因为团体内根本目的，与所负之最后使命，率皆以其主张为发展之骨干，所有一切活动方向、努力目标、根本任务以及一切策略，俱依主张始能决定。团体之力在吸引群众，使大家对团体发生信仰，更须靠一贯之主张去号召。如果主张反乎民情，背乎舆轮〔论〕，其团体终必解也。

（2）须有永久的组织：团体内任务甚夥，欲使其所有之任务指挥统一，有计划、有效能，则非有严密组织不可。因为团体有组织，才有行动，而后主张始能发生作用，否则徒劳无益。团体中组织严密、纪律整肃，则其政见始能普入民间，获得民众之真确认识，而所有一切政策始能临机应变适合潮流，发生有效之力量。

（3）须有互助团结之精神：民众团体在恶劣环境下，如无最坚固之团结力，终久必被淘汰。故民众团体最重要任务，则在提倡团员之互助精神，防止离心离德，使之热心服务；假使团员能彼此同情，相敬互爱，同心一德，整个团体即能表现力量，发扬其主张。

（4）领袖与团员应有之认识：民众团体维持愈久，团员愈多，而其推行之范围亦愈广。但因所处地位不同，尝有利害冲突，有碍进行，故为团体之领袖者，不仅须具有处理事务之才能而使社员发生信仰，并须时常调和社员之意见，使归于一致，否则调和不能，分裂之势终不可免。至于社员则必须忠于团体，有勇敢、奋斗、牺牲、服从之精神，其上下一致，共策共力，团体方克产生强大之力量。

三　应持之态度

（1）团体本身要有超然态度：所谓超然态度，就是超党派之谓也。固然在人类共同生活中，为自身利益或一部人之利益，党派是不可缺之要素，但处于察省今日情势之下，绝不可同室操戈，互相倾轧之党派对垒，而是急要察人将视线展开，放弃一切封建观念，私人派别，作整个之联合。假使整个团结难成，最高限度，亦应有一团体产生，能出而与各方作无成见之联合，借以调洽各方之意见，亦有补助于实际也。

（2）团员自身应有之修养：凡从事团体生活之人，自身对于民众之态度，在言论方面：（一）无论文字发表或演说、谈话皆应具和平诚恳之态度，并用详明之语句，使阅者或听者，易于接受吾人之言论。（二）所发的言论，要处处为民众设想，为全省谋利益，即应具有所谓"先天下之忧而忧，后天下之乐而乐"之精神，刻苦自励，以感动一切民众。（三）发表言论，应随时随地注意自己和对方之地位环境，不可丝毫带有傲慢态度，更不可有不慎重之态度，而为对方所轻视。至于行动方面，凡参加民众团体者，行动务求与民众接近，须任重负远，牺牲精神要大，物质欲望要低，尤其在此强邻压境，更须明之以大义，动之以利害，使之怯于私斗，而勇于公愤，始能得到充分之信仰，产生优良之效果焉。

　　总之，察省于兹内忧外患交相蹂躏之际，凡察人皆应化除私见，开诚布公，既不泥守封建思想，又不事高谈阔论，为排除生活上之障碍，须得苦干，以在〔渐〕臻福利之境，实有除旧布新，自动产生集体行动之必要也。

《西北论衡》（月刊）

西安西北论衡社

1935 年 17 期

（朱宪　整理）

复兴蒙古民族基本工作

润霖　撰

国际间之形势日趋紧张，吾蒙古之危机，亦愈加迫切。而社会之人心险恶，政治之情形紊乱，真令人不堪举目，无法挽回矣！而吾人决不能任其被异族之蹂躏，由其遭腐化之颓风，置诸脑外而不顾也。必促我蒙政负责诸公，及一般知识分子，共谋方策，渡此难关，率我蒙众，挽此狂澜，以求民族之生命得以延长，复兴蒙古民族之曙光俾早实现。然吾人应如何奋斗，始有补于万一？以余管见，今自治伊始，不要急求收效，欲望过高，须努力于基本工作，始能置蒙古民族于安全也。兹述于后，以供采纳。

1. 发扬蒙古民族之自信力——人民若不知其民族过去之光荣，决不能产生将来之灿烂；若不知其民族有为之特点，决不能鼓起奋发之精神。知过去之光荣，自有将来之灿烂；知有为之持〔特〕点，自有奋发之精神。是以对于吾蒙古之光荣历史，应极力阐扬；对于人民之英武强悍，要竭力推崇，令人民自信己民族之原来不弱，自信己民族尚有可为，而竞争之心，亦必因之而起，强种强族之念，亦必因之而生。民气既壮，志向已一，不难一鼓而复兴，再鼓而强盛也。

2. 发扬蒙古民族之旧道德——一个民族之所以不亡，概其能保持固有之道德，以维持其民族之存在。若于一旦礼义废弛，人民必见义不先，见利恐后，人民如是，官吏亦如是，其民族必至

日人眼中的西北问题

——译自《外交时报》，十二月十五日

［日］太田宇之柱　著　东流谭　译

该篇原题为《西北问题与蒋介石氏》，著者是太田宇之柱。译者所以改原题为《日人眼中的西北问题》的原因，不外是适应该文的内容，文内词意虽属荒谬，然而际此国际关系繁杂的情况，只有在各方面融会贯通了解之下，才能找出我们的出路，所以译者实觉有移译的必要。

国民政府军事委员长蒋介石氏，在过去，由十月初旬至十一月中旬的月余间，作华北一带的巡阅旅行，特别到察哈尔、绥远、宁夏、甘肃等边疆各省视察，最引起内外的注意；同时关于西北问题，更唤起一般人的关心。十月四日从庐山出发的蒋氏在汉口主要结束了讨伐“共匪”的军事以后，九日离开汉口，依次顺序的湖北、河南、陕西、甘肃、宁夏、山东、河北、察哈尔、绥远、山西等十省，华北各省完全视察一过，行程二万余华里。在旅行期中，停留北平的期间较长，除去诊断个人的健康以外，就近考察以华北为中心的内政、外交诸问题。中国最高权力者，利用现代交通利器的飞机，而亲自巡视如此广大的地域，其事可谓空前，不仅使我们感到充分的兴趣。蒋氏这此次巡阅的目的，主要是在于视察国际问题，研究其应有的结果与其意义的时候，感觉到很有重要性。

华北的中国新闻界，对此次检阅旅行的意思是："自《华北停战协定》以后，华北人心颇为失望颓唐，倘若蒋氏身临华北，接见多数人民，视察地方，表示中央政府重视华北，不只有民众大为鼓舞的效果，视察内蒙地方，也是和内蒙关系接近一层的事情。至其无形收获，更难测知。"这是理之当然。然而谓蒋氏最重视北平方面，还不如说是重视华北，细察蒋氏行动，即可征明的。西北地方，不用说是蒋氏第一次寻访的边疆，单单因为游览，既不无深感兴趣，尚带有内政、外交两方面的最新的政治重要性，这次巡视，不能不令人感到特别的意味。

中国中央政府，对于边疆地带，自来是等闲视之，漠不关心，对于西北方面也是一样，政府同人民重视边疆问题，乃是近年的事情。然而今日切实感到了何种程度，固然尚有疑问的余地。无论如何，自"满洲国"成立以来，环境突变，同时掀起了重视西北以及其他边疆地方。中国整个的边境，与英吉利、苏联、法兰西诸列强接壤的地方，较之和日本"满洲国"毗连的方面，更感有重要性。

近来察哈尔、绥远、甘肃等西北地方，成为国内注目的问题，乃是自冯玉祥氏，拥国民军，割据西北，专致力于西北的开垦事业以来的事情。至东北事变暴发，以至于中国失去东北，西北对于中国突然成为极重要的地方了。

不消说，满洲从来是中国本国殖民地带，每年从关内移民约在六十万人以上，事变前，中央政府、张学良氏，通力合作，国民党对于东北的政治的、经济的设施，着着进行，可惜随着事变变成画饼了！因此国民政府不得不选择西北，代替东北以为移民的尾间。现在西北地方和"满洲国"接近，同样日本势力接近的华北，恰巧站在事变前的东北的地位，所以更成为了西北问题切实问题化的步骤。加紧西北的开发，国民政府实行重要政策，而以陕西省为开发建设西北的出发地点。

　　国民政府在全国经济委员会内设立建设委员会，在技术工作的名目下，假借国际联盟的力量，或者由委员长宋子文氏经手，签定中美棉麦借款，或者纠合内外资本团体组织银资本的投资团等等努力，大部分是集中于西北方面的建设事业。失掉了东北，所谓中国的未耕农地，就是西北，特别是不得不着眼于陕西方面，因而首先着手于陕西渭水与其他河流水利的修竣。又如陇海铁路延长工事，急激进展，由潼关达于陕西省会西安，本年底即能完成。在南京发刊《开发西北》《西北问题》等等专门杂志，加速的推动开发西北的动力。若见于在这样的国防上、经济上的新情势之下，当此蒋氏巡阅华北，对于西北最感兴趣而且重视，乃属当然之事。

　　蒋氏伴同夫人经过河南洛阳，十月十二日抵陕西西安，滞留数日视察，十七日飞向甘肃兰州，在此地又会见前来的青省主席马麟氏父子，探询青省地方情形，更飞宁夏。一旦返回西安，过洛阳，巡阅开封、济南，二十四日到着北平，在此首先探听驻平政务整理委员会委员长黄郛氏与军事分会首领一般情况的报告，诊断自身健康，十余日后始出动西北国防第一线的视察。即在十一月五日，有蒋夫人、秘书长杨永泰、张学良氏与顾问铎纳氏等随同去向张家口，从宋哲元氏探访该方面的情形，再考察内蒙情形与满洲方面的关系，而延长旅程深入绥省，六日到达归绥。在此除受省主席傅作义的报告外，特别会见来自内蒙百灵庙的德王与云王，亲自听取内蒙自治的现状。如此蒋氏一行，最后又到山西，和太原绥靖公署主任阎锡山氏会见，才把这次的大巡阅旅行终了。可是蒋氏在西北第一线的张家口，与在和内蒙接触点的归绥城的行动，对于我们不能不是最有兴趣的。

　　到着张家口的蒋氏，当夜召集省府各当局，探听地方的情况，教育厅长曾陈述如下的意见：“察哈尔是国防的第一线，要涵养人民的国家观念，或扩大民族意识，因此需要民众教育的特别设施。"但蒋氏知道地力财政困难，而特别为此筹划经费，每年四万元，另外民众军事训练费一万元，造林费三万元，在所谓西北文化中心的张家口，创设畜牧职业学校，振兴地方牧畜事业，对于计划筹费共为二万元，总共合计十万元，约许为中央政府的特别支出，蒋氏对西北第一线国防，如何深切的关心，是可以窥知了。关于民众教育，教养蒙古人成为中国人的意识，不用说，特别是以"满洲国"成立以来而成问题化的蒙古人的归向的对策，为着眼之点。军事训练，自东北、上海两事变以后，乃是急激的实行于全国的事情，首次中央政府派国民军事教育处长潘佑强氏，到各处视察，劝诱中等学校学生与青年团军事训练，可是经费却很成为最大悬案，这次是蒋氏特意要实现这个运动的缘故。

蒋氏的归绥城视察，乃是一个历史的事实。蒋氏一行的列车，访问所谓遥远"化外地"的偏僻地带，当时官民的热烈欢迎，确是本地空前的盛大举动。蒙古的德王、云王也特别到归绥城来欢迎，德王在欢迎会席上又公开的表白他们的意思："二百年来中央政府的最高首领巡视蒙地者，蒋委员长算是第一人。我们在蒋委员长指导之下，不能不一致团结，拥护中华民国的。"云、德二王邀请蒋氏亲身到百灵庙视察，蒋氏因为时间不够，使北平政务整理委员萧振瀛氏代表视察，听候报告。可是萧氏同行的两蒙古王，郑重的报告内蒙近况，而固执持着自治制度而说明特殊的事情。若据中国新闻界的传说，归回内蒙的两王，即刻催开各旗代表大会，报告和蒋氏会谈的始末，蒙人们拥护中央政府，并高唱中华民国和蒋委员长万岁。蒋氏的视察，撤消自来蒙古人和中央的隔膜，而建立其非常的融洽，不消说是有扩大宣传的意味。内蒙自治问题，就是国民政府和内蒙感情间的测量器，在最近被视为亲日派的参谋长某被暗杀，和中央的关系，可以说是趋于恶化。蒋氏忧虑这种情势，同时更重视蒙古问题，按此次视察很在于缓和疏通两者的关系，察阅诸种情报，大概就可以明白。蒋氏的希望达到某种程度，最好说是努力的收获。此次检阅的结果，是所谓蒙古统治的新方策而组织蒙政会，使其隶属于蒙藏委员会，蒙藏委员会〈是〉关于西藏、蒙古行政的最高机关，概用西藏人与蒙古人组织之，蒙政会是其组织下的动的机关，该新机关的经费，蒋氏允许每月三万元的支出，第一月份经费已送交于百灵庙了，盖是国民政府，开发内蒙与新怀柔政策的具体也。

　　东北、上海事变以来，急激骚动起来的国防问题的中国，特别关心和日本毗连的华北，照前述的双方谅解，以长城和"满洲国"为界的河北省，依《华北停战协定》，认为是一种中立地带，因而掀起注意到这经过内蒙的察哈尔、绥远和苏联接壤的新疆的西北地方，所以西北问题在中国喧器一时。西北边疆地方的内新疆，前因苏联势力侵入，暴发政变，异常引起注目，至最近政情略定。现在西北问题，看来是集中注意在于内蒙。当此时蒋氏亲身出巡国防第一线，不仅有很大的意义，诚然也不难想象其效果是很大的，有对蒙关系、开垦事业和国防问题的西北，在中国固然成为研究的对象，可是在日本和"满洲国"边连的关系上，就是在国防问题上有特殊密接的关系，还有"满洲国"内的蒙古人，和该民族的一部，至今尚完全无视国境接壤的关系，因为在文化上、经济上保有深刻的关系，当然今后更加重视，西北问题成为不能不研究的事情。

二一，一五

《西北论衡》（月刊）
北平西北论衡社
1935 年 18 期
（李红菊　整理）

蒙古青年的责任

裕先　撰

　　一个人生在世上究竟要做些甚么事呢？可以这样说：除了对民族负复兴的责任、对社会负繁荣的责任外，即是对自己，如何使自己生活满足，自己的愿望达到的责任。我们既负这样大的责任，今当蒙古危机四伏的时候，就得努力奋斗，不顾一切的向前去干，才不愧是蒙古青年，才不愧做人的意义；至于颁白老叟，责任已负过或没有负过的，他已是"年将就木"，任他有何高尚意志，有何种学问，有何惊人的能力，也是妄然，事实上不容许他长生。再者一切幼童因他知识幼稚，不明事体，更是不能负责任的。所能望到的，所能负责努力的，就是我们一般的青年，因他有高尚的意志，和坚强不屈的精神。但是我们如何负起呢？兹将责任分现在的及将来的两种。同于述下：

　　1. 青年现在的责任：就是在学校求学时候，也可以说是学生时代，在这时代，所应负的责任，是潜修德行，精求学问，努力研究，锻炼身体，养成俭朴习惯，把这些充实起来，竖立下很好根苗，方求将来的发展。最好学生时代不谈闲事，不参加各种会议，埋头苦干；多看新闻志类，作一个学问宏博，声誉锵锵的个人，能负大任。这便是现在应有之责任也。

　　2. 青年将来的责任：我们知道现在是以党治国，不像满清那君主专制国家，而是全民政治的新中华民国的国家了。我们蒙古青年都是中国一分子，同时是蒙古民族的中坚分子，更应比别的青年多尽责任。试看我们中国现在所处的什么地位，我蒙古民族处的什么地位？不用说：处处在列强鹰瞵虎视之中，伺隙瓜分豆剖之际，这样看来，国家如此危险，尤其我蒙古民族，更加危险的可怜，所以我们将来的责任即是复兴蒙古民族的责任，复兴中华民国的责任了。总之我们现在，要求学识的充足，人格完成，以备将来出校后，去复兴民族，繁荣社会。为二十世纪一有为之青年，与我蒙古民族世界史上，辟一新的纪元，那时我们的责任始告完成。望我青年，努力吧！

《蒙古前途》（月刊）

南京蒙古前途月刊社

1935 年 19 期

（朱宪　整理）

日苏备战中之两蒙

宜　撰

密云不雨的日俄战争，虽同时又表现一种沉寂的、和缓的倾向，但俄国东部边境常闹的游击战、前哨战，和西边的内外蒙军备的完成，如公路、兵站、炮垒、机场等，只要总动员令一下，战争就马上可以掀起的。所以说，日俄的战争，只是准备的程度问题，同时，也可以说是两蒙的问题。

于兹，就把两蒙问题，提出来作谈论点，满蒙都已被人或明或暗地傀儡看待——满洲伪国之与"蒙古民国"，同样的，除中国外，是被世界默认着存在的。

自苏联"赤化"外蒙，我国为巩固边防、保存领土计，曾于十七年分内蒙为察、绥、宁、热四省，欲打破蒙旗，实行省县新制，及热河被并于伪国，内蒙全部，遂岌岌乎殆〈哉〉！至上月而有察东事件，今后如何，实不难逆料。因为日本的对俄战略，正在于夺取内蒙，进攻赤塔，以断红军西归之路。若东部的遭遇战得胜，即可长驱直迫，排苏联势力于外蒙之外。故日本抄取内蒙，为进攻苏联必需的战略。

苏联自然也看到这一点，故除一方面将西伯利亚铁路敷设双轨，在赤塔添驻重兵外，并在极北另建一路，由西苏直通东苏；同时极积〔积极〕活动"蒙古民国"，从速武装起来，以为前卫。这内外蒙就互成为日苏的前线了。关于这个情形，《北平时报》今日本——卷入漩涡!

二月二十二日北平

《重心半月刊》
北平重心半月刊社
1935 年 19、20 期合刊
(丁冉　整理)

复兴蒙古民族青年
应有之认识与努力

光裕　撰

世界各帝国主义的侵略与压迫，及我们自己腐化与堕落，若再不觉悟不振作，处处都使我们整个之民族生存感觉到莫大之胁迫及危险。概自九一八事变，我们的民族，就走向最危险的途径，日本帝国主义者，因环境上的特殊，首先暴露了他的爪牙，破坏了世界和平公约，悍然无理施暴的占据了我们的东北，谁知日本帝国主义尚未满足，复得寸进尺，继着占据热河，以及最近察东事件，次第的都发现了。但这不过是日本帝国主义者吞并我们整个满蒙野心的暴露，而其他帝国主义者，如英、俄，虽然不像日本那样，施行他们残暴的手段，来吞并我们；但是事实上他们早已给我们中国四万万同胞，插上亡命旗了。如英帝国主义在西藏之势力活动，俄人的统制外蒙古，这都是他们要灭亡我们中国的表现。而我处于日俄帝国主义角逐下的蒙古民族，便因此更成了个残缺不全、任人割据的局面了，我蒙古北部在苏俄统治之下，东已经在日本势力范围之内，而现在仅有区区的一部分，还在岌岌可危的期间。我们的土地一天比一天的缩小起来，祸患一天比一天加重，亡国灭种的危险，是一天比一天迫近，在这种紧急迫切莫可言状的时候，我们回想起我们过去光荣的历史，能不

痛心吗？过去我们的先祖成吉思汗约当西历一千二百余年的时候
崛起于斡难河，吞并大漠南北后，统一中国全境，从太祖到世
祖，四次出兵远征欧亚，而建立雄跨欧亚空前未有之大帝国，沟
通东西洋的文化，在世界文化史上，实有不可磨灭的功绩。然而
现在我们对于先祖的功绩，不但不能够发挥光大，而且一天比一
天消灭无余，对于先祖遗下的产业，不但不能够继承从事于扩
充，而且一天比一天的丧失殆尽。过去先祖是统治人的，现在是
我们任人宰割，任人蹂躏，一降而为落伍的民族，这是我们奇耻
大辱，是我们没有出息的表现，是辜负先祖一番苦心和毅力，这
真是我们太不争气了。那么我们就这样的腐化颓唐，而延迟下去
吗？我相信有血性的青年，再不振作不觉悟，那只有给日本及苏
俄做亡国奴了，这是事实已经显明的告诉我们，如果我们不愿做
日本及苏俄的亡国奴，那末只有我们整个的中国民族，精诚团
结，挽救危亡，东敌暴日，北抗苏俄，以图自救，能免危亡，这
是我们一般蒙古青年应有的认识。我们地位这样危险，我们必需
要切实的来唤醒我蒙古同胞共同去恢复过去的光荣，使各人充满
了爱族的热血，充实了民族的观念，负起改造社会的义务，负起
复兴蒙古民族的责任，惟有青年坚苦卓绝，埋头苦干，不要腐
化，不要消极，脚踏实地的努力准备复兴蒙古民族的工具，毫不
客气的把复兴蒙古的责任，切实的担负起来，这是我们青年应有
之努力。然而如何去准备复兴蒙古民族呢？要知道复兴蒙古绝不
是喊几个口号所能解决的，帝国主义的侵略也不是贴几张标语所
能抵抗的。〈抵抗〉帝国主义蹂躏，须要切实充实自己的学问，
养成优良的品行，锻炼强建的身体，百折不挠的精成，有高尚的
学问，才能事理通达，心气和平，了解事体而给以相当的解决。
有了强健的体魄，才有吃苦耐劳的精神，能克服各种困难，那时

团结人民勇往直前，去复兴蒙古民族，恢复过去光荣，实为易事，何难之有。

《蒙古前途》（月刊）

南京蒙古前途月刊社

1935 年 20 期

（丁冉　整理）

蒙古民族的前途观

贺守先　撰

谈到蒙古民族的前途，真使我们觉得一方面危机迫切而生悲观。同时一方面，也使我们希望而生乐观。现在我们就对于蒙古民族的前途，所发生的悲观与乐观，不防〔妨〕来谈谈。

悲观方面的

（一）外力的侵略与压迫——蒙古民族据有很广大的土地，和天然丰富的物产。因自身不振作、不觉悟，就处处惹得外人的垂涎和吞并的野心。所以各帝国主义简直把蒙古当作一块肥肉，你争我夺，各不示弱。尤其是日本帝国主义，因经济上的需要，不得不向外扩充他的势力，以期获得相当的殖民地，用以巩固其经济的地位，以便永久适存于世界。因此不顾一切的向外发展他的势力。但是日本帝国主义为什么不向东去侵略美国，或者向北侵略苏俄，而偏偏向着我们中国肆〔肆〕威，施行它侵略的政策呢？这是一件很显明的事实摆在我们的面前，用不着详细的说明。日本帝国主义不法〔去〕侵略美国或苏俄的原因，简单的说，就是对于日本帝国主义，经济上没有多大的利益，而且势力上也不允许的。于是向着西方，广求他的殖民地，可巧倒霉的中国，因地理上与他的接近，地大物博，更加上国势的微弱，恰巧给与日本帝国主义施行侵略良好的对向，所以对于中国就施行侵略的政策。可是中国这样大的土地，非日本帝国主义一口所能吞下去，于是不得不用"瓜分"的政策，就是田中奏议里所说的"欲征服中国，必先征服满蒙；欲征服世界，必先征服中国"。由此可证明日本帝国主义侵略我们是有步骤、有计划怕〔的〕。自九一八事变吞并我们东北，建立了"满州〔洲〕国"，这便是"满蒙政策"初步的实现。日本帝国主义在东北势力稍加巩固后，便是要开始第二步的计划。日本帝国主义以武力夺取热河及最近察东事件，便是第二步计划的先声。日本的野心欲望可说是无止境的，虽然说是夺取了东北，经济上得到相当的利益，可是对于侵略蒙古的野心，在任何情势之下是不更动的。我们看田中奏议中所谓"这些地方（指蒙古）的统治权，还没有确定，中俄两国政府对他们还不很关心。我们应当坚牢的抓住这个机会，并在该地秘密的扩展我们的势力。如果在事实上我们已得蒙古最多的地方，世界上将无人能决定蒙古是属于蒙古人，还是属于日本人，那时我们就能够用我们的武力，维持我们的特权，并建立一积极政策"。可知日本对于蒙古是绝不放松的。何况满州〔洲〕与蒙古无论在地理上、经济上，都有密切之关系，日本如欲在满之势力巩固，必须夺取蒙古，然后才有充分的把握。所以日本为日"满"经济体制发展上，必须将满蒙打成一片，以便实现他整个"满蒙政策"。更进一步的讲，日本如果实现了"满蒙政策"，更可以要完成他所高唱的"大亚细亚洲"主义，因为他得到满蒙以后，南可以威胁中国，北可以进攻苏俄，军事上可以顺利进行，毫无一点障碍。而日本帝国主义侵略蒙满，更为便利起见，把满洲分为南满、北满，把蒙古分为东蒙、西蒙。自从进兵夺取南满以后，即进攻北满，而北满夺取后，又向东蒙进攻，夺取东蒙后，现在只进攻仅存的西蒙了。我们看蒙古民族现在是怎样的危险，是怎样的迫切，日本帝国主义间〔简〕直要灭亡我们整个的民族了。

（二）自身势力的薄弱——我们蒙古民族的衰弱，不但在于外力的侵略与压迫，最重要的还在于自身势力微弱，因为我们受外力的侵略与压迫，是我们自身微弱所招惹的。如果我们自身强有力的，一切都可以制服敌人，那末相信敌人绝不敢轻意〔易〕来欺辱我们，侵略我们，更绝不能像现在任人宰割，任人蹂躏这种的状态。看我们蒙古民族，现在还是依然过着那上古时代的游牧生活，春夏逐水草而居，秋冬徙山阳而处，听牧畜的自然蕃殖，经济赖以供给。而对于现在世界的进化，人类的竞争，丝毫不在关心。更受满清帝制的羁縻〔縻〕的政策，迷于无为之佛教，人民成〔诚〕心信佛，昏迷不悟，致蒙古民族直到现在，一蹶不振，文化日退，一降而为诸般落伍的民族。在今日强陵压境的时候，不但不能给敌人一个重大的打击，而且使敌人如入无人之境，任意所为。在这种情形下，而我们蒙古同胞还不振作，不觉悟，尚且过着那鼓里马虎的生活，丝毫看不见鼓外严重的局面，对于当前敌人进攻趋势，毫没有认识与准备，所以使敌人如囊中取物，不劳而获，进一次兵，占据我们一块土地。而我们的同胞，受敌人的摧残蹂躏，不堪聊生。敌人是不止境的步步侵〔肆〕行侵略，以灭我民族为目的。

由上两方面看来，蒙古民族现在受外力的威胁，及自身的衰弱，实在影响我们蒙古民族前途的危亡，这是如何使我们痛心的一件事情呢？而生出一种悲观的现象，不过在这种悲观痛心的当儿，还使我们有点希望。

乐观方面的

（一）自觉的表现——蒙古民族受上述两种威胁及影响，于是也感觉自身所受的痛苦，而觉悟如果不起来与帝国主义奋斗，将有灭种的危险，给帝国主义有当奴隶的可能性。在这情况之下，竟有自治运动产生，这可以说是蒙古民族自觉的先声。换句话说，也是蒙古民族抵御外侮，图谋自身生存的表现。从此复兴我们蒙古的最高机关——自治政务委员会，应唤起我们醉生梦死的同胞，努力于各种新的建设事业，提倡教育，启发蒙民知识，促进蒙旗文化，提高蒙民生活，革除一切陋习，积极努力接近现代文化。这样我们蒙古民族还有生存的希望，帝国主义的侵略也许可以制止，已失的土地也许可以收回，蒙古民族也许可以恢复过去光荣的历史。

（二）彼此隔阂的打破——中央与蒙古，在过去的情形是隔阂的，无论中央方面消息，或蒙古方面的消息，终是两相不了解，以致有种种的错误之观念。就蒙古自治运动发生来说，内地人士尚多不了解，还说什么有某国的背景，这就是表现国人对蒙古没有切实的了解与认识。但是我们全国军事最高领袖蒋介石氏，他对于我们蒙古民族是很开〔关〕心。在去年游历西北，曾到绥远，与复兴我们蒙古民族最高首领云、德两王相见，对于蒙古问题有切实的会商，尽量采纳蒙大〔人〕意见，打破从前的隔阂。蒋氏并考察蒙民的痛苦，以及关于蒙古改革应兴的事项，这都给以蒙古人民热烈的希望，而蒙古民族于此前途上也渐露曙光。

总之，凡我蒙古人士不要因帝国主义的侵略压迫，以及自身的衰弱而悲观，忘却复兴蒙古的职责。因为悲观是懦怯的表现，在这种危险的过程中，悲观倒不如与一切的敌人奋斗，或者得到最后的胜利。更不要因有点希望就不去干，我们终要振作精神，努力奋斗，任何势力都不能压〈倒〉我们的意志，不屈不挠。在复兴我们蒙古民族的云、德二王统治之下，更在我们蒋委员长指导之下，复兴我们蒙古民族，绝不要气馁。大战后的德意志强胜，

的正图。

2. 养成高尚的人格　人之处世，其所以令人拜服，群众赞助，而无抱怨之心，漫骂之时者，其必有高尚之人格，能令人景慕。若人格卑鄙，行为不正，遇事只图自私自利，不顾为公为民，行不足以为人之楷模，貌不足以作人之师表，言不足以使人咸服，如此人也，若彼辈也，其虽有运筹帷幄决胜千里之才，拔山举鼎翻江倒海之雄，吾想其必难免众叛亲离之恨，怀才莫展之叹也。此可知人格为做人之梯阶，事业成功之媒母。现在我蒙古青年，将来俱为人领袖，为振兴礼义计，为提倡道德计，为将来事业计，应于今日，先养成高尚的人格，以备作他日人民的导师。望我青年共勉，休遗憾于将来耶!?

3. 锻炼强健的身体　西哲云："强健之精神，寓于强健之体魄。"可知人有强健之身体，才有强健之精神，有强健之精神，才有伟大之事业。今当我蒙古土地削弱之时，危机四伏之日，绝无安闲之事业可寻，快乐之生活可求。必须有吃苦耐劳之精神，不怕颠险之志愿，于荆棘中求生活，于薪席上谋出路，庶几能救民族于未亡，保民族于久安也。是以我蒙古青年，所负者重，于今日也，应急锻炼出强健的身体；能受苦处，能忍劳怨，这种百折不挠的精神，预负东敌暴日，北抗赤俄，恢复昔日之光荣，完整大好之领土，使我蒙古民众俱有雄壮之体格，强健之精神，望我同胞，努力勉之!

4. 努力改进蒙古社会　我蒙古人民，犹处封建社会上，以致人民有守旧之心，无进取之志，以守旧为合理，以务新为不法，演成社会文化落后，人民知识低下，为世界最衰弱之民族，为世界最萎靡之分子，宰割由人，抵抗无力，几乎将被人灭亡，遭天然淘汰矣！所以我们青年，要存改进社会、繁荣社会之心，救国家、救民族之志。使封建社会之人民，成为现代社会之原子，将守旧之心理，变有进取之志向，除去昔日一切之恶习，养成今日一切之美德，暮气沉沉之民族，成为生气勃勃之健者。此是我们青年，急应注意的工作目标，岂可忽乎哉。

5. 努力增加蒙古生产　蒙古人民，是过游牧生活，除倚靠马、牛、羊生活外，无其他生产。这也是我蒙古人民生活困难、经济窘枯，最大之原因也。欲使人民生活宽裕，实力充足，除增加生产一途，实无他道。但凭空呼喊，纸上谈兵，是毫无所补，莫济于事。必须我们青年，于求学时，要注意生产知识之获得，实业技能之养成，以备将来到社会去提倡生产事业，从事生产事业，所谓"充实国力，兴复民族"，其在斯乎？其在斯乎？此为余对复兴蒙古民族，最相信的一点。不增加生产，人民生活不能宽裕，人民生活如不宽裕，民族的力量即不能充实，民族的力量若不充实，其免灭亡乎？是复兴民族可乎？俱不能也，既不能，我们宜设法生产，以求充足民族力量。

总而言之，我蒙古青年，要能使自己的学识丰富，人格高尚，身体强健，精神雄武，而成一完善的人；再去努力我蒙古社会之改进，我蒙古生产之增加，造成一新的蒙古，即为我们工作之目标完成之一日，而达到复兴蒙古民族终极的目的。这是作者好久以前认为我们蒙古青年做复兴蒙古工作最好的目标，望我青年，三复斯言！

《蒙古前途》（月刊）

南京蒙古前途月刊社

1935 年 20 期

（李红权　整理）

复兴蒙古民族与东亚和平

贺守先　撰

前言

　　自从十八世纪机器发明以后，给世界上一个极大的变化，就是以国家民族利益为中心的帝国主义，因工商业的发达，资本的澎涨，不得不专向国外广求消纳商品的市场和攫取原料的地方。帝国主义者由于要解决这个极重要的难题，于是运用政治上、军事上优越的势力，来征服物产丰富、势力衰弱的国家，成为他们自己消纳□品、攫取原料的殖民地。而我们蒙古民族，地大物博，更受满清帝制的愚毒，一蹶不振，这样一来，切巧给与帝国主义者施行侵略良好唯一的对象。而日俄两帝国主义者，因环境上的特殊，对于我蒙古的侵略，时时刻刻很显明的暴露着。然而日俄两帝国主义者，为囊括东亚，称雄全球，对于侵略蒙古，积极不遗余力向前进攻，由此势力上的猛进，便形成两国经济上、政治上、军事上极端不相容尖锐化的冲突。在不久的将来，复有日俄大战的可能性。这便是日俄两帝国主义者侵略蒙古，而造成东亚极端不安的现象。现在只将日俄两帝国主义者侵略蒙古过去的情形，而造成东亚不安的事实来检讨一回。

苏俄侵略外蒙的经过

苏俄因气候、地理上的关系，极需要暖海的口岸，以便解决他军事进行上的困难，于是不惜东征西战，广求暖海口岸。而苏俄对于这个问题，自彼得大帝以来，是积极不遗余力以求其实现。考苏俄对于暖海口岸之广求。有西进、东进两方面政策。盖西进政策以近东、中东为进攻的对象，而近东其可取之途径有二：一为越瑞典、挪威以出大西洋，二为越巴尔干半岛取君士坦丁堡以支配鞑靼尼尔海峡。而中东是以阿富汗、波斯以出波斯湾。东进的政策以远东为进攻的中心地，其可取之途径以越西伯利亚侵略满洲以出中国海。而苏俄对于西进政策最为适合其理想，因为地势接近的关系，更加近东病夫的土耳其，一蹶不振，衰弱无能，当然不是强大苏俄的对敌。苏俄在这种观点之下，故自十八世纪末期以迄十九世纪末期，对于西进政策无所不用其极，以期获得相当之成效。不幸苏俄对于西进政策的图谋，突受英、法、奥诸国阻碍，给与苏俄一个大大的打击，昔日之雄图，遂形成空洞之理想。而苏俄经过这次的失败，知道西进政策不可图谋，乃不得不转便〔变〕其进攻的路线，于是一个大半面的向左转，来施行他东进的政策，积极从事于经营远东之侵略。盖苏俄对于侵略远东之理由，就是因为远东诸国，其势力之衰弱，更甚于近东。然而日本虽说实行维新，但是日本的势力，还未有昭示于欧人，且欧西诸列强，对于远东之干涉有鞭长莫及之势，在这种情形之下，苏俄对于远东政策之进行，丝毫不停息，其目的在于求得太平洋之门户。这样一来，不幸又与日本势利上发生恶化的冲突，于是就有日俄战争的发生。不料战争的结果，苏俄大败，于是苏俄乃知日本之势力不可侮，远东政策之进行不可图，于是苏俄不得不退避三舍的来从事经营外蒙。苏俄自一七二七年与清缔结《哈〔恰〕克图条约》以来，对于侵略外蒙之雄心渐露，屡与清廷缔结续约一次，苏俄便在外蒙取得种种权利。迄后苏俄因见清廷之威严，遂渐衰弱，而不得不在外蒙作进一步之侵略。苏俄除条约上所获权利而外，尚有其他种种对蒙政策，于是仿效清廷对蒙愚民政策，一方面利用喇嘛教，不惜巨资，建筑宏状〔壮〕寺院，使蒙民迷于无为之佛教，借以买好外蒙之人心，另一方面，用种种方法，利诱蒙古王公，使外蒙脱离清廷，倾向苏俄。此后苏俄对外蒙的侵略已根深蒂固，适值清末变法自强，于是内外大臣，高唱对蒙从事殖民实边，教权削损，施行新政，预备立宪，因此遂惹起外蒙独立，虽经中国政府严重抗议，亦属无效。于是一九二〔一〕八年外蒙王公、喇嘛受不了苏俄之压迫，乃恳请中国政府派员援助，并取消自治。当时徐树铮为西北筹边使，进驻库伦，而对于蒙民更加压迫，于是更惹起蒙民愤恨，遂有外蒙二次独立之举。现在外蒙的自治，谨有其名而无其实，而一切的势利，皆在苏俄操纵之下，殊为痛心。

日本侵略内蒙的经过

日本自明治维新以后，一方面由于资本主义之特殊发展，一方面由于军国主义之疯狂的发达，于是在对外侵略史上构成了有名的两大政策，就是日本人所高唱的南下海洋政策和北进的大陆政策。而南下的海洋政策，是以台湾作根据地，向南洋及福建、广东一带施行侵略。在一八九四年中日甲午开战，中国大败，于是日本获得台湾及澎湖等岛。欧战以后，德国在赤道以北的领属地完全为日本所夺取。这种种的侵略，都是表现日本海洋政策的成绩。但日本这种海洋政策，是不能够满足日本的意志，而彻底施行下去，因为世界各帝〈国〉主义者，老早把世界的殖民地如美洲、非洲、澳洲、印度等地分割净尽，实在使日本没有插手的余地。日本如果向东进展，便与美国利益冲突，再向南进攻，又与英国利益抵触，向北进展则与阶级斗争的共产主义苏俄，根本两〈不〉相容，发生利害的冲突。由于这种种关系的原故，所以使日本的海洋政策不能十分贯彻实行，乃不得不转移其阵线，实行他北进的大陆政策。而其大陆政策进展的范围，是以日本北部的朝鲜以及满蒙，中国的北部为目的地。日本于一八七六年之强迫朝鲜订约，便是日本开展大陆政策的先声。自此以后，日本在朝鲜之势力，日益伸张。不幸朝鲜内部有新旧党之冲突，以致最易引起中日两国之骚动，于一八八五年日本派伊藤博文至天津，与中国李鸿章订立《天津条约》，承认朝鲜为中日两国共管地。于一八九四年朝鲜东学党乱事，引起中日两国正式开战，结果中国失败，清廷不得已，乃派李鸿章和日本议和，订立《马关条约》，强迫中国承认朝鲜独立，这样日本在东方的势力遂有一日千里之势。更于一九〇四年日俄战争的结果，日本夺取了苏俄在远东一切的权利，于是日本乘着战胜的余威，对于中国不惜种种狼〔狠〕毒狡诈的手段，旋〔施〕行侵略，如对中国二十一条约之蹄〔缔〕结，非法继承德国在山东一切权利，日人在济南大行斯杀，及朝鲜惨杀华人，和万宝山案，以至于九一八事变，这都是日本实现北进政策成绩之表现。日本对于大陆政策是积极进取，不遗余力，在甲午年战前在朝鲜，日俄战后便移转其阵线于东三省，自九一八事变更由满而蒙，以便实现其整个的"满蒙政策"。虽于一九三三〔二〕年而日本所谓的"满洲国"已正式成立，然而对蒙古的侵略，是始终不变的，以便实施他理想的"蒙古国"。

敬告蒙绥执政长官

云占标 撰

蒙绥地处边陲，与强邻毗连，虎视眈眈。自九一八事变后，乃国人共知，日人无理进占我东北四省，犹以为未足，近来几无日不设法进袭我西蒙及整个华北地方。在此种千钧一发之际、危急存亡之秋，凡有热血的爱国同胞，执政同志，早应舍身杀敌，毁家纾难，卧薪尝胆，以谋脱民族之危亡，洗雪国家之奇耻大辱。地处头道战线的蒙绥二地政府，更应如何精诚团结，群策群力，共御外侮，乃不幸于近日间，蒙政会为筹措建设经费，依据中央规定之《蒙古地方自治原则》第七条规定，前在蒙绥一带设卡征税，不料因起绥省当局的异议，致酿成纠纷是也。吾人认为此次蒙绥纠纷，借于表面观察，似无多大关系，但考其实际，却有莫大的关系。兹将蒙绥现处的地位，略举下面以供我蒙绥各长官、王公等惊心者也。

日人在西蒙的活动

自暴日强占东北四省之后，国人都为苟安无事，不知日人之满蒙政策，倡之已久，既得满洲与东蒙一带地方，焉能放弃沦亡半壁之西蒙，就最近日人在西蒙之活动，很可看出进占我西蒙的野心未熄：

1. 日人在张垣一带的活动，据各方的考察，张垣日使馆，其建设规模很似兵营，馆内有馆事一人，武官二人，书记二人，夫役数人，内设有无线电台，每月开支不过千五元，而在国的报销，则有二十余万元。此很显著事实，乃因日人在西蒙作其他费用所占大半也，其特别用费，据各方调查，则为谋进兵犯我用也。查该处日使馆，内有武官秘作军事之调查与图形之测绘。张垣的饭馆及其他背秘的地方，专为汉奸接洽秘事之处所。医士专贩买〔卖〕毒品，以麻醉我民族者也。

2. 日人在西蒙各地方，常派青年及汉奸到各盟旗，以热河优待蒙古王公之伪例，诱惑西蒙各蒙旗的王公、啦嘛，挑拨蒙汉间的感情，亲向日本方面，并赠各种食物、药品、手枪及无线电等物，以作蒙古各王公的欢心，好在各盟旗探得实确的情形，如调查村落、山川、民情，以及宣传等工作，皆是有关军事、政治、经济等。

3. 就日人在西蒙的横行，我们也可以看的很明白，日人自热河失守后到西蒙者，虽无确实的统计，但我们大略观之，得〔的〕确不在少数，他们皆分散各处，三三五五的到各处工作，并非大队人马骤集一处，以免地方长官的看透，其主要工作，盖为军事行动的计划也。

团结一致共御外侮

团结一致，才可达到安内御外的目的。而今日本对我们的侵略已一日迫近一日，我们的危机已经迫在眉睫间了，我们在这内忧外患的当头，只有团结是刻不容缓的急务，且亦是一促〔蹴〕可成的机会，况我蒙绥地处荒凉之区，文化落伍，经济困敝，形势危急，能力薄弱，此时惟有两地政府，应该同心协力，有艰苦则共同设法除去，有关国家大事，则应公开讨论，有计划则应共同审核，有助我繁荣者，则一致欢迎，有欺我过甚者，则一致反抗。吾人以为蒙绥两地政府相处，除上所述而外，第一要打破一切隔阂，形成双方共存共荣的观念，绝非常存异议而起纠纷，须知蒙古□蒙古的政委会，乃是中央的蒙委会，而是代表整个的中央蒙古，直接图谋双方交利共益，同舟共济，完成其唇齿相依之关系者也，接间所负巩固国防挽救危局之责任，乃为整个民族生存打算，绝非为某一族，而抛弃于他族者也。

《蒙古前途》（月刊）
南京蒙古前途月刊社
1935 年 21 期
（丁冉　整理）

由哈尔哈事件谈到外蒙古

直夫　撰

今年一月二十四日，在黑龙江与外蒙接壤的贝尔池地方哈尔哈庙，日伪军与外蒙军突然发生了冲突。其肇事原因，双方各执一词，互相推诿责任。苏俄发表消息，谓系伪军侵入满〔蒙〕境，而日方则谓系蒙兵越界开枪，真相究竟如何，颇难明了，横竖也不过是两伪国因境界不明，而发生的争执。关于这次争执，在我们中国人看起来，只有愤恨与伤心，根本不需要而且也无从辨别其是非曲直。这好比两班强盗都明火执仗的闯进我们的院落，分据我们的室屋，现在又纷哎相向争夺我们的财产，我们除恨我们自己身体不健壮，无法保护我们的祖业外，又有何心肠去辨别他们的曲直。劫掠我们东四省的强盗，他在东四省奸杀焚掠的情形，报纸杂志都有详细的记载，是我们深知道的，劫掠我们外蒙古的强盗，他在外蒙古作些什么事情，他在那里的一举一动，我们尚茫然不知，外蒙古简直成了一秘密天地，对之有宗主权的我国，不但不能行使我们的主权，而且不知其间作何情况，这实在是一件憾事。本文的目的便在把外蒙古的情况，作一个简略的报告。自然也不能把外蒙古各方面的情况，都能详述无遗，仅不过就几种零碎材料，把他整理起来而已。然而说也惭愧，我们的材料，竟是从日本方面得来的。

一　赤色蒙古的出现

"外蒙古共和国"，也像"满州〔洲〕国"为日本的傀儡一样，为苏俄的傀儡。外蒙古"政府"的各主要机关，都有俄国顾问，掌握实权。甚至有些机关，简直就公然以俄人为首领。现在我们先把"外蒙古共和国"成立的经过，叙述一下。

外蒙脱离中国，而由苏俄的援助宣言独立，是十几年以前的事。他们自以为是脱离了汉人的压迫，而建设了蒙人自治的乐园。然而前年外蒙人逃出了这个所谓乐园，到内蒙古打算长久居住的，竟约有二万人，这二万人相当于外蒙人口八十万的百分之二·五。外蒙住民为什么冒着死的危险，而逃到内蒙呢？待后面再说。

外蒙的独立，有很久的历史。外蒙全住民所信仰的喇嘛教活佛哲布尊丹巴，于一九一一年（清宣统三年）十一月，在俄国援助之下，宣布独立；同时俄国骑、炮、步兵，续续开至外蒙古，集中库伦，压迫中国军队，使由外蒙退出，其年十二月五日，改国号为大蒙古帝国，哲布尊丹巴即位为皇帝。这表面上的独立，于一九一五年（民国四年）六月七日，由中、俄、蒙三方面会议，成立《恰克图条约》，便消灭了。然而根据这条约，中国在外蒙虽有宗主权，却允许外蒙有自治权；外蒙虽为中国的领土，关于政治问题却须于〔与〕俄国商酌办理，这也是中国国耻史上，值得注意的一页。

一九一七年俄国革命爆发后，俄国自然没有顾及外蒙的余暇。白俄谢米诺夫便乘势勾结蒙匪，欲在海拉尔设立蒙古政府。活佛自觉前途危险，求援于中国政府。乃于一九一九年（民国八年）派徐树铮为西北筹边使，率兵四千到库伦，遂取消自治，废除前订之《中俄蒙》等条约。后复册奉〔封〕活佛为外蒙古翊善辅化博克多哲布尊丹巴呼图克图汗，外蒙复为中华民国的完全领土了。

后来白俄谢米诺夫，及白党败将巴龙恩琴，都曾在外蒙活跃一时。巴龙恩琴且于一九二一年三月占领库伦，利用活佛为君主，宣布二次独立。

当时苏俄国内革命已告一段落，于是俄国赤党乃开始向外蒙活动，他们借口驱逐俄国白党，向外蒙进军，指导蒙古国民党于恰克图设立蒙古临时政府。并于一九二一年夏派红军占领库伦，仍利用哲布尊丹巴为领袖，组织新政府，这次活佛依然是傀儡，实际是俄国的别动队，青年革命党，掌握了政治上的一切，至一九二四年活佛圆寂后，遂取销君主改变外蒙古为"共和国"。

在与改变外蒙为共和国同时，外蒙古的政治，也急转直下的被共产化了，当时持异议的稳健派被处死刑的很多。当这恐怖主义正利害的时候，便是现在的赤色蒙古出现的时候。

一九二四年十一月新"外蒙古共和国政府"开国民大会于库伦，首先改库伦的名子〔字〕为乌兰·巴特尔·哈达（意为赤色武勇之都），宣布土地、森林及其他地壤，全为劳动国民的共产，贸易国营，废除革命以前的国际条约及借款，摧残蒙古人生活第一义的宗教，苏俄露骨的把外蒙完全"赤化"了。当时所制定的《外蒙古共和国宪法》也与苏俄的宪法，在实质上没有丝毫差别。一九二四年（民国十三年）在北京订定的《中俄协定悬案大纲》上，虽有（一）苏联承认外蒙为完全中华民国之一部及尊重该领土内中国之主权；（二）苏联政府，声明俟有关撤退苏联驻蒙军队之问题，在协定第二条所定会议中商定，即将军队尽数撤退两条，但实际这条文已成具文，迄今外蒙依然完全非我所有。

二　"外蒙古政府"的组织及主要人物

外蒙"政府"的组织，完全模仿苏俄。国家的最高机关为大国民议会，大国民议会休会期间，主权由小国民议会行使，小国民议会休会期间，以小国民议会之常务委员会，及政府之国务委员会行使。所谓大国民议会、小国民议会、国务委员会，其产生方法及其职权，与苏俄的苏维埃大会、执行委员会、人民委员会实无差异。政府方面的国务委员会，系由主席、副主席、军事及经济委员会委员长及内务、外交、军务、财政、司法、教育、农牧各部部长，及审查院长组织而成。兹将其政治组织，图列如下：

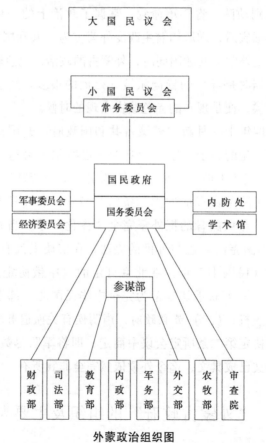

外蒙政治组织图

现"外蒙古共和国政府"各机关之主要人员如左：

执行委员会主席　阿木尔

执行委员会书记　爱利多曝

国务委员会主席兼外交部长　根图谈

军务部长兼军事委员会委员长　基米图

财政部长　陶卜庆

农牧部长　榷帕尔桑

内防处长　拿姆沙莱

内政部长　梅恩特

司法部长　丁得堡

教育保险部长　江木样

三　外蒙工业化的真相

"在外蒙首都乌兰巴特尔，大工场建设起来了，外蒙古正在大踏步的向工业化的道路上进行着。"这是苏俄向全世界放送的电波，然在我们接受这消息以前，我们对于外蒙工业化的情况，须加以相当的考察。

在乌兰巴特尔（即库伦）的国营工场，有砖瓦工场、制材所、酒精工场、羊毛纺绩场、制铁工场、羊毛精制所等，还都在初期时代，其中虽有二三工场已开始工作，然大部分仅设备刚刚完成。

蒙古国民革命党党魁，亦即劳动组合长多恩巴图鲁曾说：在蒙古的劳动者，在库伦现有五千人以上为组合员，其中，中国人一千五百，机关雇用人及本市吏员一千五百，女裁缝师组合员六百。这数字明白表示蒙古的一切工业，几乎等于零。总数之中若扣除二百个剃头匠兼外科医生，及四百个汽车夫，则与一般工业有关系的蒙古人，尚不满千人。库伦的工场的工资，比较中国要高的多，差不多和俄国的工资率一样，工场劳动者每月甚至可得二百卢布，各工场都把工资的百分之一二作为社会保险费；实行八时间劳动制，星期六与纪念日之前一日，劳动时间为六小时，一年不请假者有五星期的公休日，半年不请假者有十四日的公休日。然而外蒙古的工场劳动者，仍然占极少数。

"外蒙古正在大踏步的向工业化的道路上进行着"（？），那么工场的主人是蒙古人吗？外蒙古人果是工场的指导者吗？实际外蒙古人自身在外蒙古工场里服劳役的和黑人在美洲一样是被酷使着。外蒙古愈工业化，文化愈进步，则苏俄在外蒙的势力愈益增大，他们蒙古人——自己不知明日命运的愚昧游牧人们，也愈沉入于亡国之深渊中。

在苏俄压迫之下，逃亡内蒙的外蒙难民，在前年一年之中逃入锡林郭勒盟的约四千八百，逃至乌兰察布盟的约七千，逃至伊克昭盟约八千。由此可以想见外蒙人民的一般情形。

蒙古人的家畜是他们的生命，然现在在外蒙古家畜全部移为国有，外蒙人民仅只是受国家的委托负保管的责任。而且每人每年只许从他保管的家畜中，屠杀三头作为食料，若违反此规则而多杀一头作为食料，不是没收其家畜的全部，便是枪毙其家族，所以食料困难，实出人意料之外，白面二十几元一袋尚买不到，掘食草根在外蒙并不算稀奇。

在这种压迫之下，蒙民因不平不满，直到现在仍在各处时有暴动。

四　苏联在外蒙境内的军备状况

然而这不平、不满不爆发为全面的内乱的，最重要的原因便是俄国在外蒙有强大的军备。俄国的军备一方面是镇压外蒙的反俄运动，而他一方面不待说便是防备日本向俄领的军事侵略。俄在外蒙的总兵力约五师团，多半配置于外蒙古的东部桑伯斯至贝尔湖南岸哈尔哈河附近。

在外蒙的苏俄军备，以库伦为中心的有骑、炮、机关枪混成兵一万八千，炮大小四门、高射炮七门、重机关枪一百三十架、轻机关〈枪〉二百四十架、坦克车八辆、装甲汽车十八辆。此外尚有可收容二百架飞机的格纳库，其中有轰炸机二十一架、侦察机二十三架。并有科学兵器制造所一处，内有技师三十余名。陆军大学、土官学校各一所，现在收容学生共约三千五百人。

在桑伯斯没〔设〕有飞机场，平常置有约百架军用飞机，在克鲁伦左岸车臣汗飞机场配置有约三十架飞机构成的轰炸机队。在汉恩台有骑兵五百、炮兵、机关枪队、坦克车六辆、装甲汽车若干辆的大兵营。自哈尔参〔哈〕庙至乌尔逊河下流右岸，经常派有汽车队及骑马队巡罗兵。

在恰克图设有兵营七、军需工厂二、飞机场及格纳库、陆军学校等。

在外蒙西部的兵备，有常备兵二千二百名、野炮三十八门、坦克车八辆。

以上是苏俄在外蒙的军备实力，这已经足使外蒙人民战栗而不敢有所反抗了。此外尚有土著之蒙古军。外蒙的土著军队，据称有五万人，但现在由于义勇兵的增加，实际总数约有七万五千。外蒙现在实行的是征兵制，每年八月年满二十一岁之壮丁，均须入伍，其兵役年限为二年。又每年四月召集年满三十一、三十二、三十三岁之壮年，施以三个月期间之军事训练。外蒙军队之编制共为五个师团，一师团分为四兵团（每兵团之兵力约二千五百），每兵团分为四支队，每支队又分为四小分队。此外苏俄曾选拔五百名外蒙青年在苏俄施以共产主义的速成教育，为"赤化"外蒙之干部，同时苏俄在外蒙的有七千名苏联指导员，五百名苏俄劳动者，以及为建设产业的一千五百名苏俄人，配置于各方面。苏俄在外蒙的势力，及其对外蒙的野心，由此可见一斑了。

五 结论

从上面的记载，我们可以看到，所谓"外蒙古共和国"，实际上是苏俄的一部分，外蒙人民虽不满意于伪统制，然因在苏俄高压之下，不能而且也不敢有所反抗。由外蒙人民冒着死的危险逃向内蒙，我们可以知道外蒙人民的内向心理还很诚挚。在中国现状之下，自然没有力量去恢复领土，然而我们对于内蒙人民生活的改善，确须要十分努力。因如此不仅在消极方面，可使内蒙人民无携贰之心，而且在积极方面，可给外蒙人民以好榜样，使其内向心更为坚决，以作将来收复外蒙的准备。写到这里，我希望政府当局及内蒙政会负责诸公要特别努力。

《西北公论》（半月刊）

张家口西北公论社

1935 年 21 期

（李红权 整理）

"察东告警"之远因近果并望政府注意两点

子瑜　撰

"假如当年中国军阀不侵犯热河，而企图扰乱满洲国，就没有当年华北事件之发生。"这是代表日本军部的言论机关——《日本外交时报》——所发出的有力宣传。此种口吻，明白指定中国为侵略者，而中国方面终于武力屈服之下，撤退了关、黄两师；更换了冀、察主席；结束了军分会治下的政治机关，更由中央颁发了睦邻通令，种种退让的事实，使中国默认为华北事变的责任者。据一般学者推测，此次华北事件结束，冀、察可暂保无虞，惯于苟安的中国国民，未曾料到华北事件结束的不久，察东沽源事件随后又来了，我们都知道这次是以某方为背景的李守信部袭击沽源，也许数日后，中国在名义上又要变为侵略者亦未可知，这种把戏是不难猜想的。

这次袭击察东的借口，是某方要求将张北、沽源、宝昌、商都、康保、化德六县交给蒙古保安队驻守。也许我方当局在应许的过程中，态度方面不甚慷慨，以致引起自命为友邦的不满。目前吾人应注意的，是否仅为蒙古保安队进城问题？即使我方慨然允许，是否今后可保相安无事？我们为了得到问题的真象，不惜将友邦的假面具暂时去掉加以研究：第一个要讨论的问题，此次察东事件何以要涉及蒙古保安队问题？此事对察省而言，可谓别开生面，另换花样；对日本而言，仍为其一贯的满蒙政策，毫无疑意。所谓"东蒙"早已变成"满洲国"的版图，现在西蒙（包括察、绥锡、乌、伊三盟）又无时不在被垂涎之下，所以有土肥原氏出而游说西蒙各王公，薛〔锡〕盟乌珠穆沁部向"满洲国"献良马；所以今春的宝昌上空有屡次散放传单，鼓吹日、蒙、"满"是三位一体的兄弟。这都是表示满蒙政略的急进化，而在这种政策急进的当中，随时有发生察东事件的可能，恨不得将田中奏折中所说的"蒙古大源共和国"即日实现。因此在"保安队越界剿匪"借口之下抢占了沽源二、四两区；在"张北扣留无护照之日人"的借口之下，迫令华军撤至张垣以南。假设再有一二事件发生，则"蒙古大源共和国"之组织可即日完成。进而言之，即无事件发生，以日方观之，亦无碍大体，盖日方所虑的非无口实可借，维尚愿遮饰国际的观听。试观正当满蒙联欢程度最高之际，而有苏联军事委员会会长莫洛特夫密派高级参谋及专门人员勘察内蒙实地情形，继之七月一日英国下院开会讨论内蒙事件，并由诺克斯爵士提出请外长令驻北平英国大使对内蒙作一报告，致使侵察的进行受了打击，不得不把沽源事件延至今日再重爆发；不得不再改头换面怂恿蒙古保安队驻守口外六县。

第二，从"经济"、"军事"上决定日本不会放弃侵略察省，大凡以工业立国的国家（如日本）第一离不了工业品的原料，如棉、毛等物；第二离不了维持工业动力的煤、铁、石油等。在中国方面的矿产，长江流域一带，多因条约限制已固定其势力范围；或因历年开采蕴量不多，现在最使人注意的矿区，要算察哈尔了，据美人罗塞尔（Russel G. Sbiman）论断，察省铁矿储量，几占全国百分之四十。而日本为促成统治察省矿产，近来有两个〔两〕趋势：第一，察、满交界上不得安静，并提出维持地方的治安；第二是日本有意义的要求，如晋、察间铁路的敷设。最近以满铁为中心的华北投资，也无非要以输出察省铁矿和大同的煤矿为主要对象。所以不惜牺牲，满铁投资预额计四亿五千八百余万元日金，预计大沽、塘沽变成冀、察、绥的最大吞吐港，特派与日本军部交好之松冈洋右为满铁总裁，使计划早日实现。同时，日本每年由外输入的羊毛约在五万吨以上，当然不会忘记察、绥是羊毛的产地，所以日本的开国功臣们屡有"开辟察、绥牧场和改良畜养"的计划出现。

就军事而言，当此日俄关系恶化之际，热、察变为日俄注意的焦点。日本殆将以多伦为中心，一支向南经过沽源二、四区直达南口，截断平绥路之交通，一支向西北进攻库伦，取得锡盟及西蒙之全部，进而由锡盟之苏治、滂江直迫外蒙臣车〔车臣〕汗部及其交通重心之乌得。日本之积极目的在此，故不惜背弃信义，前者要求撤退察省六县华军，继而要求蒙古保安队入城驻守。这是日本一贯的政策，绝不是像中国报纸上所说的"起于双方误会"，我们相信察省版图一日不变色，这种"误会"永远不会解释的。

第三要注意的问题是察省本身有无抵抗外侮的心意与能力。惭愧得很，据我们所知道的实情，沽源二、四区的日"满"军，固然大部分是由于他们强行占领，同时有些村落不堪黄守忠部队的遭扰和捐税的负担，甘心到日伪方面欢迎住屯。这种情形并不希奇的，回忆长城战役时，屡有热河民团协助日伪消灭汤军的事件，我所不相信中国民众丧心病狂，不相信他们甘心亡国，他们所以要如此去作，就是在两条死路比较之下，要找一条临时苟安的办法。察省的消息，一向外界不易得到的，如像占据延庆的一千多土匪，距今已经三阅月，并未引起社会人士之注意，今春察东饥民前后三四起，人数以千万计，沿独赤大道人民公然抢粮，赤城县城以小米一升即可换来十龄女郎。此种惨状，即以目前中国言，亦殆无甚之者，诚以察省危亡之际，吾人愿政府，立即变更施政方针，以苏民困，为国家培养原气。谨就所见，略陈二意：

一、察省民众可分两类观察：一为知识分子；一为无知劳农。察省人才固为缺乏，然中等学校尚有七校，每年大学毕业人数平均不下三十左右，东洋留学者不乏其人，美欧归国者亦有之。维独察省一切政务，始终无地方人士过问机会，察区改省之初，省政、党务尚有一二地方士绅点缀其中，其后省府屡次因时局改组，变成一朝天子一朝臣，事无大小，悉听外省人士指挥，使察省知识分子深感察民只有纳税义务，而无参政权利，不免渐对国家有所失望。即以今年而论，平、津各国立、私立大学毕业之察籍学生，迄今半多赋闲，如此大量之知识界失业分子，潜伏于察省各地，待机寻求职业，而现职人员又多为兼差兼职情形，察省将来前途，实堪忧虑。为察省计，为社会计，为国家计，希望察省执政诸公以地方为前提，尽量收容地方人才，在人地两宜之下，进行一切善政良策（以上应参看实业部编制之《中国经济年鉴》最后附录栏内，建设厅所用工作人员与各省加以比较，及省府公报）。

二、政府应急速努力之事：（一）彻底剿除察境土匪；（二）派员实地堪〔勘〕察灾情，办理急赈，并组织国营通讯社，随时将边区情形报告内地，引起全国同情，使察省人民捐〔眷〕念祖国，不致因失望而进为绝望；（三）立即免除苛捐杂税，此为无可再缓之事，盖以目前察省仅以口北九县（因延庆已被匪长期占领）支持庞大之省府开支，早已山穷水尽。六月十五日《世界日报》仍称："独石口骆驼每头纳税二角，车二元，牛、马一元五角。宣化、蔚县、赤城、龙关尚有所谓'锅口捐'、'门牌捐'、'人口税'等奇特名目，每人月纳二元至六元不等，不缴不能，欲缴无力，民众呼吁无门，情极可悯云。"六月五日《大公报》云："察省地瘠民穷，而税捐繁重，以故商民交困，百业不振，兹将现行各税，就调查所得，分志于下：（一）营业税，每月营业收入满百元者，征收千分之十；（二）牲畜税，征正税百分之三，附加省教育费百分之一；（三）牲畜牙税，征正税百分之三，附加省教育费百分之一，以上两种，除纳正附税百分之八外，尚须另给牙纪百分之三，共计百分之十一；（四）米粟牙税，征正税百分之二，附加地方款百分之六；（五）米粟斗捐，征正税百分之一·八，以上两种，除纳正附税百分之四·四外，尚须另给牙纪百分之三，共计百分之七·四；（六）油牙税，征正税百分之三，附加省教育费百分之一，地方款百分之三，共计百分之四·三；（七）煤炭牙税，征正税百分之三，并无牙纪；（八）木料牙税，征正税百分之三，附加省教育费百分之一，地方款百分之三，共计百分之四·三；（九）粉面牙税，征正税百分之三，并无牙纪；（十）麻牙税，征正税百分之三，附加省教育费百分之一，地方款百分之三，共计百分之四·三；（十一）铜铁器牙税，征正税百分之三，附加省教育费百分之一，共计百分之四，并无牙纪；（十二）梭布牙税，征正税百分之三；（十三）棉花牙税，征正税百分之三；（十四）药材牙税，征正税百分之三，以上三种，均无牙纪；（十五）苇席牙税，征正税百分之三，附加省教育费百分之一，共计百分之四；（十六）干鲜食品牙税，征正税百分之三，附加省教育费百分之一，包括筱〔莜〕面、荞面、糖、酱、鱼、海带、虾、糖饴、瓜菜、蜂蜜、鸡子、粉条、杏干、瓜子、干菜、花生，计十七种，各共征收百分之四；（十七）水果牙税，正税征百分之三，附加省教育费百分之一，地方款百分之三，共计百分之四·三；（十八）皮牙税，正税征百分之二·八，并无牙纪；（十九）毛牙税，正税征百分之二·八，并无牙纪；（二十）屠宰税，牛每头四元，附加地方款一元，羊四角，附加地方款一角，猪六角，附加地方款一角五分，骡、驴、马、驼各一元，附加地方款四角；（二一）车牌捐，大车四套每年三元，三套二元五角，二套二元，单套一元五角，轿车三套三元，二套二元五角，单套一元五角，牛车五角；（二二）酒类产销税，每百斤正税洋二元五角；（二三）酒类公卖税，每百斤正税洋二元四角；（二四）烟类产销税，每百斤正税洋二元五角；（二五）烟类公卖税，每百斤正税洋二元；（二六）印花税，按照本省单行条例粘贴，较各省重而且繁；（二七）麦麸牙税，正税征百分之三，附加省教育费百分之一，地方款百分之三，共计百分之四·三，并无牙纪；（二八）面块牙税，正税征百分之三，附加省教育费百分之一，并无牙纪；（二九）煤炭税，正税征百分之三，附加省教育费百分之一，共计百分之四；（三〇）店牙税，税率同煤炭税；（三一）蘑菇牙税，税率同煤炭税，并无牙纪；（三二）硝磺税，税率未详；（三三）蒙盐产销税，税率未详。"

《西北论衡》（月刊）

西安西北论衡社

1935 年 21 期

（朱宪　整理）

复兴蒙古与鸦片

标　撰

欧西人常说："中国是普遍鸦片的国家。"其实内蒙各省，向来是出产鸦片极著名的区域，不消说，住在内蒙古各省的住民，吸食鸦片烟的，实在是不胜胪指而计，洋烟灯几乎家家都有，不染芙蓉癖的人，虽然没有精确的统计，但我可以大胆的说，恐怕不到十分之三四。我就绥远省包头来讲，曾有绥远报登载一段小小的调查，在包头城里的烟馆有一百一十余家，每日平均莅馆食鸦片烟者，达七千七百余人，销售烟土二千二百余两（熟烟），价值三千二百余元，商店及住户，终日明灯吸食者，犹未在计算之内。最可惊人的，在一般人民中，平均岁数在十五岁以上之青年男女，皆可自烧自吸。因此我们可以想象到内蒙各省的鸦片流毒是如何的剧烈，如何的普遍了。我们从这里亦可以回想到内蒙历年灾情的惨重与灾祸的延长，土匪的普遍各地，民族的逐渐堕落与颓唐，文化的落伍，社会的凌乱，蒙民的畜牧破产，哪一件不是与鸦片烟有直接或间接的关系呢。因此我们可以知道，鸦片烟对于一个国家的强盛，对一个民族的复兴，的确是有莫大的关系。现在是二十世纪的文明时代了，鸦片烟充满了我们民族的大部分，这谁敢说不是一件危急灭亡的事？又谁敢说不是一件滔天的耻辱？又有谁不承认是一桩亡国灭种的现象呢？所以我蒙古民族的复兴，固有其他之条件，但我以为扫除毒氛，亦为我们复兴民族的主要条件之一。

　　自九一八事变后，蒙古失去了东部，已给我们民族流下不少的疮痕，在事实上已经告诉了我们多多的复兴民族的决心，就是说，不复兴民族，在这宇宙间是没有生存的地位，唤〔换〕言之，若想脱离我们现有的危险，收回失去的土地，非复兴民族是不可能的事。但是如何复兴民族，我在这里虽然不详细叙述，可是我以为复兴民族必须要有两个具体条件，就是在积极方面，必须要提起民族的振兴精神，而在消极方面，尤应扫除一切毒氛。盖毒氛不扫除，则民族健康不能恢复，民族精神逐渐萎靡；如果民族健康不能保持，精神逐渐萎靡，则所谓复兴民族者，亦只是徒托空言而已。所以我随着复兴民族的呼声，希望中央当局，对内蒙的禁止鸦片流毒的工作，应如何的努力。更望我当地的蒙古自治政府，除其他的努力而外，更要在扫除毒氛方面，深刻注意，决心努力！

《蒙古前途》（月刊）

南京蒙古前途月刊社

1935 年 23、24 期合刊

（聂慧英　整理）

我对蒙地考察团的态度

公人　撰

自从蒙古自治政府成立以来，国内国外的关心蒙古问题者，皆涌涌不断的至蒙古各地，考察一切实情（或团体或个人），住在沙漠以畜牧生活的蒙古同胞，每日皆可看得见内地的男男女女的同胞，及外国人士的足迹。尤其在当地的王公公府，差不多每日要招待多少次，如此的把时间也不知耗费了多少。前日据某报登载，有某国考察团到了西蒙一带考察，现在要返东蒙了，他们在蒙古，且有实迹的考察，如今也有多次信件寄至平、津等地的使馆内，猜想他们定有多量的实情得到，以供祖国的参考，所谓知实情，以作侵略之计划。所以现今在蒙古地方的考察者，有两种情形的对立。

1. 谋侵略而至考察。不消说，是侵略他国土地而做自己势力范围的帝国主义了。他们考察的最高用意，亦当然是作侵略的企图，绝非考其实情而济助也。自东北事变，日人占据了我满洲及东蒙，俄国即受到莫大的打击，知道日本占去满洲与东蒙，乃必进西蒙及外蒙，所以两国几有冲突之险。近来蒙古各处，常时发现日、俄的考察人员，三三五五成群单奔，散居各处，考察当地之地理、民情、物产、村落等。我们由此几种考察的目标可证明，他们并非为济助当地人民而考察，乃谋军事的活动、经济的侵略、政治侵略而至考察。

2. 为开发而至考察。自九一八事变后，国人以为国防的重要，乃胜于一切，故常关心蒙古问题，政府当局也派员考察，或私人热心去考察者，终是来往不断。不过我们深信考察最高的目标，乃在考其当地实情，以作将来之扶助或现下之开发。换言之，就是把文化落伍的蒙古民族，提之于水准。但在现下的考察人员，他们完全负了真意，以为考察是一件容易的事。此固然不能一概而论，而其中一部分负考察使命者，他们却有吃饭之心理，他们只有受当地人的热心招待，他们对于人民的生活等实情耗〔毫〕无了解，他们只能挪移旧的考察录，作他们发表文章的材料。所以像这样负有考察使命的诸位，只会空谈文章，他们是否做下一点成绩呢？我敢大胆的讲，固无成绩可持，反给了蒙古同胞〔的〕无限失望。我从前接到蒙古朋友的来信云："考察团是讨债者。"我们由这个名词，便可知道一般人对他们的印象如何。我并不反对考察的同胞，实因他们过去考察，只求表面，求空谈，不注实际。现在蒙古同胞的一切都是落伍的，就在生活方面说，那是如何的痛苦呢？对卫生的不讲究，饮食的困难，所以蒙古政务委员会，有见此种弊端，即在本年该会二次大会时，对此事亦有议决，故望政府当局，不但派员考察，且当委托蒙政会办理，如此去做，定有很大的收获呵。

总之，我们对无成绩可持的考察团，吃喝便走的考察团，求表面不重实际、求空谈或发表几篇文章的等等考察者，我们都是不欢迎的。我们再对帝国主义的考察者，应极力设法排斥，再将种种的重要工作，应委托蒙政会担负。如果能照此去做，将来定有相当的成绩，显著的效果。

《蒙古前途》（月刊）
南京蒙古前途月刊社
1935 年 23、24 期合刊
（李倩　整理）

复兴蒙古民族与几种必要的运动

锐成　撰

一　复兴蒙古民族与自觉运动

现在蒙古社会上，一般青年，都是在昏迷大雾中过着惨淡幽雅的生活，天天口口声声的呼喊着，蒙古在极盛时代，由我们祖先成吉思汗亲率兵旅，出征别国，行军所至，都望风披靡。其纵横八年，灭国四十余个，及至其子孙也能步祖先的英武，更囊括欧亚二洲，造成盖世无双的霸业。当时对于世界文化上、交通上，都有极伟大贡献，并且自己能创造文化，能吸收文化，这诚然是我们祖先努力的结晶。文化支配力的伟大，不但我们自己乐于承认，就是世界各学者，也是不能少加一些推翻的言论。

但是自己夸张祖先光荣的史迹，认为是现在复国图存的唯一法宝，这是大错而特错。因为那些光荣，已经成了历史上的泡影，于现在的事实无补。我们又不能把已转过的时轮再拉回来，我们更不能往坟中把成吉思汗，及数十万勇敢善战的将士掘出来，替我们为社会、为民族而努力。倘若还有人说欲复兴民族，非夸张祖先的光荣不可，那末，必陷于梦想徒然，不成事实。

所以我希望已寄生于今日，蒙古社会中的男男女女老老少少，用冷静的头脑，思索一下，观察一下，更详详细细把四周环境探审一下，是不是允许我们自己夸张，自己唱高调，可以复兴民族。事实告诉我们，假若还是照现在式的昏昏噩噩的，继续下去，恐不久的将来有被淘汰在宇宙外边的希望。目前我们为安慰九泉下的死者，也要舍一点权利，拼一点热血，来振刷一下吧！

二　复兴蒙古民族与教育普及运动

教育的功能，是在知识技能的获得，启发人民的智慧，涵养人民的道德，促迫〔进〕社会的文化，图谋社会人群的进步。现在我们体察蒙古社会上的人民，是否获得充分的知识，是否有启发智慧的机会，是否促迫〔进〕社会文化及社会人群的进步？可以说能实现教育职能的教育机关，诚是凤毛麟角。我们晓得一个民族能飞腾于世界，必要凭着两种力量来维系：一是精神文化，一是物质的文化。而精神的文化是赖于教育的力量来培植，而物质的文化，是人类精神文化的创造。然而现在的蒙古社会上，对于创制人类精神文化的教育事业，毫无设施。以后想使蒙古民族永重于世，非从事于倍〔培〕植精神文化的教育事业上着手不可，况且教育又是可以兴邦兴民的工具。现在我们举几个先例看看：

德国在十九世纪初，在耶拿一战，被拿破仑败后，割爱尔巴河以西的地与法国。腓特烈威廉三世，乃发愤图强，他曾说："我丧师失地，捐〔损〕失国家对外的权力和光荣，现在只有努力教育，发挥内部的权力和光荣了。"

在这种悲惨的空气中，前耶拿大学哲学教授菲希脱（Bichte），到柏林作四十次公开讲演，《告德意志国民》中的壮语："……民族的复兴要从教育奋斗……"结果于一八一三年联俄、奥大破拿破仑，一九〔八〕七零年普法再战，终于在巴黎奏凯旋歌。

波兰是被各列强瓜分过的，他是陷于极坏的状态中，但是波兰作最大的努力去反抗的对象，是大多数民众的愚昧。而一般爱国的志士，只为教育而企图，以望祖国文字不至丧失，国民思想依然存在起见，所以不遗余力的来兴办教育，集合青年民众，共谋复国大计，并且他们常呐喊着"由教育以达到自由"，结果国家复兴，人民走上了自由之路。现在热心复兴蒙古民族者，还能够抛弃普及教育一途而趋于别途吗？

三　复兴蒙古民族与喇嘛解放运动

喇嘛教原发生于西藏，在明朝末年方传入蒙古。起初喇嘛教不过是一种宗教的组织，对于政治、民知，不发生什么影响、什么障碍。直到满族抚有蒙古，深知蒙古人民的强悍、文化程度的高尚，恐将来不能永久臣服其下，乃利用喇嘛教羁縻愚昧蒙民。于是遂开优待喇嘛之端，在蒙古各地方不惜重资，建筑光辉灿烂的寺院，广招喇嘛，并且按月供给月俸、食粮，使一般喇嘛不劳而食，更有帝谕保障，免除征缴课税，明命规定五丁抽二、三丁抽一之制（愿当喇嘛者极端欢迎，不受此限）。于是愚蠢的人民，受了他们的诱惑与威吓，把天真烂漫的，前途不可限量的，将来为蒙古救星的儿童，送入了地狱式的囚牢的寺院，充当喃喃的喇嘛。终日除拜神念佛而外，而专门从事于死后登天堂的幻想。

他们不但成了拜神念佛的专家，并且受了清延〔廷〕的限制，禁止娶妻生子，屠杀生物，因而形成民性的懦弱，人口的减少，由此看来喇嘛是阻止社会进化的障碍物。今后凡热心为蒙古民族谋出路，为蒙古民族谋幸福者，哪能不从阻止社会进化的喇嘛解放运动上着手？

四　复兴蒙古民族与卫生运动

卫生是保卫一个人的健全生存，其重要则关系个人的幸福、社会的繁荣、国家的存亡、民族强弱至大。卫生既是维持人类健康的不二法宝，然而四顾现代蒙古社会中，对于个人卫生、公共卫生的实施如何？他们还是停滞在社会进化的第二阶段——游牧时代，根本享受不到廿世纪医药的文明。他们有了病灾便预备若干香纸、酒醴、三牲等，向神仙祝祷，免灾保家。可是在实情上，除灾病不能免脱，反而耗费了多少金钱，这是何等的愚蠢，何等的不经济，结果只有呜呼哀哉。目前少有资财者还延请喇嘛医生诊治，喇嘛医生多半手术不良，药品欠清〔缺〕，能取死回生的医生寥若晨星，因此死亡率日增，影响人口的繁殖甚大。现在从事民族复兴运动，首要工作为介绍新的医药文明，设立医院，宣转〔传〕卫生知识，转换迷信的观念，俾人民趋向于卫生卫族一途。

《蒙古前途》（月刊）

南京蒙古前途月刊社

1935 年 23、24 期合刊

（李倩　整理）

蒙古如何渡过目前的危机

杨润霖　撰

倭奴吞并华北之野心，日益显露，而其在华北之势力，亦日趋澎涨。此次河北事件，解决的结果，吾人虽不得而知，但据形式上看来，无可疑者，中国保障之力量，久已被人驱逐，整个之华北，早在日人掌握中矣！我们蒙古，地接华北，车辅相依，唇齿相助，一旦华北阽危，日人肆虐，全蒙古土地，难免株连。于此危亡临前之期，朝不保夕之顷，我弱小蒙古，向无准备，于华北殆危之目前，将如何努力，渡此关头，使不为华北之续也？吾想势虽薄弱，不难出奇计以制胜，运用得法，何妨以小而敌强，惟视其努力何如，应付若何耳。以余管见，我蒙古目前之危机，欲求安然渡过，必要有以下之准备，庶可保全一部分势力，不致一蹶不振也！

一、全蒙古同胞要有一致的团结——我蒙古民族，今日其所以弱，固然原因复杂，种类不一，但有一部分原因，是由内部涣散，无有坚固团结。我敢断言，所以当今日也，处斯境也，实不许我再如以往，醉生梦死，麻木不仁，应全蒙古同胞，有一致的团结，不以私利存诸心，而以公益置诸内，除去己见，服从公意，团结弥坚，破坏无由。然后集中全蒙兵力，统一指挥，严加训练，使各个具有吃苦耐劳之精神，为民族牺牲之勇气，杀身成仁之意志，以勇猛之军，敢战之士，分布各要塞，严阵以待，以逸待劳，临险持要，与暴日见一雌雄，强敌虽凶，得勿稍杀其勇，而敛其迹乎？

二、与毗连各省要有相当的联络——我蒙古四围，毗连内地各省，极应互相联络，勿相猜忌，况同病相连〔怜〕，危亡将共，未有蒙古独亡，而内地各省得保安全者也，亦未有内地独亡，而蒙古得以复存者也。吾想各地当局，亦必乐于互助。是以我蒙古，若与接近数省，有切实联络，如战端一开，自己兵胜得以放心直前，一鼓制胜，若事实相反，复可做一退守之地，以备将来反攻之机，其益实多，望各以诚相见！勿因现时小利，而蒙后日大害焉。

三、请求中央与以充分的补助——蒙政会成立，今已年余，于此期间，中央虽拨几万元，给蒙政会，图会务开展，但因蒙古土地广大，百废待举，一勺之水，难解千人之喝〔渴〕。况停发无常，多出敷衍，不能以充分之力量，来辅助蒙政之进行，其中曲直，姑置不论，但以五族一家口号狂呼之今日，实不应有此缺点之发生。所以望我蒙政诸公，秉以至诚，请求切实辅导，而中央亦必要放弃敷衍手段，与以充分帮助，不但蒙古或可渡此难关，中央亦获巩固国防之利也。事急矣！情危矣！望各相见以诚，勿再徘徊，与暴〈日〉可乘之机，而遭无穷之祸也！

总而言之，蒙古欲图自救，渡此危机，以上所举，虽不敢云尽是，若本此挣扎，亦必有一线生机，盖全内蒙古人口，计调查结果，不下五十余万，若有一致的团结，力量不可谓不雄厚矣！四周各省，又联络有方，有如一体，不相仇视，退守进攻，俱有裨益。中央方面，不坐视，不猜疑，如经济、军械，再接济充足，辅导有法，若然我敢相信战争爆发，我蒙古民族，虽不制胜，但必有以杀暴日之野心，与保全自己之存在稳固，决不致丧遭〔遭丧〕亡之惨，灭种之祸矣！不知我蒙古在朝诸公，以及在野贤达，视余言，以为然耶？抑为否耶？

《蒙古前途》（月刊）

南京蒙古前途月刊社

1935 年 23、24 期合刊

（丁冉　整理）

绥蒙纠纷问题

张韶仙　撰

问题的核心

　　绥远与蒙古，一向相安无事，近来突然因为税务的争执，双方引起纠纷，演成一个很严重的问题。这个问题的严重性，不在税收本身的劈分问题上，而在绥省府与蒙政会政权的划分问题上。因为所谓税务的纠纷问题，只是政权划分问题的一个附属问题，政权划分问题解决了，税务纠纷问题也就解决了。

绥蒙原是一家

　　绥远与蒙古，在地理上原是一家，分不开的。现在绥远省的行政区域，就是当年的盟旗地方。绥远正式建省，是北伐成功后民十八的事。民元以前属厅治，即当时所谓口外十二厅是民国十八年以前，是特别行政区，十二厅是民元正式改县的。集宁于民十一正式改县，固阳于民十二正式改县，包头于民十五正式改县，临河于民十八正式改县，其前身均为设治局。民十九设沃野设治局，民二十设安北设治局。综合十六县、二设治局，这便是目前绥远省政府实际上治权所及的区域了。从行政区域上说，当然，乌、伊两盟与土默特旗，名义上也属绥远省管辖。

蒙政会的经费问题

蒙古地方自治政务委员会，根据去年二月二十八日中政会议定的《蒙古自治办法原则八项》，于同年四月在百灵庙成立。原则一项规定，蒙政会"……直隶于行政院，总理各盟旗政务……经费由中央发给，中央另派大员驻在该委员会所在地指导之，并就近调解盟旗省县之争议"。三月七日，国府明令，派何应钦、赵戴文为蒙古地方自治指导正、副长官。经费每月定为五万元，嗣后又核减为三万元。指导长官公署，几度酝酿，迄未成立。经费，因他种关系，亦未能照发。

在这期间，蒙政会的工作，几完全陷于停顿。在会服务的人员，只由庙供给宿膳，不另支薪。六月，蒙政会曾有组织百灵庙饭店，开采百灵庙附近煤矿，兴办百灵庙至绥远之公共汽车，在河西坡下建筑蒙政会新厦等拟议，而终因缺短经费，不能实现。于是在当时有一部分蒙人主张蒙政会独立，脱离中央的隶属关系。八九月间，德王独立之说，果然甚嚣尘上。据当时报载，从滂江（在百灵庙迤东）访晤德王归来之萧使振瀛谈话，德王表示，如中央对蒙古有办法，其本人绝对内向。这所谓有办法，自然侧重经费问题。不过这时，中央与蒙政会尚未求得谅解，中央的钱当然不肯发给。

中央的钱拿不到手，穷困的日子如何过呢？这时，又有一部分蒙人主张在盟旗地方，由蒙政会自行设关征税，以供给蒙政会的开支。那时，适值蒋委员长巡视西北各省，十一月到达绥远，德王到绥晤面。这次两领袖的晤面，使中央与蒙政会，得到谅解不少。自此以后，蒙政会的经费便可按月领到，政务也稍就轨范了。

税收纠纷的由起

蒙政会经费数目的核定，当年蒙代表所持议者为每月十二万元，其后定为五万元，最后又核减为三万元。这三万元，在蒋氏与德王未晤面前，中央与蒙政会尚未得到谅解，也领不到。于是，一部分蒙人倡议的自行设关征税，终于取得了蒙政会有力者的信任，而在绥远盟旗地方实行了。

蒙政会实行征税以后，最有利害关系的方面，就要算是绥远省政府，与往来于西北道上的商民了。不消说，蒙政会设关征税，无形中会影响到绥省的税收，使绥省财政发生不安与恐慌的状态，更会影响到西北的商民，加重他们的负担。

特税问题

所谓绥蒙税务纠纷问题，乃指特税而言。西北甘、宁等省特货（鸦片）运往绥远，或经过绥境，向由绥省禁烟稽查处科税。这笔税收，据说，实际上每年有三百万元之谱，对绥省财政上，自然是很大宗的收入，补助不浅。现在绥省每月负担的二十六万元军费，其中有九万五千元就是指从这项税收下开支的。在蒙政会未成立以前，禁烟稽查处多在百灵庙设卡，其他各盟旗亦有类似机关，征收尚称顺利。自蒙政会成立，遂大受打击。去年，大批特货运经黑沙坨（百灵庙迤西）一带，蒙政会勒令缴税。于是绥蒙税务纠纷，由之而起。

调处经过

纠纷问题发生以后，何委员长即派北平军分会高级参谋萧仁源前往调查处理。萧氏于上月下旬，偕稽查处会办张钦、绥省府参议陈玉甲，赴百灵庙与蒙政会首脑德王晤商，二十七日与德王签立特种税收协定两项，规定：（一）绥远省政府稽查处在百灵庙、善丹庙、黑沙坨、太阳庙所设支分税卡，改称驻某地绥远省政府蒙古地方自治政务委员会联合稽查处，由双方派员会同查验挂号，以资稽核；（二）所有税收按绥七成蒙三成分配。

张甘汽车保护问题

上项税收协定由萧与德王签字，拟即携至绥远交绥主席傅作义签字后，纠纷即可解决。乃德王突又提出下列附件声明，要求绥省府承认："蒙政会察省张甘汽车公司，业经呈准蒙政会保护通行有案，嗣后蒙政会对于〔应〕汽车往来负责保护，绥方不得过问。"这样一来，问题又扩大了。旋察主席宋哲元，曾分电德王及傅主席，声明两项：一、不能涉及察省；二、不能以张甘汽车路为解决条件，且所谓张甘汽车路，根本不通。

张甘汽车往来于张家口与甘肃之间，是专用来运输所谓特货的。甘肃是出产鸦片的著名省区，据统计每年产量在一千五百万两以上，全省不种烟者只九县（按甘省辖县共六十四县）。这批所谓特货，多运往绥、蒙、察等省区销售。而运往这些省区，又必经过绥远的境界，绥远禁烟稽查处多赖此维持。若德王所提出的附件声明，绥省府加以承认，不啻把这笔税收，完全由绥省府让渡给蒙政会。而同时所谓前两项特种税收协定，也因为附件声明的存在，等诸其〔具〕文。所以按情理而言，绥省府断不能承认。

绥省府的苦衷

再从绥省的财政情形来说，绥省府每月负担的二十六万元军费，有九万五千元指着这笔特税支付，这是上面已经提到的。自去年全国实行废除苛捐杂税以来，绥省废除十三种，减少财政上的收入本已不少。自今年起，绥省府又实行四年禁绝种烟的计划，烟亩罚款逐年减少，更使目前的绥省财政，陷于穷困。苛杂不能重征，烟亩罚款逐年减少，如果这笔特税再被蒙政会一手承受过去，谁敢相信，绥省财政不因之而引起不安呢？这是一个事实问题，也是绥省府的苦衷，而不能不力争附件声明的。

黑沙坨驻军误会问题

自德王提出附件声明后，双方在绥谈判，意见日趋疏远。德王曾电蒙政会驻绥办公处指示，如附件退回时，将两项办法一并收回，附件不接收，上两项亦作为无效，意甚坚决。而绥省方面，则以附件声明与两项办法精神上根本矛盾，且及于绥省财政前途之影响至巨，亦未肯接收有附件声明之两项办法。至此，萧代表仁源乃离绥返平，把问题由绥远带到了北平，由地方而移于中央。

正值此时，又引起一个问题，就是蒙政会对于黑沙坨的驻军发生误会。萧代表到平以后，蒙政会驻平代表包悦卿接德王一电，大意谓：现黑沙坨驻有绥军三团，蒙政会保安队约五千至七千人，双方距离甚近。又，德王致何委员长电，表示"万一发生冲突，事体扩大，以致边疆多事，绥方当负责任"。从此，可见蒙政会对于附件声明的争执，不惜以军事相迎，是如何的坚决了。

据黑沙坨驻军长官表示，在黑驻军，是因"前者陕西共匪有经过绥境与外蒙第三团国际勾结之说，并希图用汽车运输械弹以事扩张"，奉太原绥靖公署密令，调派一营防范，并无三团之众，且与蒙旗设卡一案无涉。但开拔驻扎之期，适在今日〔年〕一月，故予蒙方以甚大之注意。

普税问题

蒙政会实行设卡征税以来，对于绥省府最有利害关系的，是特税问题；对于西北商民最有利害关系的，是普税问题。据包头店栈各商宣称："近来各家代客发出之货，路经河西达拉界柴磴地方，设有蒙政会税卡，又经杭锦旗哈达免地方，亦有蒙税卡，更行强暴，以致俱被阻拦。据驼户回包报告云，两处共拦驼户驮七百余担，非照绥定章，每驮一只征税洋一元，货每担征洋两元，细货临时估价，强行纳税，不准放行。意将价值数十万元之货物，阻留于旷野之地，殊不免有意外危险！"（包头县商会通电）

目前蒙政会在各处设立的税卡，计有百灵庙、黑沙坨、太阳庙、善丹庙、哈德门口、吉尔格朗图庙（以上属乌盟），柴达木、树林召、甘珠尔庙、察汗绰〔淖〕尔、乌蓝额里克、鄂楞那亥武苏、拉卜楞（以上属伊盟）等处。凡宁、甘、新、绥等省来往货物，经过这些地方，一律纳税。其税率，除烟酒特捐每二百四十斤，各征洋四元外，其余各货更分五等：一、特等货，值百税二，金质品及珍贵皮货、药材属之，货价由卡局自估。二、一等货，每二百四十斤征洋三元，银质品及细皮货、化妆品属之。三、二等货，每二百四十斤征二元，羔皮、茶、颜料、糖类属之。四、三等货，每二百四十斤征一元，纸张、毛皮、杂货属之。五、四等货，每二百四十斤征五角，日用、粗货属之。此外，对过境之牲畜（如骆驼、马、牛、骡、驴等）各征过境税，每头二角、五角、一元不等及水草捐若干，在蒙旗境内之牲畜减半。

西北与内地的商路，绥远是一个很重要的枢纽。其次一条路，便是从甘肃经陕西而出潼关了。因为货物到绥远之后，可以借捷便省费的平绥运输，输入西北一带的货，也多由这条铁路先运到绥远，然后分发于西北各省。所以，今日绥远和包头的地位，与张家口同其重要，皆为通西北的要道。西北的商路，好久不能通了。当然最重要的原因，就是往新疆的商路被战争和土匪截断，还有便是与外蒙商务关系的绝交了。"四一二"引起的新省大政变，到去年算是一幕一幕的收场了。西北的商路，从去年起，也渐渐的可以通了。自然，这种侥幸的讯息，商旅听了，是多大幸慰！正在他们兴高采烈的去重新建设西北通商关系的时候，忽然又在盟旗地方遇着许许多多的新设税卡，名目繁杂的新立税捐，当然要引起他们的激烈的反抗了。

绥商界反对

看吧！包头商会通电说："当此商旅开始行动之际"，蒙政会"竟公然阻扰商路，横征苛敛，非置西北商业于绝境不可"。

绥远市商会再呈省政府文说："连日西来商人，纷纷报告，蒙政会所设税卡，近益变本加厉，勒征所及，巨细靡遗；扣货押人，日有所闻。群情惶骇，不可终日。窃查乌、伊两盟，均属绥省辖境。省府综理全省政务，法有明文。商民等运经绥境货物，或已纳子口，或已征统税，应纳国税均经缴足，自厘金取消后，沿途不再重征，载诸税票。乃自蒙政会违法设卡以来，已税货物强令再税，捐细如毛，卡多于林，虽商民等一再呼吁，而钧府淡漠置之！使节往来，尽系妥协之论，报章纪载，未见抗争之词！似于商民利益漠不关心！……如蒙政会所设税卡不能取消，则时贤开发西北之论，徒托空言！而中央取消厘金之令，亦同废纸！"

绥商为什么这样激烈的反抗蒙政会设卡征税？不消说，因为这与他们的生命，有最切肤的要害关系。本来，在西北各省区经营商业，就是经常冒险、历尽辛苦的事。沿途战争的骚扰，土匪的劫掠，和控制通路的地方官吏之敲榨，使许多商旅陷于赔累的惨境，而不敢前进。年来政治渐上轨道，苛杂取消，西北省区土匪，大股肃清，商旅赖以维持者实多。此次蒙政会设卡征税，未经呈准中央，实与过去地方官吏私征税捐，同其性质。其影响所及，不但使西北商务不易恢复其过去的繁荣，商旅步履日趋艰难，而且影响到国民经济上，使外来的商品势力（资本主义的，或社会主义的），进而统制西北各地的处女经济。因为这正是无形中给了他们一个绝好的机会（不管他们有不平等条约的保护，或没有），使他们的商品无须与所在地的国货或土货竞争，就可以独占了西北各省区的市场，而操纵全国的国民经济。这在经济未开发的西北处女地，尤其现露着一个更可怕的险象！因为西北省区，正是中华民族复兴的根据地，文化建设的摇篮呢！然而不幸这些区域的经济，已经充斥着外国商品的实力，贸易权也落在外商之手，如苏俄之于新疆，英国之于康、藏及南疆的一部，均有不可拂的势力，本国经济已居于被统制的地位。在这时，中央或地方政府，对于往来西北的商旅，允宜予以扶助与便利，发展边疆与内地的贸易，逐渐挽回国家的经济利益。站在这点意义上言，这次绥商死命的反抗蒙政会设卡征税，实具有很大的意义，对于发展边疆的国民经济，尤其在沟通边疆与内地经济一点上，为极有益之举动。

持萧氏协定的正文。张甘汽车保护问题，本为不成问题之问题。盖张甘汽车公司，如系商办，则经过之察、绥、甘诸省，皆负有保护行旅与维持治安之责，自应由各地方保安当局分别保护，单独由蒙政会"负责保护"，似无必要，且亦属劳逸不均之举。国家设政，断不应有类此偏劳或过逸之事存乎国中，何况现在张甘汽车，并不通行。至于黑沙坨的驻军，则可由北平军分会派员前往调查，如附近确有匪患，未始不可驻防，否则撤回原防，以免军事上的冲突发生。

普税问题，我们则以为无论〈就〉自治原则言，或自〈治〉原则未颁布前之旧例言，蒙政会不呈准中央主管机关，而擅行设卡征税捐，确有未当之处。蒙政会经费困难，是一个事实问题。原则规定，由中央发给。如有关于兴革地方事业之举，经费确有不足，可妥为计划，呈请中央于建设费用下补助，不应自行征税，增加蒙民及商旅之负担。要知蒙政会与其他一般省政府之类的机关不同，蒙政会最尚的职务，在办理盟旗地方自治。在今日中央积极谋开发边疆的时候，蒙政会对于蒙古地方应兴革事项，果能有详确易行之计划，与积极建设蒙古之决心，则正为中央所欢迎，要求中央增加建设补助费，未尝不能实现。我们希望蒙政会在自治原则之下，努力蒙古地方自治及建设事业。

至政权问题，关涉自治原则与习惯，应由原议定八项原则的机关（中政会），参照地方情实，就绥蒙此次争点所在，逐条加以解释而公布之，作为八项原则的附文。假如蒙政会不是一个无为的机关，往后与绥省的纠纷正多着呢！

关于自治原则应加以解释之点，如"总理各盟旗政务"之涵义，盟旗与省县之关系，盟旗行政系统之隶属问题，皆为容易惹起纠纷，而应在法文上有明白解释者。

其次，依照自治原则第一项规定，中央另派大员驻在蒙政会所在地指导之，并就近调解盟旗省县之争议。指导正副长官，亦早经派定，指导长官公署成立的酝酿，也不止一次。这个仲裁机关，尤望能早日成立，随时指导自治，调处争议。

尾语

这次绥蒙发生纠纷，自谈判到决裂，两方都在法文上辩论，虽然德王说"两方队伍相距甚近"，而终因双方各能持之以镇静，听候中央解决的原故，没有发生不幸事件，这实证明两方皆能在大处着想，以国家为念，严守法治的精神，足为国人所钦仰。

我们最后要提到的，就是绥蒙当局，应认识我国今日边疆之危机，尤其是蒙政会与绥省府所在之地，紧接着日伪的势力，时时有沦受异族统治的危险。这次的纠纷，看来总可以和平调处，不至再惹起什么问题。此后能否相安无事，则谁也不敢预定。

我们觉得在今日的边疆当局，处处要顾到国防与统一。为了实现这种工作，一切以私为出发点的行为，都应抑制下去。因争私而惹起纠纷，由纠纷而进于军事的动作，更是可耻的事。因为我们的敌人，正在旁边窥伺着，等待利用我们内争的机会而实行进攻呢！

边省的危机，较内地为尤甚！因而边省当局与人民所负的国家使命，亦较大而显著。我们希望边省当局与人民，切勿忘记了民族国家的危急，以及他们对于复兴民族与振兴国家的使命，而轻起争端，同室操戈，重演历史的悲剧，则民族与国家，托福无量矣！

《西北春秋》(半月刊)

北平西北春秋社

1935 年 23、24 期合刊

（丁冉　整理）

从意亚争端说到复兴蒙古民族

杨润霖　撰

　　意亚争端，到了现在，已鼓动欧非，荡摇世界，凡稍注意报纸者，莫不知其形势严重矣。夫意亚事件起因，乃为帝国主义者，欲畅其向外侵略之野心，达其殖民东非之欲望，而弱小者，不甘示弱，做人奴隶，思与相抗，以求一线生机。其事件发生原因，诚与我蒙古现在情势遥遥相对，如出一轨，绝无二致也！但原因固一，其结果则殊，日、意同为帝国主义者，同为侵略者，而蒙、亚同为弱小者，同为被侵略者，亚国人民，不顾一切，积急准备，与以对抗，而意国雄焰，因之稍敛。我蒙古人民，反在梦乡，不知大祸临头，安然酣睡，而暴日野心，其何曾有止？岂意大利之侵略欲望不及日本耶？吾敢断言，帝国主义之残忍，各不相下。岂亚比西尼亚之国家情形犹〔优〕于蒙古耶？吾尤敢断言，蒙古与亚国情形，实大同而小异也！究其所以然者，实因奋斗与不奋斗之报答耳。兹列举亚国现状，以证吾言之不谬。

　　1. 亚国土地与人口——亚国土地面积，约一百一十万方公里，在地理上，分为两部分：一为西部山岳区域；一为东部和东南部大草原。草原俱为未化之地，游牧居民稀少。山岳区域，有丰富之矿产，均未开采。该国人口，约数百万，种族庞杂，知识低下，各种宗教，遍于全国，迷信实深，无奇不有。其国内土地荒凉，人口稀少，与我蒙古何异？

2. 亚国社会与政治——亚比西尼亚，乃是一个封建时代的国家，施行君主专制政体，故买卖奴隶风气颇盛，现在有系统买卖奴隶，虽然谈不到，但在边鄙区域，间或有之。不过该国农民，还未脱离农奴生活。在行政上，全国分为七省，每省有一王公统辖，上下组织，亦颇为涣散。其社会情形，及政治一班〔般〕，与我蒙古复有何异？

3. 人民职业与军事力量——亚国人民主要的职业，迄今仍是牧畜，工厂工业，绝对没有，至于手工业，尚称可观，但每金钱外溢，数亦惊人。军事力量，甚是微弱，新式军器与精练军队，于亚国内，实在少见。略称完备者，仅有亚王禁卫军一万余人，不过尚有若干民兵与私人军队而已。同时此私人军队，又没有良好军官统率，又没有经过严剋训练，所以不懂新式战法，以明晃大刀，为杀人利器。其人民职业及军备不实，与我蒙古尤有何异？

亚国情形，概如上述，与我蒙古相比，堪称伯仲。今亚国人民，不怕庞大牺牲，集中全国兵力，纠合全国民心，抱"宁为玉碎，勿为瓦全"之决心，即至"剩一骑一卒终与敌相抗"之勇气，不惜以兵戎与意相见于疆场，以热血洗涤耻辱于东非。亚国之人心决矣！意国之心将敛焉！与我蒙古相若之亚国，竟因国民之奋斗，而国家前途，今将稍露曙光。而我蒙古人民，复不知振作，强敌领土欲望，毫无止竟〔境〕，蒙古前途诚不知伊于胡底！我蒙古同胞！我蒙古同胞！望勿酣睡，请看东非，与我相若亚国，因努力挣扎，将得生存，而我们生命，将何如也?！是以望我同胞，复兴蒙古民族，上焉者，要本亚比西尼亚国王为国努力之精神；下焉者，要法亚比西尼亚人民爱国热诚，乃能使我蒙古民族，得生存于今世。危机迫矣！请速勉之！

《蒙古前途》（月刊）
南京蒙古前途月刊社
1935 年 25 期
（朱宪　整理）

荣总管一年来的政绩

云从龙　撰

　　光阴荏苒，时不待我，倏忽之间，荣氏接任以来，将近一年。在荣氏莅任不久，我曾记得，在《新蒙古》月刊第三卷第一期，有涤新君作《荣总管莅任后之感想》一文。涤新君可以说，对荣氏有深刻之认识。他说："荣氏之文章经济，久为绥人所钦佩，当局知人善用，荐派总管，鸿才硕学，运用有机，深为得人者庆。"当时我们看到此种消息，真是不由得手舞足蹈起来。我旗向来未有得此样鸿才硕学之总管，今日幸得荣氏来主持旗政，必有一番新的现象，救民众于水火之中，我们民众不知道烧了几辈子好香，方才得到这样鸿才硕学的总管。而荣氏以本旗人治本旗事，真是责无旁贷的，况且任本旗之秘书，又有数年之历史，对内部情形，熟习非常，推行庶政，实收事半功倍之效，一年之内，定在内蒙各旗放一异彩。自荣氏接任到现在，差不多一年的光景，在这一年的过程当中，我们将荣氏之政迹，检讨一下，政治刷新的如何，财政整理的如何，教育设施的如何，是值得土默特旗人士注意的。

　　我们举荣氏接任后的两件大事，即知土默特旗大概的政迹情形。荣氏接任，未到一年，即将原有的中学恢复起来，是荣氏接任以来的创举。在一般人的眼光看来，荣氏对于教育，不无努力，恢复中学，提高土默特旗教育程度，在表面看去，是对的，其实际，我旗民众子弟，毫无受到利益。土默特旗，大多数民众，是穷苦到极点，除掉少数小资产阶级的子弟，到北平蒙藏学校、南京蒙藏学校就学外，其余到中政校包头分校，除此以外，大多数学龄儿童，为生活的逼迫，不能得到受教育之机会。我旗虽有一个高级小学校，数个初级小学校，我们平心静气的想想，竟究〔究竟〕有多少蒙古学生。我曾经有个统计，平均十个汉学生当中，有一个蒙古学生。如此看来，土默特旗，是没有学生么？不然，大都为生活的逼迫，不得求学。我们再举个例子，即知土默特旗民众实际的困难情形。前任满总管曾派员到各属目要学生，如有家庭经济困难情形者，得由本旗署按月津贴饭费，如此一来，大批有志青年，齐集于土默特旗高级小学校。其后满总管，因神精病复发，麻木不仁，早令暮改，一般学生领不到生活费，以致高兴而来，扫兴而去。今日荣氏，不顾本旗之实际情形，好高鹜〔骛〕远，听少数人之意见，恢复中学，在我旗经济上，增加负担，在旗民本身上，毫无利益。在过去土默特旗中学，第一届毕业生数十名，我亲眼见到，只有孟绩、高万、谢宝树三个蒙古学生。所以满总管停办中学校，不无理由，此次招生，何能例外。况且什么保证金、制服费、书籍费、体育费、杂费等，种种的苛捐杂税，平均计算，每个学生，每学期数十元。我旗民众遭受天灾人祸，农村经济破产，青年解决生活问题，尚不得其暇，何能拿出数十元之现款来求学。如此一来，不啻拒我旗穷苦青年于校门之外。这是事实问题，并不是攻击私人，吹毛求疵，捏造事实。恢复中学，只不过是安插少数私人，培养多数汉族学生，我并不是有封建思想，反对招收汉生，因为绥远中学教育已有相当的基础。我旗经济有限，将顾己之不暇，何能再来用浩大之经费，办这名不符实的教育，真是"为他人作嫁衣裳"。于〔与〕其这样无聊，用这经费，不如办个完全官费的高等小学校，招收我旗许多有志求学，而因生活问题逼迫，徘徊歧途的青年。内地的教育，是贵族式的教育，因而失败。我旗甘心步内地教育之后尘乎？小学教育因经费困难，尚未有普及，一般劳苦大众的子弟，还不能很普遍的得到享受教育的权利，恢复中学，真是舍本逐末的办法，只图表面文章，不顾实际情形，巧立名目，运用私人，在公家损失甚大，在民众得益极微。小民冥顽不灵，看到这种情形，不觉得痛哭而流涕焉。恢复中学，不知鸿才硕学之总管，用意安在！

其次涤新君又说："荣氏倘能整躬率属，剔除积弊，刷新政治，造福旗民，为土默特开一新纪元。"当然了，鸿才硕学之总管，真是凤毛麟角，不易找到。从荣氏接任到现在，我们在事实上，未有见到有任何成绩表现出来。只看到有极少的新闻稿件与刊物上，吹嘘荣氏之德政，说荣氏如何刷新我旗政治，在这一年过程中，于事业上未见刷新到如何程度，只见荣氏接任以来，由总管公署改组为旗政府，这还是换汤不换药，仅仅的换个新的招牌就是了。谈到改旗政府，殊为痛心。我旗由特别旗，一变而成普通旗，降低我旗的地位，减少我旗的权利，这是鸿才硕学之总管，于土默特旗，空前绝后的开了个新的纪元。蒙藏委员会未有注意到特别旗与普通旗有区别点，所以此次颁发新印，特别旗与普通旗无异，旗我〔我旗〕呈请另铸新印，加特别字样，业已批驳。其他各旗，因无札萨克字样，拒绝接收，不实行改组。我旗既认为新印不妥当，即不应接收。就是接收下，在未有交涉妥当之前，不应当改组，改组已后，再呈请另铸新印加特别字样，当然要受驳斥。这种矛盾之现象，真是滑天下之大稽，虽孩提之童，亦不能出此下策。特别旗与普通旗之别，例如特别市与普通市之别亦然，特别市直属于行政院，普通市属于省政府。我们不想则已，一想则差别甚大。荦荦大者，尚且不谈，我们再举几小小例子，即知道差别之大。特别旗有直接向外保送学生之资格，普通旗则不然，如此一来，岂不是断送了我旗青年求学的前途么？特别旗的总管，是蒙政会当然委员的资格，普通旗则不然，如此一来，委员的地位，亦危险矣！此次新印关系我旗前途甚巨，倘总管畏难苟安，恐怕自己地位发生问题的话，不肯据理力争，敷衍下去，不但总管自己遗臭万年，并且遗害我们全体民众非浅。假若他日与其他各盟旗发生权利上之争执问题，关系总管个人甚小，对于我旗权利上，则损失甚大。最后希望土默特旗的贤达之士们：此次新印关系我旗地位，非同儿戏，假是鸿才硕学之总管，不在根本想办法，我等宁为玉碎，不为瓦全，虽另选贤能，亦再所不计。

　　　　　　　　　　　　　　　　　　　　　二四，八，二四

《蒙古前途》（月刊）
南京蒙古前途月刊社
1935 年 25 期
（李倩　整理）

复兴蒙古与青年训练

春　撰

国家之盛衰存亡，皆关系于青年之强弱。况自近世以来，欧美各国皆以互相通商贸易为名，实行其各种侵略手段，希望完成其野心中的欲望，所以对于其本国青年以及幼年儿童皆如〔加〕以相当的训练，如学生军事训练及童军训练等。在军事训练方面看来，无论在实际情形或外表上，皆以训练一个良好强干的国民为目的，至于侵略其他国家，也不过系其一部分的计划。在整个的计划尚且谈不到，而尤要者，即童子军训练。吾人观其名称不过皆以训练儿童为目的，但在实际上来观察，不啻于现在苏俄的共产主义。我们就拿世界大战时来说，因为当初发起童子军者系英国贝登堡氏，其发起原因，系为侵略其邻邦土人所致。因当时英国之军队不适宜于野外生活，故对于土人之种种侵略甚感不便，乃转移到青年儿童，则以相当的野外生活，且训练其有军事方面的权能，使其在侵略主义中，有敏的见解，有活泼的活动。一般青年儿童本来就有一种大自然性的活泼，现在给他一种相当的训练，岂能有失败的道理呢！所以自英国青年儿童在英国侵略史上占去相当的地位后，各国亦异口同声的继续成立了童子军。但当时无论任何国家，对于童子军的目的不得而知，只知系维持世界和平，保障天下大同，甚至于根〔跟〕着人家喊口号"童子军天下皆朋友，四海皆兄弟"等。而我们自己的国家和民族，尚在醉生梦生〔死〕中讨生活，热血救国、赤心奋斗，尤其谈不到。斯时童子军亦相续由教会传入我国，便先由教会〔成〕设立的学校，成立了什么童子军、救世军。总之是以"天下皆朋友，四海皆兄弟"为目标。一个个童子军都磨拳擦掌的要救什么天上的朋友、四海的兄弟等等。可是我们一时也断不清，或者也须〔许〕是资格问题谈不到吧！直到世界大战开始时，在我国教会中的什么童子军的教练等等，都鼓着一腔的热血返国参战去了，连什么救世的，天下皆朋友的朋友，四海皆兄弟的兄弟，也丢在九霄云外了。而我国童子军，不知爱自己的国家，返而想跟着外国教练救人家的国家，未有参加机会，还有扫兴的样子。唉！还离不了我们这个老大的祖国的家园，千古不朽的民族来依靠生活。但是这一点并不是当时童子军的错误，是过去当局者的错误，未有理会，未有中心训练目标。假若有真实的目标与民族意识的灌输，我想决不至于盲目的被人诱惑。所以自此以后，中国国民党念及于此，始有中国童子军的组织，下定了目标，以国家和民族观念为中心要点，中国的青年和儿童始有了相当训练领导者。就上述草草数语，亦可以证明凡是青年，必须有中心思想和相当的训练；否则，维〔唯〕有经天济世之才，杯中系月之能，恐系是育〔愚〕蠢的举动吧！关于青年应有的精神略述于下。

一　百折不挠的精神

青年是民族的魂魄，社会的中坚，国家的基础。所以，在现代的世界潮流中，无论任何民族或国家，都有一种训练青年的方针，皆因鉴于民族和民族间的斗争，国家和国家间的争权起见，于是乎有种极〔种〕的办法和训练方针的设施。我们试看苏俄青年的训练和目标，他们训练的方针和组织以及目标，皆源于一九一七年大革命后。其原因系因苏俄建国以前，即在一九〇四年革命之时，青年即自动的参加了一切的运动，尤以波兰地方为最盛，后因组织不严，因被帝俄政府之压迫，乃暂时陷于消沉。但是对于革命的思想和信仰等等，因受了压迫的观〔关〕系更益同情和接近。直至一九一七年革命成功之日，苏俄政府念及帝俄时代为维持特权，视一切有志的青年运动真如眼中之钉，不独不加以摧毁，不暇〔加〕种种压迫，且为完成其社会主义之理想和实现，非训练全俄青年始能彻底的理解和行奉，以及身体活动的严格训练，不能延长其国家寿命。所以有共产主义的青年国〔团〕的成立，以克苦耐劳的精神，和严格训练的方式，其训练目标，即以养成一个现实的、勇敢的、牺牲的、为人类谋世福〔的〕而奋斗的人生观，为其最底〔低〕限度。扩大来讲，以支配全世界为目标，且对于世界的文化活动和善良的公民训练，亦极为注意。此项训练与我国今日之新生活运动相似，其他如法国、意大利、日本等，都有一种相当的训练。但是苏俄等国的青年，是由于国家的来训练。可是说到蒙古的青年则不然。蒙古民族，地处边域，文化落后，交通不便，连年天灾人灾。蒙民大多数皆以游牧生活为主，近年时疫，流行遍地，各种牲畜皆影响而日益衰落，甚至于生活问题不能解决。所以处于此种情形下的蒙古青年，何能得到相当的训练，青年虽有爱民族之心，埋没于恶劣之环境。蒙政会自成立以来，因经济有限，各种建设事业，尚且无从着手，故对于青年训练的问题，尚谈不到。表面上虽有学生干部的训练，不过系有限的几个，对于整个的蒙古青年训练问题，尚不能有具体的解决。各方名人杰士以及各王公，皆以身作则的，前往努力办理，都有相当的责任，不顾生死的向前干去。我蒙古青年，应有百折不恢之精神来求民族生存，谋民众福利。认清目标，然后整个蒙古才能有相当的办法和复兴的可能。试观吾先祖成吉思汗，在元朝开国之初，东冲西杀，每日在生死相连中过生活，结果始有名振世界、古今第一伟人之号称。我们观察其所以如此，并非有先天之美，后进之余，实因当时环境之压迫、刺激之所为。在九岁时失去父爱，后与其五弟一妹同养于其母之手，尚被泰亦赤兀族属袭，九死之余，始得一生。不幸在未久之期又补蔑乞儿部复袭，其母身亡，而爱妻被虏，后得克烈部之援助乃破之，才得到之安息生活。乃始知其父被塔塔儿部所杀，乃一方为自卫起见，以作周身而设想，再一方有不共戴天之仇，何能坐视不报乎。所以吾先祖之争战，亦为民族革命之萌芽者，即对于欧美各国之各种民族之盛衰兴亡及种种文化事业，有极大的影响，且为东西洋史上最大、最文明的统治者。吾先祖所以走到这种地步，实在说起来，就是有解决自己的志向的决心和能力，希吾辈青年借镜共勉之。

二　建设蒙古的决心

一个民族复兴，一方面政府应有相当的建设，一方面全体蒙古青年应有的充分的准备。我们青年对于蒙古民族的贡献未有别的东西，只有我们头颅和一腔热血，为我蒙古争自由而奋斗，为我蒙古争生存而牺牲，这才是我们青年应有的精神的表现。我蒙古民族，才不会永远的在黑暗的势力和万恶的帝国主义的铁蹄之下。我蒙古青年，抱定坚苦卓绝之态度，吃苦耐苦之精神，不投〔偷〕生怕死，"杀身成仁"，才是我们理想的青年。一个民族要谋独立求生存，必须民族有自信力。假使我们青年事事觉得不如别的民族，结果不是被别的民族消灭，便是处于奴隶的生活。蒙古民族现在所处的地位，已经达到了最危险的程度了，东有日本窥视，北为苏俄淫威，若是照这样的一天一天的下去，还能够保持着民族固有的精神吗，发扬固有的文化吗？所以青年要有坚绝的民族的自信力，然后才可以谈到团结奋斗和复兴民族的理想，方不愧为现代的蒙古青年。

自近年来，边疆问题的严重，一天比一天的利害，在整个的中华民族来说，是前途危急的一大关键。满、蒙、回、藏各族所处之地位，都是直接在各帝国主义者的威胁之下，所以感受到的痛苦与危机，我想人人的脑海中一定有深刻的印象和痕迹！所以在此种情形中，我们应先来团结，然后才能谈到救国救民，尤其为蒙古民旅〔族〕的青年，在这样的一个环境里，忘谈〔应该〕积极的精诚团结，切莫抱有漠视的、敷衍的态度。我们回首想想整个的蒙古民族，现在已经是分的七零八落的了，只有西边的一小部分，还在风雨漂摇中，还是待我们青年去苦干。不管结果如何，所谓之"只问耕耘，不管收获"，这才是青年应有之态度。拿来大无畏的精神，埋头向前去苦干，但是我们出了满腔热血①。总而言之，所以我们为巩固边防，为自己民族复兴，必须先由训练青年做起。就是将百折不挠，有进无退的精神，建设新蒙古的决心，灌输在青年脑海中，切实的一步一步的向前干去，才是复兴蒙古民族的基本工作。愚见如斯，希读者指正。

一九三五，九，十五，于京

《蒙古前途》（月刊）

南京蒙古前途月刊社

1935 年 26 期

（刘殊林　整理）

---

①　原文如此。——整理者注

复兴蒙古民族青年应有之态度

贺守业　撰

当此国际风云日趋紧张之际，各帝国主义正在施行其强暴之手段，侵略弱小民族，时以狡滑之头脑，来迷弄蒙古青年，煽惑蒙古青年。他们那种勃勃之野心，无时无刻不是虎视眈眈、妙想非非，而欲夺吾全蒙，图害蒙古民族，此种悖理之野心，诚令人拊膺切齿，痛恨不已。故值此危机之际，我们被蹂躏下之蒙古青年，应赶快振作精神，为国家、为民族图强，再不要消沉彷徨，而束手待毙，任人宰割。现吾蒙古民族，已处于强邻环伺、危机日伏之环境，而我们蒙古青年所负之复兴民族责任，如何繁重，已远非其他青年所可比拟。故吾蒙古青年在此时期，应以苦干之精神，站在时代的战线上，站在复兴民族的前锋上，抱着拼命奋斗，坚决不断的意志，而为吾蒙古民族，励精图治，使吾民族走向复兴之途径，而将来图存于世。否则，二次大战，一旦爆发，吾民族之厄运，实难幸免，此实事之昭然，无可讳言者也。在此种恶劣之环境中，若吾蒙古青年，倘再沉迷不悟，则民族之前途，诚不堪设想矣。以此看来，我们青年之责任，如此之重大，那末，我们就应在此民族复兴当中，具备以下几种态度，为吾民族，奋斗图强者也。

一、应有吃苦之精神　观吾过去有些蒙古青年，对于吃苦似乎根本谈不到。因其终日所过之生活，过于放荡，以致养成"苟且"、"偷安"、"敷衍"、"享乐"的心理，而遇事即不能持种吃苦耐劳之精神，切实去作，只是敷衍了事而已，哪有尽己之心力，而忍苦去作的，固然其中亦有，但是很少很少啊。同志们，我们回顾吾祖先成吉思汗，有如何之伟大，在过去从苦中为国家、为民族，东奔西跑，而有"马踏西欧"、"鞭策东亚"之威势，而今吾人何不继之，使吾民族强立于世，思之能不愧哉？故吾蒙古青年，再不要作那种享乐之迷梦，应在此时代之环境中，下个最大之决心，始终以吃苦之精神，为国家、为民族，作复兴之工作。现吾蒙民族，受列强之侵袭，已竟〔至〕于危急存亡之秋，非以拼命奋斗之决心，不足以挽救。故吾蒙古青年，还不负起此种救亡图存之责任，还能逍遥享乐醉生梦死吗？我想，既是有民族观念之青年，决不愿舍弃民族，而使民族竟〔至〕于灭亡。那么既是如此，我们就以吃苦之精神，任凭前面有如何之危险，也要拼命冲过去，再比这苦些，仍然干下去。如此，蒙古民族之前途，始有发展之望焉。

　　二、勿存虚伪苟且之心理　　一个民族之兴盛与衰落，完全在于青年们努力与否来断定。因为民族之主人翁即是青年，假如青年们不能为民族上进，只是苟且虚伪，那么政治如何的上轨道，教育如何之振兴，结果亦无补于万一。以此看来，我们青年之责任，既有如此之繁重，那么，我们却〔切〕勿存虚伪苟且之心理，应以快干、实干、硬干之精神，切实去为国家、为民族努力奋斗。尤其是我们蒙古青年，更不应去学贪〔那〕虚伪苟且之心理，应先想想我们环境如何，责任如何，是否应该这样作，都要顾虑到，却〔切〕勿只图个人之安逸，优越之生活。因为我们蒙古民族现已处于弱肉强食的地步，假以〔使〕我们青年仍是萎靡不振，存着虚伪苟且之心理，那么民族始终赖之丧失。既是如此，故吾蒙古青年，应赶快觉悟，振作精神，和列强决一拼命，使吾蒙古民族达到复兴之途径，而后建设起新兴蒙古。如此，始不愧为蒙古之青年。

三、要有决对复兴民族之志愿　吾蒙古民族，竟一蹶不振，颓废堕落，而在帝国主义之铁蹄下，任其躁〔蹂〕躏，任其侮辱，使我们何等之痛心，抚今思昔，吾等能不愧哉。然只往愧亦无益，当继续吾先祖之伟大无畏之精神，冲云破雾之勇气，打破当前之危机，恢复固有之威声，这才是吾等之责任。故吾蒙古青年，从今以后，再不要暮气沉沉，游手好闲，而过那种迷梦之生活，忘记吾千钧一发之蒙古民族。应时时想想我们民族之危境，而我们的责任如何，使命如何。要知道我们唯一的责任与使命，即是复兴我们蒙古民族，未〔来〕巩固边防，建设起大中华民国。既是如此，那末我们青年，就应振作起精神，以快干、硬干、实干之意力，坚决不断之意志，拼命前进，百折百回。前面虽有障阻，亦舍身闯过去，而只要达到我们复兴蒙古民族、建设新蒙古之志愿，始不愧为有用之青年。

总之，今日吾人之责任，主要在复兴蒙古民族，建设新蒙古。但在此种弱肉强食之环境，欲达到此种目的，非以至刚至毅之精神，实不足以挽救危机。故吾蒙古青年，在此时期，应持积极之态度，始终抱定刚毅之精神，坚决之意志，含辛茹苦，百折百回的前进。如此，则民族复兴，始有效矣。

《蒙古前途》（月刊）

南京蒙古前途月刊社

1935 年 26 期

（刘殊林　整理）

蒙政会三届大会感言

云从龙　撰

当此国际风云紧张之时，适蒙政会三届大会开幕之期，我想意、阿战争爆发，势必迁动世界各国，引起第二次世界战争的可能。亚洲的民族，虽不受世界战争直接的影响，我想乘欧洲各国不暇东顾之际，帝国主义者效法第一次世界战争的把戏，必将重演于今日矣。所以此次会议之时期，比第一、二届会议，重要几倍，在这内忧外患交迫之下，希望此次出席之委员及代表，应本精诚团结之精神，开诚布公之美德，群策群力，共商大计，处处为民族着想，时时以事业为前提，以挽救目前蒙古民族的危机。我蒙古现在所处的环境恶劣，真有千钧一发、四面楚歌之局。从自治运动后，意〔义〕不容词〔辞〕的，帝国主义者，始而忌妒，继而破坏，不惜用种种卑鄙龌龊之手段，挑拨离间，使盟旗政权不能统一，各王公割据称雄。帝国主义者，威胁利诱，用各个击破之方法，来实现他的阴谋，想积极的用武方〔力〕，来侵略我们领土以自肥，消极的用教育，来同化我们的青年为爪牙。在这国际风云险恶之下，三届大会，不在冠冕堂皇的举行仪式，讨论不管〔关〕紧要的问题，而在磋商百年大计，决定今后方针，生聚教训，来复兴我们蒙古民族。世界战争，虽是一件不幸的事，但是帝国主义者争权夺利到筋疲力倦，将自顾不暇之际，亦是弱小民族抬头之日至矣。第一次世界战争的结果，我们看到，有波兰复国，土耳其复兴，第二次世界战争，迫在眉睫，亦未常〔尝〕不是弱小民族争自由的千载一时之机会。三届大会适在此时开幕，其责任之重，使命之大，可想知矣。时局如此迫切，再不容许我们苟延残喘下去，机会虽好，还待自己振作，他人之助我者，非谋吾之皮，即食我之肉，帝国主义者，面貌装的如何和蔼可亲，语言说的如何漂亮可听，实际上无时不打算将我们的土地开发完，人口同化尽，不能满足他的欲望。帝国主义者，秣马厉兵，将要宰割残余的西蒙，我们听到此种消息，殊为痛心。所以希望此次会议，要讨论点切合实际需要的问题，并且还要会而议，议而决，决其行。

脚踏实地的干去，积极的刷新政治，发展经济，普及教育，训练军队，作我们复兴民族的基础，是目前蒙古民族刻不容缓的问题。我们希望蒙政会，一届会议要比一届进步，事业要一日比一日发展起来，为民众真正谋点幸福，这是我们青年的一点微望。最后希望执政诸公，认清目标，求弱小蒙古民族的真正的出路，使蒙古民族走上光明的境地，这是我们的一点刍荛之意。蒙古民族的复兴，端赖先进同志们的努力，希望同志们共同勉之。

《蒙古前途》（月刊）

南京蒙古前途月刊社

1935 年 26 期

（朱宪　整理）

绥省蒙汉联欢

农　撰

本月初蒙旗许多王公，因候迎何代委员长，齐集归绥，绥省于热忱招待之余，并开盛大联欢会欢迎，被〔彼〕此欣愉热烈的情形，使全国为之喜悦。

蒙汉本是一家，荣辱与共，安危相依。然因与内地交通之不便，两民族之具富于保守性，以及生活习惯之差异，过去执政当局之漠视，遂致双方隔阂，鸿沟未泯，而发生蒙汉歧视的问题。

有清之世，对于蒙古同胞，不求生活之改善，与文化之增进，使其文化沟通，无分彼此，而惟用霸縻〔羁縻〕政策，愚民主义，禁止汉蒙交通与蒙地开垦，以防汉蒙势力之联合与扩大。更利用虚荣与宗教，笼络王公、喇嘛，以消灭蒙人刚勇之性，与奋斗之精神。遂使蒙古人口日益减少，文化日益退步，与汉族隔绝，亦日益远甚。辛亥革命后，国内军阀当国，对蒙古视同化外，而地方军政长官，又认为蒙人可欺，不免压迫苛索，蒙古与中央，乃隔阂日深，苏俄乘之，从中煽动，有外蒙独立问题之发生。

国民政府成立后，虽设有蒙藏委员会，然以蒙藏委员会内重要人员，多非蒙人，且或为不明了蒙古情形之汉人，即有少数蒙人，亦以久居内地，对蒙古实际情形，皆不明了，或只知一隅，与蒙民意见又往往分歧。蒙古多数正公与人民的真正意见，既无由转达中央，中央之见意〔意见〕，亦无法达于蒙地。故处理蒙事，不免隔靴搔痒，于是蒙人认中央为漠视蒙族，而对边地政府之设施，亦认为歧视蒙人。以前改县放垦，多有未顾及蒙民利益，且每失信蒙人，致蒙汉间之恶感日深。至王公与新进青年，中央又未能注意联络，满足其相当之希望，于是一部分少壮王公与新进青年，多有怨望。不期二十年"九一八"事变发生，四省沦陷，祸及蒙疆，加以敌人从中煽惑，遂有内蒙自治之运动。

今者蒙古自治政务委员已成立年余，对中央之各种要求，亦多达到。今后工作应先从文化与卫生事业上入手，盖蒙古文化落后，人民无政治知识，且向不与闻政事，骤办自治，决无效果；故宜多设蒙旗学校，或平民补习学校，扫除文盲，使其能明了国势之险恶，与敌人之阴谋，而振作自励。百年来蒙古人日益减少，为诸族最大的危机，应特注意卫生，如生活之改善，种痘之提倡，花柳病之防止，与医院之讨〔设〕立，均为当务之急。抑有进者佛教虽可信仰，不必全为喇嘛。凡此均为强固蒙族之方法，蒙古同胞果能善用此旨，联络汉蒙感情，荣辱与共，国事乃可有为。

《西北公论》（半月刊）
张家口西北公论社
1935 年 26 期
（丁冉　整理）

蒙古青年应有之努力

薛兴儒　撰

当此非常之时代，血腥味遍满全球，远东空气既日渐紧张，意、阿战争又复爆发，和平已到无望，残杀行将开始，旷观举世各国青年，无不期以头颅热血，拥护祖国，而与敌人一拼。而我蒙古青年，逢此千钧一发之际，危急存亡之秋，苟不努力奋斗，以恢复我民族固有之精神，应付此恶劣时代，即土崩瓦解，无可幸免！

是以我蒙古青年之责任非常重大，使命极为严重，而欲负起责任完成使命，必须有几方面的努力如下：

（一）锻练壮健的体格　体格是作事的资本，若没有壮健的体格，虽有通天的本领，优良的技能，无所施用，只有徒唤奈何而已！故我蒙古青年欲达到我们的目的，尽施所能，必须锻练金钢般的体格，雪去东亚病夫的丑名。

（二）求得丰富的学识　我蒙古衰弱最大之原因，不外文化落伍，学识浅鲜，况时代之进化，如风驰电掣之快，杀人利器，日有发明，苟我再以几世纪以前之武器，与敌对抗，岂有不退避三舍者。故凡蒙古青年，必要求得丰富的学识，而后以彼之长，补我之短，虽不能称雄世界，自卫必无问题矣！

（三）组织坚固的团体　外人称我为一盘散沙之民族，非为无因，此后欲发愤图强，先要铲除此弊，使我全蒙青年团结起来，组织严密的团体，一致御外，且有中央作后援，如此谈复兴民族，巩固中华，岂难事耶。

（四）要有坚毅的魄力　成大功立大业以及创造国家复兴民族，当然有许多的阻碍，多量的挫折，苟没有坚毅的魄力，必致灰心短气而中止，尤其是要复兴我落后之蒙古民族，必要有百折不挠，愈失败愈兴奋，愈挫折愈苦干之无畏精神，方能完成伟大之使命。

总之，我蒙古青年应努力振拔，自强不息，则必能恢复我蒙古最盛时之基业，语云"多难兴邦"，诚非虚语，若夫夏以一族中兴，楚以三户亡秦，我固有民数千万，苟能改正过去萎靡不振之恶习，具有坚苦卓绝之精神，彻底觉醒，发奋图强，以此挽救我民族，复兴我民族，诚意中事，望我蒙古青年，奋斗！努力！

《蒙古前途》（月刊）
南京蒙古前途月刊社
1935 年 27 期
（丁冉　整理）

东蒙同胞被毒策麻醉了

东蒙同胞，在那黑暗之地域生活中，所受的痛苦，难以尽述，而其麻醉东蒙同胞之三种毒策，已万恶到极点。

（一）公卖毒品：暴日残害我们东蒙政策中之最厉害的，便是毒品的行销和公开吸食。原其主要的目的，无非是彻底消灭我东蒙同胞的意识，使其陷于万劫不返的悲境。据最近消息：东蒙现在到处都有鸦片零卖所之设，一般无耻的官商，多借此作为消遣应酬唯一的场所，至新来的鲜民，从事贩卖鸦片、海洛英等为业的到处皆是。以是一般无知青年，也都染受其毒；以致最近患芙蓉癖者，差不多已达三分之一，其中十五岁以上吸烟者占百分之十，十九岁以上吸烟者占百分之三，二十五岁以上吸烟者占百分之二十三，三十岁以上吸烟者占百分之三十三，以每人吸烟四钱计，每钱以四角计算，则金钱上有巨大的损失，而人被残害者若干之多，这是令人怎样惊心动魄的一个最可怕的现象！

（二）提倡卖淫：暴日占东蒙后，各地的娼妓，日渐加多；于是营此业的高挂艳帜，大出其风头，大露其色相，倭奴除了积极的奖励中国式的娼寮外，并且各地遍设日本娼寮和朝鲜娼寮，以引诱我国青年，同时也勿论任何一种的妓馆，都允纳营业税，以示鼓励。以致梅毒症普遍于社会，而陷我同胞于不拔之地。且倭寇的娘子军，仍是日增月盛而来。一般无廉耻的妇女，自然多从

二　怎样挽救蒙古之危亡？

我们知道，蒙古存亡，即是中国存亡的关键。所以挽救蒙古同胞，巩固整个中国，是五万万同胞共同的责任。而挽救之方策，约有以下三点：

（甲）保持全蒙同胞杀敌之心理，且中央必须继续接济援助——蒙古民族杀敌之精神，素为热烈，潜伏势力，为用正长；而彼所需者，弹药之积极补充；彼所盼者，政府之出兵杀敌。不要因为一种交涉事件使之灰心短气，鼓其心志，嘉其勇气，必能发奋图强，甘愿执挺以挞帝国主义之坚甲利兵，虽牺牲亦所不惜。此种无畏观念，常存于脑中，敌人岂敢轻视我中华大国，压迫我蒙古民族耶！

（乙）全国民众有财输财有力输力，组织永久统一之团体——自国难发生，内地民众与海外侨胞，捐款不为不多，热血青年及爱国男儿，牺牲不为不勇。然或限于一时一事，或限于一地一隅，时过境迁，渐趋消沉，得不到最大的效果。而欲挽救蒙古，复兴中华，必须组织永久与统一之民众团体，不足以纠合全蒙武力，不足以联络全国民力，长作抗敌资源。

（丙）我蒙古同胞要有自信心——具复兴民族之志，抱奋斗牺牲之心。中央有暇顾我，内地肯愿帮我，当然无任感激。设若中央鞭长莫及，内地自顾不暇，我固有民数千万，若人人抱必死决心，但期收复我失地，复兴我民族，对于敌人侵占的国土，永久不承认失掉，继续努力斗争，海枯石烂，此志不移，而我蒙古民族，必有复兴之一日。

总之，我蒙古民族既逢此非常时代，奋斗牺牲，乃图存唯一之途径，发奋图强，为复兴最大之目标。人人只知有大我，而不知有［有］小我，然后真团结乃可期，真改革能实现。一旦机会许我，我方有力周旋，自能收复我失地，复兴我民族，恢复我元代极盛时之光荣矣！

《蒙古前途》（月刊）

南京蒙古前途月刊社

1935 年 28 期

（刘殊林　整理）

蒙古同胞应有的觉悟

包头简易师范学生温石庵　撰

人生二十世纪之时代，不可不竞争，现在我们所处的地位是怎样的，是在危急存亡的关头，东蒙已被日帝国主义占去，外蒙也被俄帝国主义侵吞，现在只有内蒙一部分，也是危险万分，如果还不觉悟，恐怕最近的将来，也是要被别人灭亡的。现在东蒙、外蒙的人民，不是在水深火热之中吗？他们虽然有吃有穿，可是不能自由的穿吃，这多么可怜呢？我们现在还能在这里安心不管吗？是不能的，我们的民族不但〈要〉觉悟起来，并且还要把他们救出来，才算是我们的目的，我民族必须要觉悟的有二点，分述如下：

（一）做事要认清　要是做事没有认清，如同"盲人骑瞎马，夜半临深池"，别人叫你做什么，你就做什么，不管是对于一个民族有害没有害，就去做。我民族的人民，现在有一点最不好的地方，并且叫别人喜笑，就是自己骂自己，这种真是可恨，把自己的风俗、习惯、言语、文字，完全不知道，要是有别人做这些事，他便说不好听的话，自己不会反而还要讥笑别人做，这种人真是可恨的。我劝我同胞，以后再不要这样才好。

（二）要恢复固有的　我民族在从前是非常的强盛，现在居然成了这样，其原因不外是自己不愿往前进。当清朝统一了中国，可是蒙古还没有十分的衰弱，他用了几种方法，想把这一族灭亡，譬如有三个儿子，必须有一个出家的，甚至有两个，还要有一个出家的，这种人口一定是减少的，没有人口还能强盛？再者据一般的老年人说："十家汉人养活一家蒙古。"这也是清朝使蒙古软弱的，每日起来什么也不做，把土地使他们种五谷，自己一点也不劳动，只是他们供给，这样人民还能强健？所以弄到现在成了这样，我们既然知道这样，以后要下定决心，要恢复固有的才好。

　　现在已到最后关头了！望我蒙古同胞，快快觉悟吧！

《蒙古前途》（月刊）

南京蒙古前途月刊社

1935 年 29 期

（李红权　整理）

敬告颓废蒙古的青年们

曹顿其模格　撰

今天我执着这枝笔，要向诸位进一个忠告，这个忠告是进之于我们青年中之一部分，就是那些患着颓废病的青年们。我个人也是青年，在以前也同样患过这种症状：时常都会感到悲哀、痛苦，或消极等；可是发觉得早，我的医师——父母、师长、朋友们赶快把我从危险中救转来，此后颓废不再侵扰我了。现在我是何等的愤极与振作?! 同着我们多数的同志——有为的青年——挑着时代的担子，步着时代的巨轮，欣欣的向前进，在这种过程中，我明白了颓废的利害，正如那杀人不见血的利刀! 但是，反回头来看看，依旧有许多醉生梦死的青年们，不顾一切的奔向颓废的路上走，我和着我的同志负着勉救他们的责任，应当把他们从颓废的厄运中喊转来；这便是我今天凭着一颗赤心，向大家忠告的一个目的。

颓废的青年们! 您们所以颓废的原因也不外乎：一、环境的不佳而兴起无谓的感慨，二、欲望过于束缚而激起烦闷思想，三、由于无赖之徒之感化，四、由于多看颓废小说的结果……这些原因的形成，则多半为青年人主观的精神过敏，欲望过盛，情感过激，意志薄弱所致。根据上面的原因，我们可以有个相当的补救办法，这办法就是青年们自己觉悟起来! 认清自己的处境，而拿出自己的毅力去抑止一切! 这样一来，颓废哪里还来摧残自己?!

毁灭自己?! 青年们! 颓废是自己找来的, 愿诸位再不要作颓废的奴隶吧! 我相信什么都是人为的, 只要自己有智者不惑, 仁者不忧, 勇者不惧的精神, 颓废便永远不会来打扰您们了!

人家说, 同时我们也承认: 我们是国家的命脉! 社会中未来事业的继承人! 在这二十世纪各种竞争激烈的时代, 祖国飘摇的状态中, 一齐挺起胸膛, 抖起精神来做个雄雄烈烈的人还来不及, 哪里还有余地允许我们去颓废?! 颓废的朋友们! 时代正须要我们呢! 愿我们不辜负……

我的话说到这里可以终止了, 实在太幼稚。但是我开始已经说过, 我是本着赤心诚意忠告诸位的! 愿诸位与颓废之神搏斗, 而后凯旋归来!!!

《蒙古前途》（月刊）

南京蒙古前途月刊社

1935 年 29 期

（刘哲　整理）

复兴中华民族与复兴蒙古民族

薛兴儒　撰

全国同胞！当此险象环生、危机四伏的状态下，实为我中华民族之生死关头，前途诚不许乐观。所以值此内忧外患迭迫之日，敬陈数语，愿与同胞共勉之。

一、改正过去之错误心理　我国在过去因心理之错误，而发生萁豆相煎，以致有现在空前之国难。吾同胞今后而欲复兴我整个民族，必要知道在国家完整独立这一大问题之前，其他一切问题，都是次要的，是附属的。语云："覆巢之下，安有完卵。"大家看穿这个道理，则取消你党我派，共具挽救国家之精神、复兴民族之决心，不为利诱，不为势屈，纵环境更为险恶，国难更为严重，亦能变危为安，由亡而兴也。

二、要有共存共荣之认识　我国一般醉生梦死的人，只知有小我，而不顾大我。就拿过去事实来看，东北沦陷，西南则无关痛痒；淞沪争战，华北作壁上观；甚而倒行逆施，为虎作伥，虽断送祖国于万劫不复之地，亦毫无顾惮。此种现象，触目皆然，既已如是，则纵无外患，亦难立足于世界，况逢此非常之时代乎？故我同胞必须认清寸土之沦亡，乃整个国家之损失，一人被侮，为整个民族之耻辱，而我国家民族才有复兴之一日。

总之，现在国难这样紧急，危亡之祸，迫于眉睫，同心协力、共存共荣，实为我五族共同之目标、灿烂的前途，希我全国同胞，共同努力！尤其我蒙古同胞，应注意以下几点：

1. 不要辜负我们总理扶助弱小民族之热心　　《建国大纲》第四条："对于国内之弱小民族，政府当扶植之，使之能自决自治。"伏思总理遗训之扶植弱小民族，使之能自决自治，金科玉律，诚万世不易之楷模。其维护弱小民族之福利，实已彰明显著，而我蒙古同胞，在这种人道正义之下，而不自觉自悟，仍半生半死的混下去，不但辜负了总理之扶植热心，且有何颜对我们祖宗成吉斯汗呢？！

2. 增加工作时间，迎头赶上世界各国　　我蒙古一切，俱落于人后，苟仍按步〔部〕就班的做下去，实难有复兴之可能，况世界之进化，仍如风驰电掣的一般。所以我蒙古欲图复兴，必须昼夜的工作，用"笨马先驱"的方法，迎头赶上去，本"自决自治"之原则，三民主义之精神，确定自治之基，促进民族发扬之业，则我蒙古复兴有日矣！

根据以上所言，我蒙古为今之计，谋本身的健强，拥护整个中华民族健强；蒙古既健强，则中华民族必健强；中华民族健强，蒙古亦未有不健强者。这一来，我们蒙古民族与中华民族，不但可以复兴，并可以雄飞于大地之上！

《蒙古前途》（月刊）

南京蒙古前途月刊社

1935 年 29 期

（丁冉　整理）

和蒙古青年同志谈几句话

子则　撰

蒙古青年同志，我初次和诸位来在刊物上谈话，我所说的诸位也都知道，那末我为什么再来补充呢？我的意思就是以小我的思想表白给诸位蒙古青年同志，整日的在我脑海中所盘旋的就是我们民族问题，我先要声明我正在学做人之中，没有什么很好的意见，贡献诸位青年同志。

我们蒙古民族的起源先不用讨论，我就知道在历史上蒙古民族有过称雄欧亚的版土，世间历史的演变，人物的产生，不是偶然而产生的，都有时代环境的关系，在历史上我们蒙古民族有过光荣灿烂的一页，那末为什么现在落伍到这种地步？清室利用愚民政策，以致蒙古民族到了这种地步？过去已经过去了，那末将来作为现在的检讨，现在国际间的形势恶化愈演愈变〔烈〕，那末现在是优胜劣败弱肉强食适者生存不适者灭亡的时代，现在世界之上弱小民族自决自治，要想生存于这个世界，那末我们蒙古民族现在是一个弱小民族，那末我们怎样的才使我们蒙古民族永久生存在于世界，这个重大的问题落到我们蒙古青年的本身上了，现在国际的形势是如此的紧张，我们青年是有热血、有血性、的〔有〕为的青年，我们认清自己所处的地位，我们要复兴我们的民族，这个重大的责任在我们一般有为的青年肩头上，我们保养我们体格的健康，充实我们的智识学术，我们的民族自来勇敢坚强的，我们保持固有美德，解除不良的习惯，我们学习人家的长处，补我之不足，现在一般所宣传的，都是我们的短处，我们蒙古青年认清这一点，我们如果不反省之时，旁人轻蔑我们，瞧不起我们，我们要确确实实的觉悟过来，我们要有自强自励自奋自拔的精神，来复兴我们蒙古民族，我们要认清时代的环境，而需要奋斗，我们要有科学的头脑，要有哲学的思想，生活要艺术化，宇宙之中一切事物无不在变化演进之中，一时比一时不同，今天所需要的东西到了明天就不需要了。推而广之，一世代比一世代不同，一世纪比一世纪更不同了！所以我们随着时代潮流而竞进，我们集中各人的力量来团结成有组织有节奏的强硬坚全的民族，我们要一心一德群策群力来永久的为民族而奋斗，为民族而竞争，使我们蒙古民族永久的存在于世界之上，恢复我们蒙古民族固有光荣的历史，才不愧我们祖先的英勇，将来的问题在乎我们一般有为的蒙古青年了！

最后的一句话："蒙古人心不死，蒙古民族必能复兴。"同志们努力吧！！！

《蒙古前途》（月刊）

南京蒙古前途月刊社

1935 年 29 期

（朱宪　整理）

蒙古民族之危亡与将来之挽救

郝体礼 撰

我蒙古民族，地处中国之边陲，界接各列强之土壤，然毫无自立之能力。常常依靠他人，故弄成今日之危机。当元太祖成吉思汗，以武功统治欧亚，东征日本，难道那时不是现在的蒙古民族吗？而今日之蒙古，不但不能远征他国，抵御外患，然将我先祖，斩荆夺棘遗下的大好山河，不甚爱惜，任人割夺，抚今思昔，岂不痛苦吗？当此各帝国主义者，正施其侵略政策，而我蒙古处其铁蹄之下，任其蹂躏，还毫不觉悟，仍在醉生梦死，束手待毙。等待何人来替你抵抗呢？同胞们，醒来吧！醒来与那无理来压迫我们的敌人，去决一死战，绝不要放弃了我们的责任，把我们祖先遗下的大好河山回复其原状。再要醉生梦死，那我们就没有立足的余地了。你们还看不见吗？自从九一八事变之后，日本实行其所谓满蒙政策，把满族已得，东蒙已吞。而在千钧一发之西蒙，亦被弄的四分五裂，把一般无知之王公与一些爱小利之青年，迷弄的使其怎样便怎样。而他们只知旦夕之安，然不为全蒙民谋身后之计，只图他们的快乐，然不知一般人民之痛苦。你们看现在的蒙民真是处于天灾人祸之下，可以说生无余地，我们在此弱肉强食之环境中，还敢远扬乐地，享乐自在吗？尤其是我们这般求学之青年，由不远千里之故乡，来到这文明进化的都会，并不是使我们来耗费金钱，自寻快乐，是要我们足踏实地的去埋头苦干，要使你将来成就一个国家、民族、社会之有用人才，那才不愧我们作二十世纪之青年，亦可对得起我们的先祖，又可对得起政府的教育。再回首看看今日之蒙古，落伍到何种程度，衰弱到什么地步，被蹂躏到什么境遇。唉，看吧！已经到了天灾人祸，危机四伏，又好像一块鲜肥之肉，正在狼视虎窥之际，实无腾身之余地了，真是目不忍睹。我们要想蒙古民族复兴，必须有相当的办法，才能将我们的三十万的蒙古同胞，由险境搭救到安乐之途。现将摘其重要写于下面。

（一）要有坚固的团结　要知道现在蒙古同胞，及一般有权势之王公，及一些有知识之青年，只知各自逃生，毫无民族之观念。是自私自利，尔为尔，我为我，没有一点团结的精神，就是危险到什么地方，然而他们毫不过问。如此已往，我们蒙古民族还有强盛的希望吗？我想不但不能强盛，并且有灭种之危。同胞们，王公们，青年健儿们，不要如散沙似的了，赶快起来团结一致，并且要坚固的合作吧。我们有了坚固的合作，和一致的团结精神，那么我们蒙古民族一定可以强盛起来的。那时数百万的蒙古同胞才有存在的希望。

（二）要有百折不回的精神　我们任作〔作任〕何事，必须抱定坚强宗旨努力去干，不要自暴自弃，或遇事失败，便丧志悔气的离开不干，弄得半途而废。我们要知道"失败是成功之母"，只要我们抱定目标努力去干，我想一定没有不成之事。若有百折不回的精神，我想事事皆成，所以说我们要有坚决的目的，和有百折不回的精神，必能作出伟大的事业。

（三）要有挽救蒙古的决心　我蒙古处此大祸临头，危急四伏，不堪设想之秋，必须要自己起来，挽救自己，决不要等待他人来挽救，如欲等待他人来挽救，我们就如束手待毙，那么我蒙古民族将有灭种之危险，而没有存在之乐地。我希望我蒙古：上至王公，及一般有智识的青年，下至人民都来打成一片，一心一德的去挽救铁蹄下被蹂躏的蒙古民族，使其复兴原有之状态，与其他各民族并驾齐驱，同站于平等的地位。那时才不愧我先祖的伟名，亦对得起已去之祖先，亦不愧我们是成吉思汗的后代子孙。王公们，青年们，同胞们，我们大家抱定决心，去挽救那水深火热中之蒙古民族吧！

总而言之，我们今日的责任和使命，是在挽救危亡，建设新蒙古。但在此种弱肉强食的时代里，欲达我们这挽救危亡而求存在的伟大的目的，非以刚毅坚强之精神，实不足以成功也。所以我们有热血之蒙古青年，在此危机之下，决心负起我们挽救蒙古民族的使命吧！

《蒙古前途》（月刊）

南京蒙古前途月刊社

1935 年 33 期

（李红菊　整理）

日人积极侵蒙与中国西北部之危机

澄　撰

据最近上海《申报》电："日人侵蒙心切。军事侦探到处密布，前在多伦设无线电台一座，刻又侵入乌珠穆沁，架设无线电台，传播蒙疆要讯，旋被乌珠穆沁左翼各王公侦知，屡次派人前往交涉撤退，不惟不听，反加武装日人多名看守。该王公等恐惹起严重之交涉，乃密派妥〔委〕员到平，向当局报告经过并请设法制止。"

依上消息，可以揣知日本当局，在表面上虽竭力宣传中日亲善，在实际上侵略中国领土之政策与步骤，不但未曾小缓，而且日益积极，而其侵略之目标，当然以中国华北各地，为其首先发动地段，尤以凡百空虚，宝藏丰盈之西北各省，具有十二万分严重性之危机。

吾人试考日本已过内阁田中义一之奏疏，其侵略中国之大陆政策之步骤：首先以取得东三省为司令塔，其次即为西卷内蒙，再次即为延及中国西北部绥、宁、甘、青、新各省，最后〈以〉依次包围之形势，囊括全中国为其大陆上之殖民地。因此而知日本之武力强占东北四省，及近来之积极侵蒙，不过为其侵略中国事实之初步实现，与大陆政策之一角图展而已，并可以断定最近之将来，由内蒙古而察哈尔而绥远而宁夏而甘肃、青海、新疆，即将依次波及。

　　吾人再考年来国际情形与日俄竞争之焦点。日本自退出国联以后，世界各国之目光，均集视于太平洋东岸之远东问题，其对象当然是与日本竞争中国的肥肉，因而日本在国际间之处境，日益恶劣，而与日本直接利害冲突者之美、俄二国，尤属关心中国问题，就中尤以与日本国土接壤之苏俄，更有寝处不安、枕戈待旦之势。其利害冲突上之紧张，决不因中东路问题告一段落而和缓。日本处此形势之下，当然以捷足先得中国西北部，而求占得抗俄之优势，就此更足证明日本积极侵蒙之目的，不仅止于内蒙，实为渐进西北之先声也。而苏俄之浸〔侵〕吞中国西北政策，亦将随日本之积极而急进。在此夹攻之下，西北实有势如累卵之重大危机。

　　总括上列三点，中国西北之危机，将随日本之积极侵蒙，而日趋于紧张化。吾人又试检阅西北之现状，交通阻梗，文化低下，族类庞杂，各民族间互处之情形，又纯粹为部落集团，政教意志，全无统一之可能性，加以国防设备，几等于零，若不速行觉悟，从头赶上，将何以渡此难关。吾人所能勉强自慰者，"多难足以兴邦"，只要大家能够悟及国难之当前，共同致力于自救运动，尽力修筑道路，以利交通，提高文化水准，以消除民族间之隔阂，努力统一运动，借群力以御侮图强，迈进各种建设工作，完成国防政策，自不难抗拒强暴，重振国家民族之地位。由此勇往直前，则收复失地，扶助其他弱小民族，共谋世界民族间之平等自由，均于是在〔在于是〕。现在西北各省之民智低下，固不足以语此，唯望在西北各省负责者，共同注意，以期消弭此临头之国难也。

《青海评论》（旬刊）

青海青海旬刊社

1935 年 61 期

（聂慧英　整理）

外蒙古的过去、现在和将来

倪一鸿　撰

一　引言

一提到蒙古，尤其是外蒙古，我们的脑子里也许会浮起一幅塞漠荒凉，边垠无际的图画。

是的，一般说来，外蒙古是一个冷寂寂凄清清的地方，然而，一切的地方，都历史地在变化，随着时代车轮子的进展，在不断地增减其重要性。正如在二十世纪，太平洋变成了世界的政治重心一样，近年来的外蒙古，尤其是"九一八"事变以后的外蒙古，也成为众目所集的地方了。

外蒙古的被人注目，不仅由于其逐渐"赤化"，而且也因为它将成为进〔近〕在眉睫的日苏战争——二次世界战争序幕的战场。

显然的，几年来日本对苏联的军事准备，是把外蒙古当作左翼而进行着。据传将来开战时，由内蒙古直捣库伦，进攻赤塔，切断红军的后方联络——是日本军部的得意战略。

苏联对此当然也已看破，所以在外蒙方面的军事准备，也针锋相对地积极进行。去年七月下旬，当外蒙共和国建国十周年祭时，苏联政府曾派加拉罕〈及〉其所领导下的代表团参加，加拉罕在库伦大放厥词，强调外蒙古的军备如何充实，苏蒙的关系如何密切，这可以说是对日本的一种示威，同时也可以窥见苏联在外蒙古的军事准备的积极。

在这两大军事势力相激相荡中的外蒙古，自然要惹起世人的注意，同时，外蒙古也真真走上了世界史的重要舞台。

二 外蒙古之国民革命

苏联革命成功后，立刻决定其东方政策，向外蒙古伸其"赤化"之魔手。翌年八月，莫斯科政府向蒙古人民及蒙古自治政府，发表一个煽动式独立的声明，这是外蒙古苏维埃化的前奏曲！

当时中国的军阀正在混战着，无暇顾及远疆之地，时大总统黎元洪氏，曾企图组织对蒙军，讨伐"赤化"，但适值直皖战争发生，使这个计划成为画饼。

一九二〇年秋，谢米诺夫将军的白系俄军侵入蒙古，正好予苏联〔俄〕以讨伐白军为理由，乃向该地派遣了大队赤军，随着白系俄军之扫荡，更孜孜然进行政治工作，援助并指导左倾派的蒙古国民党。这样，在赤军如火如荼的参加援助之下，至一九二一年，蒙古革命成功了，蒙古国民党掌握了政权。三月十日，以加蒲为首领的蒙古临时革命政府，遂告成立！

为蒙古"赤化"之中心势力的蒙古国民党，是由蒙古国民政府最初的总理勃德、内务总长脱尔基、司法总长脱夫塔、国民军总司令丹春所创立的。一九二一年三月国民革命成功，国民党成立临时革命政府后，乃决议左列的建国纲领——此即革命政府之施政方针：

　　一、以消灭封建制度为目的，制定并施行新法律，不问阶级差别，全国人民均有当兵义务，并须服从裁判所之判决。

　　二、全国各阶级，设定均一纳税义务制度。

三、废止奴隶制度。

四、速召集小国民会议，作为大国民会议召开以前期间之临时立法机关。

五、仍保存活佛为立宪君主，下设政府，尽量扩张民权。取消活佛的不裁可权，政府与国会共同制定法律，报告活佛，以国民之名发布之。至于宣战、构〔媾〕和以及豫算制定权，则属于政府及大小国民会议。

基于上述之决议，小国民会议于十二月二十七日召集了，此实为蒙古最初之议会。而其后依然保持蒙古元首地位的活佛，于一九二四年五月死去，于是国民革命政府，根据国民党的决议，发布了下面的政令，于此，共和国"赤化"之基础乃告完成：

一、活佛印玺移归政府保存。

二、颁布共和制度。设大总统。元首权由国民大会议及该会议所选举之国民政府执行之。

三、以每年六月六日为蒙古共和国建国纪念日。

四、废活佛的年号，新定蒙古共和国建国年号。

接着在同年十一月，大国民会议在库伦开会，在这个大会上，把库伦改名为乌兰巴多尔，并通过如次的《蒙古劳动者国民权利之宣言》。于此，完完〔全〕实现了俄国式的苏维埃政治！

一、蒙古为独立人民共和国，其主权属于劳动人民。人民将其主权委与国民会议及该会议所选举之政府执行。

二、蒙古共和国当前之国是，为消灭封建制度之残余，在民主制度之上，树立新共和国政府。

三、为达到此目的，政府实行左列之施政方针：

1. 土地、森林、水及其他之地壤，由劳动人民共有，废止对此之个人所有权。

2. 凡一九二一年革命前所缔结之国际条约及借款，一概国国民。

第九条　当两缔约国从对方输入或输出贸易品时，须支付法定之关税，但该关税不得超过对其他最惠国国民所征收之关税。

第十条　苏联政府使蒙古国民政府超脱世界各国之帝国主义之侵略倾向。关于发达蒙古工农大众之文化所必要的邮政、电信等，赞同蒙古政府的贤明设施，愿无偿以蒙古领土内之俄国国有电信局，及其他之电信装置让渡与蒙古国民政府。

第十一条　为计划增进两国之文化及经济关系，使蒙古间之邮便电信之交换，与夫经由蒙古之电信问题之解决，成为重要，两国就本问题缔结特别协定。

第十二条　蒙古国民政府，对于在蒙古有土地及建筑物之俄国国民，与以最惠国国民所适用的同样的土地所有权及赁借权，俄国国民对此负支拂法定租税及赁借金之义务。

第十三条　本协定用俄语及蒙古语作成二种，由署名时起办〔发〕生效力。

我们当然尚能记忆，依一九二四年五月之《中俄北京协定》，苏联要承认外蒙古为中国之领土，那末这和一九二一年的《蒙俄条约》的效力，是否抵触呢？苏联外务人民委员会齐趣林氏于一九二五年三月之苏联中央委员会大会宣称：

"虽承认外蒙古为中国之领土，但同时，外蒙古的自治，使中国不得干涉其内政，且其自己得以处理外交的程度，非常广汛〔泛〕！"

这就是苏联自己方面辩白，还能使人折服吗？

最贫苦的人，在门外叩头，也要送几两银子。王公们去朝拜，被活佛摸摸脑袋，就喜欢的了不得，这种礼节，俗语叫放头，活佛放一次头，就得许多钱财，日久他的财产，就愈多了，散在各旗下存储经营，所以蒙民的生计，差不多都操在活佛喇嘛的手里。前清末年，库伦活佛哲布尊丹巴，不守清规染上恶症，先是眼睛成瞎，到了民国十二年就死去。活佛之下，有沙毕衙门、大喇嘛、札萨克喇嘛，权势很大，佛庙内外的人民，都是他的奴隶。再次就是庙喇嘛，管民间嫁娶死丧的事，蒙古风俗，当了喇嘛，可以免除一切虐待差徭，不当喇嘛的，叫作黑人，因此无论王公、平民的子弟，都要进庙当喇嘛，所以蒙古地方，喇嘛庙多得很，大庙有一万来的喇嘛，小庙也有几十个喇嘛。新进庙的喇嘛，常年住在庙里，每一个月或两个月，准回家一次，除念经外，牧畜打扫，那些零碎事情，都叫小喇嘛去作，可是吃饭穿衣，要自己家里供给，这就是蒙古宗教的大概情形。

再者外蒙古喀尔喀，分车臣汗、土谢图汗、札萨克图汗、三音诺颜汗四部落，每一部落设一盟长，此外还有科布多与唐努乌梁海两部落。内蒙古分东四盟，为哲果〔里〕木、卓索图、昭乌达、锡林郭勒，西二盟曰乌兰察布、伊克昭，设六个盟长。盟长由盟内各旗汗王公中推举，请理藩院奏补，民国由蒙藏院呈请任命。每一部落或每一盟，分若干旗，多少不一样，内外蒙古——连新疆、青海等处在内，共二百一十三旗，每一旗设札萨克一人，是王公世袭职，一切行政司法，都归他管。札萨克之下，设协理台吉、管旗章京、梅伦、札兰章京、骁骑校、笔帖式等职，不过是一种酋长、家族长的组织罢了。蒙古人民的诉讼，归札萨克审判，那种黑暗情形，就不忍详细说了。总而言之，以札萨克的意思定曲直，没有法律可说，生命财产，没有一点保障，有钱有势的，总是打赢官司（胜诉），没有钱没有势力的，打输官司（败诉），问案的手续，仍用非刑拷打（肉刑），残忍极了。刑罚简单的很，共分三等，就是处死、罚牛羊马、流遣。蒙古没有正式的监狱，在内蒙古已设治的地方，犯罪的人，在就近的县衙门里羁押，离县远的地方，在地下挖一个洞，洞里立一根木杆，杆子上钉铁锁链子，把犯人用这个铁链子锁住，每日吃饭睡觉，大便小便，都在这个洞里，生死存亡，任凭他了，真是人间的活地狱吧？

　　王公爵制，是世袭罔替的。共分六等，亲王、郡王、贝勒、贝子、镇国公、辅国公。六等之外，又有汗，在王公之上。台吉，在王公之下，分一二三四等，也是世袭。札萨克（王公）所管的旗下的土地人民，简直是他的私产，每逢到袭爵的时候，这个旗下的人民，就算遭殃了，因为袭爵要花运动费，运动费数目很多，都是由他的旗下人民供给，按户摊派。袭爵之后，王公个人与他的妻子，一生的费用，也是人民供给，并没有一定的限制，每年摊派一次，大户数千元，中户几百元，小户几十元。蒙古是游牧种族，骆驼、牛、羊就是他们的财产，到了摊派的时候，就得把他们所养的牲口变卖了，换出钱来，给王公去浪费，至于做什么使用，人民不敢过问，真是弱肉强食，还有公理吗？内蒙古地方，差不多都改省了，地亩也有开垦的了，但是开垦地方的人民，更是痛苦，一方面要给国家纳地丁钱粮，一方面要给王公摊钱，比普通人民负担加两倍。这些王公就知道向人民要钱，要人民伺候他们，还要给他们叩头。说到人民的权利，一概不管，又恐怕人民有了知识，起来反抗他们，于是想出法子，禁止人民习汉文，认汉字。前清时代，蒙古各旗，每年得呈报理藩院，声明本旗下没有学汉文的人，就是王公官吏，要念蒙古书，所念的书，不过是例行公文的稿件，等因奉此就完，这就是蒙古的政治大概情形。

　　王公的府里，还有家奴，遇有天灾，或是旗下真苦，每年所摊的钱，不够王公用的，他们就把家奴，当作畜牲动产一般，押抵给别人，限期几年，每年得价若干。这些奴隶在这个年限里，给押主作工，押主叫他们作甚么，就得作什么，只给饭吃，不给工钱，因为工钱早被王公支使了，就是押主打骂虐待，亦得听其自便，无处去申诉，这种蒙古人民的生活，比从前南美洲的黑奴还不如呢，真是惨无人道。三百年来，蒙古民众，不懂得民权、自由、平等是什么，无论王公怎样专制，怎样压迫，绝对不敢反抗，但盼望生出贤明的王公，稍微体恤人民，就算如天之福了。

人民最要紧的事，是卫生，所以国民政府成立，特设卫生机关。殊不知蒙古人民，绝对不知讲究卫生，有病就请喇嘛念经，不懂得请医生医治吃药，偶然凑巧病好了，就感谢神佛保佑，说是念经的好处，因为这个缘故，一百个人里头，有九十多人，染了花柳病，所以蒙古人口一天比一天减少。二十年前，外国人调查，内外蒙古共有五百万人，现在的人口仅剩了三百五十万，若再过几十年，照旧生活，不知奋斗改进，蒙古就要灭种了。

蒙古的军事，是强迫的征兵制度，人民在十八岁以上，就应尽当兵的义务。所用的枪械、马匹、衣服、食粮，都是各人自备，这恐怕是全世界上，少有的义务吧？除了耕地、牧畜而外，尽人皆兵，每一部落或一盟内，有设将军一人的，管理各旗的兵事，一旗内设若干佐领，每一佐领，管一百五十名兵，分班轮流服务。

蒙古东边由黑龙江起，西至新疆，面积数千里，人口几百万，总共学校不过几处，他们不但不知提倡，反借口说，学校是造就革命党的地方，故意摧残，像这样开倒车，要想蒙古发展，不很难吗？前几年某旗王公，对西北某大员说，请你千万不要在我们旗下办学校，要是办学校，我这个王爷，就作不成了。你们说可叹不可叹，这就是蒙古教育的情形。

自从欧战之后，世界上弱小民族，如土耳其斯坦、波斯、阿富汗、芬兰、兰波〔波兰〕、捷克斯拉夫，都依照民族自决主义，脱离帝国主义的羁绊了，盼望蒙古父老兄弟姊妹们，也速起奋斗，遵照先总理孙中山先生遗志，实行民权、民族、民生主义，万不可因循苟安，容忍王公制度存在，受那无情无理的压迫。但是破坏之后，要往建设的道途上去走，改良现行开垦办法，调查土地，分别垦牧；募集资本，修筑铁道，开辟汽车路，以利交通；广设学校，以增进知识；开医院，讲卫生，以繁殖人口，这几件事，都是刻不容缓的。若能照这个样去作，自然可望富强，内部的障碍铲除，方能抵抗外来的共党"赤化"，同日本帝国主义的侵略，若再执迷不悟，前途真要不堪设想。

好了！现在我们的中央，不是让蒙古自治了吗？就希望蒙古同胞，赶紧在中央的指助之下，努力前进，在最短期间，达到蒙古自治的目的，那么不单是蒙古之幸，也就是中国之福了！

《蒙藏旬刊》

中央宣传委员会蒙藏旬刊社

1935 年 98 期

（朱宪　整理）

蒙政会三次大会

奋　撰

　　蒙古地方自治政务委员会，于本月九日举行开幕典礼，二十一日以到会委员已足法定人数，遂开正式会议。据电讯所传，议案中重要者，计有两项：（一）陕北"共匪"大有北进形势，亟应督率各盟旗一致防御；（二）上届大会决议各案，尚未能一一施行，亟应设法催其实现。除此两项以外，是否尚有重要议题，吾人尚无所闻；但据最近蒙旗情形观之，恐"西公旗事件"亦不免为大会议及之事项。兹仅就前者电传两重要议案，及后者吾人所推想到之事项，略加论列，以奉作蒙政会当局之参考。

　　查"赤匪"刘子丹与徐海东两股在陕北会合后，现中央已调大军节节"进剿"，且西安设总司令部，督饬"剿匪"军事，将来陕北之"匪"，自不堪国军之追击，则其穷途末路，毗连陕北之绥远伊克昭盟，自为其逃窜中必经之路线，以冀北冲乌兰察布盟，与外蒙衔接，打通国际路线。则我千百年安谧无警之蒙古草地，一旦受此杀人放火之流寇践踏，则蒙古惟一财产之马、牛、羊、驼，将大半为"饥匪"所掠夺，自在意中，而我蒙胞生存上，定感莫大之威胁——是此千百年不遇之大祸，我蒙古官民，宜如何与省县连络一气，各盟旗宜如何编练武力以游击方法制"赤匪"之死命，牲畜务使之避去，使"赤匪"纵窜入草地，而无食粮罗掘，为其根本致命打击。是在蒙政会当局亟有审筹熟虑，以应付此大患，勿使为害于内地者，流毒于蒙古！

　　查蒙政会二次大会所决议各案，均为切合蒙情之应办事项，兹次大会，能不务〔骛〕高远，以实现上次议案为目的，吾人极表赞同。惟以蒙古之物力、人力，非借助于中央及内地不可，甚望蒙政会当局，先择其急需应办者数事，恳请中央扶助办理，并广罗国内专门人才，以推进建设，二者均不可缺一。

　　查西公旗事件，其经过情形，已具报载，惟迄今未告解决。闻中央已决定解决办法，虽其内容犹未发表，但大体上不出使乌盟云盟长，及西公旗扎萨克石拉布多尔济，双方情面上均能过去，而盟长亦不致有失威信。在此国家多难之秋，"赤匪"北窜之时，甚望蒙政会当局，体贴中央意旨，抱息事宁人之心，使此事早日了结，则国家之幸，亦蒙旗之福也！

《蒙藏旬刊》

中央宣传委员会蒙藏旬刊社

1935 年 108 期

（朱宪　整理）

察东事件之认识

方秋苇　撰

惊魂未定之华北，通邮问题的"悬案"解决以后，总算是平静了许多。殊事实竟有大谬不然者，日军又动员其机械化的兵团，如飞机、重炮、坦克车等，作有秩序有计划地向察东开始攻击了！

在开始进攻察东之时，关东军总司令（兼驻"满"全权大使）南次郎大将，曾发出紧急的声明，向世界这样地说：

> 关东军近已〔以〕不得已，以〔已〕在热河省兵团主力，及飞行队一部，扫荡在"满洲国"丰宁县下之宋哲元部。查大滩附近（沽源东方约二十启罗），原受"满洲国"之王道行政，乃昭和九年后半期起，宋哲元以大部队，将该地占领，更遣其炮团开至其前方，致丰宁县之行政陷于不可能。……

> 按日"满"共同防卫之精神，认自"满洲国"领域将宋哲元军驱逐，将"满洲国"行政恢复常态，实为当务之急。遂不得已，而执军事行动矣。

> 再，关东军于发表上述声明，同时附言此次之扫荡宋哲元军，决不因此而越出"长城线"云云。（日本新联社十月十八日东京电）

我们由此项声明中，可知关东军进攻察东的理由是：（1）丰宁及沽源为"满洲国"领域；（2）宋哲元侵占"满洲国"领域，所以关东军本其"日伪共同防卫之精神"，而执行军事行动；惟上项军事行动其意义完全在对宋哲元，所以不越出"长城线"，而侵及其他中国领域。那么，事实究竟是否这样呢？这似不值我们加以反驳的：（1）丰宁、沽源为察哈尔区域，从前虽被日伪军占领，但早已经宋哲元收复，关东军之借词挑战，毫无理由；（2）关东军视此项军事行动，为一种地方问题，所以它的战略方向，是在打击宋哲元军；（3）不越出"长城线"，这显然是单独要夺取察东；但察东夺到手以后，谁又能担保它不会越出"长城线"？

总之，现在的察东，日本势在必得。究竟这个事件，将来能否扩大，我们当然不得而知的。不过据我看来，这个事件不会扩大的（此中有许多神秘而不可告人的理由），但察东必是被日军夺去了，那是毫无疑义的。

在这里，我们必须对察东事件有一个认识，就是：日军夺取察东为了什么？以后它将怎样干？

第一，我们必须知道：这次日军的举动，是在夺取西蒙。最初，日本对于西蒙是一种煽惑政策，即是利用傀儡名义，对蒙古王公封王封侯，予以虚名欺骗。不过这个政策，日本并未顺利的成功，一则因西蒙内部的复杂，一则因中国的牵制。所以这次南次郎驻"满"以后，根据一般少壮派的主张（在前次大连举行之关东军幕僚会议曾加讨论），认定只有武力夺取，较为可靠。所以，这次日军便开始行动了。

第二，日本将察东——西蒙一带的领域——夺取以后，它的动向又是如何？换言之，关东军又将怎样干？这一点，日本现在的方向与从前不同：现在它是要向西北侵略的了。夺取察东，不过是建立到西北的根据地而已；说明白一点，夺取察东，不过是侵略西北之前哨罢了！

但是我们得要明白：日本转以内蚀西北的时候，是可以暂时地放松了华北的劲头。不过，日本将来侵略西北的企图成功了，华北又不啻处于西北（就仅以察、绥两省而言）大包围之下。试问在此种大包围形势下的华北，其生命能苟延多久？其前途谁也不能估量！最后我们对察东事件之认识的结论是：

（1）日本进攻察东，势在必得，其目的在夺取西蒙；

（2）察东夺取得手后，到西北的路线打通；

（3）在侧向西北路线之际，对"长城线"以内的华北领域，是暂时地放松；

（4）察东事件之军事行动，不会扩大的，或者又成为一种"悬案"，亦未可知。

《时代公论》（周刊）

南京时代公论社

1935 年 149 期

（朱宪　整理）

苏俄加紧"赤化"外蒙政策

作者不详

外论社讯：据本埠接可靠方面之消息，苏俄政府外务人民委员长李德维诺夫，于三月下旬，派遣远东局长穆哥皮台夫至赤塔，与苏俄远东军司令官伽龙、外蒙古赤卫军指挥官德慕索商议外蒙"赤化"政策，其主要目的，在将外蒙古"赤化"，作为远东政策之中心点。因此，苏俄共产党本部，特派"赤化"工作人员赴外蒙古，除与外蒙古之赤卫军协力谋军事、政治之建设外，又努力于外蒙古之财源开发，及促进已经开始之各种产业之发达。一方面，拟由苏俄政府借贷外蒙古一千万罗布无利息借款，作为建设费之用，苏俄政府又拟派遣飞行机二十架至外蒙古，开拓航空路，专事输送赤塔与库伦间之邮件及旅客，每星期往返五六次云。

《外论通信稿》（日刊）

上海外论编译社

1935 年 1076 期

（丁冉　整理）

西公旗纠纷始末

作者不详

纠纷起因

西公旗为内蒙部落之一，设王以统治全旗事务，王位系世袭制，本无争执可能。纠纷起点，盖因西公旗老王逝世无嗣，其近族石拉布多尔继位为王，另一近族依锡喇嘛，则欲以王位畀其侄巴图百益尔，遂生衅隙，继成讼争，历时八载，至十九年始由中央解决，命石为扎萨克，以巴图百益尔为西协理，纠纷遂暂告一段落。

纠纷复起

石既借中央获得王位，依锡对之，终不甘休，近年复联络东协理额宝斋父子，以孤石王势力，适额子头曼〔曼头〕因事为石王革斥，遂奔附依锡，冀图报复，曾一度于去年图刺石王未遂被擒，旋又兔脱，逃往百灵庙依附德王，获委为蒙卡哈德门税局局长，由是石遂嫁恨德王，及蒙卡行将撤销，石派兵捕曼未获，曼复与乃父额宝斋及依锡喇嘛等于本年四月间率兵进攻王府，石以兵力分散，未便抵抗，因坚守不出，至五月间傅作义、王靖国出任调解，事始平息。

纠纷扩大

　　曼头孕恨在心，意在报复，潜匿德王处，乘机联络他旗。此次主持百灵庙蒙政会之云王，遂将石王免职，石以王位世袭，蒙政会无权革职为理由，公然抗命，且纠合各旗王公与蒙政会对抗。另据包头快信，则以纠纷之起，原于今春馒〔曼〕头及伊〔依〕大喇嘛之叛变石王，称兵劫夺王位，嗣以失败而诉诸蒙政会，蒙政会因召石王不至，遂下令免石王职，且派兵武装接收石王府，石王以王位世袭理由，不接受蒙政会处分，而与之对抗云云。

解决办法

　　事态扩大后，云、德两王遂先后电请中央主持迅予解决，中央以此事关系蒙族内部争执及边疆安宁，不得不以审慎出之。除派员彻查外，解决办法，将先由关系机关商妥，再由政院核议，务使双方均不失颜面云。总之，中央对西公旗纠纷之如何调处，固极望以公允之办法使双方化除争执焦点，而尤望以敏捷手腕出之，免致事态益增扩大，贻蒙政会前途以莫大之隐忧。

《四路军月刊》

长沙四路总指挥部秘书处

1935 年创刊号

（朱宪　整理）

西陲宣化使公署成立经过

作者不详

二月八日上午十一时，班禅大师在阿阿〔拉〕善旗达亲王府成立西陲宣化使公署，集五族来宾于一堂，开空前之盛会，所有经过情形汇集如次。

来宾　有前藏策觉林佛、罗桑巴佛（新由外蒙古来者），后藏丁杰佛，后藏大喇嘛罗艾林岭等三十余僧官，及阿〈拉〉善亲王达理扎雅、镇国公塔旺策林、致〔政〕务处协理罗思孙巴图，罗相丞及各旗官吏代表百数十人，满、蒙、回、藏、青、康各界绅商代表五十余人，及班禅教下森且堪布、旺堆诺布等全体职员约三百余人济济礼堂，盛极一时。

仪式　奏乐，开会，唱党歌，向党、国旗及总理遗像行三鞠躬礼，主席恭读总理遗嘱，静默一分钟，主席报告，来宾训辞。摄影后复入大礼堂，分级入座，举行西藏庆祝仪式。大使升宝座后，各级职员及各界来宾挨次向大使递献哈达、曼打，依级盘膝而坐，同时献长寿果，敬吉祥茶，并分赠藏式五色糖果，礼成散会。

宣化使演讲

诸位来宾暨本署各级职员：余在南京就使职以后，即拟组织公署，嗣因历年宣化蒙疆，无日不在舟车及其砂尘之中席不暖坐，故未及着手进行，今幸各盟旗宣化告一段落，且西行在即，署务渐繁，经各位职员努力筹备，得于今日成立。在此五族庆祝声中，余以为自今以后吾人所负之使命日渐加重，除自己勤慎奋勉外，尤盼署内全体职员之本过去十余年忍苦耐劳之精神，继续奋斗，使我们西陲民众，受本署宣化与指导而得到繁荣进步，并叫他们觉悟起来，协力拥护中央，巩固国防，同时以宗教博爱慈悲利他之伟大的力量，推行政治之进展，救济政治之不逮，而谋西陲民众之安全。至于宣化方针，当本中央和平之意旨，阐扬三民主义之真缔〔谛〕，及释迦普度之弘愿，超拔苦海，同登觉岸。讲到宣化之步骤，因本公署宣化之对象为蒙、藏两大民族，今后当依照各地之民情、风俗、习惯，因时因地而教导之，并本四摄之法，由浅入深，使西陲民众明了国情，及国际之形势与我国目前之危机，使彼等共同觉悟，急起直追，作自救救国之新运。宣化之目的是要达到宏法利生，同沾化雨，而完成五族团结、奠定边防之宗旨和使命。但余自愧学浅才疏，尚望诸位来宾，及党国先进，时加指导，以资遵循。（余略）

阿拉善旗亲王达理扎雅讲词

大师及诸位先生：今天西陲宣化使公署在本旗开成立大会，本人躬逢其盛，曷胜荣幸。适才听到宣化使大师训诲职员，本着素日忍苦耐劳的精神，使西陲民众确实得到宣化使利益，而又愿以宗教之伟大的力量推行政治的进展，使各民族精诚团结，共挽国运，遵照中央意旨，和本党的主义，及释迦的实愿，宣化蒙、藏两大民族并依照民情、风俗，因人施教，使边陲民众明了国际的形势，和自身的危险，急起直追，共同奋斗，促成五族团结，巩固国防，拥护中央完成宣化之使命。这些伟大的教训和指示的方针，本人听教之余，颇受感动，且非常的敬佩大师。想我蒙藏地处边隅，又为国家边防的重镇，蒙人的文化与建设均皆落后，此为无庸夸言之事实，现在东蒙已经沦亡，而收复又不知在何日，西蒙各盟旗亦岌岌可危，目前国难的严重，及自身的危险，真是不堪设想呀！若不共同觉悟，急起直追，诚恐丧亡无日了！共和成立，五族平等，中央对于蒙、藏两大民族时予扶植，轸念眷顾可谓无微不至，今后我们应当如何团结奋勉，共保边围，以符中央之厚意，但因交通不便，语文隔阂，使中央和边陲人民无由接近。今幸我大师宣化西陲，详加指示，而宣化使公署今日又告成立，相信今后中央和边民的一切隔阂误会，自可了解〔结〕，各民族间的感情日渐融洽。所有钧署全体职员，学识经验，均甚丰富，又在大师领遵〔导〕之下刻苦工作，定能为蒙藏人民造无穷之幸福。而蒙人素崇佛教，与藏族之历史关系甚为悠远，我大师为佛门之教主，以我佛的宏愿，及宗教博爱利人的力量来推行政治之进展，好比水乳交融，自易结成一体。我们蒙古民众在大师领导之下倾诚有年，咸觉一切的落伍，并知道国难的严重和自身的危险，今后当遵中央的意旨和本党主义，团结一致共同奋斗，我蒙藏两大民族之文化建设，及其政治之改良，自当努力向上，还望大师和中央随时爱护、提携各弱小民族，使与内他〔地〕并驾齐驱，是皆我大师宣化之结晶，今后深望不遗在远，随时随地多多指教是幸！

第一次署务会议

二月八日下午在阿拉善行辕秘书厅举行西陲宣化使公署第一次署务会议，出席者有总务、宣传两处长，及科长、秘书、科员，约廿余人。旺堆诺布处长主席，用藏语报告今后对于各职员的希望，并宣化方针。继由刘家驹秘书详述分工合作，共谋边陲福利，以省中央西顾忧之各意见。陈科长文鉴、解科长志明、夏科长慈仁等各述边防危急及应本中央意旨及大使宏愿，刻苦努力，挽救蒙局，辞颇动人。茶点后即摄影散会。是日大师行宫内，有蒙古各旗僧俗膜拜致贺者，直至下午五时方告停止。所献哈达，堆与桌齐，且有以大鸣鞭炮而表祝贺者，胡天塞外，可谓盛极一时矣。

第二次署务会议

二月十六号上午在阿拉善敏巴扎仓公署秘书室客厅内举行第二次会议，由总务处处长罗桑般登主席，到会者科长以上计十一人。（一）由秘书长刘家驹报告两周内收发各文电函件；（二）宣传处长报告本署派人拟同大师到阿旗南北各寺宣化，决议指定赵旺、解永昭前往；（三）编译公署成立后告同胞书，决议后〔由〕编辑、翻译两科拟稿；（四）由总务处夏科长报告本署职员及公物，可否先走一批到青海筹备公署，并沿途分区宣化，决议派巴堪布等五十人及行李二百驮，限一周内起程赴青。（余略）

第三次署务会议

四月十日上午十时在阿拉善旗敏巴扎仓公署秘书室举行第三次署务会议，计出席者有秘书长、宣传处长、总务处长，及各科科长全体列席。（一）由秘书长报告最近收发公文及重要函电；（二）宣传处报告最近在蒙旗各地宣化经过，并盼各科加紧工作，以期本署创刊号早日付印；（三）由总务处长报告最近经过，及此次豫先遣派赴青之人员及驮子数目等项；（四）讨论此次道经宁、甘、青各地分区宣〈化〉事项，决议：（甲）乘骆驼经小道赴青海者由翻译科长负责，并率谙习蒙、汉语之科员数人沿途宣化；（乙）乘汽车经大道者由编辑科长负责，向沿途居民切实宣化，并在各该地印刷大量宣传品，劝人民注意卫生，爱护国家，服从长官，尊敬师长，重视教育等项。

《西陲宣化使公署月刊》

南京西陲宣化使公署

1935 年创刊号

（李红权　整理）

绥远农村自治应有之新的努力

王天马　撰

一　序言

地方自治，在现代政治组织中为基本事业。而自治组织及其各种实施，厥在农村，而不在城市。这一点不论在中国、在欧洲或在工业国家和商业国家，无不如斯，莫不以农村自治为国家政治向上发展之基本要素。此本尽人皆知之事，但是近十数年来农村自治之在中国，似乎没有以前那样严重化了。提起村治这二个字，似乎成了一个老调子。提起这件，除了独具只眼的几个学者外，让一般人看来，似乎痴人说梦了。究竟是怎么一回事？实际的情形，教训了一般国人及政治家，终不能把他认为是老调或是空理。所以汪院长及国内学者名流胡适之等人，在前二年组织了一个农村复兴委员会，并且他们的理论是复兴农村须从农村自治来解决。至于他们在事实上复兴的怎样，姑置勿论，而农村之急待复兴，农村自治急待彻底措施之深刻意义，又在人们的脑子里起了大的作用；尤其是专门研究农村自治的人，因为感受到他们的理论要兑现时甚为艰难的原故，而埋头农村苦干实干去了。这一点证明了国人为农村复兴和实现三民主义，而对农村自治作了更进一步的认识。这种动向，是复兴民族最好的一个条件。中国在这样悠久的历史过程中，对农村自治之重要性，多有认识，惟有帝王把国家当作了私产的原故，一面想做做农村自治，一面还势必愚惑人民，纵然历代有不少的努力，但与现在我们所谓农村自治，却相径庭。除了周至战国时的几个高明的政治思想家，所确定的农村自治原则外，有时在原则上也和现在是成反比例的。实际所作所为，不是注重防卫盗贼，便是催征课税，其他种种，简直一点都谈不到。虽然有几个朝代来采取《周礼政要》所谓"就其地之人，推举而治其众，其情亲而禄薄，举凡〈官吏〉仪制之文，供张之费，一切无之，而有事则其征调赋歛〔敛〕，刑政教治之详，无不躬亲莅之，事毕举而民不扰，固其宜也"的原则来办自治，毕竟关于生产事业、教育事业等，政府不能积极之帮助，而收功甚小。后来宋时的王介甫，虽创出新法，欲对农村政治有所改造，但因其忽略客观民众意识而只作了主观的自信，遂遭时议而罢。我们现在提起这件事，不妨谈谈古代的情形，在自治史上稍作认识，其次当顺应着时代的暗示和遵照孙总理的遗教来复兴农村，办理自治，自不会有了错误而致搁浅。尤其最久国家的人，迈出歧途，走上正路，和衷团结，共赴艰难，这样一来，自治的障魔已经远远逃去，而未来的福神，一步一步的走近我们，着手办理农治的一个大的先决条件，已经解决了。苦于有的领袖因"剿赤"而转战边地，不能集中力量来办理村治，也是美中不足，不过，好在各地的政治领袖、政治家及学者们，有鉴于村治之重要而在埋头苦干，以后的事不用说，一天一天的会好起来。那末，绥远处在这样环境中，已经可以受到好的影响，何况我们还在作不断的努力呢！可是，我们处在这个暴风急雨的国际政治环境中和生存竞争的廿世纪的时代里，办理国家要政，既要认的对，犹要作的快。反此，必落后的。我们知道，几千年间，我们的老祖宗的习惯是颟顸迟缓的，作事的态度，是文〔温〕文而雅，口里喊的是不怕慢而怕错。事实上的好坏，不是决定于快慢而是决定于认识的功夫和实地的努力。如果认识正确，而颠顸做来，那是怠堕不是谨慎。这种习惯，传到后代的子孙的身上，不容易一下改去，但是现在的我们还非改去不可。那末本来的村治应该先要有正确的认识，次要实地苦干，既要对，又要快，加速的完成了他，至底限度，总不使时代的波涛把我们冲淹于苦海之中而不得自救了。况且，现在完成训政，开辟宪政，比较要紧的一个关头，就是村治了。试问现在办不好村治，到那时候哪能担当起宪政时期的艰巨责任呢！总之，村治这件事，第一，大家既知道是一个国家政治中的基本要素，不论工业国家、商业国家都是以农村自治作他们政治前进的基本动力，尤其农业经济占优势的国家，更得比其他的工商经济的国家，要办理的完善。那末我们绥远急应加速完成农村自治，在原则上是铁一般的牢固而不允许有所游离。第二，现在我们所处的时代，是危极〔急〕存亡的日子，欲图自救自卫又得急速完成村治，而刻不容缓。第三，现在国内的情况，正值升平之际，纵然有几处流寇尚未断根，而事实上已不成问题，仅仅时间上迟早的问题而已。但是现有的反动势力是一天消灭一天，而未来的势力欲使之丝毫无所增长，亦得急速来完成农村自治，国内政治统一之稳定及永久化，将有待于农村自治之完成，始可充分乐观也。第四，在现在这样的国内环境优良情势之下，政府发号施令，人民努力工作，最易彻底而可有大的效果，如果我们真正的把握着客观的情况而努力完成农村自治时，外患不仅是非为可患，而且是我们兴国的好条件。农村自治不论对政治上、经济上以及中国整个的前途上，居了一个决定这些事业命运的地位。此后中国前途幸福与否，全视农村自治之是否彻底完成，欲其彻底完成，首先当认识客观环境，认识中国农村真像，对症施方，找出捷径，加紧努力，始克有济！中国如斯，绥远如斯，其他各地莫不如斯。兹以本文范围，乃指绥远而言，因绥远有其特殊之空间性，故除对中国农村自治之史的研究，作一般的介绍外，其次则讨论绥远农村的各方面的情况，再次则探讨其实施途径。奈余不文，焉敢操觚，以爱之殷，忧之勤，率尔脱稿，聊供努力斯业者，作一参考耳。

二　中国农村自治之史的观察

自治这个术语，在中国古代史籍上是看不见听不到的，这样中国古代定不是没有自治这末一回事吗？可是在中国古代社会的情况，从他的本质上把握是有自治之实而无自治之名，我们决不能因为史籍中没有自治这两个字，就断定他没自治这一件事。现在我们将这些古代有实无名的自治，分述如下。

我们尝看《周礼·地官》篇和《史记》对自治之事记载稍详，尤其《周礼·地官》，对乡村地方自治制度，记载更详。有一段是这样："乡师，下大夫四人……乡老，二乡则分一人。乡大夫，每乡卿一人。州长，每州中大夫一人……族师，每族上士一人。党正，每党下大夫一人。闾胥，每闾中士一人。比长，五家下士一人。"关于乡村自治的人材，是这样的分配。还有："遂人，中大夫二人。遂师，下大夫四人……遂大夫，每遂中大夫一人。县正，每县下大夫一人。鄙师，每鄙上士一人。酂长，每酂中士一人。里宰，每里下士一人。邻长，五家则一人。"依郑注：王城远郊，百里内设六乡，郊外为甸，设六遂，制如六乡。再《周礼政要》（孙诒让著）云："周六官员数，约五万于〔余〕人，而乡遂官居其大半。六乡之吏，乡大夫六人，州长三十人，党正百五十人，族师七百六十人，闾胥三千人，比长万五千人。六遂、乡、鄙、酂、里、邻之吏，如六乡之数。大凡乡遂之官，通共三万七千八百七十二人，以距王城二百里内，设官如是之多，而不嫌其冗浮。经固云，使民自兴，而出使长之，入使治之，就其当地之人，推举而治其众，其情亲而禄薄，举凡官吏仪制之文，供张之费，一切无之，而有事则其征调赋歛〔敛〕，刑政教治之详，无不躬〈亲〉莅之，事毕举而民不扰，固其宜也。"我们读了这一段文字，孙先生为经学大师，对《周礼》之阐发尤详，对自治的根本意义，解释透彻，足供当今之办自治者研究也。中国在数千〈年〉前，政治思想，已达如此程度，惜吾后代人，未曾精益求精，努力建设，仅知欧洲而不知有中国，亦可慨矣！

　　吾人对古代乡村自治人才之分配，既介绍如上，而地方团体之组织，在当时亦有妥善之区划。《管子·立政》篇云："分国只〔以〕〈为〉五乡，乡为之师，分乡以为五州，州为之长。分州以为十里，里为之尉。分里以为十游，游为之宗。十家为什，五家为伍，什伍皆有长焉。筑障塞匿，一道路，博出入，审闾闬，慎管键，管藏于里尉。置闾有司，以时〈开〉闭。〈闾〉有司观出入者，以复于里尉。凡出入不时，衣服不中，圈属群从〔徒〕，不顺于常者，闾有司见之，复无时。若在长家子弟〈臣妾〉属于〔役〕宾客，则里尉以谯于游宗，游宗以谯于什伍，什伍以谯于长家，谯敬而勿复。一再则宥，三则不赦。凡孝弟忠信、贤良俊材者，若在长家子弟臣妾属役宾客，则什伍以复于游宗，游宗以复于里尉，里尉以复于州长。州长以计于乡师，乡〈师〉以著于士师……三月一复，六月一计，十二月一著。凡上贤不遵〔过〕等，使能不兼官，罚有罪不独及，赏有功不专与焉。"管仲以此而治齐，齐可强也。其划分之有系统而周密，层层节制，可称为完善的下级地方团体法。迨至秦一统天下后，将以前制度，有所改革，分为里、亭、乡。百家为里，十里为亭，十亭为乡。在里设魁，在亭设长，在乡有三老。里魁掌察民之善恶，告之政府。亭长掌保卫，灭盗贼。三老掌教化。三老之下，有秩、啬夫及游徼。三老之资格，在乡民中五十岁以上而声望素孚者而选出之，使他们掌管教育、司法、税征、警察等事。秩是帮助县国听治收赋；啬夫及游徼是巡击盗贼。不过当这时候中国农业衰落而商业发达，始皇及左右谋臣代表其新兴商业集团而施秦政，于农村除压迫剥削外无可叙述者。此后一直到汉时，对于秦时乡亭制度，毫无变更，再降及后汉，与前汉时大致相同。前汉与前不同者，即在平帝时，置外〈史〉、闾师官。后汉与前不同者，就是每乡户五〔有〕户五千则置有秩，掌理一乡人。如果其乡较小的时候，则置啬夫一人。此二者在品级上是相同的。此外三老依然掌教化；里有魁，掌治一里，什治十家，伍治五家，互相检察，民有善恶，则告于监官。由汉而递至三国，中原多事，而对于农村自治事业，毫无开辟。再至于晋，而乡治制度多有不同于以前者。凡够五百户以上的置乡，三千户以上的置二乡，五千户以上的置三乡，万户以上的置四乡。千户以上置治书吏〔史〕一人，史佐一人，史正一人。千户以下仅置治书史一人。五千五百户以上置史一人，佐二人。其人烟稀薄处，得听随宜置里史，如校官、方略史等，分理县乡政务。由此可考晋时政治偏重城市，加之战乱濒〔频〕仍，农村更加凋蔽，所谓乡村自治制度，而实已经不存于此时，村间也就荒凉几若废墟。迄南北朝时，乡治制度，渐见恢复两汉之概况矣。宋以五家为伍，置伍长主之；两五为什，置什长主之；十什为里，置里魁主之；十里为亭，置亭长主之；十亭为乡。乡佐有三老、有秩、啬夫、游徼各一人。他们所掌理的事务与秦汉时者相同。在北朝后魏初先行宗主督护制度，常因不同宗的，以细故而起争执。到孝文帝时遂改行里长、邻长、党长之制。五家为一邻，设邻长，五邻为里，设里长，五里为党，设党长。及至隋时，有"保闾族制"的颁行。五家为保，五保为闾，四闾为族。

保有保长，闾有闾长，族有族正。更以五百〈户〉为一乡，置乡正，掌管民间词讼之事。畿外置里正、闾正、党长及族正等互相检察，但推行未久，复因兵祸而未果，遂成具文了。至唐时之地方自治制度，又变为"里乡邻保制"。三家为保，四家为邻，百户为里，五里为乡，每里置里正一人，掌理劝课农桑、按户口比、检察奸宄、防御匪盗等事；乡里耆老一人，以耆年率谨者任用之。五百户以上的市镇为坊，置坊正一人，掌坊门管钥，督察奸非；在村者置村正一人，村满百家以上者，增置一人，其职掌同坊正。如有不满居民十家之村，不设村里、里正，由县选勋官六品以下的白丁精明强干者充之。村正、坊正均由里中居民推荐，里长遴选用之。五代时，多沿用唐时制，其所异者，即定百户为一团，选团中三大户为耆老，来查察民团兴衰及纠察奸宄。北宋时，对前者之乡治制度，略有改革，催征及保安，分为两事，各负专责，以里正、户长、乡书，专司督赋，另设耆长、弓手、壮丁，专司防盗。后王安石欲改新法，遂创行保甲法。他的主张以十家为保，设保长一人，五十家为大保，设大保长一人，十大保为都保，设正副都保各一人。于户口，清查户籍，按户置牌，抽选壮丁，与以弓弩，授以武术，轮流防匪。而其所想办法，甚为高明，惟独格于时议，未能彻底实行。后至于金，以五家为邻，五邻为保，城市选坊正；村社随户口多寡置里正。甚〔其〕所负责任，乃为督催赋役，劝课农桑。村社五十户以上设主首二〔一〕人，一百户以上二人，二百户以上三人，三百户以上四人，其责任，乃为辅佐里正，禁察非为，并置壮丁，以佐主首巡察匪贼。再至于元代，其初与宋相差几无。世祖至元〔代〕七年，设社，各县所属乡镇村，以五十家为一社，选年高望重而通晓农事者为社长，增加户口至于百家者，别置社长一人，不及五十家与近村合组一社。地远人稀，不能与其他村庄相合时，欲自成社者听。社长掌理教督村民兼催征赋役、劝课农桑、防御匪盗等事，合社壮丁悉听指挥，公私称便。明代乡治制度，又有新创，就是里甲法。以百一十户为一里，由此户口中选十户为里长。而此十户，非里中之缴纳田粮最多者不得为之。所余那一百户再分为十甲，凡此十甲，每选一甲者，掌催征赋役及编造赋役费册之事。此外另在每乡择大户一人，掌催纳田粮及解上之事。而此里甲制与过去保甲制不同之点，就在里甲制以征税田粮为主，而保甲制则以军事、警察为主。其后略有变更，又在里中设里老一人，其资格要年高德劭者为宜，自地方上遴选任用。里老选用之后，上至政府下至乡民，称便于一时。当此时乡治制度，颇臻完善，不论军事、治安、教育、司法等，各方面人村〔材〕及机关之分布，皆称妥当。如公约方面有乡约，集会方面有社首，教育方面有社学，救济方面有社仓。且户籍周详分明，偷窃之儿，无从藏匿；有保甲，对盗贼可抵御，对敌人可自卫；惟不免有一二扰乱分子，借其职务，搔〔扰〕害地方，这是美中的不足。迄满清出主天下以来，对乡治制度，亦多改革。且改称邻保制，一村之内，十家设一甲长，百家设一总甲，专掌纠察盗贼、流寇之责。其后不久，复改行里甲制。以百有十户为里，置里长、甲长。至其区域之划分法，按近城者曰厢，在乡曰里，里长设一人，在里中户口轮年充任，执掌摧解钱粮及摄勾公事。在前者邻保制专努力于自卫方面，每遇贼寇，由同甲之居民，报告甲长，甲长即按事之大小而会同其他甲长，受命于总甲而剿灭匪类，知匪消息而不首告发者有罪，且其余九家连坐。后者之甲制则偏重于政府之收入及法治上之事务。此外里中有着老会的组织，其中职员，由本乡年高德劭之人，向为众所推服的选任之。及至顺治登基之后十数年，施行里社制，不论二三十家的乡村或四五十家的乡村，皆设立里社。在农事忙碌时，被〔彼〕此互助协力耕种。里社内的职员有里长、社长等之位置，由村民中选出。每十家设甲长，又称牌头——因其为十家牌之首。十牌就是甲头，十甲就有保长，皆为本村的居民，治理本村的事务。当此时，保甲制制度，仍旧不能普遍的在农村实施起来，但各处乡村居民，虽无里社显明之组织，但另有一种与此相仿佛的制度存在着。当时大部分的村庄，村中皆有村庙，如龙王庙、城皇〔隍〕庙等。一般村民，以村庙为其政治中心，并且以乡老们来主其事。乡老之产生，好像沿取明代乡治之法，选择年老有德或读书之士充之，由乡长公选以后，经呈县政府允许委任，即可担任，掌理本村事务。其余未选出之村中的大户或为众所悦服的人，实际上就成了村民的指挥及社首的辅佐人员了。复次关于乡村公共事项，如修葺庙宇，疏治路沟，公共开支的稽核计算，大都由乡老作议长，于每月的朔望日集会一次，以便讨论案件并执行议决案。如果还有其他琐屑事务，大都是聚集其所谓政治中心的村庙或词〔祠〕堂内办理之。因一村之内，所建庙宇，为公共修筑，而所祀神像，不外雨泽田禾的龙王或保佑村人福寿的阎罗，再不然即是保佑为他们劳动的牛马底马王。这些供神的地方，除了祀奉之外，即为他们的公共会集之场所，村中有事，则集合于此而商议之。还有望族人家为追念祖先及对本族人作一种救济而修建词〔祠〕堂。词〔祠〕堂之内有家谱及祖宗神像，祠堂经费和基金，由本族人共同派摊。这完全因那时一姓的人家居然他们的本家子孙住满一村，村中有事大家即来此商议，每年到清明扫墓时，即开堂会，以便解决族中或村中一切事务。这些事大部分以族中较富有而为长辈的为议长。凡此种种，当时虽无明文规定，而一般村人却有这末一种自治习尚。清代末叶，因时势大非前所可比，皇家不得已而颁布立宪筹备，于是对地方自治法规，亦行制定。其自治区域的划分为城、镇、乡三种。城就是府厅州县地方；镇就是凡人口满五万以上的市、屯、庄、集地方；不及人口五万者为乡。城和镇设有议事会和参事会，乡设议事会及乡董、乡佐各一名。以本乡选民由议事会选举，呈请主管地方官准核任用。此三种区域内之自治事务，规定限于学校、道路交通、卫生、土木工程、农工商务、公共营业、筹集款项及组织等事项。到民国成立三年之后，袁世凯曾下令一度的停办自治，旋即颁布《地方自治试办条例》及《施行细则》。自治区域之画分，每县得设四区至六区，二县合并设八区，区设自治会议，为决议机关，区董为执行机关，为会议制。其职权——区董——掌管本区慈善事业、卫生事项、教育事业、交通事业及农工商务等事项；并办理遵照法令监督官署委任事项。不过此项制度，虽经公布，但未见普遍彻底实行，仅为一纸空文而已。此后民国八年曾又颁布《自治法规》及《施行细则》，民国十三年徐世昌又颁布《自治法规》及《施行细则》，其内容与袁时所颁者大同小异，但通同未见实行也。迨国民政府成立以后，中国国民党在中央的同志，本着总理的民生主义所昭示的"……在中央而在地方，不在政治，而在地方人民之自治……"之意而制定颁布各种自治法规。现在关于此项书籍，中央有专刊编印，可参阅之作品，仅摘其要而略述之。第一，国民政府对自治区划，规定县以下设区四至十区；每区由二十至五十村镇组织之；百户以上之村庄为乡；百户以上市街为镇；五户为一邻，二十五户为间，设间、邻长各一人；乡镇公所各设乡、镇长一人；区设区长一人，助理各该县之县长处理事务。此外各乡镇各设监察委员会及调解委员会。以区民大会或村民大会可〔为〕最高权力机关，行使创制、复决、罢免、选举之权。至区、乡、镇长之职务：（一）户口调查及人事登记事项；（二）土地调查事项；（三）道路、桥梁及其他一切公共土木工程建设事项；（四）教育及文化事项；（五）保团公安事项；（六）民众体育事项；（七）卫生疗养事项；（八）水利事项；（九）森林培植及保护事项；（十）农工商业之改良事项；（十一）粮食储仓及调济事项；（十二）垦牧渔猎之保护及取缔事项；（十三）合作社之组织及指导事项；（十四）风俗改良事项；（十五）育幼、养老、济贫及救灾之设备事项；（十六）公营事项；（十七）区自治公约制定事项；（十八）财政之收支及公款、公产之保管事项；（十九），预算、决算之编造事项；（二〇）县政府委命办理之事项；（廿一）其他依法赋与与应办事项。以上法规，自国民政府命令推行以来，十数年之久，各地乡镇办理尚佳，但未能有优良成绩及长足的发展者，多因县区长之人选，多非由地方选出，且村乡最高权力机关，表示权力亦甚薄弱，这一点吾人亟盼政府当局，权衡各地之乡土习惯而与以改良方策。

　　总之，以上所述历代自治情况，虽仅制度上之叙述，而少经济上、社会上之转变情况，但由此可推察各时代之利弊如何。有周一代，自治之事可称大备矣，惜至于秦，将前代制度，摧残无余，乡民既深受剥削，且亦无民权之可言；以后，至于明，对自治之制度既多优点而推行亦力，故清时人民对于结社、集会多能行之，然于生产事务，成绩极劣，且当时民众因国家闭关独治之策而对科学知识一无所知，后虽有科学教育之倡导而设理学、工业及农商等学院或学校，但多重于理论而不能积急〔极〕实验，因此对民众之科学知识的指导，亦缺优良成绩。在政治上，彼时民众虽知集会、结社而处理地方事项，但大多数之民众因政府之愚惑及村户阀阅之压迫，所以对各种事业未见发达，即或有之，亦仅对少数人有利之事而非对普通民众谋利益的。从此演成一种绅士阶级治乡事，多数民众往往无从过问也。自国民党执政以还，本孙先生之三民主义及五权宪法之真谛，注意教、养、卫三事。自治法规之所规定各种事业，其目的皆在于此，教育事业、生产事业及自卫事项无不包括在内。惜自推行以来，因官吏未尽其督率的责任，甚至少数官吏，因非地方人，只知勾结地方之污绅土豪而摧残乡村，鱼肉民众，饱满私囊，不知按自治法令有以教养之，以致造成今日农民破产、农村崩溃之现象也。今日欲复兴农村，兴盛国势，仍须由自治起，而自治事业欲谋发展，尚须将县区长官，委诸地方人士，如地方人才缺乏时，可聘用对自治事业有研究之专家，付与全权训导民众，不久民众自可自己为之，农村何患不兴!? 古人云："前事不忘，后事之师。"吾人鉴诸往古之失，而另辟途径，加速推行，自可大收效力。其途径何由而得，当先把握其地方性，明了各省乡村之社会结构、经济状态，然后针对实际，订定推行自治之策，努力为之，农村复兴当在不远矣。作者仅论及绥远之农村自治，故对绥远农村底社会的经济的实际情况而加以科学的分析与综合，以决定推行自治的当先运用措施的方法。兹分述如次。

三　绥远农村的现状

我们知道自治在绥远推行以来，所得到的效果甚少，简直可以说是失败，这并不是自治本身有问题，而是运用措施未适宜。因此，自治机关之在绥远者，不论过去甚至目前等于虚设，等于整个政治组织中的一个赘疣。这一点绝不是一二人所感觉是如此，人人都是这样的叹息着。可是运用措施要适当，仅仅遵照国府所颁布之自治原则而做来是不为功的，这又是大家知道的。想要运用措施适当，如人材的分配、机关〈的〉增减、土地问题的解决等，除了来明了农村现状，则瞎人瞎马必不能收效的。吾人为了运用措施得当，必得先明了农村现状，然后如邹平之乡村学院、定县之平教会等处之创造精神，来开辟正确的自治途径，深入乡村，领导民众，结果民众所感觉的，决不叹徒然的了! 现在绥主席傅作义氏创办乡工作人员训练所，开始作此种事业之尝试，吾人对此事业一方面而为绥民祷，一方面把握着农村现状，或可为热心斯道〈者〉一参考耳。兹分述如左。

1. 绥远农村经济现状

　　自民国十五年以来绥远农村已呈破产现象，直至最近因为各种灾害的环攻，经济恐慌已达极严重的程度。这固然是受资本主义不景气的波涛所激荡，但其历年所受灾害亦甚深矣。自民国十六年以来绥远的农村几不成其农村矣。过去因受内战的影响而原气大丧，斯年复大旱，〈农〉民的生活，就以富有之家，时有断炊之虞，由此出卖人口，无家无之，其状之惨，不忍闻也！哭声遍野，饿殍载道，赤地千里，十室九空。此种情况，以交通不便，而考查者不来，内地人士，多无闻者。至十七年仍然大旱，田亩毫无收获，土匪蜂起，农村已成废墟矣。农民大都因避灾难，群集城市，农民之失业从此又告严重矣。可耕田之荒废，耕牛之死亡，居民之减少，其数额最为惊人，农村总被〔破〕产即在此年。至十八年，虽无旱灾，而田地稍有收成，但除其借种籽、雇耕牛一切用费外，所余不足食用，加之赋税的压迫，与富商之垄断，生计仍不可维持，此时卖妻〈鬻〉子之事，时有所闻。至十九年，又遭旱灾，灾民达数十万之众，老弱者、良善者迁移他地，少壮者挺而走险，流为土匪，当斯时真可谓土匪遍绥远，损失无算。譬如出城市三五里内即有遭劫之祸，倘在农村居住，三日遇匪，五日被劫，终日不得安静，农村成为恐怖世界矣。斯时农民所食者草籽、草芽，营养不良，蓬头菜色，面皮臃肿；所衣者，褴褛不堪，虽乞丐不如也，此种灾民，若遇土匪，亦有受缚之殃，而土匪至此，实劫无可劫矣。至迁逃于城市之男性，大失其业矣，逃来之女性，流为娼妓，绥远大小城市，多有妓娼者，灾害致之也。况此种女性，皆为灾民，亦皆过去之良善农民，其流离之苦，言下不胜心寒！廿年天时尚佳，甘霖普降，农民多有转回乡村者，仍以春耕无着，不得不告贷于人，此高利贷者大为活跃之时也。农人借钱于人，第一当须有铺保，其次须以红契作抵押，利息月大一分，所谓月大一分者，借银一元每月出息一角。且所抵押之房地红契，到时不能本利交还者，则归高利贷者没收，不能再赎回矣。尤有苦者，如借银十元，须纳于钱牙子一元，借钱百元，须纳牙子十元，而且就便扣利息半数，层层剥削，农民殆无一线生机。截至现在街市尚流行斯风，钱牙子充斥市面，政府既不加禁止，农民又不得不借，农村之复兴，岂有日乎?! 待秋收之后，除还债外几无所有，而缴租纳税，差徭摊款，又特奇重，昨日糙米，今日讨饭，其状之苦，天下诚有如斯者乎?! 彼时政府及华洋义赈会，虽有赈救，然杯水车薪，不克有济，吾人身历其境，除叹"彼苍者天，曷其有极"外，夫复何言！廿一年，虽无荒旱，而水灾奇重，凡近河道之地，淹没一空，尤以山洪遍发，田舍顿成泽国。且其受灾之时，即为将收获之日，农人春则告贷，秋则淹没，如斯何以为生！农村不论大富、赤贫，皆至一无所有，或有一二得天独厚之乡，所收粮秣，价格低落，所有土地，其价虽低落至一二元一亩，尚不遇买主，其破产之尖锐，恐慌之严重，实民国以来破题儿第一遭也。廿二年，水旱灾具无，而土匪出没无常，斯时农民所有，仅食不至断炊，衣不至冻死，但土匪横行，所至缚〔绑〕票抢掠，手段残酷，以致农民中有经营土地之能力者，皆远避城市，农村又不复兴矣。廿二年匪患减轻而谷价暴落，因农村交通不便，距离铁路太远之乡村，大遭粟灾，此时土地价格，更为低落，村中一切赋税摊派，尤为繁重，农村原气，又大损矣。廿三年匪灾、旱灾，无一处罹之者，唯秋收时各地又被水灾，山洪暴发，田野成为泽国，农民复为波臣，食无可食，住无可住，农村又告大困。即以入绥境之平绥铁路言，竟被山洪冲断，而不得交通者一月有余，今日此段修妥，明日又冲断，明日彼段修妥，后日又被冲毁，铁路如此，农村可想而知。虽有不被山洪所侵者，而大雨亦浸毁之，农村再遭大劫，穷困益甚！此年灾情，虽较民十七八年时为轻，而农民之穷困，农村经济之死滞，已达极点。迄至本年，市面周转，本已苦涩，再受美国购银之影响，而农民几不可丝毫通融矣。现在各方面所以落后而不得发展者，枯竭的农村经济有以致之也！此后不论何种事业之举办，若非打破现状下之农村经济难关，则无由谈起。尤其农村自治一事，当宜先谋农村复兴，农村欲得复兴，必须先事打破此经济难关也。

2. 绥远农村建设现状

以若斯破产尖锐的绥远农村，而来谈建设，简直是痴人说梦，所能叙述者，仅反面而已。绥远农村所处天然环境，本非不毛荒凉之地，奈无人投资，无人开发，仅有穷困之农民，惨淡经营，不荒落而何？就其一般的社会情况言，其农村组织形式，大多数是非常之散涣，农村就耕田之所在，而建造住所，处此寥阔的环境内，如聚集一起，则距离其所有土地，有近者，有太远者，耕种上感到许多困难，势必就其地之所在而居住焉。如此则三里一家五里一户，联络十数里内之各居户而组一村，联络此数十里内之村各组一乡。距离如此之遥远，而一切乡村设施，颇多困难。即设学校言，在其村公所所在地，设一学校，而距离学校三五里外之儿童，必不能去读书也。稍长儿童尚可住宿校内，幼小的儿童，只好听其失学，此一事如此，其他种种何尝不如此。再者村内有公事，而公务员周围走一趟，须时正久，农村居户集中者，二小时可作之事，到此须二日可完，如此困难，又无法以克服之，实亦无力以克服之也。农村组织形式如此，而农村交通，更不便也。村距村间，距离甚远，村距县、市、省会距离更远，一切运输皆靠骡马大车，又不轻便，无骡马者，则牛运输，尤为颠顸迟缓，道路既远，多不便行，舍此而雇驼骆，则脚价又高，故所出产之谷粮，到所销售地时，除盘费外，一无所有，徒劳往返，积谷村中，而不得变钱，则势必大受穷困。如安北、固阳一带，对县内公务员及教职员之薪金，以米偿之，返回中古时期之制，殊甚可笑，亦复可怜，所以至彼处作事之人，因无法带米归去，或以米为生，遂不复至也。交通不便，实农村不得复兴之又一大原因也。再则农民出产五谷，大多运销外蒙古，而近来因蒙、绥通商断绝，米粮走投无路，若运销内地诸省，因内地价格亦甚底落，无法运去，其余西南、新疆一带蒙境，尚可销售，但因路远而交通不便，卖价不足脚费，亦无法运销。交通不便而致其死滞如此，故欲复兴农村，谋交通之便，乃要图也！

〈3.〉 绥远农村文化现状

一个地方文化程度的高下，至少须有两个条件。第一须交通方便，第二要教育发达。交通既不方便，教育又不发达，而文化程度高者，未之有也。绥远农村交通之梗塞，可为全国冠，其情形之困难，已略述如上。至教育现状，更不见发达矣。每个农村未必有一个初级小学校，其余职业班，成人日夜补习班，而至高小、中学，则农人之闻所未闻，见所未见也。因此，农民十分之九为文盲，儿童十分之七皆失学，故其见识之短浅，乃意中事耳；如农人农妇偶而走入城市，见火车以为怪物，见自行车以为魔术，见电灯电话皆莫明其妙，为此可笑之常识程度，遑论其他！乡村间幸而有学校，而其所聘师资，大多数系借此以混饭吃，谈何教学。吾人尝闻某处教员教授学生时问诸生曰："你们所念的千字课，你们知道谁给你们做下的？"某生对曰："庙里的老道做的。"——大抵乡村中之老道常为乡人看卜算卦，儿童认天下以此老道为最高明矣——这位教师道："不对！"某生厉声曰："先生！"这位教师曰："唔！……是，是大清时候孔子给我们做下的，你们看我们那里不是供奉孔子神位吗？这就是他做的。"诸生唯唯。以此荒谬绝伦的教师，哪能发展乡村教育呢?! 如此教育，农村文化之低落可断言矣。尤可注意者，有的农村，宗教程度颇高，农民大多数为天主教徒，在他们的生活上，常常表示出他们那种教徒风味，全家大小因入教的原故，皆须读经，故对简单中国字尚认识几个，儿童多入教堂所办之学校。在绥远教堂林立，神父、主教大有人在，教堂建筑亦颇堂皇富丽，十数年来教徒陡然增加，一则因入教之后可得少量之经济上的帮助，再则入教之后，可借教堂之力，以御匪患，故民多乐于此道。其所附设之儿童小学校，以读经为主，其余国文、数学为其次要者也。农民日常生活，大都劳动于田地间，多数妇女亦帮助其家庭或父兄劳动于耕耘上，其生活方式，极其单纯，饮食亦甚俭朴。慷慨好义，有古风，善歌咏，强悍有为，天赋聪慧，盖山河钟灵之所赐也。太史公曰："……发轫于西北，成功于东南……"信哉言矣。以其若斯有为之民性及其刻苦质朴之生活，而受不到良好的教育，得不到良好的启发，只得辗转吟呻于荒漠困苦的环境中，得不到长足发展，憾何如之！农民在春、夏、秋三季中，忙碌异常，终日劳动犹恐不暇，若此种积极性的工作，甚为伟大，唯在冬除忙碌于肥田料之外，比较消闲，闲时的消遣，多半是赌博，少数是吸鸦片，因农村文化衰落，而高尚娱乐，毫无设施，故多赌博、吸鸦片。赌博者过此时期，即可停止，吸食鸦片者，则须终年吸食，其瘾之大，终日一榻横陈，吞云吐雾，不事劳动，瘾之小者，尚可劳动半日，比较能够自足自给之家庭，因每年种植鸦片之故，一家之内，吸食者十人之中，可占半数以上，不论男性女性多吸食之。尤其少数儿童，因在其母胎时已受烟毒，故脱胎之后，先以烟雾喷之，及长则吸食也，殊深可惜！鸦片毒害绥远，可胜言哉?！欲谋农村复兴，首先须禁公种公卖鸦片，若鸦片不早日断除，则其祸毒，必更深矣。鸦片对农村有百害而无一利，并非不能禁绝，若当道具有决心，当以快刀斩乱麻之手段而禁种禁吸，一方减轻农人负担，一方面严厉禁止，否则分期缓禁，农村复兴，恐遥遥无期矣。

本省农村现状，略如上述，其破产之因，虽在受资本主义不景气之浪潮的激荡与赋税奇重、污吏吻唲〔唲吸〕及灾害环攻，但因人始终未加以彻底之复兴，是一因也。作者因篇幅所限，仅能列举其荦荦大者，至其一切统计，不及备载，有此即可以决定复兴之路而实现农村自治，以便早日完成训政阶段也。其复兴之道如何，请论如次。

（未完）①

《长城》（季刊）

绥远长城出版社

1935 年 1 卷 1 期

（李红权　整理）

---

① 未见续文。——整理者注

对蒙政会二次全会之一点贡献

成九　撰

　　蒙古地方自治政务委员会，成立于中华民国二十三年四月二十三日，同时第一次全团委员会，亦于是日隆重举行。寒暑易过，岁不我留，迄至现在，蒙政会之诞生，已为时一年矣。今不先不后，适定于本年四月二十三日，又开第二次全体委员会议，凡各委员，统限于是日以前，一律到会。值此国难方殷，暴日节节进逼之际，吾人对于蒙政会举行第二次全体委员会议，当应特别重视，不得以通常例会之眼光来观察。

　　按一般人之心理猜揣，此次蒙政会举行第二次全体委员会议，其意义当不外乎下列二点：一为蒙政会成立一周年纪念；一为报告一年来工作情况，及决定将来进行方针。兹谨就第一点言之，蒙政会一年来工作之成绩，究竟值得纪念与否？是有研究之价值。夫蒙政会成立之时机，正乃日寇骄横，谋欲亡我内蒙全部，故蒙古自治之成功，不仅是以蒙治蒙，实所以保我内蒙民族地位之生存也。观蒙政会年来工作之表现，其所谓地方自治之成绩，究何在焉？徒有虚名，毫无其实，须知内蒙人民现在所处之地位与环境，较之去年今日，尤觉危险，若不急起直追，前途殊难设想！

　　自九一八事件发生以来，国人咸以西北问题为重要，而提倡开发及从事讨论者，时见不鲜。迄蒙政会成立后，一般国内先进与蒙族贤达，更复大声疾呼！以西北一隅为中国全部休戚存亡之绝大关键，内蒙若得保全，国防借可巩固，西北一旦垂危，华北亦难安枕，盖蒙古问题，乃整个的国防问题所关故也。去年今日，暴日谋侵西蒙，已在准备计划，而目下西进之野心，迨更加甚，随时可逞。此吾以为内蒙人民现在所处之地位与环境，较之去年今日，尤觉危险者，实属彰彰明甚。由斯以论，则蒙政会今兹之会，倘就第一点意义言之，似无可以纪念的价值，自无待言。

且内蒙危况，既然如是严重，则蒙古人民为应其生存需要，起而自治，当属切要之图。但蒙政会成立经年，对于实际自治工作，殊少成绩，方今召开二次全体委员会议之际，苟再不于民族生存上，定一具体办法，则所谓地方自治云者，殆无异于纸上谈兵矣。论者每谓蒙政会过去工作，所以致此之原因，一则内部人材缺乏，工作分配未当；二则各盟旗执政，不谙自治真谛，未能踊跃参加；三则能者多劳，有似迹嫌专断，欲求成绩之表现，自属戛戛其艰。兹当此二次全会即将举行之际，惩前毖后，敢提出下列意见，为委员诸公告，幸得容纳而商榷之，自治前途当有裨益也。

（甲）启迪蒙民智识——智识为人类生存上必须具备之条件，亦即人世一切事件成功之最要因素。方今之世，若无智识，不特事业难求进步，即欲求得保守，亦不可得。我国内地各省，虽文化早开，而一般民众，尚多少智无识，况蒙古地尽荒漠，浑噩未启，较之内地，尤远不及。欲求即时树立自治基础，迅收实效，其何可能！为今之计，亟应先启迪其智识，以利自治之推行，而智识之启迪，要须从提倡教育入手。故此次之会议，对于各盟旗之教育事业，应视为迫不及待之要需，提案决议，确实推行，以资启迪一般蒙古平民，使有人类应有之智识，以为自治实行之根据，此殆自治本身之重大先决条件。

（乙）拔选适当人材——查蒙政会成立迄今，所以工作成绩，未能满人期望者，其原因虽不仅一端，然干部人材之缺乏，直无可讳言。长此不求改进，诚恐上无以副中央扶植之德，下无〈以〉慰蒙众期待之切。故此次之会，允宜决定一改进之策，尽除私己之见，实行为事择人，不可以爱憎为取拒，成一楊〔塌〕之糊涂。对于应行自治区内各盟旗之真正人材，必须一体延揽，使得效力机会，不可纯凭援引，致涉党私，滥吹充数，作事无能。而对于外间适当人材，凡有助于实际者，亦可酌予聘用，无分畛域，必如此而后自治方有成功之希望也。

（丙）着手实际工作——自治制度，根据于地方而成，则自治政务之推行，当然注重实际工作，切实言之，即要将自治行在各盟旗去，并非仅有此自治机关便算已足，而会内案牍办讫，便称已尽能事也。政会各委，来自各旗，亟宜身先其事，以身作则，实施自治之所应兴革事项，各委员尽可遵照会旨，立即自先办理，以树风声，以收实效。其他各旗，亦宜设法使知蒙政会为自治最高机关，凡所施行自治各政务，必须悉行勿谖，方可以不托空谈，实得效益，至于何兴何革，何急何缓，各委员定必有宏规硕画，不日即可以显示世人，兹不冗赘。

上述诸端，仅属切要之点。蒙政会二次全会所应必须注意者，蒙古民族存亡所关，亦系挽救国难之一部工作，尚望参与斯会诸公，不弃刍荛，加以讨论，然后定为具体的办法，使见实施，庶几蒙政会得以在中央政府领导之下，共同奋斗！蒙古自治之幸，亦国家之幸也！

《蒙古向导》（月刊）

归绥蒙古向导月刊社

1935 年 1 卷 1 期

（朱宪　整理）

对于蒙政会之希望

成九 撰

蒙古民族受政治之压迫，在历史上说来已经有三百年之久。满清政府，纯粹施其愚民政策，千方百计，大肆羁縻，以致蒙民本身，迷沉黄教，以当喇嘛为光荣，不知灭种之可畏，因而人口减少，智识落后，形成今日急待挽救种〔的〕形势。民族地位一落千丈，比诸次殖民地，尚且不如。是以全国人士，感觉兴起〔快快奋起〕，群以外蒙、东蒙〈为务〉，姑无论矣。西北地位，十分重要，非赶速提倡开发，不足以御外侮而固国防。内蒙同胞，亦多恍悟危险之临头，自救之宜急，思从自身政治上，得到根本办法。是以自九一八事件发生以来，内蒙王公、青年，鉴于日本对我侵略，有加无已，防患自卫，不宜再缓。因而先进诸公，奔走呼号，提倡自治以补中央政治之不及。幸荷中央当局，深谋远算，毅然允许，而蒙古地方自治政务委员会，得以顺利成立，屈指迄今，匆匆已为时一年矣。

回忆此一年之中，我内蒙同胞，所得到之结果，果何如乎？自治之进展，复兴之曙光，一年前之欢欣鼓舞，一年来之望切云霓，岁月水逝，人事未前，而萦绕吾人脑际，可以提出与邦人君子共谈〔探〕讨，可以聊当刍荛而为蒙政会衮衮诸公贡献者，仍不外"希望"而已。大者远者非兹篇之所及具论，姑就浅显切要者，以管见所及，略举数端如下。

一　竭诚拥护中央

世之论者，每拟国家如人体，中央之与地方，犹脑部之与肢能〔体〕，国家政治之推行，则必如脑之驭手足耳目，运用灵活，方可以动定咸宜。地方之与中央，自必须一如行动视听之受命于脑部，方可免于错误舛戾，相互为用，相互关联，一有失常，便成疾病。年来中央政府，扶植蒙古地方自治，逐进诚恳，则蒙政会即当愈益竭尽忠实，毕其职责以拥护中央，以收关联互用之功能，而臻地方、国家于福利。闲尝追求其故：（一）内蒙现在所处地位，实至危险。惟与中央合作，历史最久，利益最大。（二）北邻外蒙，已受"赤祸"，与之联合，其害滋甚。况苏俄赤色帝国主义，足以致内蒙人民于不能生存之残〔惨〕境。（三）东蒙已沦于日伪势力范围之内，日本白色帝国主义的酷毒，东蒙群众，已身沐其苦，设与误合，则朝鲜亡国灭种之惨，立见于今尚干净之西北蒙古地方及吾蒙古同胞之自身。以此之故，吾人惟一希望蒙政会，务在整个的国家观念之下，竭诚拥护中央，则中央自当一本扶植蒙古之旨，益成自治之功，绝无有他，此吾人可以断然致其笃信与希望者一也。

二　树立自治力量

自治内蒙区域，乃我中华民国领土之一部。而地当边防要冲，无论自地方自卫上言之，须有相当的武力，以资支柱；即就国防上言之，亦讵或能外此。理至明显，无待冗赘，况自治推行，要赖秩序安全，方克一切无阻。否则自治力量，必甚薄弱，此其一。又对于自治各盟、部、旗之经济、教育、交通等紧要事业，亦要待一改十七世纪之腐旧思想，与民更始，清白乃心，实行勉力建设，借以完成永久之真正自治。否则人民自身无丝毫自治力量，依然沉沦浑噩被治地位，此种局面似无幸能持久之理［性］，借曰事业之兴，非款莫办。吾则曰："小试其端，择轻易举，又何必待事事仰赖他山也？"此其二。此外一切，苟能在轨道上谋设施，中央当然有以玉成之。"自救在己"，世有明言，何去何从，关系吾蒙全民至巨，此吾人所以致其希望者二也。

三　实施宣传工作

蒙古人民，知识闭塞，国人咸知，无可讳言。蒙政会虽然成立经年，究竟蒙古一般民众，甚至官吏，对于自治是否能明其意义，谂其需要，解其界说而无所误会，具有兴趣而共起参加？凡此各点，诚为自治能否生存，免否〔于〕病夭之重大根据。衮衮诸公，如欲喇嘛仍为喇嘛，奴才仍为奴才，贵贱仍认为天成，使由断不可使知，则吾又何说！设非如此，则蒙政会之宣传工作，诚属不能再缓。至宣传之事，其目正多，而最要之点，可举于下：（一）唤醒民众，团结一致，使知内蒙民族，处境之万分危险。（二）将日亡朝鲜、俄吞外蒙等亡国灭种之惨状，多为告知，勉起自救。（三）灌输一般平民及喇嘛以平易近人之人类应有之常识，俾广闻见。（四）详为启导，使其油然而生匹夫有责之义，鼓起其伊古固有之奋勇。此外举凡为自治上所应晓知之一切，莫不应用种种方法，实施宣传。夫然后约以不负人，不负己，凡我蒙胞，无分男女老幼，始有共同走上"自治"大道之一日也。

《蒙古向导》（月刊）

归绥蒙古向导月刊社

1935 年 1 卷 1 期

（朱宪　整理）

中央统治与内蒙自治

鼎三 撰

引言

年来内蒙自治实行中，说者不谅，不乏有将此自治误拟为独立者。殊不知自治与独立，根本上截然不同，实不容混为一谈。不满于某种政治，据一定土地，拥一部民族，脱离统治国家，各自为政——绝对的自行处理政务，不受任何方面之干涉与指挥——是独立也。本民族自决之精神，地方自治之原则，应环境之要求，谋地方之福利——在国家统一政策指导下，以蒙治蒙，借收因地制宜之功，而免枘凿扞格之弊——是自治也，非独立也。

洞乎此，则借独立割据以非难内蒙自治之论据，非第可以不攻自破，即提倡内蒙与中央合作之呼声，窃谓亦无其必要。何则？内蒙系自治而非独立，凡有政治常识者，固已能知而道之；而蒙政会与中政会，宛如肢体官能之与脑髓，其合作精神，具有自然的必要性，原无庸提倡与呐〔呐〕喊也。

吾人所欲言者：

（一）中央对蒙，应如何实施其统治？如何指导其自治？如何匡扶提携，而后将政治放在民间，收自治之实效？如何建设，而后纳蒙民生活于文明之轨域，以免赤白色帝国主义者之侵凌？

（二）蒙政会应如何秉承中央，以谋蒙民实际的福利？如何兴利剔弊，发扬自治精神？如何筹策蒙民经济之发展，以为将来推进社会之准备？

以上各问题，愚谓实为负责蒙政者当前之急务，亦即我蒙民大众一致之要求，亟应探讨，用资准绳。尝见谈蒙事者，或抄袭夸大，欺世动听；或鼓吹恭维，别有作用。隔搔害事，起行不足，似是实非，识者弗取。兹谨抒陈刍见，秉笔直言，愿与国人君子，一商榷之也！

一　中央统治

赤俄内侵，外蒙早已携贰，强倭入寇，东蒙近亦沉沦。而倭寇复把握其传统的所谓大陆政策，侵略进展，恐且无厌。自《塘沽协定》而后，我内蒙西部所感受之威胁，日益加甚。哀哀蒙民，附逆则心所不甘，现况已强敌压境，是此国家西北屏障，及今已陷为赤白帝国主义者逐鹿之中心。我中央政府，倘再不认真急起，切实统治，为政治及经济上实利之设施，行见大好河山，舆图变色，不第真正自治，无处寻踪，即欲求为人尽厌绝之割据独立局面，亦恐不可及得矣！爰将以中央统治为原则，在政治上、经济上应行设施于内蒙者，分述之：

（一）政治之推行　居今谈政治者，咸以一尊制已成过去，代议制亦嫌陈腐，民本制虽风行一时，而利弊相望，未见其绝对可靠。愚则以为无论任何制度，必须要"放在民间"方能收相当之实效；如政治自政治，民众自民众，纵罗斯福、莫索里尼、希特拉辈主政中枢，恐亦将一筹莫展！以此之故，吾人主张中央应乘此蒙古自治推行过程中，设法督责，务求政治放在民间，使一般蒙民，获得政治的实益，感觉到自治与统治之互相需要。凭依信赖，之死靡他，则不拥护而自拥护，尚何待于言合作哉！

谨按政治推行之对象，厥惟民众，而自治内蒙之大部民众，尚都僻处草野，终年度其上古生活，甚且不知党国、中央为何事；而参与蒙政者，或久留内地，茫然于地方之需求，或隔别盟旗，莫明实地之真况，或庆弹冠，或营私利，凡所行动，尽为个人，与我蚩蚩者众，直风马牛。中央孜孜于蒙疆治理，急不暇择，略不深知，罗致登用，使居要津，以采蒙古民意，以为施政向导，但其卒也，蒙民疾苦，毫未加少，究其症结，洵以政治未能放在民间，而竟为少数人把持操纵，推其结果，于蒙民福利也何有？复按盟旗内部，连年地方不靖，政制未及改善，环境亦复不佳，即使国家眷念情殷，而实际上政治与蒙民之距离，殆尚远不可以道里计，乌怪乎觊觎之者，无时不思挑拨离间也！不特此也，蒙民性习顽固，无从吸取新的智识，被迫于专制遗毒的抑压，牢守其传统之阶级观念、封建制度，迄仍坚存。贵贱尊卑，一如清旧，任使蒙民如何困苦，何尝有人顾及，山重水复，遑论中央耶！内外隔阂，上下壅蔽，政治之行，宁有实益及于蒙民，少数特殊阶级之翊戴中央，窃谓不如使一般蒙民心殷拥护，似于国家民族，大有裨益也！

准是而言，内蒙自治与中央统治，必须连锁的、错综的。自治以统治为"体"，统治以自治为"用"。自治必根据《建国大纲》之精神，使大多数蒙民，能以自决之情绪而自治，不可使即于垄断包办；统治亦必举政治而行之民间，以内蒙政治为对象，毋以统治蒙民之少数人为对象。借非然者，自治徒具虚名，统治亦成粉饰，不过旁门方便，出入有人，工具凭借，而蒙民依然无以从而叨国家政治之利也。为之之道，果何由乎？吾故敢具体的进一言曰："厉行真正自治，务使政治放在民间。"

（二）经济之建设　经济为一切政治形态之下层建筑，自治各盟旗，地方经济不加改善，则一切政治之设施，无从得手！比年天灾迭降，人祸荐臻，蹂躏蒙旗，不堪言状。一般蒙胞，生活尚且不遑，则社会经济，何能自即于发展？古人之言曰：衣仓〔食〕足而后知礼义，仓廪实而后觉荣辱。方今蚩蚩蒙胞，嗷嗷待哺，强敌侵略，诡计多端；有司者既熟视不问，侵略者乃利用机缘。欲防其认贼作父，自须先解其倒悬。此又目前情势所显示，应从根本上对蒙民经济，予以具体之提携者也。近顷传闻：倭寇已在承德设立"热河日满合资株式会社"，集资五千万元，专为开发西蒙矿产之准备云云；当闻之下，不寒而栗。为今之计，我中央政府，允宜切实筹维，对于西北一切经济发展，逐渐使之实现，尤要督责奖诱，择快进行，迁就蒙古社会之所宜行易举者，而先行之，以俾地方经济，有根本上之生产力，然后大加扩充，彻底改进。必期此自治范围以内各盟、部、旗，经济组织得相当健全之筑成，以利一切政治之推行无阻，断勿仍蹈前世纪之移殖政策，以谓为蒙古造福。此关国家统治大计根本要图，吾人并认定中央果真扶植我内蒙自治，俾底于成，殆须以提携蒙古经济为先决条件。

二　内蒙自治

内蒙自治实行，名义上已一年矣。无论其将来进展成绩如何，要不能不谓为实行党政之进步现象，我蒙民之兴奋期望，意固亦在于斯！自治政委诸公，或饶有旧道德之根蒂，或饱受新政治之洗礼，对于一切实施准备，自当早已规划周全，无烦吾人窥测。惟我蒙古之与内地，风情、语文，无不各异，关于自治进行，举凡计划实行上，稍一疏忽，最易发生凿柄〔枘〕，甚至有所冲突。政委诸公，受同胞之信赖，尽自身之天职，依中央之任命，具当尽之权责，宜如何慎密以求自治之与中央统法相连锁，用收体用相生之功、并行不悖之效，此一义也。次政会成立，周一载矣，宜如何本《建国大纲》第四条之立法精神，秉承中央之监督指导，使自治真能合法推行于内蒙各盟旗？而推行上，究以何者为着手？此又一义也。谨就此二点，介绍全体蒙民之要求：

（A）自治必与中央统治相连锁：欲解决此问题，则（一）凡自治内蒙之对外军事及外交事宜，绝对的听中央裁处。（二）一切政治、法律之设施，以与国家通行法令不相抵触，及顾及自治原则为准绳。（三）迅速呈请中央，在宪法上为蒙古特列专章，以资遵依。（四）现行法令有与蒙地实况相背驰者，应呈准中央暂定临时单行法规，以示权宜，俾得逐渐适用一般法令。（五）一切建设生产事业必本《建国大纲》之规定，与国家共策进行。如是则自治赖中央之统治为型典，统治以自治而全其效用矣。

（B）推行自治之着手：自治工作，项目繁颐，肆力推行，宜有顺序。窃就盟旗实况，姑拟数端，提供商榷；明知政会施设，必当早有计画，呈报中央，第是一般希望，要在切实推行，而今兹所陈，仍不外如此希望耳：

（1）整理保安队　查各旗保安队，组织实质，均各不一，而中央法今早颁，多未遵行。为期自治之推行，先须安全秩序之维护，而安内攘外，尤不容不整军秣马，以备应用。吾人希望蒙政会公平督饬，各旗依法整理，渐次改善，务求系统分明，实力增厚。

（2）调查人口　游牧生活，居无定所，而人事演进，亦有进而为定牧者。然其地旷户稀，则大致相同。查我国户籍法尚未颁行，内地各省之户口调查，尚非易事，遑论蒙古。且也，该法即颁布矣，而其未必适于蒙古情况，殆可预料，则吾蒙人口之调查，无须待此。盖自治之施，乃以民众为主体，人口无精密之调查，则奚以推行自治。以故吾人以为无论如何艰涩，亦须勉力而行，以资编成统计，用为推行自治之根据。

（3）实行《盟部旗组织法》　查《蒙古盟部旗组织法》，颁布数年，迄未实行。此关自治政务之进行基础，亦即前年自治发动之朕兆因素；况世界进化，群重民权，党义昭垂，不容再事抑遏。此项组织法之精神，乃在树立民治基础，故极应由蒙政会督促各盟旗，早日实行。倘或有因人才、物质上之缺乏，碍难尽施者，方得以权变处之。庶几各旗得以官民协作，与政会打成一片，同舟一心，共策进行，则自治之效率，必且日见增大。

（4）努力小学教育建设　泰西各国，每以富强之本，归功小学教育，此种理论，殆亦为今世所共认。独我蒙旗，深中专制之毒，执政者大多阻挠迟疑，以为时代进步之梗，而就日趋渐灭之途，真大惑也。蒙政会于教育设有专处，开办亦已匝年，而各旗故步自封，不闻办一小学。以是自治，乌乎其可？从任何方面以言，时至今日，实不容不敦促各旗，以最小限度，设立小学。此关民族存亡大计，必待努力也。

（5）奖励人口繁殖　近二三世纪以来，蒙古人口，急转直下。其中原因，固不止于一端，稍有思想之蒙胞，类自知之，勿待琐述。为今之计，政会应确定相当严厉奖进繁殖办法，排除一切自杀性的恶习惯，以优种而自存，勿固执而不悟。灭种之祸，实迫眉睫，倘再执迷，不堪设想。政会诸公应即引为己任，以身作倡，风令各旗，破除迷信，自然人口逐渐增加。消极言之，可以抵抗外来一切压迫，积极言之，则树人之计，假以百年，而震惊人寰之黄祸，安见不复现于来日乎？吾人敢以此项工作，致望于蒙政会者，旨亦在斯也。

三　余论

综上论述，足知内蒙自治，绝不能以独立割据相妄拟。而其与我中央统治权之推进，互需相系，不可偏废，不容分离。是不第我蒙胞共同生存上的需要，抑亦我整个中华民族共同一致之要求，尤为本党奉行《建国大纲》之首要工作。是以吾人切望中央政府，本统治提携之精神，匡扶指导，而蒙政会当局，奋其天职，努力从事，则内蒙幸甚！国家幸甚！

《蒙古向导》（月刊）

归绥蒙古向导月刊社

1935 年 1 卷 1 期

（丁冉　整理）

蒙古王公物质生活之面面观

作者不详

蒙古封建社会里之王公阶级，其物质生活之丰杀，实与蒙族民众供亿负担之繁简重轻成正比例，乃于蒙族民生上，有直接利害关系。

大抵个人生活，要须听环境支配，此无待言。蒙古王公之存在场在"旗"，尊为旗主，富有率土，予求予取，人孰敢违!? 只以自然地利，不能尽同；人事推移，进退不齐，而各个王公之个性、能力、习染、周围，亦各有别。取用既差，享受遂判，简别如次，以示一斑！

（甲）在取用上：

有自负尊严诛求无厌者，有一仍例额不事苛虐者，

有搜括有心罗掘由人者，有听人支配借机聚敛者，

有心存恺悌不忍榨取者……

（乙）在享受上：

有养尊处优自奉独厚者，有嗜好多端任情挥霍者，

有豪爽慷慨用度未当者，有守分安常依然困苦者，

有坐井悭吝一味居积者，有爱惜物力谋贻子孙者，

有僻处荒陬仍度太古生活者……

《蒙古向导》（月刊）

归绥蒙古向导月刊社

1935 年 1 卷 1 期

（朱宪　整理）

内蒙政委会成立一周年之回顾

作者不详

内蒙地方自治政务委员会，成立瞬周一年，在此一年之中，一切进行，赖德秘书长及一般蒙族贤达之士，抱坚苦卓绝之精神，持沉着果敢之毅力，不畏"吃苦"，埋头"苦干"，以使此会得以萌芽滋长，苗壮可期，似濒弥留，未遽易簣者，德秘书长以次诸公常川驻在会址，与夫南北奔驰，借以撑持局面，其艰辛劳苦，诚有足多者也！！然而回顾此一周年来，略加深察，则此实际上为德秘书长所领导之蒙政会，推行自治之实在成效，果何如乎？其成绩之明示于吾人者，诚恐除自暴内部小派别之滋增，与所谓王公与王公间，联合团结之不易外，殆无其他较好的印象，以映入世人脑海中。斯非笔者一人之私言，请观夫蒙政会工作同人中之互相倾轧排挤，事实已多。而本年四月二十三日，一年一度之二次全委会并成立一周年之纪念大会开幕中，缺席重要委员人数之多，如乌盟云盟长、伊盟沙盟长、阿副盟长，锡盟索盟长等，均各以兼任委员长、副委员长或处长等会内要职之委员，对于当然参加之大典，竟均未亲往出席，截至目下，并且有云案〔委〕员长表示向大会提出辞职之传说，无论今后之转变与结果如何，然在今言之，实足以为事实上之明显证例，自无待言。

吾蒙古民族，过去在人类社会间，曾有极为光荣之历史。降洎今日，民族生命，不亡一线，周围现状，迫切惨痛，此乃识者所尽谂，而不待于赘述，亦毋庸其讳隐。当此中央扶植半壁蒙古之绝好时机，得此大堪有为之团结组织，奈何仍不能同心勠力，共赴事功，以固国疆以御外侮也耶?! 间尝追求其个中真因，则躁进之徒，诪张为幻，蝇营之辈，勾心斗角，致使谦韬者只好引退，陈腐者乐得借口，坐令各盟旗无从善用此团结进展之机会，而虚有此艰难缔造之自治工具——蒙政会，呜呼，痛哉!

　　虽然，往者已矣，来者可追，吾蒙贤达诸公，倘真各是其是，各行所行，口民族而心私利，昧理智而争意气，则箕燃豆煮，皮败毛亡，同归于尽，或亦出于天理。借非如是，则憬然觉悟，幡然改图，牺牲一己之成见，务从大处着眼，勿盈勿偏，矢公矢慎，以使各盟旗尽祛叛离之疑团，以纳蒙政会入于正直之轨道，必如是而吾蒙古民族，方可望绵一线之生机，以屏藩我国家。语有之曰："前事不忘，后事之师。"欲谋挽救将来，必先检讨过去，爰就周此一年之中，蒙政会荦荦大事，略举数端，竭我天职，公诸社会。良药忠言，或与蒙事之将来，不无些须之裨益也。

　　（一）自古兴大功成大业者，唯一要着，在公无私，史实所留，其例不少。公者云何？事出于正之谓，事出于众之谓。唯其公也，是以无闲言，是以免僻行，涣汗所及，方可以心悦而诚服之。今日以往，蒙政会凡所施为，事无巨细，莫不以密为尚，纵属极为泛常之事件，会外已甚嚣尘上，通国皆知，而会内职员，反复茫然瓮中，莫知真相。迨发现报纸揭载时，反咎职员之不能守密。其实光明磊落，何事不可对人？倘必欲建白不由于主管员司，要请须出于追逐包围，而动静云为，辄喜行以暧昧鬼祟，则如此求治，其能发皇光大，而不日即于堕覆消沉者，几希！因此而引起之误会，影响攸及，尤难预料。此种做法，适与事业成功之必要原则，大相反背。今后会中一切大计进行，吾人希望领导之者，应设法使出于正，使出于众，集思广益，分工合作。离此原则，抑亦有悖于法令，违反乎潮流，势必致众叛亲离，扞格不行。即如此一周年之款目支用，职员使任，以及设卡征税诸事件经过，按其结果，果是如何？试一省思，似亦不难引为车鉴也！

（二）事业之成否，系乎人才之有无，欲求事业之成功，必须集中人才，量材授事，勿使庸蹇阘茸之徒，滥竽备数其间，既难克胜，尤滋败〔贻〕误。而人才之延揽，要以心术、能力、凤行之如何，以为取舍标准，在待遇上尤须审其身份，酌予礼貌，俾得其心，乐为我用。先民之所以立贤无方，卑礼厚币〔币〕，固皆所以为自身事业谋也。试按元初定制，征聘任使，一视才能，"色目"之中，国藉〔籍〕纷杂，无分欧亚，始有以成彪炳人寰之大业。足征畛域之分，难成大器，而偏私不广，尤足自坏。蒙政会所负使命，本属至重且大，而组织宏敞，非同蕞尔部旗，需要人员，为数既多，需要人材，其情尤急。负有用人之责者，允宜放开眼界，持起权衡，据应有之标准，为适当之铨遴，必须择识验之充分，性行之光明者，任而用之，方不至于贻误偾事，方能负起应负责任，竭力所司，共襄盛事。否则置识验于不问，略人格而不察，上以喜怒爱憎为取舍，下以谄笑谀佞为进身，党比汲引，标榜包围，布之要津，借营私利，试问如此之"为民族旧〔奋〕斗"，如此之"为国家宣力"，事实所彰，奚止万目睽睽，午夜扪思，能无内疾于衷？吾人希望今后蒙政会对于用人，似宜一秉公忠，加以汰革，效先民之几微，策成功于万□。补苴阙漏，挽回已失，免致贻害，意义尤重。至于治事、建设诸端，需要一定之人才，不妨借助他山，楚材晋用，勿狃门户，勿泥比私，礼下无损于尊严，狭义适至露卑劣，非能如此，窃恐自治政务，永无进展之一日也？！

（三）蒙政会内部处务，各有职守，各有权责，章则粗具，似有可循，各厅、处、会、科，倘能各各依照办事，当可以权限厘然不紊，效率上日起有功。然一年来，会内职员，频有于不属自己职权事项，越俎庖代，舍己芸人情形，而致引起纠纷，横滋贻误。如上年非主管的职员向新兵训话，致激起军官之反感；又会内应有所是事之科长，派出办理税务，派外兼充主任；会内应有所职掌之主任，兼充远处要差等等形〔情〕事。在用人授事，当其局者，固然握有权柄〔柄〕；在经济上，固可借谋撙节，但就此小节，足以征知其事权混淆，端绪纷纭，实属无能讳言。夫才长固可兼驭，而鞭长究不及马腹；袖长固能善舞，而途长究难以遥领，事务官而有如此，谓无偏废，恐不可能！恐不可信！凡此情节，当不出于下列原因：一、能力薄弱者，每喜借端露其头角，或逞强而自告奋勇，以希荣固宠，而求亲媚于主上。二、当其局者不知因人而授事，因事而择人，俾人尽其能，事不偏废，于人则加诸膝者便以万能而多劳，于事则不愿举者即视为无关轻重。三、承事者自负才艺，注视私利，或思一手以擎，或思独登而垄断，不惜左鹰右狗，身役其劳。凡此俱违分工合作之义，自难期事业之美满观成也。

（四）蒙政会月支经费三万元，款属国家支出，非同室家柴米油盐之资，尤非妇孺钗环果饵之费，其收其支，理应公开，每届一定之时期，当然作核实的报告。良以会之构成，系由多数盟旗所集合，款之来源，系由中央国库所拨付，计算出纳，虽由少数人掌管，然实有使多数人知道之必要与当然。否则无以对蒙胞，无以对政府，势必致引起各方之□会与责难。在主持掌管之人，即使能清白乃心，锱铢不苟，而人言可畏，何乐乎自取不白之冤枉也耶?！譬如自上年成立之日起以迄本年三月底止，应领此项经费总额，当达三十三万八千元。就中前六个月份中，截留十二万八千元，移充会址建筑专款，节挪有用之钱，以作建设之用，以尽筹倾画，洵堪钦佩。惟是截至今日，此款已经领到若干？存放何处？如何存法？是何利率？曾吾〔否〕动用若干？作何用途？是否正当？能否不影响于建筑之进行？迄今之仍不兴工，是否款犹未领？未领若干？何以未领？此其一也。除此以外，尚有二十一万元，在此一年之中，薪工实发若干？事务费支出若干？扣发薪工若干？是何理由与根据？移作何用并若干？是否确实与正当？有无虚滥及浮冒？此又一也。倘非逐月依类，条分缕晰，明白清楚，正式报告，将何以杜烦言而昭信实!? 况此仅不过一项经费而已，将来进行发展，中央犹或有建设事业巨量费款之拨与；而各盟旗财政整理，税收厘清后，更自可有千百倍此之收入支出。三家村社，演剧酬神，"首事会末"，尚且有"明心清单"，揭之土地堂外，则今兹代表一般意思，而显致如此希望，窃意身其事者，或不至以直戆冒昧相怨诉也!! 以上撮举数项，不过回顾事实，按之恒情，抒我固陋，借示提撕而已！衮衮诸公，荷国家之大命，受蒙胞之期许，负救亡之重寄，怀自己之天职，倘能反非加勉，使"吾言为过矣"，则置我"拔舌地狱"，夫又奚辞！

《蒙古向导》（月刊）

归绥蒙古向导月刊社

1935 年 1 卷 2 期

（李红权　整理）

设立内蒙自治指导长官公署之殷望及其必要

作者不详

年来国事鞅掌，外侮凭陵，东北沦亡，蒙疆蹙削，蒙古连毗俄日，中央不遑远及，虎视鹰瞵，锋芒日露。丁此煎急难忍，抵御无方，俎中鱼肉，幕上燕雀，宰割覆亡，实已祸不旋踵，矧复时势攸趋，懦弱断难立足；潮流所荡，苟安无以幸存。吾蒙当轴，睹兹千钧一发，毅然有心策进，冀支危厦之将倾，思遏狂澜于未倒。爰本先总理民族自决精神，请准中央，施行自治。内以振刷蒙政，外以抵御强邻，上以赞政府殷殷求治之图，下以慰蒙胞喁喁待救之切。是内蒙之推行自治，就政治效能与夫环境应付上而言之，诚有足多者也！

惟推行地方自治，必以中央统治为纲维，世有常轨，罔可逾越。我内蒙各盟旗长官，沿袭于亡清封建故制，以王公而自尊，视彼此于相埒，习惯养成，匪伊朝夕。且以此种自治，在蒙实系创举，经验既乏，循式无资，苟无指导长官以为匡正迪引，诚恐流弊所极，或虞将置国家统治于不顾；即使或不至此，亦恐于凡百措施，无所着手，而竭蹶隍越，靡所指归。是我中央之允许自治，初期有指导长官以统御而扶植之，以增益国家政治之效能，不图至是中央与地方反致失其连锁，统治政令，不行于地方，蒙民疾苦，莫达乎枢府。其甚者，虻虻蒙民，益形仅知有自治而不知有中央；各盟、部、旗间之团结，再或因偶发之利害冲突，而反见趋于松懈，坐予奸祟以觊觎挑拨之机会，若然，则其结果，乃真不堪设想矣，当初又何必言自治耶？不特斯也，值兹举国实行经济建设必要之秋，地方大规模事业，地方擎举无力，中央筹顾不遑，行见相当机会，外人可以利用为经济侵略之工具，势必至而理固然也。凡此皆自治进行，未纳于正轨，而自治事功，亦毫无所表现之故耳。基上所述，是内蒙自治指导长官公署之赶即组织成立，在事实上，确有绝对的必要，亦吾人敢代一般蒙古群众，深致其一致之殷望者也。乃阅京、平报章，多称赵公戴文，虽表示可以就指导副长官之职，然犹须以何公应钦之肯就此指导长官之职为先决条件。事而果然，吾人诚不胜其焦虑也！何则？在内蒙自治上，需要此指导长官公署者，綦切且重，非可再延。概其必要，请申吾说，邦人君子，其幸察焉：

（一）政治上之需要　内蒙自治以国家统治为辊轧，实质上有错综的连锁性，值此国家多难，军事未戢，中枢丛脞，不暇肆力边陲。然地方行政，必须秉承中央，而中央首尽切要，亦不能置蒙政于不顾。徒以距离辽远，交通又嫌梗塞，今当自治施行，凡所措施，不待令行也，则与中央统一有所不洽；祗候示遵也，则迟滞延误，妨碍滋多。况当路高拱，蒙情特殊，中央政令，每不能适应于蒙民之需要，为期免却臂膊不灵，体用不能全其效也，于是有自治之推行，于是有需要于指导。倘使指导长官公署迟久不能成立，势必致上下更行扞格，蚩蚩蒙民，且误为自治为王公之天下，益不知有所谓中央矣！国家政治之行，实以民众为对象，倘至民蒙之脑际，并中央政府而不知，则国家统一，于义云何哉？此其关系，非同细小者也！再者，值此自治始行，一切均在草创，什九须秉命中央，以行政系统而言，此奖〔类〕监督承转之长官机关，尤不容于久缺，致使一切进行，无所措手，致背允许自治之初旨，以寒蒙古民众之感望也！

（二）经济上之需要　年来全国普遍的经济衰落，尤以内蒙地方为最明显，则此后推行自治，有需发展经济以为下层建筑，斯为正办。内蒙地阔人稀，生产落后，货弃于地，民饿于野，以言地利，以抚民生，真堪长太息也！诸如固有牧畜之亟须振兴，农垦部分之有待改进，盐碱林渔之需要整顿提倡，俯拾即是的各种矿产之从事开发，宝藏之量，不堪殚数，徒以泥故守拙，或迷信风水，坐令强敌垂涎，奸商盗利，有阶级者持为己产，一般平民永沦困穷，此种矛盾现象，可怜事态，允宜由中央予以相当的纠正与资助，以俾地尽其利，人得其用。吾人以望于蒙政当局者之切实真做，即以望于指导长官公署之开诚指引，非如此不足以促成经济的建设，即蒙民无复苏之一日也。

（三）团结上之需要，查各蒙旗之构成，基于封建。身为各旗长官之所谓王公，傲其尊而矜其贵，私其土而子其民，以故帝国主义者，每利用此种弱点，施以蛊惑挑拨，以打破其内部之团结，以减少其对于我国家之向力。蒙政会成立以来，所谓王公，分膺职务，以情言之，宜若可以借此而开诚相见，和衷共济，联为一体，翊赞国家，以自救此民族之落没矣！然而在事实上所显示于世者，诚尚未能悉如吾人所逆料。夷考其故，则亦未始不由于无直接的指导长官公署，以统御于上，故而偶然遇有不必要的利害冲突，以至于无意识的意见误会，辄复各是其是，各尊其尊，而一切狡私之徒，于得以乘间活跃，不惜以仅存未亡之蒙古民族为孤注，坐示帝国主义者以物腐虫生之机会，此真人间至痛心事也。今后各旗长官，对此情形，倘再不翻然醒悟，认清利害，实行团结，以秉承中央，共戴堪统率之首领，而维护此国家，则前途之危害，可以立待。夫欲使此自治各盟旗，真实结成颠扑不破强有力的自治集团，以作国家屏藩，而使敌人不敢侧目以视，吾窃以为端赖乎指导长官公署之成立，方得谓已有工具也。

综上三端，仅不过约略言之，而蒙古民众对于自治指导长官公署成立之殷望，及其实现之必要，已可了然。当道诸公！欲内蒙自治之切实推行欤？抑欲其徒负虚名欤？须知委蛇羁縻，终非长策，孤埋狐撑，适恐足以诲盗也。为今之计，果其仰体先总理民族自决自治之主张，俾实行于内蒙，允宜早由中央切实敦促何公以次，即日早就指导兼职，从速成立长官公署，专责成而策本根，树风声以新观听，时至于今，洵不堪再事延缓矣！抑尤有进者，此指导长官之关系重要，于上述诸端，可以得知。何公坐镇华北，已历数年，对于西北情形，知之稔熟，成竹在胸，宏图待展。复次就国际情形以观察之，内蒙现势，殆已为帝国主义并所控制包围，倘非有文武兼资，才望俱优，堪以胜任如何公者，诚恐内无以资统率，外无以备抵御，斯又吾人殷望内蒙自治指导长官之何公等早日就职，以组织指导长官公署于成立之又一义也欤！

《蒙古向导》（月刊）

归绥蒙古向导月刊社

1935 年 1 卷 2 期

（朱岩　整理）

蒙、伪冲突考察

谷　撰

在日军侵犯察东的巩〔鞏〕鼓声中，忽有蒙、伪边境的冲突，这诚然是值得我们注意的。因为就实际的意义来说，站在外蒙古与傀儡伪国背后的，显然是苏俄与日本，与察东风云无论在形式上或实质上，自有其不同之点，未能相提并论。可是依我们中华民族的立场，则深感当前的任务，第一要整饬师徒，约束军旅，以严守国土。第二要即时充实国力，严密注意这冲突的开展，及其所加于中国的影响，而谋适当的应付。

《上海党声》（周刊）

中国国民党上海特别市执行委员会

1935 年 1 卷 2 期

（丁冉　整理）

察东事件解决以后

作者不详

上期我们已经说过，日军此次之侵入察省，可谓毫无理由。因为察、热边境之界线分明，沽原〔源〕为察省境地，中外图籍，皆可为证，日本关东军发出之文告，称将排拒宋哲元及其上年开入热河省沽源附近大塘区之骑兵，无怪路透社也要"殊属费解"起来。可是野蛮成性的日本军队，终于不顾一切的侵入我们的察哈尔，闹得形势险恶，风云紧张。

差幸，中日双方文官的努力，在大滩会议将这事件解决了。会议的实质，最初无从详悉，不过在这弱肉强食的年头儿，可以推想得到我们占不到便宜。果然，会议决定，若干地点，双方都不驻兵，而沽源的行政权也弄得名存实亡。

我们不要痛哭，不要叹息，不要悲愤，不要怨怼，察东事件虽则又在炮火之下屈服了，但是华北的危难，犹待我们"力"的自救！痛哭、叹息、悲愤、怨怼，是无用的。我们该向培养民力、充实国力的路上去苦干、硬干、快干、实干。

《上海党声》（周刊）

国民党上海特别市执行委员会

1935 年 1 卷 2 期

（朱岩　整理）

察省司法概况

徐博仁　撰

民国十七年十月，察哈尔改为行省，即就统都署审判处改组高等法院，仍其经费，因陋就简。设民、刑各一庭，庭长二，推事一，配置首席检察官一，检察官一，合议庭不足法定人数，则临时向万全地方法院调用。科设民事纪录，刑事记录，文牍，监狱，统计，会计。所辖法院二：曰万全地方法院（原隶河北），曰张北县法院。辖蒙旗审判处五处，置监督审理员一，审理员或一或二不等：曰阿桂图审判处，镶黄、正白旗；曰贡果罗审判处，正蓝、镶白旗；曰巴音察汉审判处，镶红、镶蓝旗；曰塔拉审判处，正黄、正红旗；曰明安审判处，牛羊群、马群。新监二：曰张家口察哈尔第一监狱，曰张家口察哈尔第二监狱。一监原隶河北，察省改组，划归本院，额囚六十名，附设万全地方法院看守所，可共容二百名左右。二监乃民国十三年都统署募款所建，额囚四百名，可容五百名。县政府兼理司法者十有四县，设有旧监兼看守所者口外四县，仅设看守所者口北九县。多伦曾设司法公署，新源设治未久，均为伪军占领。新设治三，尚未委派承审。此察省司治〔法〕制度变迁之大较也。此外附设机关五：曰察哈尔省地方公务员惩戒委员会，察哈尔高等法院工作人员党义研究会，察哈尔高等法院职员服用国货委员会，察哈尔监狱囚粮委员会，察哈尔新监监修委员会。

附监狱调查

一、名称、沿革及开办日期、坐落地址

本监原为直隶第二监狱，民国十七年改为河北第四监狱，十八年改办〔为〕万全地方法院看守所，同年改为察哈尔第一监狱。附设万全地方法院看守所，建筑于民国十年间，用费三万七千八百七余元，十一年三月开办，地址坐落在张家口教场坡，地基计二十五亩四分有奇。

二、监房容额

杂居监四十二间，每房容额五人，共容二百一十人；独居监二十八间，共容二十八人；女监五间，每间容五人，共容二十五人；病监四间，可容二十人，共容二百八十余人，原定容额二百六十人。

三、职员名额及组织概略

典狱长一员，看守长二员，候补看守长一员，教诲师一员，中西医士各一员。嗣因裁并，改为看守长一员，候补看守长二员，其他各员仍如旧。

组织系分三科二所，事务之分配如左：

第一科：印信、文牍、收发、保管、会计、名籍、任免、统计、卷宗、审查等事。

第二科：戒护、配置、教练、消防、卫生、搜检、赏罚、书信、检阅、戒具保管等事。

第三科：营业、修缮、材料出入、成品收售、转役、佣役之雇

入、赏与金之分配、工作人数之调查等事。

医务所：诊察、医药。

教务所：教育、教诲。

四、本监附设看守所经费概要

原定每月经费一千六百九十七元二角一分，十四年奉令将万全地方法院看守所归并本监，除由本监拨付洋一百三十五元外，本监每月实领洋一千五百一十二元二角一分。十七年改为万全地方法院看守所，经费缩编为九百六十八元；同年改为察哈尔第一监狱附设万全地方法院看守所，经费定为一千二百九十八元；十九年呈准追加经费洋三百五十元，月共领洋一千六百四十八元，二十一年二月奉令除囚粮、囚衣被、医药等费免予折扣外，一律按八折发给，计洋一千四百七十一元四角（由财政厅实领洋一千零一十二元二角，口北九县补助洋四百五十九元二角）。

又临时冬季煤炭费，自每年十一月起至翌年三月止，月各支洋一百二十元，自二十一年二月起，奉令按八折支给，计洋九十六元。

五、教育

教诲分集合、类别、个人三种；集合教诲于每星期日及各纪念日在教诲堂行之，上下午每次各一小时；类别教诲除星期及例假日外，每日在各工场行之，上下午各一小时；个人教诲，随时随地，就人犯当时感应之事，予以相当教诲。教育分初级两班，补习一班，科目分国语、常识、算术、识字、唱歌、浅近格言，由教诲师及各科看守长分别担任之。

六、饮食

在监所人犯，每日两餐，小米、莜面及小米面三种：莜面、小米面每人每餐十二两，小米每人每餐十两，但均以食饱为度。

每日所用菜蔬，以本省气候寒冷，种类甚少，且价值昂贵，仅择常菜数种，如白菜、萝卜、苤兰、土豆、菠菜、芥菜、豆芽、西葫芦、茄子等，逐日轮流更换，遇年节各日，均给与白面、肉类、荤菜。

每日发放开水二次，每人每次二碗，间有用茶者，皆系自备。

七、医药

中西医士各一员，逐日分任治疗内外两科，药料均由本监购备；押犯入监时，均施行诊断一次，春季种痘一次。

八、卫生

监房每日洒扫一次，每日朝起开放窗户，以换空气。囚人衣被，每月轮流换洗一次或二次，每星期必晾晒一次。冬季每星期沐浴一次，夏季每星期沐浴二次。每十日理发一次，每日各运动一小时。

九、作业事项

一、作业基金　本监于民国十九年四月开办作业，实领基金一千元。

二、作业科目　计分缝纫、印刷、鞋工、木工、制面、农牧、洗濯、理发、毛织、营缮，以上共计十科。

三、作业人数　本监及附设万全地方法院看守所，现有人犯二百五十名，除疾病、老弱、残废及提讯外，其余人犯全体就役，合并炊事、扫除、打水、杂务等役，共计作业人数，平均每日一百八十名上下。

四、作业余利　截至本年六月底止，本监净得纯益金四千二百二十八元三角一分五厘。

五、作业材料　本监除缝纫、洗濯、理发、营缮仅赚工资外，所有印刷科，尽有中国纸料、油墨、杂件等选购；鞋工则以麻绳、纳千层底居多，间用蓝皮作底者，亦系本口制成国货；木工、农牧，完全就地取材，制面之米、豆、莜麦，毛织之牛、羊、驼毛尤为察省特产。

六、成品推销　本监鞋工每月出千层底一千双之谱，销售本口及附近各县，印刷、农牧各货行销本口，木工、制面专供给本监之用，毛织规模尚幼稚，仅在试办期间。

《西北问题季刊》

上海西北问题研究会

1935 年 1 卷 2 期

（李红权　整理）

日俄战争与蒙古民族之厄运

周文翰　撰

绪言

现在世界上有两种主义是根本对立的，一是以资本主义作侵略工具的帝国主义，一是利用阶级斗争为侵略工具的共产主义。比较在社会基础稳固的欧洲，一般人民为着厌乱思治心理的催使，对于过去战争的罪恶，不愿再多所尝试，虽然二者间的相互影响，都感觉不安，可是终无显著的冲突，而至走入恶化的战争之一途。反顾亚洲方面，它是充分表现这种冲突的恶化，那就是因为帝国主义的扩张与共产主义的对立，这两种极不相容的势力，渐渐由远而近，以至于短兵相接，在不久的将来，又有复演第二次日俄大战的可能。进一步讲，这次战争的目的，就是为着吞并蒙古，侵占中国。战争的结果，我们可以断定，与蒙古前途，与中华民国的前途，均是有百害而无一利的，说不定也就是蒙古民族的寿终正寝期限。说者多谓现在蒙古的局势，好比第一次日俄战争前的朝鲜、满洲一样，但我们平心而论，仔细观察，还要比朝鲜、满洲恶劣到万分，危险到万分。因为恐怕这次战争的结果，蒙古未来的局面，比不上满洲、朝鲜那样安全。请以现在的情状来说吧，在东蒙一带，日本不但利用蒙古优越的财力物力，积极作军事上的准备，并且充分训练蒙古青年，组织蒙古军队，以作将来为他们冲锋陷阵，效死疆场的准备。再看外蒙方面，苏俄也正在那里设立飞行学校，组织蒙古革命军，开筑道路，增加军队，同样的与日本比肩抗衡，积极准备这次大战。在这种情形看来，他们都以蒙古为牺牲品，而换来他们所要得的代价。我们不要存一种侥幸心，以企图免掉这种不幸的遭遇，须知这次战争，就是他们三十年来的侵略蒙古政策发展到最后的阶段。如欲明了过去情形，让我们把两国侵略的简史，来检讨一下吧。

日俄在蒙势力史的伸张

日本侵略东蒙的过程

日本对蒙侵略之开始，是比较苏俄为晚。在维新以前，同样像中国现在的局势，非但不能向外发展，而且处处都受列强的政治、经济上之束缚。它们觉得这种痛苦是于民族的生存、国家的前途有绝大的影响，于是他们举国一致，同心协力的立志维新。这样的结果，侵略蒙古的基础也在此时树立。这就是他们所谓"大陆政策"、"满蒙政策"。数十年来，他们政治上不知发生了多少变化，而他们对于这沿袭传统的国策是一成不变。他们之所以特别重视蒙古者，在田中奏折中已有详细的指示："欲征服世界，必先征服中国；欲征服中国，必先夺取满蒙。"这里所谓满蒙，就是指的卓、昭、哲三盟及呼伦贝尔等部，以至整个的东四省，但这是它的开始目标，而决不是终点。此种政策自经中日战争之后，促成朝鲜的独立，已经给了成功的暗示。接着又来了一个日俄大战，日本代替了苏俄在东蒙的一切利益，更以南满铁路为中心，以吉会铁路为后盾，伸张实力于东蒙。民国三年，欧战爆发，日本遂乘列强不暇东顾之际，向北京政府提出廿一条。其第二号照会对于满蒙之要求如下：（一）日本国臣民在满洲及东部内蒙古，任便居住往来，并经商工业生意。（二）中国政府允将南满洲及东部内蒙古各矿开采权，许与日本臣民，至拟开各矿，另行商定。（三）中国政府应允下列各项，先经日本政府同意，然后办理：1. 在南满洲及东部内蒙古，允准他国人建筑铁路，或为建筑铁路向他国借款之时；2. 将南满洲及东部内蒙古各项税课作抵，向他国借款之时。（四）中国政府允诺，如在南满洲及东部内蒙古聘用政治、军事、财政各顾问、教习时，必先向日本政府商议。但这些条件，虽经"华府会议"有最后之决定，而日本代表仍声明，在东部内蒙古取得建筑铁路及承办课税作抵之借款等权，实际上，对于蒙古之侵略已有进一步的发展。九一八的炮声，日本对于蒙古开始军事行动，始则占领东三省的哲里木盟及呼伦贝尔等部，接续着卓、昭两盟，亦同时失陷。这样的它还贪心不足，不时的窥伺西蒙，以造成整个的所谓"满蒙帝国"，不过正因为此种势力发展迅速，而形成未来的僵局。

苏俄侵略外蒙的经过

苏俄对于外蒙之侵略，较日本为早，一方因为壤地相接，自然接触机会较多；一方因为苏俄缺乏海港，而需要过急所致。自克里米战争以后，苏俄西进政策遂宣告失败，遂不得不注视远东，以出太平洋，此至日俄战后，使苏俄数十年来在满蒙苦心孤诣经营之结果，而完全被日本占有，致不能不退避三舍，以经营外蒙，而谋西伯利亚铁路之安全，借此进可以兼并中国北部，退可以避免敌人之袭击。因是，苏俄本此方针，在前清末叶，乘我国国势衰弱、列强环伺之下，帝俄乃从事积极侵略，买好喇嘛，怂恿活佛，煽动外蒙独立，虽经我国严重抗议，数度交涉，只收回有名无实之宗主权，而实际外蒙政治大权已入苏俄掌握。民国八年十一月七日，外蒙王公、喇嘛等，不甘受帝俄之压迫，乃恳请我国政府派员商洽自动撤消自治。当时徐树铮为西北筹边使，进驻库伦，而对于蒙民苦衷毫不谅解，抹煞公意，倍极压迫，惹起蒙民公愤，遂又掀起外蒙第二次独立。一九二四年经《中俄协定》，俄方承认外蒙仍为中华民国之部分，于同年十一月，招集议员，置〔制〕订宪法，施行自治，但大权仍为苏俄所操纵，然而对于一切建设事业，已有伟大之发展，文化事业亦有惊人之进步，惟苏俄操纵其间，诚属可惜。

日俄备战声中在蒙军事之准备

日本在东蒙军事上之新布置

日本侵略蒙古，根本就没有把中国放在眼里，它所恐惧的就是列强的干涉，尤其是它的对头苏俄，决不甘心令日本任意横行，去剥夺自己利益。可是，日本知道这个冲突，是始终不能避免的，所以他们积极的准备这次战争，想由这次战争而实现所谓大亚细亚的"门罗主义"。但是，当前的唯一步骤，是要把他们的劲敌苏俄赶走。现在他们准备这种工作，试看在九一八以后，他们在东蒙的军事上的布置吧。

甲、消极方面：

1. 为巩固伪国之安全起见，消灭义军，施行铲除反满抗日之各种工作，并对于伪国政治、军事加以监视。

2. 利用亲日派，唆□蒙古王公，以企图扩大伪国范围，并力谋西蒙与东蒙王〔之〕合并。

3. 极力麻醉蒙古青年，造成变相之日人，如奖励蒙古学生留学日本等。

4. 挑拨蒙汉感情，造成分裂运动，使之自相残杀，坐收渔利，对于将来日俄战争时，可无后顾之忧。

5. 唆使溥仪称帝，册封王公，使蒙人自动附伪。

乙、积极方面：

1. 设立军官学校，造就蒙古军事人材，该校教育科目中有"说明苏联状况，使明了苏联实力而铲除对俄恐惧之观念"。由是可知，设立军官学校之目的，专为对俄。

2. 积极修筑道路，日本除在东省延长各线铁路并加以补修外，便集中全力在内蒙开筑公路，如由打通到库伦到多伦等路，此外由朝阳到赤峰到凌源之轻便铁路，亦形将完成（由锦州到凌源铁路早已通车，故不在此限）。平泉至承德，绥中至凌源，北票至承德各处公路均已完成。

3. 兴筑飞机场，日本除在东省所修飞机场不计外，近在热河、朝阳、凌源、承德、赤峰、凌南、察省、沽源等处，新建飞机场数十。同时于各处军用电话亦皆敷设。

4. 日在东省及蒙旗施行征兵制，计甲村百户以上者，征八十名，乙村五十户以上者，征四十名，丙村二十户以上者，征二十名。至于蒙旗，始规定每旗规定最低五十名至百五十名，并在呼伦贝尔设有蒙兵训练机关，计已编成者有三中队之多。

5. 在内蒙要冲，设置重兵（如多伦等处），以窥伺西蒙，并为对俄作战之准备。

苏俄在外蒙最近军事之配备

苏俄因日本侵略的加紧，而在沿边一带，已深沟高垒，有充实的准备，在日本的战略观察，进攻此处，不一定是日本有利，而从内蒙多伦进袭外蒙，始为制胜之另一方法。苏俄亦窥破此点，故在外蒙军事布置，非常坚固，除已集中三万人组成之外蒙古军团，积极训练外，于库伦建设飞行场，买卖城至库伦至内蒙边境之道路、长途电话等，即形将完成。并极力训练蒙兵，扩大库伦兵工厂，统制全蒙汽车，计其实力：有飞机二○，大炮四十二门，战车二五，装甲汽车二五，高射炮七门，山炮六，野炮十，轻重机关枪约四百架，六英时榴炮弹〔弹炮〕一○，现在买卖城有兵营七个，在库伦有飞行学校、陆军大学及军官学校各一所。由此可见，俄国对于军事的布置，已有充分的准备。

战争爆发时之战略观察及蒙古民族之厄运

从两国军事行动的加紧，而断定其爆发时机之愈近，介于二国之间的蒙古民族，此后是否能够保持其生存的权利，确是疑问。我们之所以如此肯定判断者，一方是过去的根据，一方是目前的情景，而造成以蒙古为中心的战争。这次战争之开始，日本必采取攻势，而且力主速战，然则苏俄与此确是相反，他在沿边贝加尔湖等要塞地带，积极准备防御工事，这自然使利于速战的日本，予以最大的打击。这时苏俄还可以优越的空军，轰炸日本的重要都市。日本呢，只有从内蒙经库伦、赤塔而直趋贝加尔湖，截断西伯利亚铁路的运输，使苏俄前线与后方的联络，归于断绝，并且以敏速的手段，取得最后的胜利。美人欧文·莱提模曾有这样的推测："将来在日俄交战的场合，以日本占了海参崴、乌苏里、黑龙江等要冲，则致俄国屈服。这样看法，诚是可笑，因为那仅是局部的战术问题，就战术上看来，其要点仍在蒙古。在平原作战，无论是谁败，仅是直接的撤退，决不能使本形彻底变更，在侧面的军事行动，才是决定胜负的关键。这唯一的侧击区域，就是西伯利亚的外蒙及满洲的内蒙。"因此蒙古不仅决定日俄胜利谁属，更可以断定远东未来的命运。同时回想到一九二六年，外蒙苏维埃军事委员会，曾有这样的建议："进攻内蒙、中国及满洲之时，可以库伦为根据地，并可选呼伦贝尔为其第一目标。"由是蒙古在战争时所处地位之重要，愈益以明显。

许多人多谓现在蒙古所处之地位，相当于第一次日俄战争前之满洲、朝鲜一样，无论在军事、政治、经济各方面观察，都为现在及未来的日俄短兵相接的战场。在这次战争之结果，蒙古民族是否还像满洲那样的能够生存，却少有人注意。在我们的推想是这样：（一）在战争未爆发以前，日本对于内蒙的统制侵略，必日趋尖锐，试看近一年来的对付伪国政策的变迁，即可略知一二。始则嗾使溥仪称帝，利用满蒙历史之感情、王公陈腐之封建思想，以招诱蒙人附满顺日，尤于最近在伪国下设蒙政部，其用心毒辣，不难想见。此外，对于蒙兵之训练，亦愈加紧。所最可虑者，恐怕在战争爆发之前，对于现在的西蒙，要加以军事行使。（二）在战争爆发时，苏俄必驱逐外蒙军队以与伪国之蒙古军相抗衡，或密派蒙人在伪国及东蒙一带秘密活动，于作战时为游击之袭击。（三）由以上的观察，日苏两国除各自利用在蒙已得的地势、财力外，对于作战期中，并尽量驱逐蒙人为自己效劳。假如这次战争的胜利，是属于日本的，不但伪国与日本有合并的可能，就是整个的内蒙、华北，亦有被日本攫去的可能。尤其是蒙古这个名词，恐怕从此湮没不闻，不再像以前的那样大声疾呼的重视蒙古问题。总之，这次大战是关系于蒙民之前途实深且巨，这样关系毕竟是凶多吉少，怎样可以避免将来的危机，实是值得研究的问题。

如何挽救将来的危机

在这种危机未降临以前，我们希望蒙古同胞：（一）对于日俄两国要加以深切的认识，否则被人威迫利诱，而遗无穷之恨。记得在九一八事变时，日本组织蒙古军去攻打洮南、通辽、开鲁，当时人数虽不多，而拿血换来的功绩，确是不少，日本人亦曾大言不惭的说："打破哪一个地方，给你们哪一个地方去组织自治政府。"结果还是给一个空，所以我们根据这个事实，就可以推测他们一切的甜言蜜语都是欺人的。同样，苏俄也是以这个方法去引诱外蒙，因此我们要坚定意志，无论到如何地步，决不再尝试这种毒药，以危及我们未来的生命。（二）我们虽然知道这种危机，但不要恐惧，不要畏缩，要持镇静的态度，清晰的头脑，而且必须有详密的计划，充分的准备，我们认定这次的战争，就是给与我们的复兴机会，只要各个人抱定一个坚忍不拔的意志，百折不回的精神，终归是能达到我们理想的目的。（三）进一步讲，有了真切的认识和实干的精神而外，假如力量是分散的、不集中的，仍旧是免不了被人吞蚀的危机，所以说，个人力量有限，团体力量无穷。尤其是这次的战争是我们生死存亡的关头，非蒙古同胞共同团结起来，不足以发生丝毫的效果，苏俄卵翼下的外蒙和日人铁蹄下的东蒙，更要利用时机，以采取共同一致的动作不可。这种共同一致的动作，就是蒙古民族复兴的基本关键。（四）就现在的蒙古局面，已经形成三个集团，在此三个集团之中，而受我国政令支配的，只有危机四伏的西蒙。因此我们希望中央对于西蒙的建设、国防的充实，务必于最短期间完成，在将来战争爆发时，就是以西蒙为联络外蒙和东蒙的枢纽。

总之，这次大战，不仅是关系蒙古同胞的未来的生存命运，就是整个的华北、中国，都要受这次的影响而益恶化，我们除盼望蒙古同胞本身要有深切的觉悟和相当的准备外，尤其是希望中央对于现在的西蒙的建设，国防的设备，非积极着手努力不可，假如仍像过去的一味敷衍，恐怕不久又要发生意外的变故。

《边事研究》（月刊）

南京边事研究会

1935 年 1 卷 3 期

（訾茹　整理）

对于政会建设费处分之鸟瞰

作者不详

全体蒙民殷望企祷，为全国自治创模型，为先总理实行《建国大纲》之民族自决主张的蒙古地方自治政委员，前以经费无着，诸凡棘手，百务停滞。今居然蒙中央拨给建筑费洋十二万八千元，以资建设一切。足见中央鼓励、奖励、提携之殷意，这是何等乐幸！何等可贺！

但是政治要经济化，经济要能效〔效能〕化，这是政治实行家设施一切庶政所遵照的一个指归。何谓政治之经济化？盖一切政治之施展以经济力为下层建筑。以最少之经济力，得到最大的设施效果，此即政治之经济化。何谓经济之效能化？每用一钱，必使得到最扼要、最概括而最普遍的效能。反之如果把经济用在不恰当的地方，款已虚糜，成效乌有，甚或变本加厉，非徒无〈益〉，而尤害之！就如民国自肇元以来，税重捐苛，国库的收入，驾亡清数倍而上，可惜〈不〉以［军用］金钱［工］作刷新政治之用，乃醉心军备，扩展军旅，结果军阀当道，丘八成灾，两个军阀一时冲突起来，随便演一句"杀家"，庶黎荡产，万夫殒命，这不是用之不当变本加厉吗？

蒙政会诸委长，自然是政治专家，对于这个原则烂熟于胸，不会有虚糜巨款的筹猷，或再踏北洋派当权的失着，容或有一筹小补，所以吾人对于此次蒙政会领到的这笔建筑巨款，斗胆陈述个人主张，以为蒙政会诸公支配此款的一个参考。

吾人以为建筑二字真谛，不必限于物质的有形的；精神上的建设，无形体的建设，那才是建筑工作的底里内景，杠干〔杆〕栋梁。蒙政会此次若把这笔款单纯用于宫室壮炫，那恐怕失掉了建筑的意义了。我蒙民整个的对此款支配的意见，约有二点：

（一）振兴文化　我蒙古一切的落伍，文化不振是唯一主因。如果能振兴文化，使蒙民得有求知识的机会，能和举国汉胞相颉颃，那自然有自治能力，自治工作有不长足进展的呢吗？至振兴文化的方法：

（1）广设学校，每十方里，设初小校一处，每百方里，设高小一处，全蒙设大规模之中等学校一处或二处，内分师范、中学、职业等科。或以人口计设亦无不可。

（2）筹设社会教育所，专司社会教育。

（3）兴办图书馆、阅报室。

（二）筹设医院　我蒙民得病，除掉以喇嘛念经咒外，几于再无他法。所以蒙民的死亡者，差不多十分之五六是罔死鬼——本来病不至死，委以无治疗及预防法，以致由轻而重而死了。概括的统计下来，蒙族全年的死亡率几大于生产率。生的多死的多，对民族繁殖上，这是多么危险！何等可怕！所以吾人用十二分的诚挚和希望，建议于蒙政诸公，请拨建筑费一部分，尽量的筹设医院及诊疗所。万一西法的大夫延请不到，中式的切脉医也可聊以济急，强似一得病除掉用体力排泄幸免外，只有静候毕命了。

蒙政诸公！与其大兴鸠工，图宫室殿宇之壮丽，无宁充培我蒙民向荣能力；与其用于自杀兵凶，无宁使我民族分的植〔更多的〕

繁殖，匹夫之愚，也不待较量就晓得的。

《蒙古向导》（月刊）

归绥蒙古向导月刊社

1935 年 1 卷 3 期

（李红菊　整理）

敬告蒙古青年大众

作者不详

谁都知道，社会是有机体，是逐渐进展的，然而这个社会演进的主动力，在社会本身，亦不在一个社会的统治阶级，而在乎社会组织的中坚层——青年——了。但是我所谓青年，不是普通常识上青年，局部的单指着知识阶级里的学生，我所谓青年大众，系概括的指整个的内蒙所有的子弟——无论程度之高下，地位之尊卑，上自大学生下至失业生均包在内。

在一个平常时期，人们往往因些许细故，动辄敬告××，实际敬告吼破喉咙，被告者的耳鼓丝毫不起震动，结果告者谆谆，听者藐藐，成为毫不能发生反映〔应〕、毫不能摇动空气的具文。所以作者自来对于"敬告××"或"献给××"的无聊的徒劳勾当，尝努力避免；因为无病之呻吟，无的底放矢，到了有病有的底场合，未免失去效力。兴奋剂、嘛啡针每日注射，绝不会发生效力！

内蒙青年！处于今日的时局，我们值的注意了！作者实在不能缄默了！现在只就扼要处和内蒙青年朋友们谈几句。当开谈之前，先把我蒙族青年的生活，分析一下：上也者，非贵族王公，即殷富子弟，或留学于国内外，或供职于国家地方。在蒙古青年中虽占极少数，然而他们的头脑习惯，早已不肖过度蒙民生活，或久留都市，享受最游娱之生活；或奔走权贵，冀达显达之企图。对危机四伏的内蒙，他们早已忘忽于无何有之乡了。次也者，就是生活在旗下的子弟，幸而遇着贤父兄，还能勉为其难的念几年书，侥幸能自己认的自己的姓名；不幸遭着不知教子的家庭，处在僻野岙乡，得不到念书的机会，简直瞎着眼睛浑混的活，每日与木石居，与牛马游，过那样不合理不进步的游牧生活。蒙古民族中的钟秀分子——蒙古青年——的生活，除了舍身佛教的喇嘛外，大别不外此二种，而后者占十分之七八。

要知道一个社会的改造，一个民族的倔〔崛〕兴，自然以青年子弟为唯一的原动力。越勾践之能踏吴复仇，凭得十年生聚，十年教养，其所谓教养无疑义的以青年子弟为对象了。

内蒙青年朋友们！"人必自侮而后〈人侮之〉；家必自毁而后人毁〈之〉；国必自伐而后人伐〈之〉。"孟子舆看穿了千古兴亡的总动因，归纳成这几句至理名言。鹰视环伺的内蒙久为各帝国主义者垂涎觊觎，乃渐进而至于樱〔攘〕夺，我蒙古民族长此的营腾鼾睡，尤其是蒙族青年，只知过度现在这样的麻木生活，那就是自侮自毁自伐，无怪乎人侮人毁人伐之而莫能抵御了。

现在要谈到正面文章，就是我们青年自救上应取的途径了。这个途径由以下方面说明：

（一）求知识与能力　这一点说来好像老生常谈：但对我内蒙青年却太有其必要了。世界民族之知识、能力，有色人种，除掉热带地域因地理关系不易开化外，支那民族，总是逊人一畴，而支那民族中，又以蒙古利亚民族之知能为较低。在昔闭关自守，一隅人类相侵斗时代，只以力搏战胜，所以我成吉思汗，卓为一代之远征雄主。现在世界交通，寰宇联秧，斗争的方式，五花八门，而我蒙民生活知能，仍墨守其前世纪之意识与伎俩，人已由汽电军〔车〕而空中飞行，我仍是远行骑骆驼，近输手推轮；人的民众，自治之外，还能监督政府，我蒙民自〔至〕今还是绵羊一群，东边一鞭，群向西奔，西加一棍，转又东窜；人的生活程度，蒸蒸一日千里，我蒙民饿莩载道，窃夺比比。归纳的说一句，就是我蒙民的知识差弛〔池〕，谋生能力太嫌参差了。

所以讲蒙民自救的方法，首先主张力求知识与能力。但是年老的人已经缺乏振拔力，无与〔兴〕奋之望了；所望此〔的〕只有我们蒙古民族的钟秀分子——蒙古青年。关于此点应由两方面分析：

（1）知识阶级　我蒙古地处边陲，传统的蒙文，本身无悠久之历史，字数又不多，除了日用生活之所需，和蒙族向有的观念，蒙文中勉强的能运用外，大多数观念问题，蒙文自始就无其字眼。所以靠单纯的蒙文求知识，以应付今日之潮流，是不会有可能的。所以蒙族的学生求知识的出路，只有以汉文为主。以蒙面〔古〕人民，生长在蒙族家庭，仆缘于蒙古环境中，过度了幼稚和童年乃至于成年时期，他的语言习惯和脑海里的观念概念，大都是蒙族生活的印象，乃求学要他去用汉文学习，这是谈何容易？自然得人一己百，人十己千的努力，才能与汉族同胞的进步相颉；环观我蒙族学子，与此适得反面，何以故呢？大凡能攻〔供〕子弟读书以求学为目的的，至少是有余之家，负笈出门，资斧数百，而公家津贴又年给若干，青年学子中，黾勉向学的固不乏人，而辛〔卒〕业还家，除掉他支离奢革〔华〕习惯外，学问造诣〔诣〕，一筹莫展的为数亦甚夥，因之供职于地方，智力不逮，播种、牧畜，臂力不足，这种生活上没有相当出路，必然流为折，或降媚仇敌作卖国勾当，或谣〔诡〕官害民作土劣地痞。这样的青年，个个都是将来的蟊贼，事实的确如此告诉我们，并不是撒诳造谣。

说起日本青年的读书习惯，我们真当愧死！在东京有大规模的图书馆两座，每座可容数千人的坐读。每早八点开馆，赶七点半门外就拥挤不堪了。返观中国，华北在北平尚有国立图书馆一座，规模亦颇可观，但每日去的人，一部分是十多个以读书求生活的教授们扎着头找编纂讲义的材料，其余的是伺着机会偷书挖图的。然而我蒙族学生在北平的，恐怕连偷挖的兴味也没有！这样比较起来，我们蒙族的文化前途，何堪设想？我蒙古的民族复兴也有点日近于灰褐色了！

（2）平民阶级　其次说到蒙族青年中占［的］大多数〈的〉平民阶级。我们是民族自决的实行者，是蒙古倔〔崛〕兴的基本队，是一切刷新的政治实施接受者。我们若像现在仍旧过度其混沌生活，不知智识能力为何事，这样世界风云席卷炎〔演〕变时代，我们政治当道想迎头努力猛进，应付难局，自然不可能；而我民众想要监督政府，求得真正利民政治之出现，没有那样的知识与能力，无怪乎永远并〔胼〕手贴〔胝〕足，作权下之呻吟者，作天演竞争的淘汰物了！

总之我们现在的青年是蒙族将来的大厦桢干，我们吃尽了世界潮流的暗示和明教，饱尝了不进步民族的被刺激，现在不许我们自甘堕落了或因循苟且！想要振刷自救，第一步先要充实自己的智识和能力。

（二）要团结力量　在昔专制时代，以君主一人，制压支配大多数民众，而莫或龃龉，是何故？就是君主拥有有组织的合［而］力军队，民众没有团结力的缘故。处在需要民族自决的今日，有力量才能在世界上立足生存的地位，有力量才能在政治上得到平等的待遇。这种力量不是一二人的呼喊，全在大都〔多〕数的团结。我们蒙古青年，大众的平民阶级，根本不晓的团结，即为钟秀分子的知识青年也时时表现着两种习气：

一种是个性太强，首领自居，不甘接受他人之指导；

一种是因目前一些小利害之冲突，不惜牺牲大局，互相煎燃，互相倾轧。

这两种习气，确实是我蒙族青年的通病。统计我蒙族子弟，智识分子，几于千万分之一，这些寥落的桢干人材还要你吴我越背道而驰，蒙古民族的团结力，因此可想而知，长此以往，敢断定蒙古族是亡国的头市货！

青年朋友们！智能不充实，没有团结力，是我们落伍的致命伤！是我们自侮自毁自伐的大原因，现在人侮人毁人伐的时期日比一日迫切了，我们值得注意了！需要振作了！不知青年朋友以为然否？

《蒙古向导》（月刊）

归绥蒙古向导月刊社

1935 年 1 卷 3 期

（朱宪 整理）

就现实环境谈内蒙前途

作者不详

环球之国的普遍疾痛——经济恐慌——已到了第五年了。事实告诉我们这个恐慌还没有确定终点，而其恐慌的程度，在资本主义及帝国主义全部历史过程中，可以说是空前的尖锐时期，恐慌的范围，像是洪流巨波，一圈圈的在扩大着，它普遍的袭击了帝国主义的全领域，使任何帝国主义国家及其殖民地，都设〔没〕法逃脱这个恐慌。我们留神时事，就不难明了这个恐慌是如何严重！就如中日问题、军缩问题、萨尔问题等等，能说不是这个恐慌的反映？

帝国主义国家为能〈解〉决自身的经济恐慌，便不能不准备着市场的再分割的世界第二次大战了。其实战争并不是帝国主〔主〕义者的希望，这实在是他们内在的矛盾的开展，而使他们的命运日趋于不安定了。战争既不可免，那么预备战争自然就成了当务之急。于是太平洋上的风云日益紧张，东欧的冲突亦日益白热化。在这个时期成为他们争执之点殖民地国家，尤其是中国，就不能不成为俎上之肉，任他们宰割烹调了。虽然，问题却不是如此之简单，因为在今日世界之上，尚有两个各异的对立的而不能并存的社会制度，这便是帝国主义国家与社会主义国家——苏俄了。帝国主义国家以资本主义为魂魄，建立在商品经济，非掠夺殖民地是无以存在的，而苏俄则与此相反，且以帝国主义为仇雠。

因此帝国主义国家不但内部的危机、恐慌日趋尖锐，外部更又增加了重大的胁压。从此在这对立的关系上，又划分成了两个战线：

一、帝国主义国家间的战〈线〉；二、赤与白的战线。这两条战线又互相关联着，若是巩固了进攻苏俄的战线，相对的就能暂时缓和了帝国主义者相互间对立的战线，反过去，更不言自喻。

中国处于赤白斗争的最前线，很明显的，中国在国际间的地位是不容漠视的。因为中国拥有广大的土地，丰富的物产，谁能在中国取得相当的土地，当然不难操胜利的左券。帝国主义者在种种之方面都站反俄战线的先锋地位，所以他在进攻蒙古。不过这里面的阻碍颇多，我们姑且就最近之国际情势，来检讨我蒙古的前途。

在现在之远东，日本为解决应付世界的经济恐慌大问题，遂力行其满蒙政策，基本动因，却在和〔和在〕欧洲的法国相同。日本因近日通货膨胀政策的破产，与紧缩政策的恐怖，加以世界市场的狭隘化，更使日本不得不另谋出路。在过去的日本，也曾向东向南企图发展，但为避免与英美正面冲突，于是变更路线，而有今日如此的政策了。

满洲、东蒙事件爆发，太平洋正北面，起了严重的变化，尤其是英美两国，对这块唯一无二尚未瓜分的中国遽被奏刀，是如何的惊人！所以满洲事件发生后，各帝国主义者，迭次会商于国联大会，对日本一致的抨击。如日内瓦会议，要求日本撤兵，英国不惜以十三对一的投票与日本以压迫。因英美的对立，日趋尖锐，故英国在最近的国际会议席上，又与日本频示接近，卒致现实结果，仍复如尔！且更进一步的实行其前进工作，思以铁道政策，吸收蒙古的资源，以移民政策，占领蒙古的土地，那末，这最近的将来怎样呢？这个问题，且就下三方，回来观察：

（甲）国际的关系　帝国主义的国家中，若是有任何一个国家扩张了势力，那就是另一国或几个国家的损失。因此满蒙政策的全部实现，英美等列强在华的势力，都要根本动摇。帝国主义者为自身的利害关系，决不会缄默，而时有爆发大战的可能，不过谁也不肯冒着世界大不韪，来开此二次世界大战的衅端罢了！但是日本既不能放弃自己的政策，而与英美列强妥协；在反苏联的阵线上，又是一致的，并且为着自己政策的实现，更站在反苏联的第一条战线上，杜苏联"赤化"中国，给他从中间隔断，在苏联腰腹部来一个弧形的大包围，而重要之点，实全在于我蒙古这块土地的得失上了。从这点观察，蒙古对日本，具有如何重要的形势，可以得知了！

（乙）苏联之野心　　苏联在帝俄时代，就有纵横宇内的野心。试观前世纪初，俄人以其处国大陆，北负冰洋，无法建设美好的军港，企图着在红海或地中海，攫得军港，借故与土耳其宣战，以掠取君士但丁堡。还是英国的外交眼光灵醒，不惜各耶教国的抨击，毅然袒助土尔其，结果俄人败退，在欧洲碰了钉子。无如野心不死，又想在黄海、渤海间，从睡梦的中国领土，取个出海之路，不惜巨资，大修西伯利亚铁道，不想日俄之役，被日本碰了回去，不克成功。洎至苏维埃政治革命成功，鉴于先前屡蹶，又以物质文明的进步，遵〔遂〕转变路线，不从水里发展，而从空间突出，努力空军建设，以施行他的"赤化"侵略政策，思以大部力量，对付中国，以打通内蒙一路，为"赤化"中国的先决办法。口头喊着和平主义，但在实际决不能不准备着岌岌不可终日的大屠杀。试看苏俄与东欧各列强订立不侵犯条约，以树立其安全根蒂，加入国联以牵制日本。九一八至今，为期虽短，但苏联已建设了几多军事工作！边境防御、飞机场的扩充、西伯利亚铁道双轨的铺设……一旦远东有事，在军事上对我内蒙古全域，乃是势在必争之要地。如苏联取得蒙古，便可纵横于中国本部，日本为杜绝此种连线，遂亦出全力以应，而我蒙古地域，形成危险了！

（丙）蒙古自身 我蒙古因地域的关系，在经济上、文化上均形落后，年来因资本主义高度发展，蒙古亦不能〈不〉被经济侵略所袭击。现在我蒙民虽仍糊里糊涂过着古式生活，但世界商品经济，却在猛烈的向前进展，他们正和其他弱小民族一样的逃不掉这世界经济恐慌的巨波之荡漾，一样的被人宰割着压迫着！

由此说来，那末蒙古民族的前途，就长此忍着吗？根据我蒙古所具有的特性，我想总有步向世界光明的领域的一天，不见得永沦浩劫！何以说呢？倘得有相当的引导者，来施以正义的训练，使接收了相当应有智识，不愁不能披坚执锐御侮图存啊！

《蒙古向导》（月刊）

归绥蒙古向导月刊社

1935 年 1 卷 3 期

（朱宪 整理）

破除蒙民迷信之重要

作者不详

信教自由，在我国宪法上，本有明文规定。只要不是妨碍国家治安之邪教，人民尽可自由信仰，政府绝对不加干涉或禁止。而我国各地所有之宗教，其最普通者，原仅释、道、回等教。近古以降，西风东渐，又有天主教与耶稣教。此数教之教旨内容，固属各自不同，但其相同相近之点，每均劝人为善，同出于补助法律之不及，维持人类社会秩序安宁之意义而已。惟吾蒙古民族崇信喇嘛教，乃佛教之一支，经累代帝王，利用之以愚弱蒙古民族，以便行其专制。年代既久，几成自然，任听愚弄，不思解脱，流毒之烈，自尚不知。迄于现在世界，文化昌明，近今我国内党政各方无不努力宣传，破除迷信。只以蒙古人民，僻处沙漠，交通塞闭，语文特殊，任是喊破喉咙，终未能惊醒觉悟！直至今日，蒙古人民之充当喇嘛，崇信佛教，仍是依然照旧，丝毫未变，简直是实行地方自治上之绝大障碍。此种迷信观念，倘不力为破除，生存前途实属不堪设想！兹将关于喇嘛之大致情形，略为申述，并说明破除迷信之重要性如下：

（一）蒙古人民受前清例定之限制及提倡，抽丁出家始三丁抽二，两丁抽一，甚而有独子亦出家者，俨如征兵制度然，充当喇嘛几乎是蒙古人民应尽义务之一种。倘若子已届应当出家而不出家者，便尔身心不安，概恐佛爷谴责，全家遭罪。历时既久，对于此深入人心了〔之〕教，竟目为天经地义，奉为玉律金科。彼出家之人，则以当喇嘛为无上光荣，终身坐享吃着，异想成佛。而事实所造成之结果，既低减生产力量，尤减少人口繁殖，蒙古民族形成今日贫弱待亡之现象，实以此为最大之主因。方今自治发轫之〈时〉，宜于蒙民充当喇嘛一事，严加取缔，以谋徐徐破除迷信，然后自治之建设，方得以顺利实现也！

（二）又蒙古社会中，喇嘛之教，既已根深蒂固，故多赖以禳除家人疾病或希望来生成佛者，无分官民、老幼、男女，往往不惮千里万里，梯航跋涉，拜佛朝山，或赴西藏，或往五台，并有远渡南海，泥首普陀者。凡此均各出于个人心愿，毫无被动成分。在去的时候，必罄其所有财产，携带全部储蓄，尽售所畜牛羊，骑驼就道，以至步行，或个人，或全家，无不郑重其事，万分虔诚。及至到达目的地，即将所携财物，尽数布施，无所吝惜，甚且至有赤手归来，无一长物，沿途乞讨亦不惜计者。此外更有迢迢长途，一步一叩，经寒累署〔暑〕，万里拜佛者，俗名之曰"磕等身头"。此等情形，自今日文明进化的观点言之，无论其由于如何之动机，而其冥顽程度，可以想见矣。况财物来源，实费苦心，以如此有用不易得来之物资，竟如此愚费而去，欲求社会经济之不破产，其何能乎？再者，封建制未除，彼号称贵族之辈，一经自动作此种行动，更须赖其所谓属下人民，竭脂膏以资供应，其实例屡见不鲜，此宗教迷信之确足以妨害生存，亟待破除之之又一意义也。

由上观之，则喇嘛教之为害蒙族，可谓已明显特甚。惜以浸淫渐染，中毒已深，罔知罔觉，实成积重难返之势。吾人希望党国当局，边政长官，自治贤达，蒙族先进，对于此种重要问题，宜予加意研讨，救济振拔，以免灭族绝种之惨。而我蒙胞自身，亦须知危在旦夕，根于迷信，拜山朝佛，无补消亡，早谋自救自存之道。柄国成〔柄〕者，尤须知牢笼宗教领袖，初非扶植正道，尤可以获得其反果。若是，则蒙民迷信之风，可以破除，民族生存能以绵延，整个的中华民族，方有真正团结之一日与可能也！

《蒙古向导》（月刊）

归绥蒙古向导月刊社

1935 年 1 卷 3 期

（朱宪　整理）

谈蒙旗内的主要官吏

穌　撰

本刊前两期本栏内，接连着刊载了一篇释"札萨克"的文字，笔者疏忽，在那目录上，又将标题写为"札萨克"之释义及应用。阅者诸公浏览过那篇的内容，一定可以谅解如何标题也是一般样，并没有什么关系。并且可以了解笔者写那篇的立意，是在有感于时代潮流和国家体制，希望向铲除封建制度，以真实解救蒙胞的目标前进。所以企图使一般社会，对于蒙旗的领袖，大可以拿官阶称呼他一声"札萨克"，似乎比较唤作"王爷"为得体，如此久而久之，潜移默化的，那居其位者自然减削那夜郎尊威，不以为侮。而我蒙古民族群众，从不知不觉之间，也自然而然的可以得到真真的解放与救济了！微意如此，尚望识者谅之！

在这个期间，很有同情的阅者，提出一种问题，大意是说：蒙古各旗内部，官吏甚多，那官职的名称，都觉得佶屈聱牙的很，什么"图萨拉克齐台吉"、"和硕札噶尔齐"、"和硕梅伦"等等，恐怕都是每个旗内的主要官吏，常和外间有接触的，何妨也为说明一下呢？笔者不揣，兹特大略的谈谈。

按照前清编制蒙旗的通行制度，每旗在札萨克以下，设置主要官员，大都五员，以使共襄旗务。用汉语说其职名：是协理二员，管旗章京一员，和梅伦章京二员。这五员官在习惯事例上，合称为"五京肯"，意义就是五个正缺的专官，这五员官吏，是翊戴着札萨克，共同担负旗务责任的。照例所定，旗务必合议而后行，实在很平等的呢！协理必用贵族充之，故蒙称"图萨拉克齐台吉"，意系"辅佐官员台吉"，上半系官职，上〔下〕半示身份，犹之乎称"札萨克亲王"，或"札萨克贝子"等等是一个样。时代潮流，封爵已不见容于今日世界，则那所谓"台吉"之贵族头衔，大可以略而不用，吾人正好直捷了当的称它一声"协理"足矣。定制每旗设两员协理，分左右翼，俗简称之为"东协理"及"西协理"可耳！

《蒙古向导》（月刊）

归绥蒙古向导月刊社

1935 年 1 卷 4 期

（朱宪　整理）

何竞武来绥

守仁 撰

内蒙各盟旗长官，因为僻居边塞，交通梗阻，对于出门这回事，简直视为畏途；又因为一般长官们终年蛰居于旷野沙漠之中，不明外界情况的更变，一唯遵守传统的惯习，笃信佛教，墨守成法，对于旧的事体不敢稍加改进，所以，内蒙社会的现阶段，迄今仍然滞留在封建制度和畜牧时代的阶段里。

此次何代委员长（应钦），由平出发，分赴各地检阅华北陆军，并有来绥检阅讯。在绥各盟旗长官，接得此项消息后，在何未到绥半月前，纷纷莅绥，等候晋谒何代委员长。计来的盟旗长官：乌盟乌拉特中旗札萨克林沁僧格，乌拉特后旗札萨克□额尔克庆占巴拉，乌盟茂明安旗札萨克齐密得林庆忽罗瓦，乌盟乌拉特前旗札萨克石拉布多尔济，乌盟达尔汗旗札萨克沙拉布多尔济，乌盟四子王旗札萨克潘德恭札布，伊盟杭锦旗札萨克阿拉坦瓦齐尔，达拉特旗札萨克康达多尔济，郡王旗西协理贡布札布，准噶尔旗东协理奇文英，西协理奇凤鸣，札萨克旗右翼章京僧格林沁〔林沁僧格〕及各旗随员不下百余人，统由绥省政府派员招待。

本来蒙古地方一般的惯习是怕出门和外界多交际，但是这次竟出人意料之外，绥远各盟旗长官，却不约而同地完全萃聚在绥垣。这样空前未有的大集结，我们绝不能把这行政首脑人物的大集结，认为是普通的酬应，或是毫无意义的举动。

自从锡旗副盟长德穆楚克栋鲁普倡导内蒙自治以来，蒙中央允许，颁布八项自治原则，每月拨款三万元，组设内蒙地方自治政务委员会于白灵庙。但是"地方自治"须是地方人办地方事，才能适合这个"地方自治"的意义。现在有好些委员，虽是蒙古人，但非本蒙地方人，也来当委员办自治，这些委员，常年住在大都会里，养尊处优，照领干薪。像这样委员，虽有千万，不过是糜费国帑而已，对于蒙古自治，能作出什么成绩来？反过来再看，西盟〔蒙〕长官有许多倒被摒诸会外。这在西蒙长官的感觉上，好似这个不是"地方自治"，是又加了一层统治，这且不提。自治根本意思，在脱离官治，减轻民众负担！不料内蒙古有了自治机关，并不是给人民造幸福、减轻担负的，反而增加了许多负担——如以往向各旗征派款项和牛羊、帐幕等是——各旗人民未得其利，先受其害，这岂是各旗官民所希望的自治吗？一年以来蒙政会向中央领到的经费，为数甚巨，不闻对于地方建设事业有何建树？对于各旗文化事业有何补助？而这宗款子究竟用去多少，作何用途？内蒙各旗官民，未参预其事的都不能没有怀疑。但是，这个除该会自动地向各旗宣布外，谁又能逼迫着宣布哩！此外蒙政会用人、行政方面，往往有独断独裁的毛病，结果，引起内外许多的纠纷——例如设卡征税等事，便是极明显的例证；还有一种最大的原因，使内蒙古自治不能迅速地发展，乃由于各委员的意见分歧所造成：有的主张整军经武，有的主张创办实业，这些不融洽的意见，结果形成蒙政会分崩离析；现在蒙政会的委员有的避居本旗，始终不参预会务，有的成年守着蒙会，每天手忙足乱，但是结果又做了些什么呢？

由于以上许多的原因，故何代委员长将要来绥的当儿，蒙古各盟旗长官，闻讯咸集于绥垣，等候晋谒，绝对不是为应酬而来的，是对蒙古现有一切问题，有所请示而来的。不意，冀察事件突然发生，举国上下，把视线都集中在这个问题上，因而何代委员长一时不能来绥，然知道有许多蒙古长官在绥候谒好久，故特派代表何委员竞武来绥慰问。各盟旗长官，因当时外交紧张，关于地方一切问题也不好再提，只有联衔通电中央，表明西蒙各盟旗官民的态度罢了。

《蒙古向导》（月刊）
归绥蒙古向导月刊社
1935 年 1 卷 4 期
（朱宪　整理）

蒙古现状之剖析

裕民　撰

一　引言

溯自逊清退位，民国肇始，合汉、满、蒙、回、藏五族称共和以来，于兹二十余年矣。此二十余年当中，国是日非，民生日蹙，浸假有灭亡之险。吾人追怀往事，痛惕未来，有不能已于言者。尤其自九一八事变以来，精诚团结之口号，甚嚣尘上，巩固边防之呼声，高入云表，适于是时——二十三年——内蒙又于国民政府领导之下，成立蒙古地方自治政务委员会。吾人对满、回、藏各问题，以非本刊论列之范围，姑置不论，对蒙古现状，则仅作一简略之剖释，冀唤起国人对蒙古之注意，暨蒙人自身之进一步觉悟，其或可以他山之石攻玉也耶？

二　并入苏联之外蒙

外蒙喀尔喀四部，于逊清康熙三十六年勘定以来，即为中国藩属，逊清为之设官置戍，办理外交，主属之间，固甚怿然也。当时蒙俄境界，西自萨燕岭，东至满洲里，两国间虽概未因边境问题，发生何严重之冲突，但俄人对蒙之野心，迄未稍湔。及光绪末年，中国受欧西文明之浸洗，对外蒙亦思加以整顿，于是在库伦设兵备署、巡防营、垦务处等机关，一切费用，悉取之于蒙官，蒙官又取之于蒙民，蒙民不堪其横征暴敛，咸有二心。适于是时，俄人又助以财力，蒙人脱离中国羁绊之心，因以益切。迄宣统三年，外蒙亲王借会盟为名，召集四盟王公，倡议独立，旋即派员走俄求援，俄遂派军入蒙，中国官吏，星散逃归，旋外蒙于俄国保护之下宣告独立，喀尔喀四部王公推哲布尊丹巴呼图克图为"蒙古国皇帝"，外蒙遂于是时脱离中国。迨民国二年十一月，俄蒙缔结条约后，外蒙遂沦为俄之保护国。及民国四年六月，中俄又缔结条约，中国承认外蒙自治。民国八年，俄国内部骚动，外蒙诸王公，以俄国无统一之政府，非依赖中国，不足以图存，于是由哲布尊丹巴呼图克图，召集全蒙王公会议，决定呈请中国，予以扶助，且愿撤销自治，离俄亲华。中国允之，遂废民国四年之《中俄条约》，表示不再承认外蒙自治，同时并派任西北筹边使赴蒙宣慰，至是，外蒙乃复隶于中国领导之下。迄民国十年，蒙古国民党勃起，复借苏联之援助，于六月攻破库伦，组织蒙古共和国国民政府，仍推哲布尊丹巴呼图克图为君主，对旧日之王公贵族制度，一律宣布废除，并聘俄人充当各机关之顾问、参事等。民国十三年，外蒙正式国会成立，产生宪法，尽仿苏俄之政治制度，于是封建势力、喇嘛体系，至是更名实俱废，而外蒙之一切建设设施，尽袭苏联之陈套旧钵，遂另成一体系矣。蒙古共和国之最高权力机关为大国民会议，大国民会议闭会期间为小国民会议，小国民会议闭会期间为常务委员会与国民政府之国务会议。国民政府设主席一人，副主席一人，其下设财政、司法、教育、内政、军政、外交、农商、参谋诸部，暨军事委员〈会〉、经济委员会、审查委员会等，各机关皆有俄国顾问若干人，指导员若干人。至其推动政治之活动者，则为蒙古青年党，该党乃继蒙古国民党而起之组织，受第三国际之指挥，推动蒙古政治。因之该党严厉禁止财产之私有，对徒事耗费之喇嘛与召庙，均课以重税，喇嘛非有国家之护照，不能自由宣传。于教育方面，则全蒙设有小学百余处，中学十数处，大学一处，小学且系完全官费。对军事，则采征兵制度，凡年龄达十八岁之男子，均强受军事训练半年。此外各大都市之建筑，力图整顿，洋楼、马路、电灯、电话、自来水等都市设备，亦均粗有设置，以视曩昔，煞有可观。养老院、婴儿教保所、残废院等慈善设备，亦均次第成立，寻见凄零枯碎之外蒙，殊似甚有可观者矣！

三 沦入伪国之东蒙

九一八事变后，东北四省，相继失陷。东蒙古各盟旗亦随与俱去，被伪满划为新省。计：1. 兴安东分省，以黑龙江省之布哈特为省会，以布哈特王鄂伦春为省长；2. 兴安北分省，以海拉尔为省会，以呼伦贝尔部一公爵凌陞为省长；3. 兴安南分省，以哲里木盟属之，以图谢图王业喜海顺为省长；4. 兴安西分省，以西喇木伦河以北之昭盟六旗属之，此外复于昭乌达盟设蒙务局。以上四省一局，统由兴安总署管辖，并以哲里木盟盟长齐默特散披勒为兴安总署署长，以菊竹实龙为次长，兴安总署由伪国国务院统辖（旋传改为蒙政部），掌理各省、局一切行政事宜暨旗务。兴安总署下设：1. 总务处；2. 政务处；3. 劝业处；4. 蒙古整理委员会。各分省下设：1. 总务厅；2. 民政厅。各旗公署下设：1. 警务局；2. 实业局；3. 教育局；4. 土木局；5. 卫生局。至于各县旗警区，亦重新分配，划县归旧省管辖，旗归新省管辖，并实行保甲法、连坐法，以消灭各种潜伏势力。此外更不时派各种考察团，分赴东蒙各地考察地质、矿物、油质、古物等。陆军省复于去年与伪国订立满蒙测量计划，以二十年为期限，第一年先拨测量费四十万元，招取测量员一百五十名，组织航空测量队，从事测量满蒙各地地理、矿产等。更于热河之承德，设立合资株式会社，专门发掘矿产。又因实行鸦片专卖，各分省局，各设分署，掌理征收烟税、买卖运输等事宜，复于各县、旗设立鸦片零卖处，以供人民吸用。于是东蒙蒙民，从兹益堕入不堪设想之领域矣！乃者，复令各县旗设立私塾，课读腐蚀民族性之读物，寻见数年后，东蒙之青年，对于世界大事，国家兴亡等，益无从知晓，漠不关心，整个东蒙，将靡克翘首矣！

四　硕果仅存之西蒙

整个蒙古的版图，共计有十九盟部，二百三十七旗，四特别期〔旗〕。外蒙之并入苏联者，计有八盟部，一百十一旗。东蒙沦入伪满者，计有四盟部，三十九旗，一特别旗，且有不在此数之布哈特。现在硕果仅存仍为我有者，仅新疆三部，三十三旗，青海两部，二十九旗，内蒙西部，三盟一部，共三十五旗，又三特别旗。凡此各盟、部、旗，地面辽阔，人烟稀少，因袭几千年来之传统生活——逐水草而居——不知改良生产方式，遂致利弃于地，因陋就简，尤以各自谋生，不惯团体生活，驯致彼此间不相往来，形成散沙。加以旧封建制度未消除，新时代潮流未浸入，贵族平民间，阶级悬殊，区分严酷，一般王公贵族，视平民为其御用品，剥之、削之、奴隶之、蹂躏之，无所不用其极。而一般平民，受封建的薰陶，秉传统之观念，亦恍视为当然，不惟不予以反抗，反乐受彼等之支配，似若违反王公贵族，罪即不容诛者。尤以喇嘛剥削小民，徒事消耗，迷信之习，积重难返。一户之有子三人者，即派其二充当喇嘛，甚至有独子亦出家者，致使一般有用之青年，皆成为无用之喇嘛，于国民经济，既多糜耗，于民族演进，亦甚障碍。再者一般所谓王公，仍复沿袭废清之愚民政策，冀巩固其私人地位，对于教育，漠不关心，迢迢数千百里，竟无一处小学之设立，中学大学，更无论矣！而一般蒙民，亦视读书为畏途，不欲其子弟向学。据统计，西蒙文盲，竟超过百分之九十五以上，其他文化的设备，都付缺如。至国防之设备，商业之倡〔昌〕盛，更非一时所可谈到者，吁！亦可哀已！

五　结论

据上所述，整个蒙古的现实情况，也就差不多了！已经失去者，自有其内在之原因，我们毋事深研。至于未沦亡的各盟、部、旗，到了现在，也已经步入最险恶的阶段了！吾人烛究往事，推测将来，此各盟、部、旗，似应努力迈进，急起直追，庶可保我蒙土，裕我蒙民，方不愧对中央年来扶植蒙古之本旨也。

《蒙古向导》（月刊）
归绥蒙古向导月刊社
1935 年 1 卷 4 期
（朱宪　整理）

蒙古的过去与现在

进五　撰

一　绪言

　　蒙古是我国北部的屏障，其关系于国家的前途，实非浅鲜。过去我们中国因为政治不上轨道的原故，有力诸公终自从事于内讧，边务问题终于无暇顾及，因之蒙古问题的内容，益形复杂。迄至今日，外蒙几乎和中国毫无关系，而内蒙之运动自治，近日来亦已趋于严重，由此可知蒙古问题的解决，的确是刻不容缓，何况在这东北陷沦，举国注意于西北的时候呢！记得国民政府纪念周戴季陶先生的报告词中，对于开发西北的意义，曾恳切的昭示我们，这一点可以证明中央政府当局，对于西北已逐渐重视。我们自九一八事变以来，很痛心的一点，就是国家无后防，无退路；譬如人箱笼蓄积，尽在眼前，内室破落，户牖不固，如果不幸强盗登堂，就是欲觅一拒守或隐被的地方，亦不可得。九一八以后，国人大声急呼往西北高原去，然而极目关河，惟有行将破产的农村，嗷嗷待哺的饥民，幸而大军没有西向，不然仅食粮缺乏一端，已足使之奔溃而有余。现在伪国依然存在，而日本的侵略华北，更日趋于积极，如果我国不愿坐以待亡，则国家为自卫起见，必须经营后防，以备不测。所以今后的西北，将愈趋于重要，而蒙古问题随之亦为国人所注意。

蒙古的地域很大，他如〔的〕版图，计南自北纬三十七度三十分起，北至北纬五十三度四十五分止，西自东经八十五度二十分起，东至东经一二十四度止，面积共计有二百三十三万七千二百八十三平方粁，不过居民仅有一千万左右，照全国各地人口密度比例计算，最为稀少。

内外蒙古是以大戈壁沙漠为界，漠北为外蒙古，漠南为内蒙古。现在热河、绥远、察哈尔三省，大部分就是原来内蒙古的领域。至于外蒙古，迄今仍分为喀尔喀、科布多和唐努乌梁海三区，既未改为特区，亦未列入行省，表面上仍旧是一个外藩的模样。

蒙古地广人稀，人民的生活易于维持，所以一切均称落后。他的唯一富源，要算是牲畜了。据俄国人的统计，内外蒙古共有牲畜一千五百万头；其中马约二百万头，年〔牛〕约一百万头，骆驼约三十六万头。牲畜如此之多，所以蒙古每年出产之牛乳、牛肉、羊乳、羊肉、牛毛、驼毛、兽皮等，倒很有可观。同时人民大都以牧畜为生，于此可见外蒙人民的生活状况了。蒙古既然有以上的出产，那么，蒙古的贸易，当然也很有注意的必要。据统计所得，外蒙输出贸易年约一千百万元①，输入置〔贸〕易年约一千八百万乃至二千一百万元。其对外贸易最重要的是俄国，其次才是中国。过去华商在外蒙的力量很大，但自俄国势力伸入外蒙以后，外蒙官府对于华商处处用高压手段，降至青年党执政，压迫华商，更是达于极点，所以华商现在在外蒙简直有不能立足之势。

我们为了明了蒙古的过去与现在起见，所以本文的范围，除追述已往的事实而外，复就现在的情形加以讨论。但起稿出于仓卒，

---

① 原文如此，似缺字。——整理者注

挂一漏万，在所难免，当祈读者不客气的加以指导。

二　内外蒙古的过去

（甲）内蒙古征服经过

　　蒙古族自元时入主中华以后，经过了八十多年的工夫，就土崩瓦解。到元顺帝时，北归和林，达〔连〕易五主，始去国号。后来脱脱不化称雄于蒙古，号小王子。正德中，小王子势力强盛，并吞青海及乌斯藏，控弦十余万。嘉靖中，稍制压，徙幕连〔辽〕东边外，称土蛮，而分部落留牧西北边。当时边防颇极〔亟〕，河套、青海及俺答封西郵〔貢垂〕奠，于是东部土蛮小王子裔屡次入寇，边患又中于蓟辽。所以明世边患有河套、河西及河东三部，不过北喀尔喀蒙古，则隔于大漠之故，终始之世，不见于史。及后满州〔洲〕爱新觉罗氏崛起，明朝想利用东部横漠〔插汉〕小王子来敌清兵，可是终未成功。万历末年林丹汗士马强盛，横行漠南，侵犯邻近部落，诸部先后归顺满清，请求援救。天聪八年清太宗乃统率大军，尽征各部蒙古，兵征察哈尔。当时辽河夏涨，昼夜冒潦，出其不意，逾内兴安岭千三百里，至其庭，林丹汗谋拒战，而所部解体，于是徙其人畜十余万众，由归化城渡河西奔，沿途离散十之七八。林丹汗之子额哲率所部林〔奉〕传国玺降清，内蒙古于是底定。这是征服内蒙大概的经过。

（乙）外蒙征服经过

　　清太宗平定内蒙以后，即遣使〔平〕定〔宣〕捷于喀尔喀。喀尔喀于是向清廷报聘，其后岁有贡献，一若藩属。至清顺治三年，内蒙〈苏〉尼特部腾机思——太宗之额驸，与睿王不洽，率领所部北投喀尔喀土谢图汗，与〈车〉臣汗合兵迎之，并抢掠内蒙巴林部人畜。扎萨克图汗上书代解，书不称名，词亦骄蹇。六年腾机思处〔复〕又归附清廷，喀尔喀各汗亦奉表请罪，清廷〔廷〕乃下诏各遣子弟来朝，补九白之贡，并归巴林部人畜；抗不奉诏。十二军〔年〕喀尔喀三汗，如〔各〕遣子弟问〔向〕清廷乞盟，康西〔熙〕二十三年土谢〔年〕图汗〈攻〉扎萨克图汗而夺其妾，三部内讧，又与厄鲁特噶再〔尔〕丹有隙，故噶尔丹即于二十七年夏，逾杭爱山，突袭其庭，三部落之数十万众，尽行瓦解，分路而窜，九月间投奔漠南款关，南向清廷乞降。康熙帝抚辑其众，御驾亲征，殄噶尔丹而反喀尔喀，于是喀尔喀亦全为清廷征服。雍正九年，以固伦额驸策凌奋击准喀〔噶〕尔有功，又增三音诺顾〔颜〕部。所以现在喀尔喀连前三部，共有四部。此外从前附庸于喀尔喀的，尚［梁］有北属二国，其一为乌〈梁〉海，在乾隆年间归化；其〈为〉一科布多，扩于康熙年间，至是外蒙的底定。

（丙）内外蒙古之盟旗组织与政治区划

蒙古以前组织，以盟为最高，旗次之，盟与旗之关系，一如内地省与县之关系，至其政治区则可分为官治与自治两种，兹分述于后。

1. 以前内蒙古共分二十四部四十九旗，满清入主中国后，内蒙科尔沁首先归附，继平插汉（即察哈尔）诸部，于是先后服从清廷。当时其朝觐分做三班，其会盟为科尔沁、郭尔罗斯、杜尔伯特和扎赍特四部为一盟，会盟地为哲里穆，现在哲黑〔里〕穆盟已划入东三省内。次如扎鲁特、喀尔喀左翼、奈曼、敖汉、翁牛特、河〔阿〕鲁科尔沁、巴林和克什克腾八部，亦为一盟，会盟〈地〉为昭乌达，现在此盟已划入热河省。次如乌珠穆沁、浩齐特、河〔阿〕巴哈纳尔、河〔阿〕巴噶和苏尼特五部，亦为一盟，会盟地为锡林郭尔，现在此盟已划入察哈尔省。以上四盟，谓之东四盟。此〔次〕如四子部落、喀尔喀右翼、茂明安和乌剌〔剌〕特四部，亦为一盟，会盟地为乌兰察布。次如鄂尔多斯一部七旗，亦为一盟，会盟地为伊克昭。以上二盟谓之西二盟，现在均划入绥远省了。此外尚有内属蒙古两部，一为察哈尔部，共八旗，现即为察哈尔省，一为归化城土默特部，共二旗，今为绥远省之一部。以往的和现〈在〉对照，大略如是。

2. 外蒙古分喀尔喀、科布多、唐努乌梁海三区，已如前述。而喀尔喀又分西路、北路、中路、东路四部，凡四汗共八十六旗，会盟方面土谢图汗部二十旗为中路，会盟地为罕阿林，本〔车〕臣汗部二十三旗为东路，会盟地为巴尔和屯，扎萨克图汗部十七旗为西路，会盟地为毕都里亚，塞〔赛〕音诺顾〔颜〕汗部二十旗为北路，会盟地为齐尔里克。以上均属于喀尔喀、科布多，其地扩于康熙年间，原分杜尔伯特、辉特、新土尔扈特、新和硕特、扎哈沁、明阿特和额鲁特七部，一盟二十二旗，现新土尔扈特部二旗与新和硕特部一旗划入新疆，现存五部十九旗，这是外蒙组织的大概情形。

3. 自治　蒙古以盟旗组织而成，已如前所述，各盟均设盟长一人，为地方最高行政长官，盟之下为旗，每旗设扎萨克一人，由王公世袭，以掌管全旗事务，于扎萨克之下，复设有协理台吉、管〈旗〉章京、梅楞章京、参领、佐领、骁骑校等官属。所有两蒙官属都是受清朝设置的理藩院及将军、都统大臣等监督的。这是过去蒙古自治的大概情形，特录之以供参考。

4. 官治　过去的官治机关，就是于两蒙各地所派之监督或管辖蒙古的官吏。当满清时，在内蒙方面，设有热河都统、察哈尔都统与绥远城将军。热河都统之责，在监督热河及卓索图、昭乌达二盟之军民两政。察哈尔都统，除直辖察哈尔八旗外，兼监督锡林郭尔一盟。绥远城将军统辖归化城土默特二旗外，兼监督乌兰察布盟各〔布〕旗。这是内蒙方面的情形。至于外蒙，则自黑龙江省以西约二千余里，为克鲁伦河诸水上游，设有库伦办事大臣。其外以控制车臣汗、土谢图汗，其内以择〔捍〕卫内蒙之东四盟。库伦以西又约二千余里，为色楞格诸水上游，设有乌里雅苏台将军，其外以控制唐努乌梁里〔海〕及扎萨克图汗、赛音诺颜诸部，其内以捍卫蒙古西二盟地。自乌里亚苏台更西约千里，据额尔齐斯河上游，设有科布多参赞大臣，此外以控制杜尔伯特、新土尔扈特诸部，其内以捍卫新疆乌鲁木齐诸境。以上诸地，皆与俄国接壤，所以各地皆驻有重兵，形势亦极联络。不过晚清之时，官吏习于腐败，与狡诈的识〔俄〕国官吏接触之下，当然没有不失败的道理，即今日之蒙古的尾大不掉，实在也是基因于此。

（丁）中俄关于蒙古交涉的经过

俄国之侵略蒙古，具有最大的决心，我国内争不已，无暇顾及边务问题之结果，适恰促成了俄国的侵略。俄国看破了我国无力对外的弱点，于是利用无知的蒙民，宣告独立。虽经我国拼命的交涉，但在此"弱肉强食"的世界，我们没有实力的后盾，所以终于使俄国实际占有外蒙的全部。而我国争到的一点，不过是宗祖国的名义罢了。我们看了下面中俄关于蒙古交涉的经过情形，就可以知道蒙古和中国的关系为何如了。兹分别述之如下。

1.《恰克图条约》之缔结　清顺治十二年俄国遣使来京入贡，十七年又遣使至北京，两次中皆附贸易商人。原来俄国通贡之始，则对于商业特别注重，当时清政府尚无所谓贸易法令，直到康熙三十二年方始规定："俄罗斯国准其隔三年来京贸易一次，不得过二百人，在路自备马驼盘费，一应货物不令纳税，犯禁之物，不准交易。到京时安置俄罗斯馆，不支廪给，限八十日起程回国。"这是京都的情形。除此而外，中俄边境方面，人民亦互相贸易，由土谢图汗为经理。康熙五十九年理藩院议准哲布尊丹巴呼图克图库伦地方俄国与喀尔喀互相贸易，两国人民丛集，难以稽察，嗣后内地人民有往喀尔喀库伦贸易者，须有理藩院执照云云，是为库伦准互易之始。迨雍正五年八月，遣郡王策凌、内臣四格、侍郎图理琛等与俄使萨瓦议定边界，安设卡伦，以库伦在卡伦之内，恰克图在卡伦之外，所以将库伦之市，移于恰克图；订有条约十一条，是又谓《恰克图条约》，此条约中之大意如下：

一、在恰克图河溪之俄国卡伦房屋与在鄂尔怀图山顶之中国卡伦、鄂博，适中平分，作为两国贸易疆界地方，自此迤东至额尔古纳河，迤西至沙毕纳依岭，其间如横有山河，即横断山河平分为界，其无山河空旷之地，则从中平分设立鄂博为界，阳面作为俄国，阴面作中国。

二、中俄两国通商的人数与前同，不得超过二百人，每间三年，进京一次。除两国通商外，有因在两国交界处所零星贸易者，在恰克图、尼布楚择好地方建筑房屋，愿前往贸易者，听其自便。

三、往返公文之传送，俱须行走于恰克图，但如有特别事件时，得抄道行走，苟无故而私自抄道，中俄两国各治其罪。

四、乌带河等处作为两国中立地。

五、两国边吏凡事皆应秉公办理，倘有偏私从事者，各按其本国法治罪，不得稍加宽待。

六、所属之人有逃走者，于拿获后就地正法，持械越境杀人行窃者，亦正法。军人逃者，或携主人之物逃者，华人斩，俄人绞。越境偷窃牲畜者，初犯罚所盗物十倍，再犯二十倍，三犯者斩。

自这次订约以后，无论中俄边疆的人民，咸知法令之森严，不稍加忘忽；所以这次条约的规定，对于蒙古的治安，诚属不无小补。但因为有了这种明文的根据，而俄国侵略蒙古则日甚一日了。我们中国外交的失败，完全是因为受了外交官不明世界大势昏庸无知的原故，这次条约的订定，当然也是基于这种原因而失败的。

及后中间因为种种纠纷，曾经几度的停止交易，一直到了乾隆五十七年，才有恰克图市〈约〉的签订，兹录其全文如下：

一、恰克图互市于中国初无利益，大皇帝普爱众生，不忍尔国小民困穷，又因尔萨那特衙门吁请，是以允行，若复失和，冈〔罔〕再希冀开市。

二、中国与尔国货物原系两边商人自相定价，尔国商人应由尔国严加管束，彼此货物交易后，各令不爽约期，即时归结，弗令负欠，政〔致〕起争端。

三、今尔国守边官皆恭顺知礼，我游牧群相称好，尔从前守边官皆能如此，又何致两次忘行失和以致绝市，嗣后尔守边官当慎选贤能，与我游牧官逊顺相接。

四、恰克图以西十数卡备〔伦〕〔尔〕之布里雅特、哈里雅特不法，故致有乌呼勒咱之事，今尔国宜严加禁束，杜其盗窃。

五、此次通市一切照旧章，已促行尔萨那特衙门矣。两边人民交涉事件，如盗贼、人命，如〔各〕就近查验缉获犯人，会同边界官员审讯明确后，本处属下人，由本处治罪，尔处属下人，由尔处治罪，各行文知照示众。其盗窃之物，或一倍，或几倍罚，皆照旧例办理。

表面观之，当时之我国，仍不失为老大帝国，但究其实，吃亏亦非浅鲜。在《恰克图条约》第四条中明定属地主义的裁判权，在此第五条中则变为属人主义的裁判权矣，这简直是今日领事裁判权的雏形，其关于国家之主权很大，言念及此，诚可慨叹。

其后《天津条约》中有关于蒙古的规定亦有数点，兹照抄如下：

一、嗣后两国不必由萨那特衙门及理藩院行文，由俄国总理各〈国〉事务大臣径行文大清之军机大臣或特派大学士往来照会，俱按平等。

二、为整理中俄往来行文，京城、恰克图二处遇有来往公文，均由台站迅速行走，以半月为限，信函一并附寄。再运送物件由每三月一次，照指明地方投递，所有驿站费用，中俄各出一半。

《北京条约》中关于蒙古的关系，亦有数点，颇关重要，所以抄在下面，用做参考的资料：

一、俄国商人除在恰克图贸易外，其由恰克图到京经过之库伦、张家口地方，如有零星货物，亦准行销。库伦准设领事官一员，自行盖房一所，其地基及房间并馂〔饲〕养牲畜之地，应由库伦办事大臣办理。华商愿往俄国内地行商者亦可。俄国商人不拘年限，往中国通商之区，一处往来人数，不得过二百人，但须本国边界官员给与路行，内写明商人头目名字，带领人数多少，前往某处贸易，并买卖所需及食物、牲口等。

二、俄国除伊犁和塔尔巴哈台已设领宁〔事〕官外，得在喀什噶尔和库伦设立领事官。

三、向来仅止库伦办事大臣与恰克图固尔毕那托尔往来行文办理边界之事，此后恰克图之事，由恰克图边界廓米萨尔与恰克图部员往来行文，遇有边界紧急之事，由东悉毕尔总督行文军械〔机〕处或理藩院办理。

四、由恰克图至北京，因公事送书信或物件往返时间，开列于后：书信每月一次，物件箱子自恰克图至北京每两月一此〔次〕，自北京往恰克图三月一次。

自这次订约以后，一直到光绪七年，才有《伊犁条约》，在此次条约中有关于蒙古的事项如左：

一、俄国照会〔合〕约在伊犁、塔尔巴哈台、喀什噶尔、库伦等处设立领事馆外，如科布多、乌里雅苏台、哈密、乌鲁木齐、古城等处，俟商务兴旺，再行添设。

二、俄国人民准在中国蒙古地方贸易，照旧不纳税，其蒙古各处及各盟设官与未设之处，均准贸易，亦照旧不纳税。

我们这里总结一下，可以知道俄国在蒙古的势力，是逐渐趋于扩大的，不管手段如何，他的目的是在必得蒙古。到了现在蒙古已成为俄国的囊中物，回想我们过去的光荣，不胜有今昔之感！

（戊）满清政府的昏庸无能

满清政府的昏庸无能，已属毫无疑问之事实。外蒙的独立，一方面是受了俄国的利用，一方面实因满清政府之无能处理蒙〈古〉之事所［所］致。我们为了明白蒙古的过去，对于蒙古独立的经过，不能不略加探讨。现在我们把外蒙的第一次独立与第二次独立的经过与原因分述如下。

1. 第一次的独立

外蒙受了俄国的利用，加之满〈清〉政府外交的履〔屡〕次失败，遂促成外蒙的第一次独立，当时俄国诱引外蒙的手段，约略之，不外下列三种：

A. 宗教的利用　喇嘛教在蒙古人的脑海之中，映像特别的深，俄国人看〈清〉了此点，于是利用宗教的力量，来笼络蒙人。本来中俄交界处的南〔两〕国人民，他们的语言是相同的，有了这种便利，他们和蒙古人的交涉，就容易的多。当那时候活佛在外蒙的权威，可以说驾一切而上之，俄国人之所以礼遇活佛媚事活佛，正是"欲取先与"的办法；而活佛无知，竟为俄国永久的利用。

B. 结好王公　俄人以小惠施于王公，礼遇有加，外蒙王公受了这种殊遇〔遇〕，自然欢喜接近俄国，久而久之，在不知不觉之中，就渐次俄国化了。

C. 利用财力　俄国于上述二项之外，复继之以金钱的收买，一般王公受了俄人的大批卢布，更不知如何是好了。

正当俄国极力取好外蒙王公与喇嘛的当中，我们清政府对于蒙古的办法，有如下述：

A. 取消西藏喇嘛名号　清政府以西藏达赖喇嘛与英人勾结，于是下令取消其西藏喇嘛的尊号，当时外蒙活佛听到了这种消息，战栗自惧，兔死狼悲，就隐伏下独立的意思了。

B. 移民实边　清政府为了充实边防发展蒙古起见，曾一度的实行过移民蒙古，蒙古王公看到了汉人的日益加多，大有使其数千世袭的土地逐渐缩小的情形，于是不得不起而反对。

C. 创办新政　清末在外蒙创办新政的事实，竟然实现，一时兵备处、巡防营、木捐局、卫生局，车驼捐局……等机关，设立有二十余处之多，蒙民因为平空的加了这些负担，一时民怨沸腾，反对的声浪，随之而起。

我们看了中俄两国对于外蒙的政策，就可以知道谁胜谁败。我们中国的人民，以至于当时清政府，不明世界大势，竟一至于此，无怪乎中国的现状，日趋于危亡，想到这些，我们只有痛悔过去，勉励将来。

看了以上的原因，再详讨其经过，则不难明其大概。多时预备独立的外蒙，到宣统三年六月十五日，终于暴发了，在这一天外蒙王公等密议独立事宜，当经全体赞成，并与俄国交好，请俄国政府予彼等以实力的援助。蒙〔俄〕人正在苦无借口进兵外蒙之际，遇到了这种千载难逢的机会，岂肯轻易放过，于是派兵到了库伦，三多闻讯大惊，当即向蒙古诘问，并商撤退俄兵的事宜，但是因为那对〔时〕的外蒙与俄国各自有其野心，三多虽尽力的呼号，始终没有多大成效。到了十月十日办事大臣衙门忽接到四盟王公、喇嘛署名公呈一纸，内云："现闻内地各省，相继独立，革命党人已带兵取道张家口来库，希图扰乱蒙疆，我喀尔喀四部蒙众，受大清恩惠二百余年，不忍坐视，我佛哲布尊丹巴呼图克图已传檄征调四盟骑兵，进京保护大清皇帝，请即日按照人数，发给粮饷枪械，以便启行，是否照准，限本日三小时内明白批示。"三多接了这种荒谬的呈文，未加裁答。至七钟时又接到哲布尊丹巴呼图克图札饬一件，内云："照得我蒙古自康熙年间隶入版图，所受历朝恩遇，不为不厚，乃近年以来，满洲官员对于我蒙古欺凌虐待，言之痛心。今内地各省，既皆相继独立，脱离满洲，我蒙古为土地、宗教起见，亦应宣布独立，以期美全。现已由四盟王公推本哲布尊丹巴呼图克图为大蒙古独立国大皇帝，不日即当御极库伦地方，已无需用中国官员之处，自应即时全数驱逐，以杜后患。"这完全是独立宣言的口气。后来果然于十月十九日哲布尊便行登极礼，宣布独立，称大蒙古国，以共戴为军〔年〕号。自是以后，喀尔喀与清廷的关系就断绝了。外蒙的独立，俄国加以援助，已如前述，所以在外蒙独立以后，就进军唐努乌梁然〔海〕与科布多。总而言之，满清的官吏是无用的，不数日，外蒙的独立，在俄国援助之下，就全部成功了。

俄国之所以援助外蒙独立，司马昭之心，路人皆见，所以他对于外蒙的侵略，迄未放松一步，我们看了《俄蒙协约》和所附商务条约，就可见一斑了。兹抄录其原文如次。

（1）《俄蒙协约》：

（一）俄国政府扶助蒙古保守现已成立之自治秩序及蒙古编练国民军，不准中国军队入境及以华人移殖蒙地之各权利。

（二）蒙古主及蒙政府准俄国人民及俄国商务照旧在蒙古领土内享用此约所附专条内各种权利及特种权利，其他外国人自不得在蒙古享加多于俄国人在彼得享之权利。

（三）如蒙古政府以为须与中国或别外国订立条约时，无论如何其所订之约，不经俄国政府允许，不能违背或变更此协约或专条内各条件。

（四）此友谊条约，自签押之日实行。

（2）《商务专条》：

（一）俄国人民得在所有蒙古各地自由居住、移动。

（二）俄国人民得将俄国、蒙古、中国暨其他各国出产制作各货运出、运入，免纳出入口各税，并自由贸易，无论何项税捐，概免交纳。

（三）俄国银行有权在蒙古开设分行。

（四）俄国人民可用银钱买卖货物或互换货物，并可商明赊欠。

（五）蒙古官吏不得阻止蒙人、华人向俄人往来约定办理各种商业，并不得阻止其为俄人或俄人所开设商务制作各处服役，又蒙古城内无论何种公私会社或各处所个人皆不得有商务制作专卖权。

（六）俄国人民得在蒙古所有地内各城镇各蒙旗约定期限阻〔租〕赁地段或购买地段，建造商务制作局厂，或修筑房屋、铺户、货栈，并贴〔租〕用闲地，开垦耕种。

（七）俄国人民可与蒙古政府协商关于享用矿产、森林、渔业及其他各事项。

（八）俄国政府有权与蒙古政府向须设领事之处，设派领事。

（九）凡有俄国领事之处，及有关俄国商务之地，均可由俄国领事与蒙古政府协商设立贸易圈，专归领事管辖，无领事之处，则专归俄国各商务公司会社之袖领管辖。

（十）俄国人民得在蒙古各地设立邮政。

（十一）俄国驻蒙领事，如须转递公件之类，可用蒙古台站，惟一月所用马匹，不过百只，骆驼不过三十只，可勿给费，俄领事及办公人员亦可由蒙古台站行走，偿给费用。办理私事之俄人，与蒙古政府商定应偿费用后，亦有享用台站之权。

（十二）凡自蒙古流至俄国境内各河，及此诸河所受之河流，均准俄人乘用自有商船航行，与沿岸居民贸易。

（十三）俄国人民于运送货物、驱送牲只，有权于水陆各路行走。

（十四）俄国牲只可得停息馂〔饲〕养，地方须拨给足用地段以作牧场。

（十五）俄国人民可在蒙古割草、渔猎。

（十六）俄国人民及其所开处所，与蒙人、华人往来约定办理之事，用口定或立字样，其立约之人，可所将〔将所〕立契约送至地方官呈验，如地方官见呈验契〈约〉有窒碍之处，当从速通知俄国领事，与领事会商，将所出误会公开判决。今应特行定明，凡关于不动产事件，务当成立约据，送往蒙古该管官吏及俄国领事处呈验批准，如享用天然财富契约，必须经蒙政府批准方可，如遇有争议之时，无论因口定之事或须有字据之件，可由两造推举中人和平解决，如遇不能和解时，再由会审委足〔员〕判决。会审委〈员会〉分常设、临时两项，常设委员会于俄国领事驻在地设置之，以领事或领事代表及蒙古官吏之代表相当阶级者组织之，临时会审委员会于未设领事之处，酌量所出事件之紧要，始暂开之，以我领事代表及被告拘留或所属之旗之蒙王代表组织之。会审委员会可招致蒙人、华人、俄人为会审委员会之鉴定人，会审委员会之判决后，其关于俄人者，即由俄领事从速执行，其关于华人、蒙人者，则由被告所属或所拘留之蒙旗王执行。

（十七）此专条自签押之日施行。

除上述之密约外，其他关系较大的密约，有如下述：

（1）《练兵条约》：

（一）库伦政府聘俄国武官廓洛维慈为蒙古陆军指挥官，月俸五百元。

（二）库伦政府待遇廓氏礼应有〔应有礼〕仪，下级从政官以上宾礼待之。

（三）以一年为契约，其间不得变更。

（四）如一年军队教育尚未完成，应再续约。

（五）廓氏一人如因事过剧时，得更报副挥〔指〕挥官数人，但以俄人为限。

（六）廓氏解约之日库伦政府给以报酬金六万元。

（七）若期限内有战争，廓氏有临阵指挥各盟部军队之权。

（2）《开矿条约》：

（一）蒙古政府根据《俄蒙专条》对于竟〔境〕内矿产允许俄人自由开采。

（二）矿务公司设在三奇〔音〕诺颜部，分公司不限地点。

（三）公司资本由俄国官商筹集，但蒙古亦得加入五分之二。

（四）他国不得加入资本。

（3）《铁路条约》：

（一）库伦政府承认俄国在其领土内永远有铁道建筑权。

（二）俄国政府与库伦政府协议蒙古铁道线路及将来铁道计划。

（三）库伦政府若欲自筑铁路应先得俄国之许可。

（4）《电线条约》：

（一）俄国交通部负担前项电线架设之经费及工程。

（二）全线之电报局及其他建筑物所需之土地，均由蒙古政府指定让于俄国。

（三）蒙古政府不得架设前项竞争线。

（四）蒙古欲于别方面架设电线，先以其权给于〔与〕俄国交通部。

（5）《借款条约》：

（一）俄国无利息货〔贷〕给俄币三百万卢布于蒙政府。

（二）蒙政府以租〔贷〕款充财政之整理，畜产之振兴，矿山之产〔采〕掘，军队教官之佣金等事。

（三）蒙政府于右借款之用途，须先通知俄代表。

（6）《银行条约》：

（一）该银行资本定五百万卢布。

（二）本行设于俄京，分行设于库伦。

（三）该银行有货币发行权，准在蒙〔俄〕国铸造蒙古货币并有发行纸币之权。

（四）该银行更得有下列特权：

甲、［如土地］银行对于不动产抵押〈如土地〉可为借款。

乙、可营仓库业，得发行仓库证券。

丙、可营交易介绍业及一般商店的买卖。

有了以上的条约，已足使外蒙变为俄国的囊中物而有余，何况俄国现在更进一步的侵略呢！当外蒙宣告独立以后，俄国对清政府，即提出左列的要求：

（一）中政府须认俄人自库伦至俄边境有建筑铁道权。

（二）中政〈府〉须与蒙古订立声明〈如〉左列三项：

甲、不得在外蒙驻兵。

乙、不得在外蒙殖民。

丙、蒙人自治，受办事大臣管辖。

（三）中国治蒙主权，改隶办事大臣，中俄〈国〉交仍由两政府协商。

（四）俄饬俄领官协助担保蒙人对于中国应尽之义务。

（五）中俄对蒙古改革事须先与俄国商酌。

看了此项要求，俄国对于外蒙的野心，已昭然若揭，他不特教唆与赞助蒙古的独立，并进而欲将外蒙在中国主权统治之下夺了过去，当时清政〈府〉看到了这种无理的要求，始终未予答覆，迁延不决。在清政府时代对外蒙古的独立，迄未有任何具体办法，一直到清帝退位，共和告成，袁世凯以大总统之名义，致书于库伦哲布尊丹，内云："外蒙同为中华民族，数百年来，俨如一家。现在时局日危，边事日棘，万无可分之理……各蒙与汉境齿唇相依，犹堂奥之于户庭，合则两利，离则两伤……贵喇嘛识见通达，必能审择祸福，切弗惑于邪说，贻外蒙无穷之祸。"哲布尊丹巴到那时候，已完全不能自由，所以文电往返，终于无效。

我国政府深知外蒙之独立，完全为俄国所主宰，复以《俄蒙密约》传遍遐迩的原故，于是不得不与俄直接交涉。但是因为俄国别有用意，所以交涉多时，仍是不得要领，一直延长一年之久，才有《中俄声明文件》的签订。兹录其全文如下：

（一）俄国承认中国在外蒙之宗主权。

（二）中国承认外蒙古之自治权。

（三）中国承认外蒙古人享有自行办理自治外蒙古之内政，并整理本境一切工商事宜之专权，中国允许不干涉以上各节，是以不将军队派驻外蒙古，及安置文武官员，且不办殖民之举。惟中国可任命大员，偕同一应属员暨护卫队驻扎库伦。此外中国政府可酌派专员驻扎外蒙古地方，保护中国人民利益，但地点应按照本文件第五款商订。俄国一方面担任除各领事团护卫队外，不得〈在〉外蒙古驻扎兵队，不干涉此境之各项内政，并不得在该境有殖民之举动。

（四）中国声明承受俄国调处，按照以上各款大纲，以及一九一二〈年〉十月二十一日《俄蒙商务专条》，明定中国与外蒙古之关系。

（五）凡关系俄国及中国在外蒙古之利益，暨各该处因现势发生之各问题，均应另行商订。

俄国有了这次条约的根据，对于侵略外蒙更是毫无忌惮。说来说去，我国只保存宗主国的名义，实际的政权，我国政府是无权过问的了。因为《中俄声明文件》的订立，复引起中、俄、蒙三方的会议，在恰克图正式开会至四十八次之多，迁延九月之久，才于〔有〕《中俄蒙协约》的签订。兹抄录其原文于左，以备参考：

（一）外蒙承认民国二年十一月五日《中俄声明文件》及《声明另件》。

（二）外蒙古承认中国宗主权，中国、俄国承认外蒙古自治，为中国领土之一部分。

（三）自治外蒙无权与各外国订立政治及土地关系之各种条约，凡关于外蒙政治及土地问题，中国政府担任按照民国二年十一月五日《中俄声明另件》第二条办理。

（四）外蒙古博克多哲布尊丹巴呼图克图汗名号，受大中华民国大总统册封，外蒙古公事文件，用民国年历，并得兼用蒙古干支纪年。

（五）中国、俄国承认外蒙自治政府有办理一切内政并与各外国订立关于自治外蒙工商事宜国际条约及协约之专权。

（六）中国、俄国担任不干涉外蒙现有自治内政之制度。

（七）中国驻库伦大员之卫员，其数目不得过二百名，该大员之佐理专员，分驻乌里雅苏台、科布多及蒙古恰克图各处，每处卫队不得过五十名，如与外蒙自治官府同意，在外蒙他处添设佐理专员，每处卫队不得过五十名。

（八）俄国领事之卫队不得过一百五十名，其设立、添设之英

〔俄〕国领事署或副领事署，每处卫队不得过五十名。

（九）凡遇有典礼及其他聚会，中国驻库伦大员应列最高地位，如遇必要时，有独见外蒙古博克图哲布尊丹巴呼图克图之权，俄国代表亦享此独见之权。

（十）中国驻库伦大员与佐理专员得总监视外蒙自治官府及其属吏之行为，使其不犯中国宗主权及中国与其人民在自治外蒙之利益。

（十一）自治外蒙古区域以前库伦办事大臣、乌里雅苏台将军及科布多参大赞〔赞大〕臣所辖之境为界，其与中国界线，以喀尔喀四盟及科布多所属东与呼伦贝尔、西南与新疆省、西与阿尔泰接界之各旗为界。

（十二）中国之国民运货入自治外蒙古，概不纳税，但须缴纳各项内地货捐，自治外蒙商民运货入中国，亦照此为例。但洋货运入中国内地者，须照光绪七年《陆路通商章程》所定之关税交纳。

（十三）在自治外蒙之中国属民，民刑诉讼均由中国驻库大员及佐理专员审判。

（十四）自治外蒙人民与中国属民民刑诉讼均由中国驻库大员，或所派代表或驻各地之佐理专员会同自治外蒙官吏审判，若华人为被告，则在中国官员之处会同审制，若蒙人为被告，则在蒙古衙门会同审判，犯罪者各按自己法律治罪。

（十五）自治外蒙人民与在该处俄国属民之民刑诉讼，均按照一九一二年十月二十一日《俄蒙商务专条》第十六条办理。

（十六）在自治外蒙，华俄人民之民刑诉讼，若俄人为原告，华人为被告，俄国领事或其所派代表得参加会审，中国官员有执行判决之义务；若俄人为被告，华人为原告，中国驻库大员或代表或佐理员得至俄国领事馆观察，俄国官吏亦有执行判断〔决〕

之义务。

（十七）恰克图、库伦、张家口间之电线，以在自治外蒙境内议定为自治外蒙之完全产业。

（十八）中国在库伦、恰克图之邮政机关照旧保存。

（十九）外蒙自治官府给与中国驻库大员及驻乌里雅苏台、科布多、蒙古恰克图佐理专员及其属下人等必要之驻所，完全作为中国产业。

（二十）中国〔中〕驻库大员及佐理员，使用蒙古台站时，可适用一九一二年十月二十一日《俄蒙商务专条》第十一条办理。

（廿一）民国二年一月五日之《中俄声明文件》、《声明另件》及一九一二年十月二十一日《俄蒙商务专条》，均应继续有效。

（廿二）本约用中、俄、蒙、法四文合缮各三份，于签字日发生效力，四文校对无〔诧〕讹，将来文字解释以法文为准。

这次条约的结果，中国在外蒙的实权，可以说完全牺牲了，留着宗主国的名义，又有什么用呢，只务虚名不求实际的特性，简直要使中国陷于万劫不复！这是如何危险的事，希望今后政府当局以至于全体同胞，痛革前此的错误，抱定实事求是的决心，那么，我国的前途，自可趋于光明的大道，外蒙实权的收复，成〔或〕有实现之一日。

（己）外蒙撤消自治之经过

欧洲大战的风云，正在紧张的当中，俄国革命突然暴发了。革命后的俄国，顿时失了安静的常态。外蒙自治政府目击俄国的革命，行将蔓延于外蒙，惊惧之余，仍不得不请求我国政府援助。当时外蒙请求援助的电，雪片飞来，本文限于篇幅，未能列举，但是当时的情形，很值得我们叙述一下。彼时中央政府应外蒙之请，特派徐树铮为西北筹边使，负规划西北边务的责任，在这时候外蒙复受俄国旧党的高压，其情形大有不可终日之势。外蒙为被〔避〕免这些危难，于是决定撤消自治，还政中央；虽然当时也不无反对的论调，但一则迫于俄国旧党的侵凌，一则鉴于徐树铮的兵威，撤消自治，终于告成，即此一点，亦足以证明外蒙之前次宣告独立，是被动的了。那时活佛请求撤销自治的呈文如下：

> 外蒙自前清康熙以来，即隶属于中国。前清末，行政官吏秽污，众心怨怒，外人乘隙煽惑，遂肇独立之举。嗣经协定协约，外蒙自治告成功，中国获宗主权之空名，而外蒙官府丧失权利，迄今日自治数载，未见完全效果。近来俄国内乱无秩，乱党侵境，以故本官府召集王公、喇嘛等，屡开会议，讨论前途利害安危问题，均各情愿取消地方自治。前订《中俄蒙三方条约》及《俄蒙商务专条》，并《中俄声明另件》，原为外蒙自〈治〉而设，今既情愿取消自治，前订条件当然概无效力。其俄人在蒙营商事宜，俟将来俄新政府成立后，应由中央负责，另行商订，以笃邦交，而挽利权。

中央政府接到此项呈文以后，即颁布撤消外蒙自治命令，并将以前关于外蒙自治的条约一齐取消。俄使看到了我国政府取消外蒙自治的命令，虽曾一度抗议，但彼究竟理屈，最终外蒙自治的撤消就成为事实了。自是以后，徐树铮受中央政府的委任，负统治蒙古的全责。徐氏虽然堪称为雄才大略，但外蒙古的撤消自治，原来就是出于迫不得已。所以外蒙取消自治，仅一年有余，第二次的独立，就又见诸事实了。兹将外蒙第二次独立的经过述于下。

（庚）外蒙第二次独立

外蒙的取消自治，出于无诚意，是人所共知的，所以他第二次的独立，原属意中之事，无所用其惊怪。然而他所以很迅速的进行第二次独立，亦自有其特殊的原因。我们总结起来，最主要的不外下列两点：

1. 日本的煽动　大陆政策是日本明治维新以后的一贯手段，当其初，他所谓大陆政策，不过指朝鲜一隅之地而言，当时他的目的也就在唯一的朝鲜。其后经过中日、日俄两次战争的结果，缴〔侥〕幸胜利，朝鲜已在其掌握之中，得到朝鲜以后，他的大陆政策，就很快的变朝鲜为朝满了。在东省有了相当的基础以后，日本便得寸进尺的扩张大陆政策为满蒙政策了。日本为达其满蒙政策的目的，久欲在蒙古染指，奈毫无借口，又在俄国铁蹄之下，更不客〔容〕日本的势力踏进了蒙古。当外蒙宣告取消独立，正在俄国革命的时，起初就有我国西北筹边使的威名，到后来徐树铮下台以后，日本认为是侵略外蒙的绝好良机，于是诱惑外蒙，再演第二〈次〉的独立运动，这是外蒙第二次独立的原因之一。

2. 徐树铮失败　徐树铮虽然身在西北筹边使，但他为了对抗直系，所有的重兵大军驻于北京附近，外蒙方面仅有一部分军队，所以到民国九年，徐氏失败以后，外蒙的独立就肆无忌惮了。

3. 俄国旧党的诱惑　俄国革命后，旧党一败涂地，在国内无立足之地，所以他们想以外蒙为根据地，作为卷土重来的基础，基于这种目的，俄国旧党复诱惑外蒙古的二次独立，以外蒙王公与喇嘛的昏庸，如何是〔中〕俄国的对手，所以二次独立的把戏，又在开演了。

第二次的外蒙独立，事实是很简单的。因为我们没有重兵在外蒙镇压，当然对于反动的力量，不能充分的制裁。第二次独立的主要势力，就是外蒙国民党，他们先以武力平定了境内，才组织起蒙古国民政府，表面上仍以哲布尊丹巴呼图克图为其君主，以收拾蒙人之心，而实在的权力，大半操于苏俄之手。外蒙于第二次宣告独立后，在俄国政府指挥之下，曾制定《蒙古宪法》，现在把他宪法的全文照录于下，以备关心蒙古者的参考：

（甲）关于勤劳国民权利者

（一）蒙古为完全独立民主共和国，主权属于勤劳之人民。

（二）蒙古共和之目的，在根本铲除封建的神权制度，巩固民主共和之基础。

（三）蒙古共和国之土地、矿产、山林、川湖及类似此等之一切天然财源，均为公共所有，禁止是等物之私有权。

（四）蒙古政府对于一九二一年革命以前，与外国所缔结之国际协约及义务协约并被强制的外债关系，均认为有碍主权。

（五）蒙古国民为保持政权起见，新编蒙古革命军，实行武装国民政策，并对一般青年施以必要之军事教育。

（六）宗教及寺院从此与国家脱离关系，但承认人民有信教自由权，并将此意宣告国民。

（七）蒙古共和国为尊重人民言论自由权起见，组织出版事业，以开民智。

（八）蒙古共和国为尊重人民集会自治〔由〕权起见，提供适当场所，为各种人民会议之会址。

（九）蒙古共和国承认人民有结社、结会自由权，且与贫困之勤劳国民以积极之援助。

（十）蒙古共和国为贫寒子弟及一般国民易于求得智识起见，实施无费教育。

（十一）蒙古共和国不问民族、宗教及姓〔性〕之区别，凡住于蒙境内之居民，均承认其有平等之权利。

（十二）旧日之玉〔王〕公贵族等阶级之称号，一律取宣告消灭，且将活佛、西比尔干等之所有权，同时废除。

（十三）世界各国之勤劳民族，均向推翻资本主义实行共产主义方面前进，蒙古共和国鉴于此种趋势，对外政策务与被压迫之弱小民族及全世界之革命的劳动民众，取一致行动，俾达共同之目的。

附则

蒙古共和国应时势之要求，仍保留与惯行资本主义以外各国之缔结亲交关系之可能，但对侵及蒙古民主共和国之独立与主权者，当以武力对抗。

（2〔乙〕）关于军事者

（一）认现在之陆军为适当，且定现行之陆军组织法为永久法则。

（二）政府对各军之文化、政治的教育务须特别注意。

（三）撤废军队卫护关税之任务，另组管理征收事务巡役，该巡役的政治之战术的教育，均由各军事长官分任之。

（四）改良国家扶助国民革命军官之家族法则。

（五）军事会议议决，陆军指挥权为单一制，即依此制统辖军政。以上宪法及军事暂行法由中央及地方行政机关布告国民，并为研究宪法之基础法规起见，令全国之学校、军队中定为专课，俾人民明了宪法之命意。

蒙古国民政府的成立，多借力于俄国，所以自独立后，对于俄国奉之惟谨，而俄国亦俨当〔然〕以宗主国自居，对外蒙的一切，无不加以干涉。事实上已经如此，俄国为了遮避世人耳目起见，又与外蒙订立如下之密约：

（一）外蒙当局须宣告一切森林、矿产及土地，以后均归国有，凡无人占有之土地，均给蒙古贫民及俄国农民居住、耕种。

（二）外蒙天然财源禁止私有，一切矿区许俄国实业家雇用蒙人开采。

（三）全国矿业的〔由〕俄国工团及工会承办。

（四）贵族享有之土地权，当即废止，代由苏维埃自由交易财产制度。

（五）聘请俄国实业家开蒙〔发〕富源，振兴工商。

（六）请苏俄工会参与创设劳工制度事宜，以便得以完全保护工人。

（七）聘请俄国专门家入外蒙政府以资指导。

（八）依苏俄政府之通议，外蒙政府一切职权，均归人民政府之行政部施行，先设立一革命委员会及军事委员会，再招集议会，以便制宪。

我们看了右录的密约，简直除未规定外蒙元首须聘请俄国人外，一切的实权，全握于俄国人的手了。眼见得国土沦亡于异族，而人民熟视无睹；最可怪者，政府负责诸公，早置外蒙于不顾，好像不知道外蒙是我国的属地的样子，这种毫无爱国心的民族，今世纪绝无存在的可能，良以能够忘却了蒙古是中国的领土，推而至于东四省以及热河，均可随便忘却，这是如何危险的事啊！愿同胞一体深痛的加以自觉！

我国政府因为外蒙的二次独立以后，直接由俄国操了外蒙的实权，所以曾经几度的对俄交涉，但终于是做了一回纸上谈兵，与事实并无若何的裨益。

民国十八年中俄间中东铁路问题发生后，俄国为了防止外蒙有意外事件的发生，于是增派大批军队入蒙，名为保护俄侨，实则监护蒙民，当时只库伦一处，就有俄兵四五百人，其他重要城镇，莫不有俄兵驻扎，检查行旅，欺压华商。在自己领土以内，自己的人民，经商的自由都没有，这是如何痛心的事。华商在俄兵铁蹄之下，复加以外蒙政府的虐待，无所不用其极，苛捐杂税，繁重异常，华商在外蒙的情形，简直有说不出来的苦况。其结果华人经商者日益减少，而俄人经商者日益加多，这虽是外蒙独立后的当然结果，但实因中东路问题所促成。

（庚〔辛〕）　内蒙的政治组织与沿革

内蒙的政治组织，颇为单简，不过一种酋长——家族之结合而已。内蒙的行政首领是盟长，一盟之下分统若干旗，为便于治理起见，于旗内设置多数员司，分前〔别〕办理日常事务。内蒙所有员司，除哈巴及包衣达二职管理私邸杂务外，其余各职均在府邸及地方办理一切事务，而扎萨克则为一旗的酋长，多由王公中任命之，有专断旗内事务的全权。但扎萨克之辑〔辅〕佐协理台吉，并不是出自扎萨克之自由任命，必须呈请该管盟长，就该旗内闲散王公以下台吉以上推举之，然后将被推者中的前二名，列为候补，呈请理藩院圈定一人任命之。由此可以知道任命之权，实操诸理藩院。其余官员自管旗章京以下乃至骁骑校等，都是选补于台吉及部众之中。惟盟长则由理藩院开列盟内各部的扎萨克及王公，呈请任命，又按同一方法，〔方〕选任副盟长一员，助理事务。而盟长之异于旗长的一点，就是盟长系政府直接任命，此外又就扎克萨〔萨克〕及王公中选择一最有德望者，以总理各旗大事，此则较可注意。

内蒙的司法审判事务，由各旗扎萨克处理，已成为惯例，如果有不能自决的事件，则行报同盟长，公同审理；就是因为扎萨克裁判不公，亦准两造上诉于盟长，若再不决，则将全案移送蒙藏院。此好〔外〕内蒙各地驻有司员者，其狱讼则由司员会同扎萨克审判。蒙古人民与内地人民发生诉讼，则由内地的地方官会同扎萨克审判。至各旗间的交涉事件，必须盟长为之处理。盟为若干旗所合成，每三年各旗会盟于一地，盟长为当然的会主，解决各种重要问题。各旗之下，另有若干佐领，以分别治理之（凡佐领之丁，都是一百五十人，每一佐领设催领六人，什长每十家一人，满六佐领以上者，设章京一人，十佐领以上者，设二人。计内蒙古哲里木盟四部十旗，设佐领二百六十三人，卓索图盟二部五旗，设佐领二百零三人，锡林果勒盟五部十旗，设佐领一百十三人，乌兰察布盟四部十旗，设佐领五十六人，伊克昭盟一部七旗，设佐领二百七十四人）。旗既为政治组织的单位，又为唯一的自治区域，所以就蒙古而论，旗的地位是很重要的。

内蒙地广人稀，原来游牧的地域，本极辽阔，各部落所占领之土地，不相连接，所以纠纷很少。后来因为内地人民迁于内蒙者日益加多，种植的区域逐渐扩大，荒地的面积因之减少，因内蒙的地理上遂成犬牙交错的情势。为了免除将来的纠纷，所以才分划旗地，这就是旗制成立的初起。在清季以前，不过仅有旗制的雏形，清代以后，才渐次完成其编制。不但如此，当明末时，蒙古种旗〔族〕统一的力量渐衰，旗的趋势日趋于成熟的境地，满清看到了此点，就因时制宜，利用固有的力量，分划众多旗的组织，借以减小其势力。满清对于处理蒙古事宜，起初本来很周到，他不但把内蒙划为众多的旗，并且寓恩偿怀柔之意，于各旗中任命一世袭之扎萨克充任旗长，管理旗务。此后各旗有各旗的界限，就是越界游技狩猎，都完全禁止。这是过去内蒙的情形，很值得我们注意。

（辛〔壬〕）蒙汉两种公理上的弱点

汉、满、蒙、回、藏组织成了中华民国，胡越一家，本不应有畛域的岐〔歧〕视，生出轻鄙的憎恶心理，以致构成民族间互弃互毁的根株，可是事实上汉族人民的大部分，相沿成习，有一种传统的错误观念：轻鄙边民，视同异类，这实在是大错而特错。现在外蒙已经独立，藏番侵扰西陲，东北四省的陷沦，新疆的暴动，在在足以表示我们边疆之多事。当此"共匪"扰乱边疆多事的时候，内蒙要求高度自治的运动，亦随之暴发，我们固然相信政府不肯轻率以弃边民，但是祸变之来，原因复杂，政治固为其主因，而此民族心理的嫉恶，亦为其主要原因之一。盖蒙汉两族，人民杂处，土壤相接，封域鄙视的观念既深，礼俗拘执的约束尤紧，边塞汉人以为蒙人可欺，每每好以小智愚弄蒙民，民族间已少互相〔敬〕互助的诚心，欲其共济危难，实在比登天还难。

当满清时，凡服官蒙古者，即曰〔曰〕吃达子油，由此一点就可以知道向来汉人对于蒙人的观感，大体是轻视而含有恶意的。同时蒙民对于汉族又多存恐佈〔怖〕和怀疑的心理，民族间的隔核〔阂〕，早为多年两民族间的心理养成，纵然没有国际的背景，内蒙的叛变，也是意中之事，况且现在事实上北有赤色宣传的煽惑蛊动，东有日伪的引诱协迫，内蒙虽欲不要求自治，亦不可能。记得孙中山先生说过："对于国内之弱小民族，当扶持之。"而对于蒙古自治问题，欲谋正当解决，无论如何在政府官吏与人民中，应当彻底除袪此种恶劣的心理，然后庶几可以永久解决蒙古的问题。如果一本从来的心理去处理蒙事，就是侥幸将此次自治问题解决，亦难保其将来再不发生，这是处理蒙事的先决问题。

三　内外蒙古的现在

（甲）外蒙的最近情况

外蒙政府在苏俄指挥之下，对于我国人民是异常苛刻，基于这种原因，华商不得不束装返籍，现在华商在外蒙者，仍受其政治力的压迫。但是外蒙的政治，也不是清一色的。约略言之，可分两派：一为外蒙国民党所领导，一为外蒙青年革命党所领导。外蒙国民党的组成分子，大半为旧王公及喇嘛，而青年革命党则由外蒙青年中之智识阶级所组成，两派之背景不同，所以主张是不一样的。国民党的唯一口号，就是："外蒙是外蒙人的外蒙。"他的政治主张，是始终不变的"反俄亲华"，而青年革命党则纯系共产党人所组织，一切的行动，无不受第三国际之指导，且实际上俄国人在青年革命党中，担任工作者甚多，背景的关系，所以他们的主张是"亲俄反华"。因为他们两派的主张，大相反对，所以双方时常在斗争的时期。后来国民党运用其宗教的力量，实行消灭青年革命党的工作，中经几次的武力相见，始引起俄国人的注意，俄国人为了解决双方的纠纷，于是建议召开临时国民会议，会议的结果，青年革命党大遭失败，青年革命党到了这图穷无路的时候，一反过去的行动，转而与各军中之俄顾问及军官勾结，煽惑蒙军叛变，捣乱的结果，国民党领袖丹巴图基尔即行宣告辞职，青〈年〉革命党得了这种千载难逢的机会，于是由该党领袖鉴顿任中央执行委员长。自是以后，外蒙的大权，直接握于青年革命党之手，而间接则整个的受了俄国的支配。青年革命党把握大权尤以为未足，更进而暗杀国民党领袖丹巴图尔基于买卖城，此案发生以后，国民党的势力就逐渐低落，而青年革命党乘此机会尽力培植自己的势力，复加以苏俄的援助与指导，于是势力之澎涨，大有出人意料之外。同时俄国因为青年革命党之势力澎涨，他在外蒙的潜势力，亦随之加大。因俄国势力之着着深入蒙古，而我国在外蒙仅存之商业，更不得不趋于衰落的悲境。辗转相因，青年革命党势力之扩张，适为华商在外蒙不能立足的原因，青年革命党在外蒙的基础，既形稳固，于是进而为内蒙之经营。现在内蒙各地外蒙青年革命党派遣的宣传人员，遍于各地，苟不设法预防，前途实属不堪设想。未审政府当局对于内蒙的这种危机，注意到了没有！

外蒙现在是实行的征兵制度，凡是外蒙的人民，都有服兵役的义务，所以在十七岁以上四十五岁以下的人民，都须服三年的兵役。他的常备军〔费〕共十三万，都直接受外蒙政府军事委员会的指挥，较之以前的蒙军，焕然一新。现在外蒙所用的军械，大半来至〔自〕俄国，精美适用，我们中国的杂色军队，实望尘莫及。复加蒙人生性的勇猛，他的战斗力简直是不可小看，但是这些有用而善战军队，不过是俄国的工具罢了，对于外蒙的本身，平心而论，简直是有弊无利。

外蒙人民的心理，不见得多数愿意亲俄，徒以迫于俄国淫威之下，不得不顺从其意思。至于少数的青年革命党，所以替俄国特别卖力，那不过是卢布的作用，也实在不是心悦诚服。如果我们中国能够修明内政，本着"以平等待我之民族共同奋斗"的主张，放手做去的时候，外蒙的归顺，可以说是毫无疑问。可惜我们太不自振作，以致希望我们的人，变为失望，失望之余，携贰的心理，最易发生。外蒙的独立，我们不能单独责备外蒙或俄国，很应〔应〕反躬自问，检查检察过去的错误，那是目前重要的一点，很值得我们注意。

外蒙的教育，似乎是蒸蒸日上的样子。过去我国政府对于外蒙的教育，也曾经加以相当的注意，外蒙政府因为有了以前的基础，所以他的教育之进步，比较容易的多。现在外蒙的大学、中学以及师范学校，均已见诸事实，其余报章杂〈志〉等项，也日渐加多。事实最为雄辩，我们于此可见外蒙的教育，是渐次进步了。

外蒙的实业，近年虽渐可观，但整个的实业权，完全操于俄国之手，虽然发达也不过是俄国人的幸福罢了。查外蒙近来航空、森林、矿产、毛织、皮革、垦荒等事，俱已先后兴办，外蒙实业的发展，照现在情形观察，更属未可限量。

看了以上外蒙的近况，可以知道外蒙的一切，都是进步的。回顾我国，不特谈不到什么进步，就是维持固有情况，都不可能，反而退步的事，所在皆有。自己不能长进，当然要报来外侮，这就是孟子所谓"国必自伐而后人伐之"的明证。看吧，国内的割据局面，依然如故，有力诸公时时在勾心斗角，偶因权利相冲突，即有内战暴发的危险。国内如此混乱，想谋收复失土，那何异于绿〔缘〕木求鱼呢！所以我们现在惟一的出路，就是"努力自强"。

（乙）内蒙的最近情况

内蒙现在最大的问题，要算是内蒙王公的自治运动了，所以我们在"内蒙的最近情况"这个小题目之下，要首先研究内蒙自治问题。自九月间内蒙少数王公鼓动起高度的自治风潮以后，举国人士咸加以十二分的注意，刻下中央为解决内蒙自治问题起见，特派大员黄绍雄、赵丕廉两氏北上宣慰，但是一直到现在，仍旧没有具体办法。我们为了解内蒙自治问题的内在原因起见，对之似乎应加以详细的申述。

1. 内蒙自治问题发生的远因

过去中央政府之对于蒙古，从来没具体的计划，一切的设施，多采于一二蒙籍要人之意思，所以内蒙的人民，对于中央政令，早嫌其隔靴搔痒；因之，蒙旗向来对于中央政令，不是接而不布，就是布而不行，同时中央对于蒙旗的请求，也只是含糊了事，殊不知这里似理不理的办法，是不能贯彻下去的。我们知道蒙古地处边陲，一切的语言、文字、风俗、习惯、宗教皆与内地不同，多年相沿下来，蒙旗实具有其特殊的情形。中央政府对于这些有特殊情形的区域，很应当特别的注意，无如我们政府当局终日亟亟于私权之争；对于这地处偏僻的内蒙，从不加以注视，所以这次内蒙自治运动的暴发，我们不能不归咎于中央负责诸公。其次南京的蒙藏委员会，谁都知道是专门处理蒙藏事务的机关，蒙古王公驻京代表办事处也不失为接近中央的边务机关；但是实际上这两个机关的人员，大都是按日领薪，无所事事，全对蒙政莫明其妙。他如南京的代表团，北平的代表会，以及中央的蒙籍中委，莫不自称其代表蒙盟民意，究竟这些人是否能够〈代表〉民意，很是一个最大的问题。有了以上这些原因，使的中央与蒙旗的关系，不能不日趋于松弛，内蒙的多数人民，既不满意中央政府与接近中央政府的人；那么，德王等瞒惑蒙民而来做自治的运动，当然容易的多。

在前清时，号称贵族的蒙古王公，因为他们具有特殊的地位，所以年俸很多，蒙人对之犹属奉之惟谨。自从辛亥革命以后，中央政府对于王公的年俸完全取消，可是这些王公久已挥霍成性，不惯贫苦，所以不得不别寻途径，以达其高度之欲望。内地的豪奢，一般王公更是垂涎三尺，中委、司令等荣衔，尤足动其向内之心。可是中央对于蒙人的委任，向取牢笼手段，所以较为活动者，则可著先鞭；后至者一则因中央之不乐多用蒙人，一则因蒙籍人的互相排挤，因为这种关系，后至京之蒙人，不得不废然而返。基于此点，蒙人难免积怨于心，因为他不能得志于中央，于是返而求之漠北，当这时候内蒙王公瞻望外蒙的情形，日本支配下的呼伦贝尔、齐齐哈尔、郭尔罗斯、布特哈等部及哲、卓、昭各盟，与赤俄支配下的外蒙，其王公待遇又无不备极优隆，蒙地免去升科，尤深合多数蒙人的心理，政治认识幼稚的内蒙王公，哪里能经得起这种诱行〔引〕，遂不免心生离贰，这都是内蒙古自治问题发生的远因。

2. 内蒙自治问题发生的近因

蒙籍官员为一己之利益打算，时常是立于互相排挤的地位，已如上述。蒙古代表团驻京办事处处长吴鹤龄，系北京法政专门学校毕业，当他供职于蒙藏院时，东蒙卓索图盟盟长喀喇沁王贡桑额尔布任蒙藏院院长，贡与蒙籍中委白云梯素不相睦，白本为蒙藏院附设蒙藏学校毕业，自参加革命以后，即提出打倒封建余孽的口号；因为这种原因，白氏在原籍的家产，曾数遭查抄，以是贡有指使之嫌。民国十七年北伐时，白云梯氏负有指导蒙古党务的责任，原有蒙藏院遂在"封建余孽"口号之下明令取消，贡因之逃往天津，吴鹤龄当然遂〔随〕之失业。可是吴氏是不甘于落后的，所以"倒日〔白〕拥贡"的工作，就由吴氏发端了。降及民国十八年白云梯氏列籍改组，脱离中央，吴认为是倒白的绝好机会，立去京谒某最高要人，担保蒙古王公不与白一致行动，得邀信任；遂即任蒙藏委员会参事。本来国民政府设立蒙藏委员会，原为设指导蒙藏政治的机关，惟自成立以来，初仅置蒙藏高级闲员，其后渐变为政治上□酬应机关，自石青阳以川人而任蒙委员会委员长，于是登庸者，多川籍、黔籍汉人，蒙人对之表示十二分的不满，去年冬间德王、卓王等十余王公赴京，原意在整理蒙古王公代表团驻京办公处，并有自任处长兼蒙藏委员会委员长的意思，本已得到中央的认可，后因吴鹤龄联合石青阳从中反对，德王的计划，遂告失败。德王乘兴而来，至此不得不败兴而返，返蒙之后，气愤满胸，久欲发作，无如事件重大，遂不能不出之审慎；所以内蒙自治以前之所以没有发动者，不是德王没有举动的意思，实在是心有余力不足的原因。

　　这次内蒙自治问题的发生，我们首先看到的一点，就是内蒙锡林果勒、乌兰察布、伊克昭等三盟联名发出召集平、津及驻各地的王公、委员赴达尔罕王镇〔旗〕贝勒庙举行自治会议的文告，这次文告的大意，是："现蒙古北有赤祸嚣张，东有暴日侵扰，加以中央政府因我远处边陲，其政力之保护难于达到，本盟长为谋地方种族之维护与生存，用特决定九月二十八日在乌兰察布盟达尔罕王镇〔旗〕贝勒庙成立正式大会，除通知前内蒙各盟旗外，特此邀请旅外王公、扎萨克、族众贤达务必一律亲自前往参加，将我频〔濒〕于危亡之蒙古民族，共图挽救，以尽蒙人之责，不胜祈祷之至。"我们看了此项文告的表面，不外"赤祸"与日寇里表为患，交相煎迫，为自卫与图〈存〉起见，所以发起自治的运动，如果此次自治运动的内幕，是如此纯洁的话，实在不成什么问题。考诸事实，德王等于事前的准备，以及兹事件开演的经过，并不如是简单；我们以下把他的经过情形，大概的叙述一下，就可以证明其毫无疑问。

德王自揽政权的野心决定以后，早欲发动，徒以无机可乘，以是不得不暂守沉默。后来班禅到了内蒙以后，德王就以为时机已至，于是在滂江为班禅建庄严伟大之佛寺一座，费洋十余万元，并为班禅筹款训练骑兵卫队千余名。德王对于班禅供俸唯谨的意思，完全是想利用班禅在蒙古的信仰，以便进行他的自治运动。所以德王自南京失意而返，利用班禅，奉为首领，以其名义向各盟旗发号施令，谓班禅为自治倡导的人。班禅对德王平日的优礼，深为感激，所以对于德王的举动，亦不便表示反对，德王既然得到班禅的暗助，于是更进一步从事于军事之布置。自德王受任乌滂警备司令后，一面即训练基本骑兵五百名，一面请准中央〈筹备〉在滂江设中央军校内蒙分校［筹备］，察变当时，其所收容的青年及各盟旗遣送子弟已达七十余名，现在乌滂警备队及军校合并，正在加紧训练中。此外德王为充实其实力，并令各盟旗准备全蒙皆兵，凡有枪者均须受德王的指挥，看了他极力布置军事的一点，就可以知道内蒙自治运动，不是很单纯的了。

去年春间，德王以日人顾问之介绍，率卓王等七人，乘日军飞机飞往长春谒见溥仪，据说那次德王与溥仪所定的是：（一）西蒙宣布独立；（二）东蒙各盟划归德王不归伪国管理；（三）伪国以友邦关系，充分接济德王。返滂江后德王便请示班禅，并召集要员会议，咸以事体重大，应持慎重态度。会议虽无结果，但德王相信内蒙如有政治变动，某国必能帮忙，又外蒙各盟王公亦多与德王通款曲，复可借外蒙王公的力量，取得赤俄的供给，基于此种关系，所以德王敢出于要求高度的自治。

我们叙述内蒙自治问题发生的原因完了，觉得中央与内蒙的联系，确有一加申述的必要。历来政府对边疆持着一定的政策，这种政策的设施，在欲求达到一种特定目的之下，收相当的效果，固属理所当然，可是当此非常的时期，非有非常的手段不为功。当前清时因为政治腐败的原故，对于边务曾稍加整理，表面上虽有理藩部的设立，但不过是一种官套文章而已，实际上权力是达不到藩属的。因为这种关系，边民与中央遂渐次疏远，此为事实，不容我们丝毫怀疑。到了民国成立以后，废理藩部而统属于蒙藏院，然其结果也不过是仅有统治的名义，而无统治的实权，良以民国以来，中央当轴图巩固自身之不暇，哪里顾及边陲政教的设施！北伐成功，国民政府成立，对于蒙人，在政治方面则备高位于中央，请蒙人中有德望、才能的人担任，恩克巴图、克兴额、白云梯诸人的参与全国最高政治机关，就是很显明的例证。宗教方面，政府对于人民信奉的佛教，不特不妨碍信教的自由，并且进而从事于尊崇提倡，中央委员兼考试院院长戴季陶氏诵经于宝华山，班禅喇嘛与章嘉活佛的随处建坛庙，蒙古王公随到内地各省任何一地，均受政府与人民的热烈欢迎，此种事实，凡是蒙人都应当知道。在党务方面，凡蒙古青年具有政治意识愿意加入国民党的分子，也是格外宽许，免去若干的繁杂手续，务使彼等得有参加党内活动的机会。教育方面，中央曾通令国内各公立和私立大学，对于蒙藏籍学生特别通融，予以优待。但是这些都是枝节的小惠，根本上享受政府的殊遇，不过是蒙人中少数的智识分子罢了。所以内蒙自治问题，终于发生。

复次，内蒙与外蒙的关系，亦有略加述明的必要。本来内蒙、外蒙初无轩轾之分，在历史上通称蒙古。自前清末叶，因为蒙古地域辽阔，为便于控制管理起见，始加以划分地域，虽然划分，可是民族是一样的。基于此种关系，所以内〈外〉蒙的关系，异常密切。当民国初年，外蒙曾乘机宣布独立。到了民国四年《中俄恰克图条约》成，才取消了独立的宣告，变为自治的区域。民国十年库伦二次政变，成立所谓外蒙新政府，自是外蒙一切政治大权，均落于俄人掌握之中。而内蒙的形势，随着外蒙的独立，亦愈危急。幸内蒙人民，不乏贤明之士，对末后数次变乱，迄未参与，外蒙对之虽然极力诱惑，内蒙终于未为所动，所以内蒙至今仍得保有。自此以后，内外蒙古的关系，渐已由亲而疏。而在此若干的岁月中，外蒙又无时不欲煽动内蒙脱离中央。外蒙煽惑内蒙的方式，是着重于青年的勾引。外蒙鼓动内蒙青年外向，以图与外蒙合并，内蒙青年一方面感于中国内年来内政的失修，一方面又受宣传的煽惑，现在内蒙青年中倾向外蒙的固大有人在。此种事实政府也很明白，徒以力不从心，无法匡救，不得不听其自然。可是现在的内蒙，已大非昔比，凡是中国的国民，都应当加以十二分的注意，负起解决内蒙自治问题的责任。能如是，内蒙自治问题才不至愈趋扩大，西北边防方有日益稳固的希望。

　　蒙人对于自治的态度如何，其关系于内蒙自治问题的本身，诚非浅鲜。考蒙古人士对于德王此举，主张颇不一致，凡与德王接近的青年与王公，都是唯德王之命是听，这些人的态度，似无论究的价值。一般青〈年〉对于德王此举，大体观察，他们的主张，约有两派：甲派主张如自治确无某国背景，可与合作，不然是不能取一致行动的；乙派主张如在事件背景与作用未明了以前，不愿有任何的表示。所以他们对于自治运动，始终是抱着不闻不问的态度。至于一般蒙民，对于自治，因为他们没有政治意识，所以赞成与否，一惟智识阶级之言论行动是从。或又谓蒙民对于自治确可无条〈件〉赞同，因为他们政治认识幼稚，认为自治就是不受汉人干涉，至于谁来统治、如何自治等问题，他们是不求甚解的。表面观之，这种见解似乎具有相当的理由，可是加以深刻的研究，则不能谓为完全符合事实。良以内蒙民〈众〉既然政治认识幼稚，那么，他对于政治的态度当然是随风所之，一任蒙古智识阶级的行动所左右，今者蒙古的智识阶级，主张不同，是毫无疑问的，事实上蒙民对于自治的态度，还〈能〉谈到一致赞同吗？此外接近中央的蒙籍要人，也分两派：如白云梯、吴鹤龄等，对于德王此举，则表示根本反对，同时白、吴之在蒙古，亦无多大的信仰，所以好像是无关重要的。如鲍悦卿等则主张蒙古自治，应绝对在中央领导之下进行。蒙藏委员会委员长为德王及一般王公所打倒之对象，所以此次北上，石青阳称病不来，珠〔蛛〕丝马迹，都可找寻出来。

我们把有关于内蒙自治问题的各方面，均已大体叙及。其次最重要而亟待决定的，就是补救的方法。中央政府负有统治全国的责任，对于内蒙的自治运动，虽未能防患于未然，但是应当赶快补救于事后。我们以为在消极方面，可以应付目前，可是如果为永久的打算，很需要积极方面从事于建设的工作，如果把内蒙能于最近建设起来，那么，外蒙与东省的主权收回，则具有相当的把握了。现在把我们想到的补救方法，写在下面，用做参考的资料。

1. 注意内蒙教育。蒙古民族的落后，人所共知，教育腐败，民智浅陋，殆为落后民族当然的情形。现在内蒙的人民，所以易于为人鼓动者，就是因为他们教育不普及的原故，所以要想的杜绝蒙古内乱之源，非从普及教育下手不为功。但是普及教育谈何容易哩。我们中国内地普及教育的口号，喊了多少年，一直到了今日，仍旧是文盲很多，由此可以证明普及教育是繁重难举的事实了。因此之故，对于内蒙欲谋普及教育，亦非从多方面着手不可，兹将其亟应注意的几点略述如下：

A. 尊崇宗教　蒙古民族的信奉佛教，由来已旧〔久〕，他们的迷信心理，较内地人民为深，所以对于佛教，不特不应当极力的摧残，为便于治理蒙古起见，并且应当加以尊崇，因时代的变迁，蒙古人民当然可以自觉自悟。考蒙古人对于宗教的信仰，实为其后天禀赋的第一念，佛教的经典，就是蒙古民族先进的文化教育；所以佛教的观念，能深入人心，牢不可破，虽然有时难免有少数智识分子，能别善恶，而脱离宗教的束缚，可是实际上仍然是信教终身居其最大多数；而况宗教对于蒙民，具有悠久的历史，人民对于宗教的信仰颠扑不破呢！所以在短期间内绝无推翻宗教的可能，且宗教之于人民，并没有什么害处，实具有维系人心的性质，多少年来以边远之区，未经政化教导之功，能够自行团结，完全是宗教的力量。如果现在能因势利导，使之就范，又何尝非安内攘外之道呢。所以政治设施之时，尤其是在这自治问题最重之秋，对于宗教实应予尊崇的必要。

B. 改良习俗　宗教的关系，使的蒙古人民不能长足的进步，所有习俗完全在半开化的时期，较之新文化地域，差若霄壤。为发达内蒙的将来，对于内蒙的习俗，应当予以改善，务使蒙古人民与汉人一样地享受一切合理的习惯。至于内蒙的习俗，大多是仍旧拘执固有的成见，日常的一切行为，均视为天经地义；倘然有人或予变更，则指为伤风败俗，这固然是封建思想的流毒，可是环境的驱使，也不无关系。内蒙的习俗当然很多，我们不能一一叙述，现在只就婚姻来说，就可以知道他的大概了。我们中国的婚姻礼制，形同买卖，一直到了今日，就是汉人仍存有聘金为定的恶习，至蒙人的嫁娶，差不多是以财礼为先决条件的，所以贫穷的人，常常不能得正式婚姻，这种习俗如果任其长此存在，对于社会是有损无益的。

〈C.〉学投〔校〕教育的促进 改良习俗，关系固然很大，同时学校教育也应当加以促进。我们知道促进学校的教育，是导化训育的工具，现在蒙民智识的落后，已经成为彰明较著的事实，无须我们讳言，虽然蒙民中也不无学问高深的人物，但不过是凤毛麟角为数很少的。考蒙民智识所以落后的原因，最大的一点，就是蒙民迁移不定，生活流动，生计塞〔蹇〕苦，无力读书。当此科学昌明的时候，凡百设施，莫不以教育为起点，蒙古境内虽于喇嘛寺院及热、察、绥等省内的城市附近地域没〔设〕有少数学校，可是固〔因〕为交通不便学计维艰的原故，蒙人中入学求进者，殊不多见。且在前清时代，清政府禁止汉蒙人民的来往，两族人民相形之下，更见悬殊，所以现在欲谋内蒙教育进步，第一步必须先使蒙人对学校教育有相当认识，方有成功的希望。所以普及教育，第一要义，不外奖励蒙民的问学心理这一途，良以蒙古人民向系闭塞，思想单纯，虚荣心重，所以应由中央及地方政府力为倡导奖勉，厘订奖励办法，多方鼓励，务使促进其好学的心理而后已。他如确定学校数目，教育经经〔费〕独立，都是很重要的。内蒙现在各寺庙内虽有学校的附设，但因经费及师资两感困难，且学生的家境，又是很贫寒的，如果过事多设，结果徒见滥费，实际上不见可有多大的效果。所的〔以〕将来设立学校，应该酌量其需要的程度，而有一种先后的区别，这是为经济打算为蒙民设想的一种两全的办法，愿政府诸公予以注意。

〈2.〉其次我们应当研究的就是内蒙的国际关系。谁都知道日本是本着他的满蒙政策，现在正在积极进行的当中，就是事实的表现，日本对于经营东内蒙，无论如何是不愿放松的。可是内蒙这块地方，苏俄垂涎亦已多日，所以日本对内蒙的侵略，也不能不有所顾忌。数年来日俄的勾心斗角，殆成为内蒙的重要问题，我们政府当局似乎没有注意到这些，但是事实的证明，内蒙危机四伏，已经到了很严重的时期，再不容我们稍加忽视，倘然一如已往的态度，置我蒙古不顾，那么，或者这次自治运动完结已后，在不久的将来，更有较严重的表现很也未可知。

〈3.〉复次，内蒙的实业，是很落后的，现在可兴办的固然〈存〉在〔教育〕，可是限于经济与人力的原故，使的内蒙的实业，不能长足的进步。即以畜牧一项来说，但〔这〕是蒙民生计所赖的惟一事业，但是到了今日，仍然没有相当的进步，加之大局多故的〔和〕兵匪交扰的结果，蒙民的生活大有今不如昔之感。蒙民生计的每况愈下，如果长此以往，那么，蒙古的前途，将更不堪设想，这是一件很重要而急待解决的事。

四　结论

我们提起了蒙古的过去与现在，不禁联想到我国声威远播的时候，如果把下面的表一加参看就可知道我国以前是如何的情形下了。兹列表如后：

地名	位置	面积（方公里）	内附时期
琉球	东海中	一六，八八八	明初
苏禄	南洋群岛中	九，九五三	清乾隆五年
朝鲜	黄海东岸	二六五，二五六	汉唐元明
安南	印度支那半岛	四五一，二一五	历代皆隶版图，五代始列外藩
逻〔暹〕罗	同前	一，○○八，五九九	元代
南掌	同前	五六，四○一	明代
缅甸	同前	四九一，○二八	元代
不丹	喜马拉亚山南	三九，八一三	清乾隆元年
哲孟雄	同前	三三，一七七	清康熙五十九年

地名	位置	面积（方公里）	内附时期
尼泊尔	同前	一〇六，一六八	清乾隆五十七年
乾竺特	印度河北	三〇，八五五	清乾隆二十九年
帕米尔	同前	八九，五七九	清乾隆二十四年
巴达克山	帕米尔高原	一〇二，八五〇	同前
阿富汗	伊兰高原	六一九，〇九四	清乾隆二十七年
布哈尔	西土耳其斯垣〔坦〕	一，〇一八，六一八	清乾隆二十九年
浩罕	同前	三〇五，二三三	清乾隆二十四年
哈萨克	同前	一，〇八一，五八九	清乾隆二十二年
布鲁特	同前	一三二，七一〇	同前

　　总计上述的藩属，再加之直辖的台湾，面积共达五千九百八十余万方公里，面积不算不大，当时如能利用或联络他们，我们中国在世界上毫无疑问的是头等强国邦地位。无奈满清政府昧于世界大势，自夸为东亚的大邦，对于藩属间不注重，坐使强邻越俎代庖，亟渐蚕食进来，诚堪慨叹！总计数十年来的失地有如下表：

领土别	面积（方里）	占领或控制之异族
东京	四〇，五三〇	法国
安南	四五一，二一五	同前
缅甸	四九一，〇二八	英国
尼泊尔	一〇六，一六八	同前
不丹	三九，八一三	同前
朝鲜	二六五，三五六	日本
台湾	一三，九九四	同前
配斯卡道尔	五〇	同前
东三省	三八〇，〇〇〇	同前
热河	六〇，〇〇〇	同前
河北北部	一〇，〇〇〇	同前

续表

领土别	面积（方里）	占领或控制之异族
察哈尔东部	一〇,〇〇〇	同前
外蒙	九〇〇,〇〇〇	苏联保护下
西藏	七〇〇,〇〇〇	英国保护下

我们把上述二表对照一下，就可以知道失地的统计，遗漏很多，可惜我们再找〈不〉到较为详确的统计，不能做一种精密的探讨。但即就此二表对照观察，也很可以知道我国失地的惊人了。如何收复已失的土地，端在于充实国力，愿我同胞共图了。

继续不断的失地，更证明蒙古问题之重要。现在外蒙已完〈全〉在俄国保护之下，而内蒙亦已残缺不全。到了今日部的分〔分的〕内蒙，当〔尚〕提起高度自治的请求，这不能不使我们十二分的注意。日本的引诱，苏俄的"赤化"，在在都是蒙古的隐忧，我们今后如果不自振作，不只已失的土地没有收回的可能，就是残余的局面，也恐怕不能永久维持。所以我们现在假使甘于亡国则已，否则应谋所以自强之道以自救。依目下的情形而论，欲图自救，除铁血抗御外侮、精诚团结而外，别无以自处。

《中国文化建设协会山西分会月刊》
中国文化建设协会山西分会
1935 年 1 卷 4 期
（李红权 整理）

俄蒙军事同盟与外蒙之研究

刘凯斋　撰

一　绪言

吾国近数十年来，内忧外患相迫而至。满洲、蒙古，日俄眈眈〔眈眈〕虎视；西藏、新疆，英俄喘喘垂涎。中央正在努力"剿匪"，而边陲已遭外侮之敲荡。

满蒙同为日俄之逐鹿，但满洲与亡韩相毗连，日本欲囊括之，则易伸其手，蒙古与西伯利亚相接壤，苏俄欲侵略之，则易进兵，是以满蒙同为日俄所觊觎，必有各分杯羹而后已。

日本自以武力威胁沈阳，夺取东北而去，复假"满洲国"为傀儡，以为掩尽世界舆论之耳目，而完成其侵略政策之美梦。但苏俄既同其所好，不独好梦难圆，且受日本武力之驱迫，将其既获之中东铁路之权利，反转售于日本，以为离开满洲之秋波，此苏俄又岂无动于中而别有居心者乎？

外蒙虽为贫瘠之区域，然其土地广阔，前清视为屏藩，民国以后，定为与内地行省同视，实则徒有其名矣。但日本田中义一之政策，则欲将蒙古囊括之，并满蒙为"满蒙帝国"。苏俄侵略远东之政策，亦欲侵略满洲、朝鲜，囊括外蒙，自日俄战后，乃退而从事于外蒙与新疆之北部。故在民国元年，遂有援助外蒙自治独立焉。

外蒙既为日俄同欲占据之目的地，而我国又未遑遐顾。自日本占据满洲以后，国人之目标，均注意于东北；去岁新疆事变，中央曾派员抚慰，但对于外蒙问题，尚少论及。不知二千年来，归附我国之外蒙，现虽名为我国之版图，究竟受日俄侵略，达到如何地步；外蒙内向，抑是外向，国人固不应忽视焉！

昨日报载："大连路透社电：据此间日人所办《满洲日报》云：'外蒙军事领袖德模斯将军，最近与苏俄远东红军司令鲁察将军（嘉伦将军）在赤塔签立军事同盟条约，其内容分七款，最重要者为下列五款：（一）苏俄贷一千万卢布于库伦政府，不取利息；（二）苏俄派飞机二十架，设立赤塔、库伦间之民运航线，每星期来往四次；（三）外蒙积极赤化，不受何种障碍；（四）外蒙彻底仿效苏俄军制，改组外蒙军队；（五）苏俄得自由运军队经外蒙境……'"

阅此消息以后，不无动研究之兴奋。吾人既知日本侵略满蒙之政策，与夫历次蹂躏中国之行动，必先造谣，然后借口施其武力，实不少睹者也。然固不论其为谣言，抑是事实，亦堪为吾人所注目焉。吾人观乎苏俄之侵略远东之政策，与夫拱手转卖中东铁路，竟将既得之权利放弃之，此虽或因欧洲风云之影响而使其然，其与日有无秘密契约在，让苏俄独占外蒙，虽未悉其详，然又不能使吾人无疑焉。

苟外蒙真确与俄订立军事同盟，则今之外蒙，不啻为满洲之续。而昔日为日俄垂涎之满蒙，今则瓜分满蒙各占其一，是则春色平均，两丑分赃，可减少彼此嫉妒与仇视之情绪，只使中国蒙其大害而已。

因此，外蒙既处风雨飘摇之境，究竟外蒙与中国之关系如何，外蒙有无主权与苏俄订立军事同盟，均足资吾人之研究也。

二　外蒙与中国之关系

蒙古为我中华民国五大民族之一，在共和国成立以后，《临时约法》中有明白之规定："中华民国领土，为二十二行省，内外蒙古、西藏、青海。"民国廿三年立法院公布后〔之〕《宪法草案》第四条规定："中华民国之领土，为江苏、浙江、安徽、江西、湖北、湖南、四川、西康、河北、山东、山西、河南、陕西、甘肃、青海、福建、广东、广西、云南、贵州、辽宁、吉林、黑龙江、热河、察哈尔、绥远、宁夏、新疆，及蒙古、西藏所包括之疆域……"由我国《临时约法》及《宪法草案》观之，明白规定蒙古为我国之领土也。于民国十三年五月卅一日，顾外长维钧与苏俄缔定《中俄协定》十五条，在第五条之规定："苏俄政府承认外蒙为完全中华民国之一部分，及尊重该领土内中国之主权……"此为苏联明白承认我国为蒙古之宗主权焉。

盖蒙古为我国之版图，由来久矣。考蒙古与我国发生关系之起源，在我国边塞诸族与汉族活动者，东胡盛于晋末，突厥继兴于隋唐。蒙古为东胡、突厥混合种，其兴起较晚，而兵力独盛，元代则为雄视一世也。然考其在十二世纪之初叶，金人据中国东北部时，蒙人只为金之一部落的服臣。及十二世纪末，成吉思汗（元太祖）崛起于肯特山之阴，整军经武，致力统一蒙古外，复南侵金室，西平辽夏，征服花剌子模，席卷而西，直抵黑海而大败俄军。蒙军之足迹，遂及于黑海北岸，其帝国版图，东起太平洋，西达聂珀尔河（Dnieper）。一二二九年，成吉思汗之子窝阔台（元太宗）继立，南灭金（一二三四年），西征俄（一二三五年），蹂躏波兰，击败匈牙利，前锋直抵意大利，遂跨亚欧二洲，建立有史以来所罕有之大国，称雄一世。逮乎忽必烈（元世祖）之世，南下灭宋，安南、西藏相继臣服，遂定都北平，分其辖境为一帝国、四汗国。帝国号元，四汗国为钦察汗、察合台汗、窝阔台汗及伊儿汗是也。然其建国以降，不过五十年，即囊括欧亚；又阅八十年，其国则纷崩瓦解〔瓦〕矣。西方诸汗国，元末蒙古族有帖木儿者，出于察合台汗，建立帖木儿帝国，国势颇盛一时。及帖木儿卒，诸子争立，遂分裂。钦察汗被俄灭，厥后察合台及伊儿二汗，分裂为诸小部落，十八世纪初，继为俄并。东方之窝阔台汗，则为元朝早灭。元建国八十年，至顺帝，被汉族明太祖所逐，遂远遁漠北。故在中国本部，蒙古族则失其势，重返昔日之面目，以蒙古一隅，为其负隅之地矣。

蒙古族自遁回蒙古后，分裂为鞑靼、卫拉特二部，互相角逐为长，迭有胜败。明朝虽〔遂〕恒利用其弱者以扰强者。初有鞑靼称雄，侵凌中国，又败于明太祖，卫拉特继盛，后四十年，鞑靼又复其势。明宪宗时，鞑部首领巴图蒙克，自立为达延汗，统一诸部，国势富强，分封诸子于内外蒙古，遂为蒙古诸部之祖先。其后历代服属于明朝，虽偶有侵略，不为大患。明末，内蒙古之察哈尔部林丹汗，勇悍有大志，欲统一全蒙古，不幸为清所败，于是蒙古遂服于清。

清分蒙古为旧藩、新藩蒙古，设理藩院为管理蒙藏事务。民国成立，为五族共和，蒙古则为五大民族之一。民十七年，国民政府成立，有蒙藏委员之设，以理蒙藏事务。故蒙古虽清末视为屏藩，民国以后则以民族平等相待也。

三　外蒙与内蒙之划分

蒙古地域广漠无垠，国人对之初未有明确之分野，大都以为长城以北，新疆以东，辽宁、黑龙江以西，俄属西伯利亚以南之一片大地，即蒙古之所在（注：见王勤堉著《蒙古问题》）。然征诸历史，政治上之划分，则因时而异，今之所谓蒙古地域，则迥不与日昔同语也，兹就将其变迁之历史而述之如次。

A. 清初蒙古之划分

据《清通志》所载，分为旧藩蒙古、新藩蒙古。

（一）旧藩蒙古　扎萨克二十五部，五十一旗，东至盛京（今辽宁）、黑龙江界，西至贺兰厄鲁特界，南至长城，北逾绝漠，袤延万余里。清初归附，定为四十九旗，后设二旗，共五十一旗，计为：

科尔沁六旗、扎赖特一旗、都尔伯特一旗、郭尔罗斯二旗、敖汉一旗、奈漫一旗、翁牛特二旗、巴林二旗、扎噜特二旗、喀尔喀左翼一旗、阿鲁科尔沁一旗、克什克腾一旗、土默特二旗、喀拉沁二旗（康熙四十年增设一旗）乌珠穆亲二旗、阿巴噶二旗、霍荞特二旗、苏特尼二旗、阿巴哈那尔二旗、四子部落一旗、喀尔喀右翼一旗、乌喇特三旗、毛明安一旗、鄂尔多斯六旗（雍正九年增设一旗）、归化城土默特二旗（乾隆二十一年增设一旗，二十三年裁）。

八旗游牧察哈尔，东至克什克腾界，西至归化城土默特，南至太仆寺牧厂及山西边界，北至苏尼特及四子部落，袤延千有余里，清初定为八旗。

（二）新藩蒙古　喀尔喀四部八十二旗，东至黑龙〈江〉界，西至阿勒坦山、伊犁东北路界，南至内扎萨克界，北至俄罗斯界，延袤八千余里。康熙二十八年归附，三十年编审旗，分定为后部、东部、西部，共三十七旗。后递增设四十五旗，又设赛因诺颜部等共四部，合八十二旗，计为：

后部，土谢图汗，初辖旗十有七，康熙三十二年至雍正十年，增设二十一旗，寻分廿旗属于赛因诺颜部。乾隆元年以后，设二旗，共二十旗。

东部，车臣汗，初辖旗十有二，康熙三十五年至乾隆二十二年，递增设十一旗，为二十三旗。

西部，扎萨克图汗，初辖旗八，康熙三十三年至乾隆二十二年，递增设九旗，为十有七旗。

赛因诺颜部，雍正十年于土谢图汗部内分辖二十旗，别为一部，乾隆以后，复增二旗，为二十二旗。

蒙古青海〔青海蒙古〕四部，二十九旗。东至甘肃河洲〔州〕界，西至西藏界，南至四川界，北至甘肃界，延袤二千余里。康熙三十六年，归附受封。雍正元年，编审分定为四部，二十八旗。后增设一旗，共四部二十九旗。

厄鲁特部，初廿旗，乾隆十一年增设一旗，喀尔喀部一旗，土尔古特部一旗，回特部三旗。

贺兰山厄鲁特，驻贺兰山湾一旗，又喀尔喀河厄鲁特二旗，达拉尔河厄鲁特一旗，皆康熙三十六年受封。后三迁属赛因诺颜部管辖，其驻牧即在赛因诺颜。

B. 清末蒙古之划分

分为内蒙古、外蒙古，及套西蒙古。在黄河河套以西之地，别为套西蒙古。而内外蒙之划分，则以沙漠为其界限。沙漠以南为内蒙，沙漠以北为外蒙。

（一）内蒙古，包括东四盟（即哲里木盟、卓索图盟、昭乌达盟，及锡林郭勒盟）、西二盟（即乌兰察布盟，及伊克昭盟）、土默特部及察哈尔之八旗，共六盟二十四部四十九旗。

（二）外蒙古（根据民国九年《外蒙镇抚使署组织条例》），包括土谢图汗、车臣汗、三音诺颜汗，及扎萨克图汗四盟，计四盟共八十六旗，及科布多十八旗，及唐努乌梁海所属八部（唐努乌梁海无旗之编制，其区域分四十六佔〔佐〕领）。

雍正年间，内地人民赴蒙古垦荒者日众，又将蒙古地方增设府、厅、州、县，归属直隶（今改为河北省）、山西、奉天（今改为辽宁省）、黑龙江、吉林诸省，是为内属蒙古。

C. 民国时代蒙古之划分

（一）民国成立后之划分　民国成立，五族共和，汉、满、蒙、回、藏之民族，一律平等。汉蒙人民杂居之范围日广，而俄国又常唆使蒙民族为变乱。因此内政、外交两重关系，中国政府将蒙古着手于漠〈南〉北之重行划分，沙漠以北之地，定为外蒙古；将内属蒙古之地，仿照行省制，改设热河、察哈尔、绥远三特别区域，将套西蒙古归甘肃、宁夏护军使管辖。

（二）民国十七年，国民政府成立于南京，将热河、察哈尔、绥远三特别区域，及宁夏护军使辖地，均改为行省。是则所谓内蒙古，已名实不存矣。

今之所谓外蒙，亦即民国廿三年立法院公布《宪法草案》规〈定〉中国领土之蒙古也。故今之外蒙，只有土谢图汗、车臣汗、〔定〕三音诺颜汗及扎萨克图汗四盟，科布多十八旗及唐努乌梁海所属八部之地而已。

四　外蒙之经济状况与汉族在蒙之经济地位

外蒙地域，甚多沙漠。其经济现状，工业尚未发达，农业则还幼稚，实为贫弱之区也。其出产物，以骆驼、马、牛、羊、山羊等为最多，其次为煤矿等。故其输出货物，则有牛肉、羊肉、羊毛、骆驼毛、马尾毛、羊皮、羔皮、牛皮、马皮、乳酪等；其输入为茶砖、面粉、米、麦、烟草、糖酒、布匹、绸缎、呢绒、杂货，及其他用具之类。

日本之满蒙政策，欲并满蒙而后蚕吞中国，所以欲夺外蒙之市场，为实施其侵略之先路。俄国又因地理上之优势，数十年来，苦心经营，亦欲并外蒙、新疆为其侵略中国之途径，又不能视为〔视为不能〕任人染指之禁脔，故外蒙虽为一幅贫瘠之地，然亦为角逐之场也。但外蒙既久入我国版图，近十数〈年〉来，内乱频仍，政府似放弃不顾，而我汉族在蒙之经济地位如何，固不可忽视，外蒙之经济现状，吾人又不可不注意焉。

（甲）外蒙财富之检讨

外蒙之财富，据近苏俄调查之报告，外蒙国民政府之收入，以税务为大宗。库伦之税务司，在民国十三年（一九二四年）时，每日收入，平均达银一万余两，乌里雅苏台、科布多、恰克图等处之税务司，每月收入，亦达万两。即就牲畜一项而论，每年约可收入二百余万两。并其他杂项所收入合计，每年约有一千余万元之收入也（见《东方杂志》二十一卷第四号《外蒙民国》一文）。兹更就其国富之收入，及国民生产方面及消费方面，分别列表以明之。

A. 国富之统计

骆驼、马、牛、羊、山羊，共计值为一三三，〇〇〇，〇〇〇卢布。

衣类、住宅（包含都市建筑物、家具及家财）、劳动用具、佛器佛具，共计值为七〇，〇〇〇，〇〇〇卢布。

寺院（建造物、佛像、佛具及其他）、那依扶煤矿、其他（银货币、贵重品及其他），共计值为四八，〇〇〇，〇〇〇卢布。

以上总计国富为二万五千万卢布。

B. 生产方面之调查

牛、马、骆驼之属，共计值为四，〇〇〇，〇〇〇卢布。

牧畜产物（如肉、乳、皮毛之类），共计值四四二，〇〇〇，〇〇〇卢布。

盐矿、兽猎等，共计值为八，〇〇〇，〇〇〇卢布。

以上总计值七千四百万卢布①。

C. 消费方面之统计

食粮及衣服，共计值为五九五，〇〇〇，〇〇〇卢布。

住宅、家具、家财、劳动用具，共计值一〇，〇〇〇，〇〇〇卢布。

政费——五，〇〇〇，〇〇〇卢布。

以上总计值为七千六百万卢布②。

从生产方面观之，占其国家总数百分之三十；而畜牧方面之生产，又占国民生产总额百分之七十六。准此以较，牧畜实为外蒙之生命活〔源〕泉也。

（乙）汉人在蒙经济状况之一瞥

汉族在蒙古经营工商业之开始，究在何时，征诸历史，已难可考。现在中国在蒙设立之商店，有百年以上之历史者，如库库和屯之大盛魁，是其例也。汉人在〈蒙〉从事工商业，则多在库伦、恰克图之买卖城、乌里雅苏台，及科多布等地方。汉人在蒙从事农业之开始，约在十八世纪初叶，为供给驻兵粮食之故，乃有官农场之设置焉。兹更就俄人调查中国在蒙之工商业，述之如次。

---

① 原文如此，数字有误。——整理者注

② 原文如此，数字有误。——整理者注

A. 中国在蒙之商业地位

汉人在蒙经营商业，历时既久，经验颇丰，营业亦有心得。对于蒙人心理所嗜好，甚能揣测精密，运往之货物，蒙人必趋之若鹜，故容易销流，能获厚利。

汉人在蒙之贸易，归化城明代已为著名之茶马市，而今亦少变。中国汉口之茶砖，专销蒙古、新疆一带。烟草、糖米，均由中国输入，麦粉，由中国输入者占三分之二，由俄输入者占三分之一。酒与布匹，中俄均有之，中国之酒，多出自山西汾阳。

蒙古人之商务，分西帮、京帮。西帮为山西之太原、大同、汾州、河北之天津、宣化，及张家口、多伦之商人共同组织之。康熙年间，势力遍内外蒙，资本雄厚，为西北商务之枢纽。如万利号一家，总号在天津，而分行则在库伦、奇台、归化、宁夏、宣化、顺德、锦州、张家口、包头镇、乌里雅苏台、科布多、恰克图等处。又如公合全、庆和达两家，总行在张家口，分行在北平、上海、恰克图，及俄国莫斯科、乌丁斯克、赤塔、伊尔库次克等处。京帮，专指北平安定门外外馆客商在库伦所设之分号而言。其营业范围，只在库伦一隅五十六家而已（注：见张其均〔昀〕《本国地理》）。复次，据苏俄（一九一九年）在库伦、乌里雅苏台及科布多之调查，中国在蒙较大之商业，约有十一家（较小者不在内，分布于各地者亦不在内），如"大盛魁（库库和屯）、寿生昌、有盛和、长义德、源盛德（均山西）、源生和、统皮皮、永生海、隆昌祥、瑞和公、丰和义、三合义（均北平）"。

B. 汉人在蒙工业之一角

汉人在蒙从事工业者，实不〈在〉少数，其工业与蒙古工业，颇相类似，多以对于牧畜之产物，加以手工，制成日常用品，以供蒙人消费。然汉人在蒙工业之详细情形，难殊〔殊难〕得确实之统计，兹就俄人之调查，述以供参考。民国八年夏，库伦及买卖城二地之中国工场及工人，约如左表：

类别	企业数	工人数
羊毛皮制造业	九〇	一,八〇〇
木作	五〇	一,〇〇〇
制靴业	二五	五〇〇
裁缝业	四〇	三〇〇
锻冶业	五〇	二〇〇
制鞍业	六〇	一四〇
金银细工业（巨装饰品）	四〇	一〇〇
佛像师	四	一〇〇
皮革业	四	四〇
共计	三六三	四,二八〇〔四,一八〇〕

（三〔丙〕）汉人在蒙农业之史略

　　中国在蒙从事农业之开始，大概当溯十八世纪之初叶。其时蒙人已承认中国之主权，我国乃从事于蒙古内地各处要塞（如鄂尔坤、帖斯、拜达哩克、科布多等）之修筑，故中国军队屯驻于此，为供给粮食之计，乃有官有农场之设置，而驻兵所在地之蒙人，亦从事农业矣。雍正七年，图拉及鄂尔坤河畔，大麦、小麦等，收获计二千八百四十袋；八年，计七千五百五十袋；九年，计六千六百五十袋；十年，达一万零六百三十袋。乾隆二十七年，科多布附近布彦岱河畔官有农场之创设，建乎十八世纪之后半期，北蒙之驻军，先后撤退，中国在蒙之农业，遂成废墟。十九世纪中叶，色楞格河之下流，及其支流各地，又开始中国之农垦事业，继而伊罗河等流域中，又有中国农民村落之创设。自是以迄于民国之纪元，中国人在蒙之耕作地，面积达六七万俄亩，北蒙事变既起，中国人之农业，乃受影响，或逃回，或被放，数十年之经营，至此均付诸东流矣。

准是以观，外蒙虽属贫瘠之区，而汉人在蒙之商业，实占重要地位，工业人数，亦复不少。农业虽今略逊，但汉人为蒙之农业开垦之先进，而其进展，又令蒙人从而效之。是故，汉族在外蒙之经济地位，固不能望坐视日俄之角逐夺去，还要保持而发展之。

五　中俄关于外蒙交涉之经过

A. 清代与俄交涉之始末

中国与俄国之邦交关系，溯源甚远。明穆宗（一五六七年）即位，俄皇以文第四（Ivan Ⅳ）遣二使至北京，要求谒见穆宗，并呈递俄皇修邦交之国书，此为俄国使臣来华之开端。当是时也，吾国以自大之气习，存藐视之心，因俄使未带贡物，乃拒绝谒见。万历四十七年（一六一九年），俄皇又派贝德凌氏来北京，要求通好，又不携贡物，遂拒绝不见。自兹以降，明末则无使来华矣。

清初之时，俄人侵略西伯利亚告成，遂继续南侵。哥萨克远征队长伯哈浦氏至库伦，欲偕蒙古酋长车臣汗谒清帝，酋长拒之。后喀巴罗氏承俄皇命，远征黑龙江，破索伦诺〔诸〕部落，再进至巴罗甫喀，而与亚枪部落交锋。中俄间之冲突，从此开始焉！

外蒙与俄属西伯利亚毗连，双方边境之交错，延达三千俄里。一六八二年，清圣祖征服准噶尔，外蒙之喀尔喀三部，遂归附我国之版图。是时，俄国即急不及待要求我国订约，此可见当时苏俄尊重我国之一班〔斑〕矣（注：见《日本评论》六卷四期）。康熙二十八年（一六八九年），俄皇遣费要多罗氏为全权公使，清帝命内阁大臣索额图为公使，会议于尼布楚；同时遣兵一万，为外交之后盾，遂假运粮之名，往尼布楚掩护索额图。其时也，两国整军以待，数议不成，迨索额图拟围攻尼布楚，俄使即承认，遂订《〈尼〉布楚条约》，此为中俄两国缔结条约之开端。《尼布楚条约》，除划定黑龙江与俄之边界外，并规定两国猎户人等，不许越界，及越界捕猎、盗窃者之处分。至通商办法，则无地点之明定。在该约第六条有："和既定，以后一切行旅，有准令往还文票者，许其贸易不禁。"

迨康熙三十二年，俄国复遣使来中国，订立《北京通商条约》（此约准俄商队至北京贸易免税）。至雍正五年（一七二七年），俄后加他邻第一（atherino）时，遣大使拉克青斯奇氏来北京，请再修订商约，及划蒙古与西伯利亚境界，清派郡王策凌等与俄使会议于尼布楚，订立《恰克图条约》十一款，其中第三条规定："中俄两国所定边界，在恰克图河溪之俄国卡伦房屋，在鄂尔怀图山之中国卡伦鄂博之中央地方，建立碑界，作为两国边疆贸易地方。由此东阿至〔至阿〕巴海图，西至沙宾达巴恰〔哈〕，其间如横有山河，即断山河平分为界，阳面属中国，阴面属我〔俄〕国。"此为俄国取得贝加尔湖以南广大土地，且指定以恰克图、尼布楚附近之孜尔额脱，为两国自由通商，复许其在内外蒙贸易，免予纳税之权利。此约缔结后，我国内地商民运茶、烟、绸缎往库伦、恰克图贸易者日众，茶、烟施入俄国者，始源于此，然失地及予俄人通商，此实为我国与俄交涉损失国权之始也。

库伦、恰克图，贸易日盛，乾隆年间（一七六二年），设库伦办事大臣二人，专理边务。一七六四年，俄人渝约私课货税，复因边人互失马匹，高宗遂令封锁恰克图市场。直至乾隆五十七年（一七九二年），办事大臣屡次奏请，始派杜笃、普福等与俄使色勒斐特氏增订《恰克图互市条约》。该约五款：

（一）恰克图互市，于中国初无利益，大皇帝普爱众生，不忍尔小民困苦，又因尔萨那特衙门吁请，爰是允行，若再失和，罔冀开市。

（二）中国与尔国货物，原系两边商人自行定价。尔国商人，应由尔国严加管束，彼此货物交易后，各令不爽约期，即时归结，勿令复欠，致启争端。

（三）今尔国守边官皆恭顺知礼，我游牧官群相称好。若尔从前边守官皆如此，又何至数次失和，以致绝市乎？嗣后尔守边官，当慎选贤能，与我游牧官逊顺相接。

（四）恰克图以西十数卡伦，尔之布哩雅特、哈哩雅特不法，故致有乌呼勒咱等入境劫掠之事，今尔当严加约束，杜其盗窃。

（五）此次通市，一切仍照旧章，已颁行尔萨那特衙门矣。两边人民交涉事件，各就近查验，缉获罪犯，会同边界官员审询明确后，本处属下人，由本处治罪，尔处属下人，由尔处治罪，各行文知照示众。其盗窃之物，或一倍，或几倍罚赔，一切照旧办理。

观此条约，中国当时之态度，可算强硬，国家之威望之大，亦可概见矣。

我国自鸦片战争失败后，天朝上国之威望，已不足以压四夷，而为列强所戳穿矣。一八五八年（咸丰八年），俄乘中国外有英法联军进攻北京，内有洪杨之乱，西伯利亚总督木喇福岳福氏，就乘虚移哥萨克兵侵黑龙江，所提条约甚苛。中国遣使奕山交涉，开会议于爱珲，订立《爱珲条约》，此约从《尼布楚条约》争回之大兴安岭以南之广大区域，全断送于俄。同年四月八日，订立《天津条约》十二款，此为互惠条约之开端。一八六〇年（咸丰十年），英法联军有以洪秀全更易中国皇统之议，俄使伊格那提叶福氏乃乘机调停，清廷命恭亲王会英、法公使，订立北京媾和条约。联军退后，伊格那提业〔叶〕福氏乘我有感谢之情，要求两国共管之乌苏里江以东之地域，让与俄国，遂增订《北京条约》十五款。其主要者，以喀什噶尔为贸易地，准设领事，给予地皮，为建设房屋与坟茔之用（六、八款）。交界各处，许两国人民随便交易，且不纳税（四款）。准俄商于来往恰克图、北平〔京〕间途次，及库伦、张家口间，贩卖零星物，并得在库伦设置领事，给予地皮为建筑房屋及牧畜之用（五款）。俄领阿穆尔省及东海滨省之军政长官，得直接与黑龙江、吉林之将军行文，恰克图之事，则由俄边防长官与恰克图部员直接行文（九款）。此又中国关于外蒙交涉，为丧权失地之一页也。

同治元年（一八六二年），中俄缔结《陆路通商章程》于北平〔京〕。从前曾划定两国边境一百华里为无税区域，因《恰克图条约》成立而受其限制后，此约恢复一百华里为无税区域之贸易状态。同治八年，又改订《陆路通商章程》于北平〔京〕，凡二十二款，其中第一款规定："凡中国所属设官之蒙古各处，及该官所属之各盟，亦惟俄商前往贸易而不纳税。其不设官之蒙古地方，如俄商欲前往贸易，中国亦不加拦阻，惟须有本国之执照。"此又更扩大俄人在蒙自由贸易之区域也。

俄人侵略外蒙，既可得寸进尺，自道光以后，屡次煽动回、蒙人民，捣乱我国边陲。咸丰元年，新疆回教之乱，俄与伊犁将军奕山订立条约，俄从此得在伊犁与塔尔巴哈台贸易之权利。同治十年，竟乘新疆回子作乱，俄借守御为名，派兵占伊黎〔犁〕，直至光绪五年（一八七九年），清廷派吏部侍郎崇厚出使俄国，收回伊犁，竟受俄人愚弄，订立《伊犁条约》，凡十八条，不独不见收回伊犁之利益，反失地更多，及赔偿俄国五百万卢布。至关于丧失蒙古之权利者，其中有两条："除喀什噶尔及库伦两地已照前所立和约，俄国立有领事外，今议定在嘉峪关、科布多、哈密、吐耳〔鲁〕藩、乌鲁木齐、库库〔车〕各地，各再立领事。"（第十条）。"蒙古天山南路、天山北路等地方，俄商来往，无庸付税。"

（第十二条）此为崇厚不明地理形势而丧权失地之条约也。一八八一年，曾纪泽与俄外务大臣交涉订立《伊犁条约》，其结果虽赔款较前为多，然取回特克斯河流之地，未尝无功也。惜同时所改订《陆路通商章程》，俄人在蒙经商免税范围更广矣。及宣统三年（一九一一年），《中俄通商条约》期满，俄又提出要求，向我外部提出通告，一面进兵伊犁，限于二月廿八日答复。当时我国因受其威胁，完全承认。其内容分六款，我领事裁判权之丧失，在此可见。至关于蒙古者，在第六条中有："俄国于伊犁、塔尔巴哈台、库伦、乌里雅苏台、喀什噶尔、乌鲁木齐、科布多、哈密、古城、张家口等处，有设领事馆之权，俄国人民对于是等地，有购置土地、建筑房屋之权。"

由是观之，苏俄自大彼得以后，侵略我国之心，无稍弛懈，有得寸进尺之企图，似不并外蒙不可止遏之势，诚为不可掩之事实。其始也，只是图经济之侵迫，继则政治威胁，军事压迫，不仅为经济、政治之侵略，有欲占据地域之企图。晚清当轴，对于边陲羁縻之策，已失其效能，又因外交人员之蒙昧，遂使俄国有侵略外蒙之机会。且不费兵卒，仅以外交手段已夺去外蒙、新疆、满洲之一部分地域及其他权利，讵非我国外交人员之咎乎。

B. 民国成立后与俄交涉之概略

日俄自第一次密约签订后，两丑分赃既定，分驱并进，一为欲夺满洲之利益，一为欲占外蒙之权利，故外蒙受俄国之侵略，已渐逼迫。更自日俄第二次密约签订后，苏俄实施侵略外蒙之进行，愈形放肆，有欲囊括外蒙，以为侵略我国西北之途径。

苏俄觊觎外蒙之心既切，清廷又莫能防范于未然，清廷之对于外蒙之处置，只有羁縻之策，使蒙民与汉族几相隔绝矣。而晚清蒙大臣，既贪墨，抚驭无方，久失民心，蒙情日涣；复因西藏达

赖喇嘛阴附英人，被革查拿，而使库伦哲布尊丹巴以降，莫不栗
栗疑惧，频生兔死狐悲之感，而阴谋所以反抗之力。更自三任
〔多〕接任库伦大臣未久，举办新政，劳民负担日加，于是使蒙人
反感，有向俄之心理。俄人乃暗怂外蒙借会盟为名，密议独立，
外蒙四汗，遂派杭达多尔济等秘密赴俄京，诸〔请〕兵援助独立。
驻北京俄使，于宣统三年七月五日，向北京政府提出抗议，借词
于蒙古反对新政，请俄出兵救援，并谓："查库伦与本国（俄国）
边境接〔接〕近，中国应念中俄睦谊，将上项新政即日停办，否
则，俄国不能漠视……"三多接北京电，派人见哲布尊，要求电
止俄兵，立召杭达多尔济回库。哲布尊应允三多之条件，但要求
各项新政一律停止，并免治赴俄诸人之罪，清廷允其请求。

　　三多与外蒙磋商之条件虽定，但俄人侵略之野心不息，俄国派
马步队八百余名抵库，三多虽严诘哲布尊，并得其允诺电俄阻止
续派军队，但自恰克图来库之俄兵，终未停止，杭达多尔济亦未
回库。及武昌起义之消息传至，外蒙不安之状况，较前尤甚。清
廷准许三多之奏请，裁撤蒙人反对最力之兵备处。不久，蒙人受
俄人之唆弄，逐三多，满洲官员同时尽被逐。三多回国，奉旨革
职，听條〔候〕查办；数日后，清廷命塔尔巴哈台赞参〔参赞〕
大臣桂芬于未到任以前，先行驰往库伦查办。但桂芬因驻北京俄
使劝阻，终未果行。

　　蒙古于一九一一年十一月宣布独立，俄国除在库伦阴助蒙古政
府外，并向中国政府交涉。俄使于同年十一月十二日复照会我外
部，要求五款：（一）中国政府应允俄国有建造自库伦至俄境之铁
道权；（二）中国应与蒙古订约，言明中国不在外蒙驻兵，不在外
蒙殖民，并不干涉外蒙之内政；（三）俄国承认中国在外蒙之主
权；（四）俄国应允饬令驻蒙俄领，协助担保蒙人遵守对于中国应
尽之义务；（五）中国如拟在蒙有所兴革，应先得俄政府之同意。

一九一二年六月，复向中国政府提出三款，以为中俄协商蒙古事宜之根据。其内容：（一）中国不得向外蒙驻兵；（二）中国不得外蒙移民；（三）外蒙如取消独立，内政应由蒙人自治。当俄国提出上述之要求时，中国内乱方亟，无暇顾及外蒙。阁议以为外蒙系中国领土，不能任俄人干涉，中国宜先平定西藏及东西蒙各处，以免此时与俄国商洽，反引起国人反对，故对于俄国之提议，置之不理，不与俄人交涉。

一九一二年十一月三日，苏俄在库伦签订《俄蒙协约》，同年签订《俄蒙商务专条》、《开矿条约》、《铁道条约》、《电线条约》。当《俄蒙协约》未订前，我国政府曾密嘱章嘉、丹珠两呼图克图及喇嘛沁王等致电库伦劝阻，并向驻北京俄使提出抗议，同时电驻俄公使刘境人向俄政府正式声明蒙古为中国领土，无与他国订约之权，无论俄蒙订立何项条约，中国政府概不承认。旋经俄使至我外部，面交《俄蒙协约》条文，我外部复严词驳拒。迨陆征祥继外长时，始于十一月三十日与俄使在北京谈判，首先主张取消蒙约，俄使不允，另行提出条四款，较宣统三年十一日〔月〕提出之五款尤苛；后迭次协商，互提条款，历半年之久，会议至三十次之多，于翌年五月二十日，始克议定条文六款。其条文内容，中俄两国为免除蒙古现在所能发生之误会起见，协定条款如下：（一）俄国亦〔承〕认蒙古为中国领土完全之一部，兹特担任于此领土关系之继续，不谋间断，又此领土关系上，生出之中国历来所有种种权利，俄国并担任尊重；（二）中国担任不更动外蒙古历来所有之地方自治制度，并因外蒙古之蒙古人在其境内有防御及维持治安之责，故许其有组织军备及警察之专有权，并许其有拒绝蒙古籍人在其他境内移民之权；（三）俄国一方面担任，除领事卫队外，不派兵至外蒙古，并担任不将外蒙古之土地举办殖民，又除条约所许之领事外，不在彼设置他项官员代表俄国；

（四）中国愿用和平方法，施用其权于外蒙古，兹声明听由俄国调处；照上列各条之本旨，定立中国对外蒙古办法大纲，并使该处之中央长官，自认有中国所属部内向有之地方官吏性质；（五）中国政府因重视俄国政府之调处，故允在外蒙古地方将下开之商务利益，给予俄民（依照一九一二年十一月三日，俄蒙两方签订之《商务事〔专〕条》）；（六）以后俄国如与外蒙古官吏协定关于该处制度之国际条件，必须经中俄两国直接商议，并经中国政府之许可，方得有效。上述六款，中国政府国务会议于五月二十六日可决，众议院于七月八日可决，而参议院于十一日否决，此协定遂不能签订。

上述六款既经我国参议院否决，俄国借词于十二日照令〔会〕北京政府，推翻前议，而另提四款，比上述六款，更形苛求，中俄经数月之反覆磋商，议又未成。孙宝琦继外长，欲速将蒙事解决，要求俄使商议，就原议六款协商，俄不允，终另提条款，两方会议凡十次，始议定《声明文件》五款，附四款。只由中华民国大总统批准，不经国会同意，于五日中俄会同签押。声明之条款如次：（一）俄国承认中国在外蒙古之宗主权；（二）中国承认外蒙之自治权；（三）中国……不将军队派驻外蒙古，及安置文武官员，且不办殖民之举……俄国……不于外蒙古驻扎兵队……不在该境有殖民之举……；（四）中国声明，承受俄国调处，按照以上各款大纲，以一九一二年十一月三日《俄蒙商务专条》，明定中国与外蒙之关系；（五）凡关于俄国及中国在外蒙古之利益，暨各该处因现势发生之问题〈，均应另行商订。〉其附款：（一）俄国承认外蒙古土地为中国领土之一部分；（二）凡关于外蒙政治、土地交涉事宜，中国政府允与俄国政府协商，外蒙古亦得参与其事；（三）正文第五款所载随后商订事宜，当由三方面酌〈定〉地点，派委代表接洽；（四）外蒙古自治区域，应以前清驻扎库伦办事大臣、乌里雅苏台将军，及科布多参赞大臣所管辖之境为限，确定蒙古疆域，及科布乌〔多〕、阿尔泰划界之处，应按照《声明文件》第五款所载，日后商订。

中俄立订《声明文件》后，俄国虽承认中国在外蒙之宗主权，中国承认外蒙之自治权；然而《俄蒙商务专条》，亦因此成立矣。根据《中俄声明文件》而产生者，又有《中俄蒙协约》。一九一四年中、俄、蒙代表开会于恰克图，对于交界问题、名义问题，均有不少辩论，先后开会至四十八次。及民国五年（一九一五年，蒙古共戴五年）六月七日，正式签订《中俄蒙协约》二十二条，约中委〔要〕旨：中国承认蒙古有自治权；俄国承认中国在蒙古有宗主权；蒙古亦承认中国有宗主权；外蒙政治之条约，俄承认中国有缔约权；经济上之条约，则蒙古有自由与外国订立之权；俄国在蒙有领事裁判权，中国在蒙有监视外蒙自治官府之权，中俄入蒙之货物，均不得征收关税；凡外蒙政治问题，中国须与俄国商酌办理。

外蒙民国八年十月取消独立后，及民国十年（一九二一年），蒙古革命，又宣言独立。俄政府首先承认之，互派全权代表，于是年十一月缔结《俄蒙修好条约》于莫斯科后，则苏俄政府实已明白承认蒙古之为独立国矣，于是派驻蒙代表焉。一九二二年，俄国越飞氏以〈劳〉农俄罗斯及远东共和国全权代表之资格东来交涉，一面与日本开会于长春，一面其〔与〕顾外长维钧正式接洽，卒因俄与外蒙代表在莫斯科订立《俄蒙密约》，越飞氏遂受吾国通电反对，故会议不成。迨民国十三年（一九二四年），王正廷与俄使加拉罕，再三磋商，卒以苏俄对于外蒙之权利不肯放弃，而告中辍。及顾维钧氏继外长，运用其敏捷之手腕，卒于五月三十一日，缔定《中俄协定》十五条。其中第五条规定苏联政府承认外蒙为完全中华民国之一部分，及尊重该领土内中国之主权。

苏联政府政声明："一俟有关撤退苏联政府驻外蒙军队之问题，即撤兵期限及彼此边界安宁办法，在本协定第二条所定会议中商定，则将苏联一切军队，由外蒙尽数撤退。"是则苏联又明白取消蒙古独立之承认矣。

综上以观，民国成立后与俄关于外蒙之外交，简直是一页失败史。其中原因，一方面固因苏俄侵略行动之迫逼，而民国十余年来，政治未上轨道，内讧不息，纵有外交手腕以应付，但无力为后盾以之声援，苏俄则视外蒙为囊中物，从经济之侵略扩大，以致政治上、军事上，甚而以外交之手腕而欲使外蒙为其附庸也。我国顾外长以灵敏之手腕而得回"宗主权"，现虽徒有〔虚〕名，要亦为开往继来有可进之路也。

六　俄蒙缔结条约之内容

苏俄侵略满蒙之政策，已被日俄之战，受日本之胁迫，一易其方向。日本虽居战胜者之地位，然见苏俄之强大，未敢轻视，遂有图两国合作以侵略中国之行动。一九〇七年，日俄两国在圣被〔彼〕得堡签订第一次协约，以"巩固两国间和平及邻好之关系"，并"免除两帝国关系上一切误解之原因"，复签订一密约，规定两国在东三省及朝鲜之利益，及"日本承认俄国在外蒙古之特殊利益，担任禁止足以妨害此种利益之而〔任〕何干涉"。一九一〇年，复签第二次协约，以"维持一九〇七……所订协定所合之主义"。第二次密约，以"巩固及增进任〔一〕九〇七年之所签密约之性质"。因此，俄之侵略外蒙，从此放肆无所己〔忌〕惮矣。

由是，俄之侵略行动，是明目张胆，每次侵略外蒙，不独阴助蒙民之捣乱，唆弄蒙民脱离母邦，且直接向中国抗议。此可见俄国野心之一斑矣。故外蒙在清末时期，驻蒙大臣贪污，竟使蒙民不满，故有反抗之谋；复因新政设施，重蒙民负担，而有使蒙民反抗之进行。然其反抗之背景，实为俄国所唆弄与帮助也。我国自承认其六项要求后，俄国又还未为满足，竟欲得寸进尺，助送蒙古军费，诱惑库伦活佛脱离中国。吾国方此时期，正是武昌起义，俄又向我提出俄国在库伦筑铁道，以及中国不得在外蒙驻兵、殖民，与许可外蒙自治主权之要求，清廷忙于对内，未遑遐顾，置之不理。民国成立之初，百端待理，亦不置顾。俄见中国不覆，竟于民国元年（一九一二年）十一月三日，未经中国同意，直接与库伦政府订立《俄蒙协约》，同时有《俄蒙商务专条》、《开矿条约》；民国三年有《铁路条约》、《电线条约》；民国十年，又有《俄蒙修好条约》；民国十一年，又有《俄蒙密约》。兹就俄蒙所订条约，分列如次。

A.《俄蒙协约》

该约重要内容：（一）俄国扶助蒙古保守现存之自治秩序，拒绝华军入驻蒙境与华民之移殖；（二）他国人民，不得在蒙享受比俄人更优之权利；（三）蒙以后须与他国订约时，有违反本约各条之规定者，非经俄国同意者，无论如何，不生效力；（四）俄国人民运货出入口，免纳出入口税，自由贸易，各项税捐，一律豁免；（五）俄国银行，有在外蒙设立分行之权；（六）俄国有在外蒙设立邮政之权；（七）俄国人有在外蒙租购土地、建造房屋，以经营商业及开垦空地之权；（八）俄人有与外蒙地方官协商，享受关于矿产、森林、渔业及其他事项之权。

B.《俄蒙商务专条》

《商务专条》与《俄蒙协约》同日签订。其内容如次：（一）俄国在蒙自由居住、行动，及经理商务、制作其他各事之权；（二）俄国在蒙有自由贸易之权；（三）俄国在蒙有设立银行之权；（四）俄国在蒙有房屋、地产所有权；（五）俄国可与蒙古政府协商，享用矿产、森林、渔业等；（七）① 凡有俄国领事及有关俄国商务之处，均可由俄国领事与蒙协商，设立贸易券〔圈〕；（八）俄国得在蒙古兴办邮政，设立邮站时，蒙古须指拨需用之房屋；（九）自蒙古流至俄境之各河，俄国有航行之权。

C. 《开矿条约》

《开矿条约》，一九一二年十二月，蒙古与俄国签订之。其规定之内容："蒙古允许俄国自由开采外蒙境内之矿产，矿务公司，设于三音诺颜部分，公司不限地点，公司资本，由俄官商筹集，蒙古亦得加入五分之二，但他国人则不得加入资本。并规定俄国自获得采矿证书后，无论何时，不失其效力。"

D. 《铁道条约》

《铁道条约》于一九一四年九月订立："蒙古承认俄国在其领土内，永远有铁道建筑权，铁道路线及将来之铁道计划，定由俄国政府与库伦政府协同议定。此后库伦政府即欲自行建筑铁路，亦必先询咨俄国，得其承认。"

E. 《电线条约》

《电线条约》，于一九一四年九月订立，其规定如次："俄国得经俄国伊尔库〈次〉克省之孟达至乌尔〔里〕雅苏台间有〔之〕电线架设权，全线所需之土地，由蒙古政府指定，租与俄国。同时，并限制蒙古政府，不得建设竞争线，或以其权利让于他人。

---

① 原文如此，无"（六）"项。——整理者注

至其他各地方之架设电线，俄国亦占优先权。"

F. 《俄蒙修好条约》

该契之订立，民国十年（一九二一年）蒙古革命，第二次宣言独立后，苏俄政府不旋踵即予以承认，且派遣全权代表于是年十一月，缔结《俄蒙修好条约》于莫斯科。此约要旨，约如下述：（一）苏俄承认蒙古国民政府为蒙古之唯一合法政府；（二）蒙古承认苏俄为俄国之唯一合法政府；（三）两协约国负有左列之义务：1. 两缔约国无论何方之领土内，不许有"以反抗他方或颠覆其政府为目的之团体及个人"之存在，同时，不许"以与他方战争为目的之军队"在自国国民内动员或募集义勇兵；2. 不许输入武器，或促〔使〕其领土内通过于"与缔约国直接、间接为战斗行为之团体"；（四）苏俄派全权代表驻蒙古首都，派领事驻科布多、乌里雅苏台、恰克图，及其他之都市；（五）蒙古派全权代表驻苏俄首都，派领事于与苏俄政府协定之俄境各地方；（六）俄蒙间国境，由两国间特定之委员会定之；（七）各缔约国居民，居留于缔约国地方领土内，享有最惠国国民之权利与义务；（八）各缔约国之司法权，无论关于民事或刑事，在其领土内，适用于缔约国他一方之国民，但不适用体刑；（九）两国间输出或输入之贸易，须纳法定之关税，但关税率不得超过"由其他最惠国国民所征之关税"；（十）苏俄政府无偿的以存在蒙古境内之电信及电信装置，让与蒙古政府；（十一）特行协定俄蒙间邮电之交换，及经由蒙古电信问题之解决；（十二）蒙古国民政府，对于在蒙古境内所有土地及建筑物，宜负担征纳法定租税及赁货费之义务。

G. 《俄蒙密约》

民国十一年（一九二二年），苏俄派越飞氏以劳农俄罗斯及远东共和国两全权代表之资格，东来与日本及中国交涉，极尽其纵横捭阖之能事，表面与我国言通好，一方面则与外蒙秘密订立条约。此约之订立，将外蒙之宗主权夺去，而与外蒙合御中国之规定。兹就其内容之大要述之如次：（一）外蒙当局须宣告一切森林、矿产及土地，以后均归国有，凡无人占有之土地，均给蒙古贫民及苏俄农民住居、耕种；（二）外蒙天然富源，禁止私有，一切矿区，许苏俄实业家雇用蒙人开采；（三）全蒙矿业，归苏俄工团及工会承办；（四）外蒙贵族享有之土地权，当即废止，而代以苏维埃自由交易财产制度；（五）外蒙须聘请苏俄富原〔源〕家，有〔开〕发宁〔富〕源，振兴工商业；（六）外蒙须请苏俄工会，参与创设劳工制度事宜，以便得完全保护工人；（七）外蒙政府须聘苏俄之各专家为顾问，以资指导；（八）外蒙政府一切职权，均归人民政府之行政部施行，先设立一革命委员会及军事委员会，再召集会议，以便制宪；（九）苏俄军队得驻扎于外蒙，协助蒙人保全领土，以御中国；（十）活佛及蒙古王公之头衔，一律废除，而以活佛为革命委员会委员长。

除以上所述外，蒙古与俄国有关于缔结条约者，一九一五年之《中俄蒙协约》，在前已述之，无庸再赘。但是，吾人自外蒙与俄国所订立条约而研究之，《俄蒙协约》，为明白规定蒙古为俄国之属臣矣，我中国岂有主权之存在乎？《商务专条》，简直给与俄国独占其市场、电线、铁路条约，又为最优之特权，此不特系商业之繁荣，亦军事上之重要也，我国又岂可坐视无睹耶？更就《俄蒙修好条约》而论，俄国则明白承认蒙古独立，《俄蒙密约》，则有军事同盟，俄有驻扎军队之权利，此皆使其与脱离〔脱离与〕我国之关系矣。虽则《中俄蒙协约》、《中俄协定》，均承认中国宗主权，吾人又应努力以保存之也。今有军事同盟之缔结，实俄之侵蒙更进一步矣。

七 蒙〔俄〕蒙军事同盟之批判

吾人既知苏俄"远东政策"之动向，侵略我外蒙之企图，日俄因避免互相嫉妒，而共分满蒙之野心。现在，日本既在"九一八"之役而占〔有〕踞满洲，东蒙又〈有〉其势力之逐渐扩张。然苏俄数十年来，对于满蒙侵略之行动，最近受一大打击，就是将既得之中东铁路，已被日本之威胁而让与之，从此苏俄在北满已无立足之地。俄之对外蒙，为其为〔唯〕一之侵略后路，岂能坐视无睹耶？日俄之传统一贯思想，均以分赃满蒙为目的，亦为其两国避免冲突之手段。日本既遂其〔其〕所愿，虽野心未息，然为和缓苏俄与日本之正面冲突，让苏俄单独侵略外蒙，亦必然之趋势也。

苏俄之侵略外蒙之历史，既如前述。其始也，因划国界，已夺去满蒙一部分之疆域。继而要求无税区域之贸易，自由通商，侵害主权之领事裁判权，在清代已经获得。民国以后，竟唆弄蒙人独立，寝〔浸〕且而签订《俄〈蒙〉协约》，欲置外蒙为其臣属之国，从而铁道建筑权利、电线架设权利、矿产开采权利，均与外蒙签订条约而夺取之。迨民国十年，更进而签订《俄蒙修好条约》，为明白承认外蒙为合法政府；民十一年，则订《俄蒙密约》，准俄驻兵，其囊括外蒙之梦，已登床上矣。虽民国十三年，有《中俄协定》，承认中国在外蒙之宗主权，但同时使中国军队不能入外蒙，是所谓宗主权，徒有虚名而已。

此次俄蒙军事同盟签订之消息，基于日本历次造谣而施其侵略之点言之，今竟发见于《满洲日报》，而吾国舆论，又毫无置喙，大概似属谣传，吾人无足重视。但自苏俄历史上侵略外蒙之政策、侵略之行动观之，吾人又以值得研究者。征诸《俄蒙修好条约》，及《俄蒙密约》，则军事同盟，又为前后一贯之侵略行为，就在《俄蒙军事同盟条约》内容有："苏俄派飞机二十架，设立赤塔、库伦间之民运航线；外蒙积极赤化，不受何种障碍；外蒙彻底仿效苏俄军制，欧〔改〕组外蒙军队；苏俄得自由运军队经过外蒙境……"夫如是，已比《俄蒙协约》、《修好条约》、《欧〔密〕约》，更其奢求矣。盖《俄蒙协约》，在政治方面，只有俄国扶助蒙古保守现存之自治秩序，在军事方面，则拒华军入境；而今之《军事同盟条约》，则其领土，已任苏俄军队之经过，领空，虽则以民航为名而派飞机二十架到蒙，实则平时为民航，在战时则为军用，若是，则外蒙之领土、领空，尽归苏俄支配之，我国所谓宗主权，究何存在耶？按之民国十三年《中俄协定》之第五条："承认外蒙为完全中国领土之一部分，尊重中国主权。"是则俄国既承认中国外蒙之主权，当然不能与外蒙直接订立《军事同盟条约》也。即就《中俄蒙协约》之规定："经济上之条约，则蒙古有自由与外国订立之权……凡外蒙政治问题，中国须与俄国商酌办理。"是则对于外蒙政治问题，尚须中俄商〈酌〉；而今之军事问题，俄又岂能单独与蒙订立？

苟《俄蒙军事同盟条约》成立，我国在蒙之领土宗主权丧失，已如上述。但外蒙既为清代之屏藩，足以障西北之边防，今之视为平等民族，应共同团结，方足御外侮；故外蒙虽为边疆贫瘠之地域，然唇齿相依，唇既寒，齿亦亡，若外蒙既亡，西北各省又易受侵迫之患矣。况乎该约之规定，外蒙实行"赤化"，若"赤化"完成，则于吾国影响，更栗栗其危矣。

综上以观，《俄蒙军〈事〉同盟条约》之签订，征诸我国舆论之酣默，似若无其事；考诸历史，以理推之，则又不能否认其无也，果有之，不啻外蒙已亡于苏外〔俄〕矣。在法律上言，纵苏俄与外蒙订立军事同盟，对于中国，实有违背条约之义务，我国政府当根据条约力争之，庶乎尽爱民守土之责也。

廿四、五、十日

《法声周刊》

广州国广法学院学生自治会

1935 年 1 卷 5、6 期

（李红权　整理）

献给蒙政会诸当道

裕民 撰

内蒙地方自治政务委员会，自本《建国大纲》第四条——对于国民〔内〕之弱小民族，政府当扶植之，使之能自决自治——于国民政府领导之下成立以来一年于兹矣！治蒙应采之方针，想为蒙政会诸当道，苦心积虑之问题；吾人以为除应依中央改革蒙政之方案：（一）已设置省县制地方，其行政区域应不变动；（二）除军事、外交、及其他国家行政，由中央政府办理外，其余各盟旗之行政，统由蒙政会负责办理，且须受中央指导与监督；（三）内蒙地方自治政务委员会，应积极办理各项事宜；（四）内蒙地方自治政务委员会，于不抵触国家法令范围内，得制定地方单行法规，并发布命令；（五）内蒙地方自治政务委员会，应设蒙古代表会议，为蒙人之民意机关，每年定期结〔集〕会一次等——确实办理外，并应积极以下列各项为鹄的，努力迈进，则内蒙前途，庶其有豸：

（一）内蒙地方自治政务委员会，应基于民族自决之精神，本先总理遗训，精诚团结全蒙人士，促进内蒙自治之进展，并须绝对受中央指导与监督。

诚以既实行自治矣，少数人之精力，自难推动自治之活动，故于可能范围内，当化除诚〔成〕见，精诚团结，同舟共济，以求内蒙前途之光荣进展；尤以自治伊始，诸待擘划，设施建设，均须襄赞，故一切事宜，自须绝对受中央之指导与监督。

（二）内蒙地方自治政务委员会，应依事业之性质，与被聘任者之能力，任用官吏；力矫以党派的利益，私人的门径，滥委官吏之弊窦。

年来吾中华频遭恶运，不能自拔，国势累卵，危在旦夕，昔谓为次殖民地，今则并次殖民地地位而不如，推源探本，穷根穷极，自有其内在的原因，然不顾事业之性质、任事者之能力、滥用私人，亦其主因之一；譬如内地各省学农者，可以亲民长县，习工者可以折冲外交，甚至目不识丁者，只要有党派的引进，裙带的连锁，亦能居立要津，运筹大计；驯致国际地位日蹙、人民生计日穷；当兹蒙政发轫之时，吾人深望取鉴内地的前车，勿蹈入滥用官吏之覆辙。

（三）内蒙地方政务委员会，应以谋全蒙人民之福利为第一要务，力矫为少数特殊地位者牺牲大多数人民福利，致成畸形发展。

际此二十世纪民权极度澎湃之时，凡一国政党之抓其国之政权也，或欲与异党竞选也，必标榜其党之政治主张如何，如何为全民众谋利益，凡能为全民众谋福者，定能日益发展。中国之所以若是其萎拙者，亦类因不能为民众谋福利所致，一些特殊阶级，坐拥巨资，随意享受，一般平民死填沟域〔壑〕、生不充饥，吾人深望蒙政会洞察时势，为全蒙民众谋福利，勿为少数特殊地位者所御用。

（四）内蒙地方自治政务委员会，应予一切蒙民以平等的权利，并使其尽平等的义务；因之，一切不事生产者，均应予以消除。

人民享受与负担的不均等，早为一般学者斥为谬论，即就世界各国说，一国人民享受与负担不均等的，也恐怕凤毛麟角了！何况实行自治的内蒙，当然要绝对使人民享受和负担平等，以利人民，而符潮流。至于一些不事生产者，对国民经济，既多损害；对其自身，亦以求取之便利，不劳而获，养成怠骄之心；寻见彼等将益暴横，而人民亦益受其鱼肉矣！基于此，吾人主张蒙政会应予以消除，使其渐跻于独立之地位。

（五）内蒙地方自治政务委员会，应限制各旗官吏或劣绅人等剥削蒙民，及实行废除奴隶制度。

蒙古盟旗地方，旧习锢弊，积重难返，有爵位职分阶级，夙视平民为优越，而人品不齐，凡身为官吏或曾为官吏之人，妄自尊大，以凌轹平民以及其所谓奴隶阶级，揆之今世人道平等之旨趣，大相剌谬，亟应由蒙政会严格限制取缔，绝对禁止富绅人等抑虐平民，及切实推促奴隶制度废除之实行，以昭人道而期平等。

（六）内蒙地方自治政务委员会，应将一切社会化事业，立即予以兴办；且应创设大规模之慈善设备，并应规定每旗至少之小学数目，中学、师范及其他之专门学校亦应次第予以成立。

一切社会化事业，规模自较庞大，决非人民所能举办者，经济基础简单之蒙民，自更难以举办；故蒙政会应筹得相当款项，赶速举办，诚以该项事业，殊能为民众利为国家福也！至慈善设备，如婴儿院、救济院、养老院、公共医院等，或为一地之所不可少，或关系民众之福利，故亦应予以兴办，尤以医院为减少民众死亡之组织，更属须臾所不可无有者；至如各旗小学之设立，亦为当务之急，甚有一旗竟无一处小学者，以此谈自治，以此谈建设，乌呼可？至专门中学、师范等，亦为蒙古各地所不可缺少者，诚以当今之世，不教子以学，万难望其立足也！因之吾人主张蒙政会，对于前列各组织，或应予以兴办，或应予以最少数目之规定，使各旗立即筹款兴办，寻见数年之后，吾蒙文盲，将次第消除，吾蒙民族，将益精壮矣！

（七）内蒙地方自治政务委员会，对于危害大众，破坏公众福利的奸宵，应处以极刑，对蹂躏地方之土匪，应以全力予以扫除。

安分守己的良民，固应予以保障，而以危害大众、破坏公众福利为目的的地痞、流氓、失意军人、被废王公等，无论如何，决不能稍事宽贷；吾人深望蒙政会严为弋获，处以极刑；至徒事蹂躏良民之土匪，则应尽蒙政会之全力，誓予追剿，裨人民安居乐业，共策自治之进展。

（八）内蒙地方自治政务委员会，应择有能力而又勤勉之蒙古青年，使其官费受高等教育，必使其能立于指导的地位；至蒙古之教育方针，吾人以为须适合于实际的需要，并养成以国家观念为第一目的；吾人并主张，凡穷苦子弟，而具有天资者，不论其身份如何，蒙政会应供给其教育费用。

蒙政会创立伊始，人才自感缺乏，为刷新蒙古政治计，自应□□若干有用之人才，以资辐辏；故应择有能力而又勤勉之中坚青年，使其受高等教育，并应尽先予以任用，裨其发挥抱负，利我蒙古；且一切具有天资之学子，应不论其身份若何，蒙政会均予以教育费，以资鼓励，而免埋没。蒙政会并应以恰合于实际的需要，且使一般青年养成国家观念、扫除自利自私的劣根性，为教育方针；诚以蒙古环境，与内地不同，内地需要之教育方针，与蒙古未必恰合，且与实际需要，亦未能整个相宜也。

（九）内蒙地方自治政务委员会，应予母亲、幼童、未成年人以特别保护，以增进出生率，使其无论如何大于死亡率。

年内蒙古民族之消落，益形骤促，其原因，类多由于以死亡率大于出生率所致，基于此，蒙政会应予母亲、幼童、未成年人以特别保护，以资蕃殖吾蒙民族，发扬吾蒙文化。

（十）于不违反蒙古民族道德精神范围以内，内蒙地方自治政务委员会应准许蒙民自由信仰宗教，不应为喇嘛教所拘束。

人民信教绝对自由，各文明国家宪法上早已明文规定，除了违反民族道德之宗教应予以严厉取缔并应禁止人民信仰外，至不违反民族道德之宗教，蒙政会自不应钵〔锢〕守几百年来之禁止政策，束缚人民信教自由。因之，喇嘛教自不能为蒙民之唯一信仰宗教。

上列十项，吾人谨就管见所及，举其荦荦大者，剖诚相进，诚以际此世界情势大变，辽东风云紧张之时，蒙政会成立伊始，诸须拟办者，自属不少，因之，吾人主张，蒙政会除应依据中央改革蒙政方案，确实办理外，并应以上列诸端为鹄的，努力迈进，分头实施，或可为施政之臂助。基于此，吾人并将中央改革蒙政方案引入，刍荛之见，或可促及蒙政会诸当道，抛砖引玉耶？因之，吾人不揣谫陋，逐一提出，聪明之蒙政会诸当道，贤哲之蒙籍诸公，当不至河汉斯言也！

《蒙古向导》（月刊）

归绥蒙古向导月刊社

1935 年 1 卷 5 期

（李红权　整理）

乌、伊两盟政治概况及其今后整理之刍议

孔祥哲　撰

一　绪言

迩来开发西北之声浪，响彻全国。然顾西北二字，范围甚广，其所占面积之大，厥以内蒙为最。盖内蒙介于长城、大漠之间，东邻关东，西界宁夏，地旷人稀，土地肥沃，水草繁茂，矿产丰富，实一天然之宝库也。慨自九一八事变以还，继又热河陷后，内蒙之六盟已亡其三，现罄其所有，亦不过锡林郭勒之半盟、乌、伊两盟及六盟之外二部九旗而已。虽如是，暴日之奢望犹未已，近又作西侵之势，一月二十七日，察东事件发生，现又拟攫锡盟之盐池。按大陆政策之步伐，节节西侵，以侵察、绥之军队为前锋，进据内蒙之土地，把握通外蒙之路线，逐步实现其征服全蒙，威胁俄边之阴谋。且自蒙古地方自治整〔政〕务委员会设于乌盟之百灵庙后，暴日载慌载惧，遂西侵乌、伊两盟之心益亟矣。然又返观乌、伊两盟内之政治如何，以若〔偌〕大两盟平原之地，仅有游击队、护卫兵五六千人，如是何能捍御强敌，以保地乎！目下乌、伊两盟之危机，实令人思之不寒而栗！复就开发而言，如无地方良善之政治为辅，亦难收其功倍之效。今兹就去岁随开发西北协会赴绥调查之所得，以及绥省府其他之报告，辑而成之，

爰述乌、伊两盟政治概况，以备国人热心西北者之参考。至于谬误未周之处，深祈国内贤明，予以雅教也为祷！

二　乌、伊两盟行政组织之概况

乌、伊两盟之行政，以札萨克为一旗之长，多由王公中任命之，合旗而成盟，有正副盟长各一人，在清代统属于理藩部。民国以来，废理藩部，则统属于蒙藏院；继由革命成功，奠都南京，废蒙藏院而统属于蒙藏委员会。其旗制组织，札萨克以下，有甲克气一员，又有协理台吉并梅令章京等职；其下则有若干佐领，以分治之；每一佐领有孔督一员以佐之；每一佐领又设领催五六人。至于佐领之额数，则惟视各旗区之大小，人民之多寡而定。现乌盟六旗共有佐领六十二人，伊盟七旗共有佐领二百七十四人。爰将乌、伊两盟行政之组织系统及其应负之职务，表列如左：

乌、伊两盟行政组织职务系统表

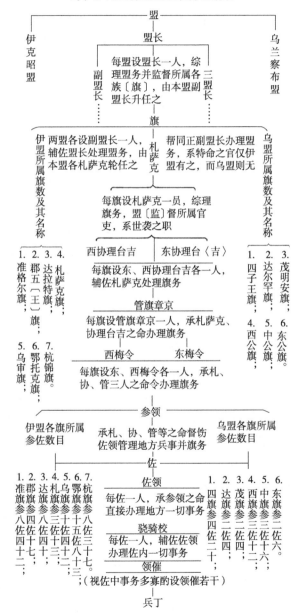

以上表内各职员之职务，大概系属办理旗府邸内事务之工作，此外尚有办理地方勤务者，如地方梅令管理庶务，札兰管理军务，伊科达管理村落，伊科达以下，则有达喇家管理传达户口，下至哈巴、包衣达等，均系在私邸办理杂务之事宜者也。

三　乌兰察布盟行政之现况

乌兰察布，乃一河名，发源于大青山北麓，北流经乌胡克图，适当可镇赴乌蓝花大道之东。清代爰定盟会于此，故以乌兰察布名。计境内全盟六旗，为今武川、固阳、安北、五原、临河诸县之辖境。其各旗之位置，四子部落居最东，偏西南为喀尔喀右翅〔翼〕，即达尔罕旗，又西为茂明安旗，再西南为乌拉特前、中、后三旗，然亦称为西公旗、中公旗、东公旗是也。今兹逐将盟内各旗之行政现况，分述如左。

（一）四子王旗

本旗位于盟之东部，东邻锡林郭勒盟境，西接土默特地，南至察哈尔之镶红旗牧场界，北毗土谢图汗之右翅〔翼〕中旗边。地形斜从〔纵〕，计其面积，东西约距二百三十五里，南北约距二百四十里。旗内之垦地，现除曾经报垦隶属武川县外，尚约为二千一百余方里。关于旗内之组织、现任职官姓名以及财政、军制、户口等，兹分述如下：

a、旗制组织　该区旗内之元首，系一札萨克亲王；其下重要职官，则有台吉二员，甲克气一员，梅令二员，参领四员，乃均系王之嫡族，其下有佐领二十，骁骑校二十。上述各职，俱系世袭之职，余均为公缺，系由王命选任之。此外亦有名誉助理旗务者，然皆无薪金之报酬，惟在王府办公时，火食由王供给之而已。

b、现任职官之姓名　该旗内现任之职官，札萨克亲王为潘恭德恭札布。台吉一为札巴拉，一为德旺恭德。甲克气一员，系为拉什色楞。梅令则一为拉什恭噶尔，一为铁鄂巴勒。其四位参领，一为硕津密都尔，一为巴林沁，一为巴勒布茂，一为巴图瓦沁尔。其佐领以及骁骑校之各名氏，兹多不赘述。

c、军制　该旗内有游击队兵二百名，分驻于各重要地点。王公各处之护卫兵计有五十名，枪械皆有，惟杂色不一。旗内之男丁，除老幼及喇嘛外，皆有当兵之义务，形同征兵之制。其服务时期，按月轮流；在服务时内，除火食由上供给外，向无饷银之说也。

d、财政　旗内财政之岁收，向以地租银为最多，年约一万二百余两。水草银次之，年约一百余两。至于一切之收支，概由旗王总理。然倘遇不足时，则另设法调剂。

e、户口　在旗内之人民，除种地汉人已隶武川县不计外，约有蒙人一万余口。在境内经商之汉人，约计五百余人，但往来无定也。

（二）达尔罕旗

达尔罕旗，位四子王旗之西南，西邻茂明安境，南接土默特部，北至土谢图汗部左塑〔翼〕中旗界。该旗地形斜从〔纵〕，计其面积，东西约距一百二十里，南北一百三十里，现已为武川县辖境。致〔至〕于旗内之组织、现任职官之姓氏以及财政、军制、户口等项，兹分述如左：

a、旗制组织及现任职官姓名　达尔罕旗之札萨克亲王，现为云端王楚克。其下有贝勒台吉二员，均系王之嫡族，一为硕勒不都尔济，一为多拉不纳木吉尔。复有公爵二，一为纳勒不沙布，一为根栋札布。图斯拉格齐台吉一员，名为斯楞。甲克气二员，一为东多尔济，一为察克得力招尔。梅令二员，一为栋国鲁札布，一为依林沁刀尔济。参领二员，一为特木勒札布，一为沙木布。以下全旗分为四苏木。佐领有四，骁骑校有五，其名氏兹不赘述。每佐领又设领催五人，分办旗务。在职之各官员，均不支薪，惟至旗府办公时，由上供给火食而已。

b、军制　该旗内现游击队兵三百名，各处王公之护卫兵有二百名，枪械亦系杂色之类，颇类征兵之制。人民除老幼及喇嘛外，皆有当兵之义务。其服务时期，则按月轮替，分驻于各要地域；服务时期，历无饷银，仅由上供给火食而已。

c、财政　旗内每年之收入，以地租一项为多，年约收三千余两。水草银约收一千余两。通词行及汽车路租银，共约一千余两，一切收支，统由旗王经营，以调其盈虚是也。

d、户口　统计全旗内蒙民之户口，约有三万余人，而汉人来往旗内经商者约以五百人计。

（三）茂明安旗

茂明安旗位于达尔罕旗之西，固阳县新地之北，乌拉特界之东，沙漠之南。旗之面积，东西约距百里，南北约距百九十里，而东南、西北亦约有二百一十里，东北、西南约为二百里。该旗今已为固阳县之辖境，现除报垦隶属于固阳县之地外，约为五百余方里。今爰将旗内之组织、现任职官之姓名以及财政、军制、户口等项，分述如左：

a、旗制组织及其现任职官姓名　旗内行政之组织，现任之札萨克公，为齐密都尔林沁胡罗瓦；图斯拉格齐贝勒一位，名那生巴雅尔，系札萨克公之嫡族，为世袭之职。又公一位，名为拉什。其下为甲克气，名为恭苏隆札布。梅令一位，名为都尔札布。参领计有二员，一为尔德尼绰克图，一为瓦齐尔。全旗分为四苏木，设佐领四员，骁骑校四员。每佐领又设领催五名，恕不赘录其姓氏。各官员之待遇，与他旗相同，均不支薪，亦惟供给火食而已。

b、军制　旗下仅有游击队兵士四十名，枪械亦系杂色之类。至于服务等情，尽与他旗同。

c、财政　该旗以地租银为岁收之大额，每年约收万余元，一切收支均由札萨克经营，至于有余或不足，悉听札萨克设法调剂。

d、户口　该旗内之气候，系属严寒，雨量稀少，土质则亦沙瘠居多，故蒙民亦因以为少，统计约有一千余口。汉人在该地营商者，亦仅百人左右而已。

（四）乌拉特三旗

该三旗同一游牧，地域未予分界，东邻茂明安旗境，西接鄂尔多斯界，南至距黄河五十里，毗鄂尔多斯旗地，北濒瀚海岸边。地形斜从〔纵〕，东西约距二百一十里，南北三百里。三旗之面积，约有十五万余方里。今已为五原、临河、安北之辖境。至于三旗之行政组织、财政、军制、户口等项，兹按旗逐一分述如左。

（甲）中公旗

a、旗制组织及现任职官姓名　该旗之行政组织极为简单。札萨克镇国公为一旗之长，该镇国公现为卜宝登尔济，兼乌盟之副盟长，其下有图斯〈格〉拉齐一职，佐该公总理一切旗务，现名补音巴登尔胡。亦有甲克气及札楞等职，办理兵务，有地方梅令管理庶务，有和硕梅令，管理赋闲职员，管旗章京，管理监狱，各苏木章盖及孔督，办理各苏木民事。共有章盖、孔督各十二。各职员轮次到府邸办公，火食概由公家供给，惟无薪金之说也。

b、军制　中公旗内有游击队兵三百名，约分四队，二百名前后护送商旅之来往，一百名乃供应地方之差使。蒙民除老幼及喇嘛外，成年之男丁，俱为预备之兵额。士兵概无饷银，惟护送商旅之游击队，则按驮收款，以资接济。大概征货驮以大洋六角计之，烟膏驮则以大洋六元计之。其游击队之在前山临河境内者五十名，以小梅令阿拉布长之。

c、财政 中公旗内之财政，巨额岁收，以地租为多，每年约收银五六千两，统由札萨克经理之。

d、户口 中公旗内之蒙民，以帐篷计之，约有二万余口；汉人在旗内经商者约有五百余口。因旗内物产丰富，尤以那勒更地之大炭质为最良，乌拉山亦有石棉可采也。

（乙）西公旗

a、旗制组织及现任职官姓名 西公旗之旗制组织，一如中旗，计有札萨克镇国公一，为行政之首领，现名为石拉布多尔济。其下有土〔图〕斯〈格〉拉齐二：一为额尔克多尔济，一名巴图白彦尔。复有梅令二：一名三介甲布，一名七劳，及合少札克齐一，现名为什圪多尔札布。札兰三人：一名松兑甲布，一名江楚布多尔济，一名萨林报。至于其他名氏，恕不赘录。

b、军制 西公旗下有保安队兵二百名，俱皆枪弹齐全。人民之当兵义务及其待遇，概与他旗同。其游击队有五十名，在前山临河境内，以小梅令克加拉长之。

c、财政 该旗衙门及旗王收入，每年统计约有五六千两，以地租为多，水草银次之。旗府之一切用费如不足时，尽由旗下蒙民公摊之。

d、户口 西公旗内之蒙民，约有五千余口，而汉人亦惟二百余口而已。

（丙）东公旗

a、旗制组织及现任官职之姓名 东公旗之旗制组织，一如中、西两旗，其现时职官名氏，札萨克辅国公，为唉拉何士青札勒巴，其札克尔齐，为太保；而梅令为老不生单巴等。至于其他职官，兹不赘叙。

b、军制　东公旗内有游击队兵一百五十名，约分三队，均有枪械，惟杂色不一耶〔也〕。其士兵百余名，除供应地方差使外，俱在昆都伦沟及五当召一带，作护送来往包头之客商，其所得酬金，概作接济之用。

c、财政　东公旗内之岁收，厥以地租为多，统由札萨克经理之，据云荒歉之年，岁收仅见三四百元而已。

d、户口　东公旗内之蒙民，约有五千余口，而汉人在此地经商者，亦惟百余口而已。

四　伊克昭盟行政之现况

伊克昭即大庙之意。其庙在达拉特营盘之东北，盟内七旗，同盟于此，故以伊克昭盟名。其地东、北两方，均跨黄河，西至黄河，南至宁夏、陕西，以长城为界。其自河套东北隅起，沿河蜿蜒而西，跨黄河之南北者，曰左翌〔翼〕后旗，即达拉特旗。又循河而西，跨黄河之南北，至河套西北隅者，曰右翌〔翼〕后旗，即杭锦旗。北自杭锦旗界起，西循黄河而南，至长城止，为右翌〔翼〕中旗，即鄂托克旗。鄂旗之东，与鄂旗南北平行者，为右翌〔翼〕前旗，即乌审旗。乌审旗东南为右翌〔翼〕前末旗，即札萨克旗。乌审旗正东即左翌〔翼〕中旗，即郡王旗。郡王旗东，当河套之东南隅，则为左翌〔翼〕前旗，即准噶尔旗。今兹将盟内七旗之行政现况，逐一分述如左。

（A）郡王旗

郡王旗位于左翌〔翼〕前旗之西，右翌〔翼〕前旗之东，边城界之北，右翌〔翼〕后旗之南。旗内面积，约为三万六千八百方里，东西约距一百一十五里，南北约距三百二十里。现已为东胜县之辖境。旗内之行政组织、现任职官姓氏以及财政、军制、户口等项，爰分述如左。

（1）旗制组织　郡王旗内，兹有王府组织及旗务行政组织之别，兹分项述之：

a、王府组织　王府组织，札萨克以下，有白通达一员，哈巴二员，大庆八员，丁目齐三员，达六十名，保十户二名。

b、旗务行政组织　札萨克以下，有东西协理台吉二员，正管旗章京一员，东西管旗副章京二员，札兰四员，章盖十七员，孔督十五员，爱拉特拉三员，毕克齐六员，衙门梅令一员，丁目齐一员，保十户八名。

（2）现任职官姓名　郡王旗内之札萨克和硕亲王，姓奇名图布升吉尔噶勒。东协理台吉，姓奇名尔定格里。西协理台吉，姓奇名巩布札布。正管旗章京，名卿盖勒补音。东管旗副章京，原为巴英桑，现不知名。西管旗副章京，名恼尔布札布。其辅国公之头等台吉，名巴图记雅。以下各职官繁多，恕不赘述。

（3）军制　郡王旗内之兵士，计有二百五十余人，其组织情形，设有连长、排长、十长、五长、正兵、副兵之别，以丁目齐专司军需之事。总计〔有〕现有杂色枪三百余枝，子弹凡二万余粒。

（4）财政　该旗衙门之全年收入，约八千余元，系以地租为多。倘遇荒歉之年亦仅收二千元而已。至于旗王之收入，年约七千余元，系以地谱、地租、水草银为多。

（5）户口　全旗所有蒙民，约有四千七百十余口，而汉〈人〉之在旗内营商垦地者，因气候温暖、土地肥沃之故，竟有五千余口之多。

（B）准噶尔旗

准格〔噶〕尔旗位于土默特部之西，边城之北，左翌〔翼〕中旗之东，左翌〔翼〕后旗之南。旗地面积，东西约距二百四十五里，南北约距二百一十里。现旗内之中央及东境，已归清水河县辖境，北境为托克托县辖境，南境则为陕西府谷县及山西河曲、偏关等县之辖地。爰将旗内之行政现况，分述如左。

（1）旗制组织　准格〔噶〕〈尔〉旗内之行政组织，亦有王府组织与旗务行政组织之别，今兹分述如左：

a、王府组织　王府组织，札萨克以下，有白通达一员，哈巴一员，丁目齐二员，达拉姑若干名，保十户若干名。

b、旗务行政组织　札萨克以下，有东西协理台吉各一员，管旗章京一员，梅令章京二员，札兰八员，大庆十三员，爱拉特拉三员，毕克齐六员，丁目齐一员，章盖及孔督各四十二员，达拉姑七十余员，保十户若干员。

（2）现任职官姓名　旗内于二十一年二月九日，突起惨杀那森达赖及其子奇子俊（系中央监察院委员）全家后，组织旗务委员会，推奇如海为东官府，代理札萨克执行政务。旋于五月三日，那氏之第二喇嘛，借骑兵团长奇文英之力，复击败奇如海，追杀于河曲台子堰。自是复推奇文英代署札萨克。自是以后准旗之重要职官，非复如旧，故未记曩昔之人员。

（3）军制　准旗之军队，实为全盟冠。计有骑兵九百六十余名，步兵百余名，共为一千一百余名。其组织亦非常严整，设有团长一员，营长二员，连长十七员。下有大二排长、十长、五长，以及正副兵等之名目。每连设有书记长一员，总管一员，专司军需之事务。所〔该〕旗所有之士兵，统归东协理台吉管辖。计有杂色枪千余枝，子弹凡十八万粒。

（4）财政　旗府及旗王之收入，全军〔年〕不下四万余元，以地租为大宗。该旗嗣因札萨克年幼，统归于东协理台吉总管。

（5）户口　旗地内系蒙汉杂处，不分畛域，蒙民约有三万七千余口，汉民约有六万四千余口，户口亦为全盟冠也。

（C）达拉特旗

达拉特旗地，现已分辖于各县。今在黄河南之地，东半为萨拉旗〔齐〕齐〔县〕境，西半为包头县境。黄河以北之地，东半为安北境，西半为五原、临河境，现除分隶各县外，旗地面积，尚约有五万八千余方里，今爰将旗内之行政现况分述于左：

（1）旗制组织　达旗行政组织，亦有王府组织与旗务行政组织之别，兹将两项分述于左：

　　a、王府组织　王府组织，札萨克以下，有白通达一员，哈巴一员，总办一员，达二十四名。

　　b、旗务行政组织　札萨克以下，有东西协理台吉各一员，管旗章京一员，梅令章京一员，札兰八员，大庆三员，章盖及孔督各四十员，塔宾六员，毕克齐三十员，丁目齐一员，保十户三十名，达拉姑若干名。

（2）现任职官姓名　达旗现时札萨克贝勒，姓奇名康达多尔济，东协理台吉，姓奇名桑达那玛旺楚克。西协理台吉，姓奇名补林巴图。管旗章京姓奇名乌勒济巴雅尔，俱系王之嫡族。其下梅令章京二人，一姓杨名鄂肯，一姓章名德布升巴雅尔。该旗之札萨克横征暴敛，挥霍成性，渐失蒙民之信仰矣。

（3）军制　旗下有民团四百人及游击队二百人，其组织设有营长四人，连、排长各八人，十长十六人，五长三十二人。内有丁目齐及书记各一人，专司文牍、军需之事。兵士共有杂色枪百余枝，子弹凡十万余粒。其游击队之在临河境内者四十余名，以梅令朋姚赖长之。

（4）财政　达旗衙门全年之收入，约一万元，以地租为最多，其王府之收入，以地租、水草银及牛犋股子为多，年约四万余元。

（5）户口　计达旗各地之蒙人，为一万三千余口，而汉人约有六万余口，然多分隶于各县。

（D）鄂托克旗

鄂托克旗位于右翌〔翼〕后旗之西，外蒙三音诺颜阿善旗之东，右翌〔翼〕前旗之北，杭锦旗之南。纵横面积，约为十七万六千八百方里，现已为沃野县之辖境。爰将其行政现况分述如左。

（1）旗制组织　行政组织，兹分为二，一为王府组织，一为旗务行政组织。其在王府组织者，自札萨克以下，有白通达一员，哈巴一员，丁目齐一员，包衣达一名，达若干名，保十户若干名。其在旗务行政组织者，自札萨克以下，有东西协理台吉二员，管旗章京一员，梅令章京二员，札兰果庆四员，札兰十五员，爱拉特拉三员，毕克齐六员，丁目齐一员，章盖及孔督八十三员，分理八十三苏木民事。又有包衣达一员，达拉姑若干名，保十户若干名。

（2）现任职官姓名　鄂旗之札萨克郡王，现为包葛勒增如勒麻汪札木苏，现兼伊盟之帮办监〔盟〕长。东西协理台吉皆姓包，一名旺楚克色楞，一名辍克纪尔格勒。其管旗章京，名达拉嘛毕立克。梅令章京二人，一姓杨名巴叶莽奈，一姓包名恩肯巴叶尔。又有大队长一员，章其姓，文轩其名。全旗事务，皆操其手，彼札萨克及各职官，徒拥虚名，听其指使而已。

（3）军制　旗下有骑兵六百余名，计分十二连，大队长以下统属营长四员，连长十二员，排长二十四员，司务长十二员，十长八十一名，五长一百六十三名。所有士兵，概无饷粮。枪械新旧式共有五百余枝，子弹约有十万粒计。

（4）财政　旗府之收入，年约三万三千余元，以盐碱淖租为多。旗王以水草地租、甘草厂租为收入之大宗，年约三万九千余元。鄂旗物产丰富，蕴藏甚多，若致力开发采用，则财政收入多矣。

（5）户口　鄂旗蒙民约有一万三百五十余口，而汉人居此地营商者多矣。

（E）乌审旗

乌旗地现已分辖于各县，今其南境，为陕西榆林、横山、靖边等县之辖地，地形斜从〔纵〕，计其面积，东西距一百八十里，南北距二百七十里。总面积约为七万七千四百方里。其界边东至左翊〔翼〕中旗界，西接右翊〔翼〕中旗境，南依边城界，北毗右翊〔翼〕后旗地。爰将旗内之行政现况，分述于左。

（1）旗制组织　现该旗虽采新组织，而旧制亦未废除。其在王府旧组织下，有札萨克一，白通达一员，哈巴二员，丁目齐三员，达二十四名，保十户二名。就旗务行政旧组织言，自札萨克以下，有东西协理台吉二员，管旗章京一员，东西管旗副章京各一员，札兰十员，爱拉特拉三员，毕克气〔齐〕六员，丁目齐三员，章盖及孔督各四十二员，保十户十名。旗务行政之新组织，自札萨克以下，有团长一员，团副一员，苏木达拉姑四员，噶庆达拉姑十九名。

（2）现任职官姓名　札萨克多罗贝勒，现姓奇名图克斯阿穆古朗。东西协理台吉，同为奇姓，一为巴叶纪尔格拉，一为洽克图瓦齐。以下管旗章京，名那森巴图。其游击骑兵团团长，名孟克晤乐吉。旗内之行政及军事，均操于团部，故为新组织之雏形。

（3）财政　旗王及旗府之收入，皆归团部征收，年约二万四千余元。

（4）军制　旗内士兵，共有三百余人，其组织有团长一员，团副一员，军需官一员，连长四员，司务长四员，十长三十四名，五长六十九名。约有杂色枪一百九十余枝，子弹约五六万粒。

（5）户口　旗内蒙人，共有一万一千余口，汉人约八百余口。

（F）杭锦旗

杭旗地跨黄河之南北，地形不整，在河北者形若蜂腰，边宽中窄，计其全面积，约为八万三千七百余方里，然今其河北之地，已分隶于五原、临河、安北三县境矣。其行政现况，兹逐一分述如左。

（1）旗制组织　其旗制亦为王府组织与旗务行政组织两种。其于王府组织者，自札萨克以下，有白通达一员，丁目齐一员，哈巴一员，达若干名。而于旗务组织下，有札萨克，复有东西协理台吉各一员，管旗章京一员，梅令章京二员，札兰八员，梅令若干员，爱拉特拉三员，毕克齐六员，丁目齐一员，章盖及孔督各三十六员，保十户若干名。

（2）现任职官姓名　现时杭旗札萨克贝勒，姓奇名阿勒坦瓦齐尔，并兼为伊盟之副盟长。东西协理台吉，俱为奇姓，一名乌勒吉巴雅苏古朗，一名色登多尔济，俱系王之嫡族。管旗章京名展单札布。梅令章京二员，一为补林巴都护，一为苏穆雅。该旗能保障治安、消弭匪乱，并注及民众之痛苦，是职官中之优者也。

（3）军制　全旗共有士兵四百八十余人，分为二队五连十一排，设有队官二员，连长五员，排长十一员，其下则有十长、五长、正副兵之别，共有杂色枪械四百九十余枝，子弹约九万余粒。

（4）财政　旗府及旗王之收入，年约三万八千余元。旗王以地租为最多，甘草及盐碱租等次之，然统由旗府经理。

（5）户口　旗内蒙民，约有八千六百余口，而汉人经商垦地者又有二万余口，然皆类多居于旗地沿边一带也。

（G）札萨克旗

札萨克旗位于陕西神木县境郡王旗之西，乌审旗之东，陕西榆林县境之北，郡王旗地之南。旗地面积约为三千余方里。其旗内之行政现况，兹分述于左。

（1）旗制组织　旗制组织，兹分王府组织与旗务行政二项说明如左：

a、王府组织　札萨克以下，有白通达一员，哈巴二员，达三十六名，丁目齐三员，保十户二名。

b、旗务行政组织　札萨克以下，有东西协理台吉各一员，管旗正章京一员，东西管旗副章京各一员，札兰三员，爱拉特拉三员，墩拉们札克齐一员，章盖及孔督各十三员，毕克气〔齐〕六员，丁目齐三员，保十户四名。

（2）现任职官姓名　札萨克多罗郡王，姓奇名沙克都尔札布，现为伊盟之正盟长。记名札萨克贝子，亦姓奇，名鄂齐尔瑚益克图。西协理台吉，姓奇名珊济密都布。管旗正章京姓奇名苏洼迪，东管旗副章京名巴宝多尔济，西管旗副章京名色楞纳密德，俱系奇姓也。其他恕不赘述。

（3）军制　旗内共有兵士一百八十余名，其组织有营长、连长、排长、十长、五长以及正副兵之别。共有杂色枪二百一十余枝，子弹约六万余粒。

（4）财政　旗府收入，年约二千余元，而旗王收入年约四千余元，均以地租为收入之大宗也。

（5）户口　旗内蒙人，共有三千八百一十八口，而汉人约有二千余口。

五　结论及其整理之刍议

观上述乌、伊两盟之行政现况，实令人不寒而栗。以两盟五十六万九千三百方里之大地（除今曾经报垦分隶各县外之现面积），仅有四千七百五十名未经训练之蒙兵，如是捕盗弭匪，尚且不足，夫有何力卫边而抗强敌耶！复观现行政人员，又俱系满脑藏经，诵佛求生之流，如是又复何以与新颖杰特人物而斗智乎！总具上情，以乌、伊两盟之大厦，实无异建筑于朽木之上！

兼迩来日本抱传统之满蒙政策，按大陆进攻之步伐，竟由东蒙而西蒙矣。年来派遣侦探、调查员、医员以及佛教师等，秘赴西蒙；略施小惠，运用羁縻政策，联络王公，极尽其挑拨离间之能事。并在东蒙热河境，建筑汽车路、飞机场以及无线电台等，极作西侵后方之基础；于一月二十七日，竟图穷匕见，公然派飞机，掷炸弹，炮轰东栅子，进攻独石口；且多伦、沽源一带，已成名存实亡之局。且对锡林郭勒盟，亦视为囊中物矣。险象环生，岌岌不可终日，现蒙政委会，以及乌、伊两盟，若不厉行负责，改良政治，巩固边防，亟谋图救，则恐西蒙亦无保存之日矣。余今不揣浅陋，拟具数项，以备蒙同胞之参考，作为亡羊补牢之计，兹分述于左。

（1）改善旗政　自来盟旗政府，沿袭逊清之旧制，凡统领阶级，俱为世袭爵秩，而平民则殊无参政之机会。吾人须思，治人者未必尽属有能，应当新政发轫，选贤任能，与民更始，涤除其旧弊，以造自治之基础。

（2）扩整军制　以乌、伊两盟幅员之广，国防线之长，如不驻以精兵劲旅，曷能镇边而保疆耶！应于最近期内，扩整军队，划定边疆重地，建筑工事，配以精兵，补以空军，操练骑兵，造成全蒙尽兵，寓兵于农之制，而以新颖杰特人物统领之。如是以蒙民强悍英勇之精神，赴汤蹈火之气概，并具有伟大之宗教情操，在来日反帝战争中，蒙汉同胞之热血，定能结成中华民国独立自由之鲜果！

（3）培育人才　历来良政施设，非人才莫属，古有名训"得人者昌，失人者亡"，而蒙政会以及乌、伊两盟，又何能例此外耶？亟应提倡教育，培植人才；并于最短期间，在可能范围内，创办短期学校，训练各地职官人员，拔取真才，罗致英俊，分发于各旗各地，切实工作。如是政治方可革新日上，俾登郅治之域也。

（4）兴办交通　乌、伊两盟，地势广袤，幅员辽阔，如过去徒以交通梗塞，与内地隔阂，而不能畅输文化。且旗与旗之间，亦以道路未辟，行旅杂难，而失却联络之力也。环顾目下危机之环境，暴日睨于东，赤俄瞰于北，倘一旦侵入，则我消息隔绝，运输迟滞，则将如之何耶？故应沿平原草地，建筑公路以及汽车路等。而旗与旗以及与内地之间，尤宜遍设邮政与无线电台，以资传达灵通。如是地方政治，方克收指臂之效也。

（5）人口问题　乌、伊两盟，人口之减少，固由气候寒冷，生活困难，诸多天然之原因。然重要者，亦惟人事问题耳。如蒙古同胞之不讲卫生，不知种痘，以预防其疾病，极〔及〕有病亦不治疗，徒恃诵佛消灾，如是岂非自加其死亡率耶。复有喇嘛，弗能结婚，此亦系人口减少之症结也。今后应致力增加人口，从事宣传卫生智识，广设医院，普及种痘，并立即废止喇嘛制度，从事于结婚，繁殖人口，试想有土而无政，有政而无人，则将何恃焉！

以上喋喋数语，系就目下政治、经济，力之所能及，急之所应办者而言。他如垦牧、水利以及实业诸项，亦应次第行之。语至此，深望蒙古同胞，放大眼光，立定脚步，勇往迈进。蒙政会诸位委员，亦应按拟定之实业、民政、教育、保安四处计划，于最短期间，促其实现，而蒙政会之指导长官，尤应切实负责指导。全国奋起，输智输资，共挽既倒之狂澜，渡此难关，勿令外人越俎代庖，坐视宰割也幸。

一九三五，三，十七，脱稿于北平朝大

《边事研究》（月刊）

南京边事研究会

1935 年 1 卷 6 期

（李红权　整理）

满洲里会议之僵局

钤　撰

　　伪满恃日本的军事势力，常向外蒙侵占；伪满与外蒙间的纠纷事件，就层出不穷了。据报载，六月二十三日，哈尔兴河上蒙古列巴渔场东南七十公里地方松布尔派出所之所长与二兵士骑马巡行边境时，突被二骑兵枪击。当时外蒙巡逻队即将该二骑兵捕获，查悉一系日本军事地形考察者，一系在日本军队中服务之俄人（白俄）。外蒙为避免引起巨大之政治纠纷起见，遂将该二骑兵送回伪满。但是伪满却即借此而扩大事态了：首先要求蒙方向伪满道歉，同时将越境人员须立即检举；以后，它又提出三项要求：第一项为伪满有派员驻在外蒙并对长春传报消息之权利；第二项为外蒙最近扣留日军官应负完全责任，并须将扣留日本军官之蒙人，予以严惩；第三项为伪满在长春、库伦间须有建设军用电线及伪满在蒙境有自由行动之权利。如外蒙不接受上项要求，它将要求汤木苏克庙以东之蒙军，须即全部撤退。这些要求，当非外蒙所能接受的；同时对于划定境界问题，外蒙亦依据其自己制和苏俄制之地图，始终主张哈尔兴庙一带为外蒙领域，不肯相让。因上述种种争持，于是满洲里会议遂成僵局。

外蒙兵士马上射击之特技

　　然而，伪满和外蒙间事件之能否解决，不在于伪满与外蒙的本意，往往为日本与苏俄间的外交所左右。但自九一八以还，俄日邦交，一紧一弛，变化莫定。最近自五月以来，日"满"在俄"满"边境之行动，又横行无忌。苏俄列举日"满"越境案七件，于七月一日向日方提出抗议。于是俄日邦交，又突转紧张。近来俄日虽谋和平解决，然而其间波谲云诡，愈演愈奇。如：一、日方对于越境案件，非但毫不承认，并要苏俄反省；二、苏俄拒绝伪满在其领内设置领事馆后，伪满愤极，即令苏俄驻"满"之领事馆撤回，以为报复；三、俄"满"国境委员会，因人数比例等意见不同而告停顿；四、苏俄认日本军阀野心无餍，欲在外蒙设侦探网，是企图打击在贝加尔湖以东之苏俄红军，更使苏俄深具戒心，于是日方要求苏俄撤退远东军队及俄"满"间划设非武装区域，当无可能；假使苏俄就是同意，但苏俄须先要日本与他缔结互不侵犯条约，可是这条约又非素负东方反赤先锋而欲从中渔利的日本所愿接受的。此外，俄日间交涉已久的渔业问题，最近亦告失败。从上述看来，俄日邦交现仍在极其紧张的低气压中变化。满洲里会议的僵化，也不过是这低气压似的俄日邦交之另一面的结果。

外蒙妇女练习射击

　　俄蒙与日"满"间的关系虽到如此的紧张和恶化，但现在他们间尚不至于遽然爆发战争。因为据一般趋势看来，日本在此世界多事之秋，他的目光还没有集中到西伯利亚和外蒙的沙漠，而是在于南下的一块肥肉。同时，苏俄则因欧洲多事，亦不便对日决裂。不过，俄日间虽不遽起战争，但他们间的倾轧是有增无减的；而且把那种种倾轧的事件，累积到再后的决斗。

《国衡》（半月刊）

南京国衡半月刊社

1935 年 1 卷 6 期

（朱宪　整理）

由西公旗事变谈到王公之黜陟

鼎三 撰

时间匝月，西公旗讧变数起。首次肇衅，本刊曾一论及。委就一般观察，该事变系内蒙之局部纠纷，原不值别具只眼，喃喃频赘。然而此次事变，纵与前讧有同一之因果关系，而其演进之波涛中，所牵涉之问题，有与蒙古整个现实，足资环境转变之关键，吾人不得不加以检讨者。

西公事变，国人议论纷歧；有谓为寮属之叛逆，咎归曼氏；有谓为傀儡之台剧，操纵有人。更有谓石王非西公嫡统，正传应色益，十数载悬讼，爆发于今，洵为应有事实……此种道途月旦，无论有无足征，际此特殊时代，吾人雅不欲妄喙是非；即有所呼喊，亦思难于摇动空气也。唯忆苏联国新闻评论名家迪克有言，在目前情势之下，任何战事，即关于极微末极单简之局部性质的问题，亦不能纯粹的就局部为限以观察此影响与结果。根据该氏主张，以观察西公旗事变，除是非得失，嫡庶正膺，非本篇讨论范围缄默不言外，有潜伏待发，动摇数百年来蒙古之官制，振撼千万蒙庶之信念，足使蒙古社会组织剧起偌大变之一问题，不知我关怀蒙事之明哲，及负蒙政改进之责的诸道，已否观察及之也？

问题维何，愚谓即王公之黜陟是已。此项黜陟问题，相皮者易忽为微情末节，而不为注视；依刻下观察，蒙古王公制，在本世纪中叶，已为平等自由主义撼动其根蒂；五四以还，再受世界主义之波涛荡漾，纵如何坚壁铁垒，难免为激进派之革命对象，是诚无可讳言者也。数百什年之成规定例，若悉举而毁弃之，无论将来建设之是否进步，而此破坏与建设中间，我蒙古之社会组织，人类生活，必起剧变，苦我疮痛之余的蒙民，撑得起此种霹雷巨响欤！西公旗事件先后迭起，初变为寮属之叛主，再变则涉及公王之承祧，观其争点，虽表面为昭穆之序列，而骨子里则王公制问题，已引该旗事变为导线而跃跃欲发，岌不可终日也。故曰，此次西公旗事变，绝不应单纯观察为内蒙局部之风云，谓为时代下之产儿固可；谓为内蒙政治转处之矫〔嚆〕矢亦无不可。此本刊所以不避烦频，于本期再论西公旗事变，并以政治学眼光，加以深邃之探讨者也。

依政治学原则，一制之兴废陈颖，不应徒就该制度本身观察，必与时代背景、地方现实熔为一炉，而后可毕露其绝对利弊。狐腋御寒，轻裘也；而不能御之于炎暑。江南柑，珍果也；而植之江阴，变为苦枳。推之政治，何独不然？故公王制之应否存在，必就以下各点观察之。

（一）关于王公制

封建制度，在十九世纪，已成余迹。举环球各国，不克循其例；而君主体政，则凡国度悠久，未经剧变者，君主天皇，瞩目皆是。不灭日光之不列颠，目今尚以君主统治全国；捷足猛进如日本，对天皇虔诚贴服。以彼之文化度程〔程度〕，政治改进，不能不谓不东西媲峙，宁不知政体有共和，国体有民主？其所以坚守陛阙观念，不为一切政治建设动摇于万一，固有原因在也。再就欧西最近百年观察，意大利、德意志，曾迭改进其政治者也。自欧战以还，推翻君主，树立共和，为德莫克拉西之政治；旋又弃却民主，而为共产主义之建设……中间旋兴旋废，有所谓过渡时期也，有所谓破坏时期也，亦有所谓建设时期也，几经各党之绞脑呕血，以为励精图治之谟，而民众舆论，概称之为黑暗时代，或恐怖时代。卒也，意之莫索里尼，以法西斯政治为整理残破及转弱为强工具，而意邦赖以逞雄寰宇。德之西特拉起，整个的采仿意政，以法西斯行之联邦。德意志以创痛之余，能在军缩会议，以与枷锁镣铐之《反尔塞和约》奋臂一抗，所谓坚乎中者干乎外，吾人不能不谓为西氏改进政治之功也。职是而论，东西强国如日、英，其千百年之君主制，沿而不改；意、德几经弦改，终必归纳于法西斯政治。一尊主义在宇宙，固有其可行之必要，原非百弊而无一利者也。我蒙古之王公制，繇来已久，盖自成吉思汗至今，已千百年矣。民众之信念，社会之组织，统治之体系，均有历史的坚牢条理。各盟旗中，京章之上有协理，协理之上有札萨克，札萨克之上有盟长，至民众信教，则归活佛司掌。层层节制，职虽专而不虐；政教分明，权虽一而不侵。此种政治系统，施诸民智晚开之蒙古，借有历史之公王制度，恰足镇摄莠民之幸进野心，而地方赖以安谧。尤所进者，即民主共和制也，委员制也，何一非官吏统治；而官吏之层层辖属，与我蒙古之公王制，直一而二，二而一，有何巨大差别耶？是以吾人主张，此次西公旗事变，无论牵涉到任何问题，而全蒙之公王制度，均不应受其影响。

（二）关于王公世袭及其任免

王公世袭，全蒙攸同。废清迄今，莫或更替。此次西公旗事变，伊盟副盟长阿王（阿勒坦额济尔）函蒙政会委员长云端旺楚克，谓王公世袭制，乃吾蒙自来成例，绝不应破坏云云。可见王公世袭，已引西公旗为导线而有所动摇，何待讳言！吾人主张此制在将后时代演进，有无利弊，姑不暇论；而在目今情势之下，似当竭力维持。何者？王公世袭，（一）各王公治其上，训其民，不敢稍有违失，否则贻子孙历代之辱，较五日京兆之临时官吏，相差不啻天壤。（二）世袭制虽较近代之官吏任免，略有枘凿，而各王公职位，赖世袭先例，有所保障，蒙人治蒙，至少亦可获得地方自治之实益。借非然者，冒膺蒙族者，亦得幸进以逞其操纵之野心。值此强邻耽视，舍有信仰有统系而易于提挈之先例而尽毁弃之，其祸恐不旋踵而至！故在目前边疆多事，国运靯掌，为憩息民力计，亦绝不应使此王公世袭制稍有动摇也。

至王公之任免，究应操之谁手，是亦不可不注意者也。考王公之黜陟，废清系由与各部署平衡之理藩院奏请，民国以来，则蒙藏委员会处理之。吾人主张，此种权限，应绝对归之中央，地方自治机关，似不当过问。若此权操之地方，不第易肇衅端，钊与国家统一政策相抵触。各盟旗行政首领，若地方启任意罢免之端，是与脱离政府统治，相去有何差别耶？

总上各端，吾人为国家统一及蒙民安全计，不得不再费篇幅，呐呐期期，于一论西公旗之后，而再论西公旗也。所臆赘者，是否适当，愿与中央及蒙政当局，暨全蒙新进宿皓，一商确之。许我者顾不敢自诩，而罪我者亦在乎斯篇也。

《蒙古向导》（月刊）
归绥蒙古向导月刊社
1935 年 1 卷 6、7 期合刊
（李红权　整理）

由王部长来绥谈到盟旗司法

润庶　撰

人类生活，是时代进化的原子，法律是范畴这个原子的准则，历史的齿轮不停地向前移动着，人类被它拖带着一批一批的继续活动。这一批陈卸而离去了大自然，另一批应运而生；如此新陈代谢来负着他们的伟大的使命，世界因之以进化。人类彼此间的生活，又各因其内在的矛盾，引起了剧烈的斗争，民族于焉以形成，国家主权也应生活之需要而出现；形形色色的斗争，亦依天演公例，甲仆乙兴，重重断续，而规范这种斗争的准则，也如田螺的外壳，不断的生长脱落。

追源溯本的说，人与人间之争端，最初亦大都取决于相争者之腕力，以为解决之方法。甲强甲有理，乙弱乙理屈；是风既炽，斗争因之益烈。秉国家主权者，不能不创正常之条理，以处理一切纷事〔争〕。此种条理，运用既久，习惯以成，取得民众之信仰后，则非守不可矣。所以此种条理，上者引为处理人民纷争之善策，下者亦乐受其裁制，相沿既久，由习惯形成了法律，法律之雏形以出，人民之斗争，亦赖之以解决，翻阅古今中外法律史，概由不文法，而成文法者，都是同出一辙。

我国公法制度，至周代已粲然大备；而私法制度，则包含于礼制之中，以法律形式言，则私法的发达，实较公法为迟。至掌理司法机关，自民国以前，类归行政官署兼理；适用法律，多比附援引，且更无诉讼法为之辅佐，实此为我国司法史上之人治时代。民国肇始，法院亦次第成立，通都大邑，多设地方法院（前称地方审判厅），僻地小县，亦明令由县知事兼理司法，且颁布县知事兼理诉讼条例以资遵循，于各省会亦多成立高等法院（前称高等审判厅）。于是渐由人治，进入法治，人民权利义务，亦完全受法律之支配了。

然内地各省法院，似已入初试期间，而边区各省法院，则仍在草创时期。迄今全国各省虽皆设有高等法院，而蒙古则并一法院而弗设，洵憾事也！

各盟旗既无法院之设立，一切案件发生，自不能依法解决，只凭各旗王公之好恶，以决事件之可否，生杀予夺之权，悉操之各旗王公之手，人民不知法律为何事。

吾人于司法行政部王部长莅绥视察谈话中，可见盟旗司法之一斑。王部长有云："蒙古人民，不能享受法治保护，同一中国人民，独蒙民向隔于司法，未免遗憾"云云。于此谈话中，可证明前言之非谬，同时敬佩王部长视察的洞烛隐隈了。

在廿世纪的今日，世界民族，但能组织国家的，都是法律修明，人民的权利义务，自有司法机关以为统御及保护。独我蒙族，自今还在决力阶级，不知何谓法院，更不知什么是诉讼。这种癫歧的民族生活，不能跻践国家的正轨，自有其相当原因：

第一，各盟旗土地辽阔，凡是距离，至少在数百里以外，即有纠纷，绥远法院，限于管辖，有时不受理；就是从权受理，而往返在交通阻滞的路途上，曲直未判，而家产先荡。加之蒙民毫无法律常识，被法院的烦杂手续，就足足使他头昏闷，无法应付，灰心于抓虾了。这还说有财力能起诉的人，大多数无力贫民，纵有偌大冤抑，根本到不了法院前门，即因事件重大，破釜沉舟的打起官司，而衙门越大，判决越难，一经起诉，羁案数月，真是湿手难干，想撤销退怯，也得费虎牛之力。所以说在此种情况之下，蒙民有了纠葛，何得如搏力拼斗之简捷爽快呢？

第二，各盟旗的扎萨克、章京、协理等等，不也是专司民治的官吏吗？但是他们没有法律常识，凭着杜撰的条理来釜〔判〕断，无论如何清廉，也难免颠倒是非，若地方官吏受贿赇，更必海底沉冤，莫或申诉了。如是不告状是一肚冤气，告状后是两重仇敌，请问凭官处判好呀，抑自力决搏好呢？

有此两种原因，蒙民脑海里，原没有受法律保护的观念，轻者咬牙忍受，重者臂力拼决，盟旗民族的自行戕杀，未常〔尝〕不是由于此种习惯啊！

是以吾人主张，王部长返京后，迅予呈准司法院，于百灵庙筹设高等法院一所，以熟悉蒙古地方情形者掌理之；各盟旗视其地方大小，酌设地方法院及分院若干，为受理各盟旗第一审案件，至其上诉法院，则统归百灵庙之高等法院管辖，或依法上诉于最高法院，以与各行省高〈等〉法院同取一致。能如是，则蒙古人民，庶可享受司法之保护，亦可免各旗王公之借端鱼肉，而蒙民前世纪的决搏风气，自能弭除于无形了。日〔目〕下情形，绥省各法院，有时办理盟旗案件时，各该旗当局，辄不予以便利，甚或故行掣肘，致案件不克迅速终结，启蒙民轻视法律之观念。总之，以吾人主张，盟旗之设立法院，较盟旗之推行自治之需要，诚有过之无不及。因之，吾人深望王部长，速会同蒙藏委员会，呈准国民政府，筹设蒙古法院，以统一法权，而保蒙古人民法益。同时，蒙政会亦当拟定设立蒙古法院计划，呈中央及蒙藏会暨王部长参考采行。蒙古法院早设立一日，蒙民即早一日之〔受〕法律之保障了。至于草创时期，一切设备，自不能为〔如〕内地之完善，吾人当不能期其一步登天，尽善尽美！

谨就管见所及，披诚奉献，深望有创设蒙古法院之责者，迅予呈准中央，限期设立，以推进蒙民生活的改善，俾我数十万蒙民，也能与内地同胞同跻文明之域，不致将我蒙族被天演淘汰力，由二十世纪的历史车轮上，挤将下来，这种伟大的提携者，唯一的是王司法行政部长了。

《蒙古向导》（月刊）

归绥蒙古向导月刊社

1935 年 1 卷 6、7 期合刊

（朱宪　整理）

察东问题解决之经过

余天休　撰

日军自夺我东北之后，仍积极西侵，前年虽进占热河全省，但野心仍未已，故有最近察东事件（一九三五年一月十八日至二月二日）之发生。此次日本用兵，从各方面观察，实含有三种用意如下。

一、有计划的图占察东之所谓黑河区：此地系察哈尔省东南部之一半岛形之高地，长约二百华里，广约四十华里，坐落在察东长城外，向东北拐之环城区，距离北平正北约二百华里。此区之地势系半干燥性质，一部分是山地，其余是蒙古式之草原地。其性质不甚富裕，但因其地势较高，实有军事上之重要性，亦为窥图热西之门户。若其地仍在中国人手，则华军随时可进窥承德，并且可支配一主要驼运大道，与张、库诸市镇联络。此次之纠纷，系由一九三三年日军占领热河而起，因其地含有重要性故也。嗣后日人即尝要求热河原系以长城为界，但中日两国最近一九三三年出版之地图，仍证明该地乃系察省之一部分也。

日人要求占领此地，与其完成承德至多伦及黑河区之军路同时进行。去年十月间，日军即要求黑河区为"满洲国"领土，并且在十月二十五日曾用飞机在此处散放传单，警告中国军队退出该地，否则日军将驱逐之云。日人最近之军事行动，亦即根基于此也（参照附图即可明白其真像矣）。

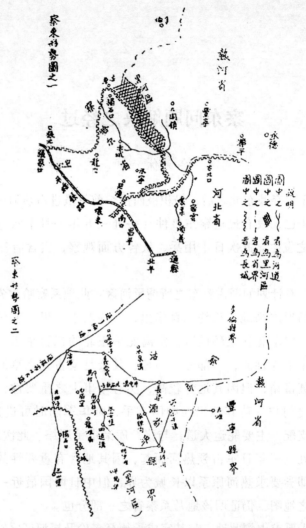

二、向中国当道示威而有所要求：日人进占热河至今业已年余，在此期间，华北局势暂似偷安，此乃因日人忙于整理东北内部，暂缓向华北进展所致。但东北内部现已逐渐就范，故日本又可虚张声势，以恫吓中国，而进一步要求矣。至于此次要求之内容，除察东事件之外，时间自能揭晓。读者只有〔要〕精密参阅报章，即可自解，故不宜在此多赘也。

三、向蒙民示威：日人自进占东北之后，无时忘却其向西图蒙之野心。盖自热河沦亡之后，日人即在东北各地设立蒙人招待处，以利诱其入日人之圈套，同时又利用所谓王道主义，以蒙骗其智能，但蒙人深知其伎俩，而不投其诡计。日人乃知其阴谋之失败，故又不得不进行其打草惊蛇政策，而遣将调兵，以恫吓蒙人而使其早日来归矣。

以上乃日本最近对察东用兵之原因也。至于其最近所持之借口，则大概如下。

据中国可靠方面之报告，在此次事变发生之先，察东曾有土匪之活动，显系从热河方面向西而来者。为此，原有察东之民团（非中国正式军队），即前往追剿，并缴得步枪、子弹等件。旋后，该匪等即逃至日军占领区，而追击亦即行停止。此乃最近事态发生之情形也。日本近因觅借口以进行有计划的活动，故即借此以图之。

据日本联合社一月十八日长春电，谓关东军司令部于该日下午八时发表一声明，略谓"在此局势之下，关东军将不得已而依照日满协约互惠条文之精神，调驻热河之主要队伍、飞机等，采取积极行动，以恢复满洲国之行政。但目的一达，军事即行停止，而绝对不侵入长城界内也"云云。

自此宣言发出之后，日军即采积极行动。日使馆负责人岩井英一氏十九日曾对新闻记者谈话，亦承认察东日军确已开始军事行动，惟该使馆尚未接到正式报告，因日军在外系受天皇指挥，外交人员无从交涉云。

嗣后，日军即由大滩出发，进占长梁、乌泥河、南北石柱子、明沙滩、永安堡、四道沟、东栅子、红泥滩等地。二十八日，沽源县城东约十五里之齐家围子及义合成两村，亦被日军三百余名占据，同时日军并强迫当地居民赶修南北石柱子一带之军路，此时军运亦甚忙碌。日机并飞往独石口、沽源等地侦察及投弹。自二十七日起，每日上午十一时许，古北口之日机亦向长城以南飞到密云、怀柔等县辖境内上空，侦察约二小时。

此事发生之后，察哈尔省政府之发言人曾谓"日人此种行动，完全出乎意料之外"，并指出"长梁、乌泥河、北石柱子、南石柱子、永安堡及四道沟等地，均在察省境内，属于沽源县管辖。此种事实，于中日及其他各国所出版之地图，均有证明"。该发言人并谓"长梁、乌泥河区内，并无正式中国军队，该地之治安是由当地之民团维持。至于日人之宣传，谓该区系属于热河丰宁县管辖是绝对不确。当此中日国交正在改善之际，日人此种军事行动实属遗憾也"云。

当此事发生时，双方有关系之负责人，即奔走调停。日本代表并曾进谒我军政部长兼北平军分会委员长何应钦氏。何氏当时即对其表示"谓中国正式军队在黑河区内并未有任何作用"。日人亦似乎略有谅解，于是问题表面上即渐趋和缓。关于日人要求中国军队退出黑河区之点，何氏即谓"察哈尔省政府主席宋哲元氏之军队，并未开入黑河区内，当无令其退出之必要。驻热日军虽负责防卫'满洲国'西部之国防，但亦无理由驱逐中国军队也"云。当时一般观察者认为察哈尔局势如无其他意外发展，将缩为局部之疆界问题，而可依照中国之主张，谓华北军事当道并无违反《塘沽停战协定》，或其他过失，而以交涉方式解决之。

外国论者并赞许何、宋二氏之主张，谓其所持之镇静态度，可算是对于强邻侵犯中国行政及领土完整，避免一个严重之争议。当时一般观察者预料何、宋二氏之主张，必可满足日军驻热之高级司令部，并可以避免中日军队在此边界之冲突云。

一般中立观察者认为宋、何二氏之天才，不独可以为军人，实可胜任外交家之职。盖在日人此种虚张声势恫吓之下，该二氏能觅得一和平方法，解决一个困难问题，而在中国东北边界维持和平之状态，实在不容易也云。

此问题之突然紧张，不独中国当道认为出乎意料之外，即欧美各国之留心远东局势者，亦认为严重，而有扩大之可能。某英文报曾论其事，谓"日本此举实在有领土之野心。日本要求察、热以长城为界，中国或虽让步，但日人仍不甘心，或企图进占察、绥、宁，以截断中俄之国际路线"。关于此事英国国会并曾提出讨论，苏俄对之，亦极为重视，至于美国方面，则一般关心此事者，即将日美关系重新加以检讨。兹将其结论述之如下。

日美战争显然有两种潜伏之原因，即日美若发生战争，则必因争夺国际市场，或日本侨居美国之农民与美国藉〔籍〕民直接发生冲突而起。

美国亚利逊那州，近日曾发生对日侨有暴动之举，原由系因日本农民在该州与美人竞争甚剧，盖日人生活程度过低，使美人对其发生嫉娪〔妒〕心理。此不能不算是战争原因之一也。

此次讨论远东问题，与海军实力无甚关系。今日之海军问题，乃系国际局势发展之结果，而非其原因也。

日本之需要国际市场，将逐渐趋向于严重化，而使日本政府认为宁可与各国一战，而不愿意减缩其国内工业品之生产量。已往日货出口，不过是瓷器或丝产品等简单货物而已，此实与欧美各工业国家不发生若何冲突，但此种情形，业已成为过去之事实。如今则日本已完全工业化，日货在全世界市场上，均与欧美列强之货品发生剧烈之竞争。

至于日美两国，亦有一种反战争之趋势。此亦系因商业而显现者。目前日本系购买美国棉花之最大主顾，而美国则又成为日丝之最大购买者。

日本之满洲政策，现已显然失败，盖其不能作日本过剩人口之出路也。日本现虽已支配满洲，然垦殖日政府所消费金钱而维持治安之区域者，实为中国人，而非日本人。据华盛顿官方所得之报告，日本虽努力提倡向满洲移民，但如今仍不能引起其国民之动向也。

"满洲国"现在之经济局势，与日人之在美国亚利逊那州者相似，在美国之日人生活程度较美人为低，然而在"满洲国"则日人之生活程度较中国人为高，结果中国人在"满洲国"繁荣，而日人则失败。所以将满洲作日本过剩人口之出路，显似失败矣。

至于美国一般当道此时所持之态度，则以为此次察东之冲突，若不违反九国协约，美国当不采取积极行动。而华盛顿方面之舆论，对之亦坚持镇静态度，以试观其是否不受外界之干涉，而自行平静。其当时持此种缄默态度，系希望能制造一种较善心理而进行一新海军协定。因英、美两国对于煤油专卖及海军问题，系采取同一态度。故一般明白事态者相信，如有违犯国际条约等事发现时，该两国必采一致行动也。

华盛顿各界对于此次日军行动之最后目标，多加以推测。当时相信此事之外表而认为系一单纯之边界争议者甚少。据当时观察者之意见，日军之行动，必有下列用意之一，即在张垣一带断绝中俄国际路线，或占领一种战略地点，以便向北用兵，而截断西比利亚铁路，或向南进攻中国本部。并且其行动之计划，确非临时拟就者也云。

此外另一派之观察者，则谓此次察哈尔之风云，似乎是日本故意施行其所谓维持远东和平之有力者之要求云。

上述种种，足以证明此次局势之严重，及各国注意之切也。好在我国当道得人，处置亦适当，事态乃趋和缓而至解决。

此事由始至终，经双方代表奔走多次，始略有头绪。复经多日之接洽，中日代表乃于二月一日在沽源会晤，双方意见极为融洽，原定即日由日方军事联络员松井大佐介绍同赴大滩谈判，后因事故，中国代表乃改于二日上午前往，当即于该日上午十一时在大滩举行会议。我方出席代表为三十七师参谋长张樾亭，沽源县长郭堉恺及翻译员张祖德等三人。日方代表为第七师团十三旅团长谷实夫，二十五联队长永见俊德及日军驻张垣军事联络员松井等三人。开会后首由日代表谷实夫报告，谓"察东事件系出于误会，现双方均不愿扩大，故日军即撤回原防，希望嗣后勿再发生此种不幸事件"等语。继由我方代表张樾亭答词，谓"中国始终维持和平原则，现日军既已撤退，双方误会自可解除"云。双方代表乃互表歉意，席间除表示以上意见外，并无签署任何文件。察东情形仍恢复纠纷以前状态，故结果极为圆满。至十二时散会。会后双方代表同在日军司令部聚餐。我方代表张樾亭，偕翻译员张祖德，于饭后乘汽车离大滩返张垣，县长郭堉恺亦回沽源。张等当晚七时半到张垣，即晋谒民政厅长秦德纯氏报告一切，旋即偕与会翻译员张祖德，二十九军参谋长张价人等，于是日午夜乘平包快车由张垣来平，向察省主席宋哲元报告一切。旋由宋主席偕同张氏及萧振瀛等，同往居仁堂晋谒何委员长报告大滩会议经过情形。何委员长对张参谋长颇为嘉慰。据张氏云"余奉命赴大滩与日方代表会商解决察东纠纷问题，二日上午十一时由沽源抵大滩，日军驻大滩司令部派日军二十余名前往欢迎，十一时半双方代表即在日军司令部举行会议，彼此对察事除表示遗憾外，并作私人晤谈，至十二时散会，旋即同进午餐，饭后余等即离大滩返回张垣，日方复派日军二十余名欢送。此次会议双方代表均系军事人员，故讨论范围亦仅限于军事方面，并未提及政治问题。余来平系谒何委员长及宋主席报告一切，事毕即返张垣"云。

嗣后军事委员会北平分会，即于二月四日正式公布双方在大滩会商和平解决办法之经过，其公布之原文如左：

据陆军二十九军军长，兼察哈尔省府主席宋哲元报告，察东事件经第二十九军第三十七师参谋长张樾亭，率同随员沽源县长郭堉恺、察省政府科长张祖德，于二月二日前往大滩，与日军第七师团第十三旅团长谷实夫、第二十五联队长永见俊德及松井大佐等，于是日上午十一时在该处会商，口头约定解决办法如左：

察东事件原出于误会，现双方为和平解决起见，日军即返回原防，二十九军亦不侵入石头城子、南石柱子、东栅子（长城东侧之村落）之线，及其以东之地域。所有前此二十九军所收热河民团之步枪，计三十七枝，子弹一千五百粒，准于本月七日由沽源县长如数送到大滩，发还热河民团。

据日本联合社由长春转来关东军对于此次会议经过之布告，其语辞虽与军分会所公布者略有出入，但大致上，其内容亦无甚大差异，故不多赘。

此次事变终结之后，当时察东人民所受之损失，即由察哈尔民政厅长秦德纯氏派员调查，并拨款救济。现在地方已平静，人民生活亦已回复常态。此足见当道处理之得宜也。

二月五日于北平

《正风》（半月刊）
北平正风杂志社
1935 年 1 卷 6 期
（朱宪　整理）

多事的内蒙

边吏　撰

"中原"的纷扰和"边疆"的不宁，是爱国伤时的志士们最伤心的事，现在闲话少说，书归正传，单讲内蒙古乌、伊二盟纠纷的一段故事。

（一）

茫茫沙漠和绵延长城的中间，夹着一块二百多万方里的内蒙。在民国初年，这块地方分为三大特别区域，每个区域里，有许多地方，人们拿着锄头耕种。又有些地方，人们赶着一群一群牛羊向水草的盛处去栖息，这就是汉人所住的道县和蒙人所住的盟旗不同之所在了。自革命军北伐成功以后，三大特区虽然改成了热河、察哈尔、绥远三省，但盟旗还是过着他们老祖宗传下来的生活，没有变更丝毫。现在把他们分布的区域列举于后：

热河——卓索图盟七旗，昭乌达盟十三旗。

察〈哈〉尔——锡林郭勒盟十旗，察哈尔部八旗，达里冈牧场。

绥远——乌兰察布盟六旗，伊克昭盟七旗，归化土默特旗。

辽宁——哲里木盟十旗。

宁夏——阿拉善霍硕特旗，额济纳旧土尔扈特旗。

在民国二十年那一年，东洋人挟了飞机大炮，占据了我们的东北。可怜那些哲、昭、卓三盟的地方，也随着被东洋人抢去了。

（二）

我们所要说的故事，就产生在那未被夺去的乌兰察布盟和伊克昭盟。本来蒙古人的组织，和我们汉人有些不同。现在向诸位唠叨一番：蒙古的男人在十八岁以上、六十五岁以下的就叫做丁，一百五十个丁就编成一佐，合几十个佐就变成一旗，合几旗就变成一盟。这就是盟旗的来源了。旗里面的首领就是扎萨克，世世代代相传。苟非大逆不道，从无革职的事，盟的最高长官盟长，就是由盟里的扎萨克互相推举出来的。我们所要说的石王就是乌盟里的一个扎萨克，云王就是乌〈盟〉的盟长。

在许多年前，乌盟里的西公旗（又名乌喇特前旗）扎萨克将死时，儿子还小，他就把位让给他的侄子。这位新扎萨克竟一帆风顺做下去了。现在都称他为老□王。时代的巨轮慢慢的碾过去，扎萨克的儿子长大起来，可是不久也就一命呜呼，留下两个香烟后代根：一个却出了家做喇嘛，另一个就是扎萨克的嫡孙了。事有凑巧，老王没有儿子，照理应把位让给这位扎萨克的嫡孙。哪晓得老王竟将位让给他自己的侄儿，就是现在的石王。石王这时已经出家为喇嘛，于是遵老王命还俗为王，并由都统马福祥向中央保举。乌盟盟长是云王，也有保举资格，却不以为然，想使上一代扎萨克的嫡孙出来袭位。后来由马福祥从中斡旋，中央并居间调解，云王才不过问，石王才能做西公旗的扎萨克。自此以后，石王和云王的感情，一天坏似一天，甚至去年云王到杭锦旗谒班禅时，附近各旗扎萨克都来欢迎云王，惟有石王不出。云王和石王的感情，由此也见一斑了。

（三）

内蒙自治的声浪，一天高似一天。蒙古地方自治政务委员会也就应时产生。云王一跃而为蒙政会的委员长。石王却没有云王那样幸运。本年他的部下曼头兴兵作乱，攻打王府，石王抵敌不过，逃到绥远，请求绥远省政府援救。后来经人调停，一场乱事才告平息。在事变时，石王的反对党，控告石王于蒙政会和盟长云王处。云王请石王到蒙政会去，为之解决，石王又拒而未行。本来两人的情感已经不好，经此一番，愈变愈坏，不幸的事有点不可避免了。

（四）

八月二十九日，蒙政会派兵赴西公旗撤石王职。石王当然不服，并表示："本人扎萨克职务，系属世袭罔替，自有清迄今数百年来，苟非大逆不道，从无革职情事。且此项权力，属之元首……蒙藏委员会处理……前次西公旗事，系由曼头首先率兵围攻王府，本人既毫无错误，蒙政会尤无权罢免本人，此种越权命令，本人绝难接受。"至于云王，极其不高兴石王，他的驱除石王之心甚为坚决。中央现派张家口台站局长鄂奇光，赴绥调处。后事毕竟如何，且听下回分解。

（五）

福无双至，祸不单行。乌盟纠纷未了，伊盟又闹"夺帅印"。年来准格尔旗扰乱不已，近来扎萨克恭布札布又死去。伊盟盟长沙王保举东协理台吉奇文英，绥省府则保举西协理台吉奇凤鸣，奇文英先将印夺去，奇凤鸣哪里肯相让，几至以兵戎相见。后来经人调解，印仍存扎萨克公署，前途很难乐观。

（六）

内蒙靠近日人势力范围极近，年来内部多事，中央假若处置失当，实在是一件可忧虑的事！

注：本篇前二段可参看本刊一卷四期之《蒙古之今昔》（下）。

《华凤》（半月刊）

南京华凤社

1935 年 1 卷 7 期

（李红权　整理）

内蒙西公旗纠纷事件

权　撰

　　吾国近岁国运蹇衰，既外扼于侮，内扰于匪，而边疆亦频年多故，若西藏、西康、新疆固无论已，即内蒙亦所不免。最近西公旗发生一次纠纷，事缘蒙政会任西公旗协理额勒和多济之子曼头为哈德门沟征收局长，讵曼头与札萨克石拉布多尔感情不洽，发生冲突，于是蒙民纷起要求撤换曼头，风潮扩大，演为械斗。蒙政会于是一面调回曼头，一面传询石王，但石王则迄不赴会，蒙政会遂下令免其世袭职位，而代之以新札萨克巴图巴雅。石王以各旗王公向系世袭制度，表示不奉命，故与蒙政会发生对抗行动。其后虽经蒙藏委员会派鄂奇光前往调解，迄无结果，至今未获解决。蒙政会第三次大会定本月九日在百灵庙举行，在京委员吴鹤龄、白云梯、克兴额等即将赶往参加。此次大会除讨论外交、内政等事项外，对西公旗事件亦将议及，谋一妥善解决办法。同时，国府又有特派大员前往彻查之说。蒙政会云、德二王曾电呈行政院，除陈明罢免石王职位原因外，并诚恳表示，只求不损及蒙政会威信，一切惟命令是从。中央亦以蒙境为边陲要地，内部问题，应从速和平解决，以免节外生枝。故事态可望不致扩大。

　　此次纠纷，表面上似无关大体，实则其内涵意义之严重，殊有不容忽视者在。盖蒙政会免去石王世职之举，实有失当。因蒙古之盟旗制度，行之已有数百年之历史，王公职位，向系世袭，此制由逊清至民国，因循无改，虽去岁三月七日国府明令公布《蒙古地方自治政委会暂行组织大纲》，对于蒙古地方行政系统有重要之变更，然盟旗王公世袭制度则一仍其旧，未有何等改革。中央虽曾赋予蒙政会以若干自治权力，然蒙政会究属一地方行政机关，自无更改一切根本大法如王公世袭制度之权力。故即令石王违法渎职，有剥夺其世袭职位之必要，但在法律上则必须呈请中央核夺之。今蒙政会不呈请中央处置，而擅免石王之职，实难免越权之嫌。虽然，蒙人凤乏政治之训练，今初行自治，对于中央与地方职权之界限，或未能认识清楚。今观云、德二王呈行政院之电，足见其已有自觉鲁莽之意，则此次之失当举措，亦属情有可原。我人惟望其今后能恪尽职责，善用权力，以巩固边圉，屏藩中土也。

复次，吾人有愿掬诚为蒙古诸王告者。现今国势阽危，固不待言，而内蒙目前之环境，则更不容乐观。诸王苟认中华民族各分子确有团结共存之必要，则必须消除意见，精诚絜〔契〕合，一致对外。否则自相纷争，授人以隙，必致各个破灭，同归于尽。故今后蒙政会对所属固应和平宽大，开诚布公，以获各盟旗之信仰拥戴；而各王公则尤应尊重上级，忠诚服从，以求团结力量之强固。双方诚能化私为公，悉力合作，则民族前途，应有豸也。

《国衡》（半月刊）

南京国衡半月刊社

1935 年 1 卷 11 期

（李红权　整理）

外蒙古的将来

《京津泰晤士报》社评

作者不详

最近在满洲里举行的蒙"满"会议决裂后，"满"方发表一篇宣言，它的最后一段是：

> 外蒙因为采取一种排外的和秘密的闭关政策，她的真性是很神秘的。在最近一次会议中，她甚至于拒绝双方来往上的基本权利，如交换使节等，这是国际法与国际习惯一致承认的国家基本权利。由此看来，她的自由是受了人家的束缚，我们决不能把她看作通常的国家。因此我们宣言，今后我们将认她为一个危险而神秘的邻邦，并且解决双方间问题的机会，因会议的破裂而失去。我们决定独立的，按着我们自己的意思来解决目前纠纷，和将来要发生的问题。

前几天，莫斯科的《真理报》对于上面"满"方这个宣言有所批评，认它很带着威吓口气。该报又说，外蒙政府必须准备抵抗"日本军人第四次夺取外蒙领土的阴谋"。

本月十一日，蒙古政府总理、陆长及其他官员到莫斯科，苏俄当局热烈的欢迎，这无疑的和这种新情势有关。外蒙当局拜访苏俄首都大概是要求援助，来应付随时发生新的情势，而苏俄的参谋总长和其次高级官员都来招待，是有意表示双方的密切关系。俄报的批评表示得很清楚，在苏俄当局看来，用武力来解决蒙

"满"间的问题恐怕为期已不在远；又称如果认华北局势的展开是表示蒙古在最近几年里还能保持和平，不受影响，那真是大错。《真理报》于回溯谢米诺夫、恩勤、徐树铮等在日本帝国主义怂恿之下，先后三次侵入外蒙之后，说日本的大陆政策将内外蒙古都包括在内，而占据内外蒙古，在日本人看来已不成问题，正〔面〕是现今的实际任务，不是将来的事。如果日本如愿以偿，日本人可利用该地进行她的大阴谋，一面进攻中国，一面进攻苏俄。

莫斯科屡次在事变来到之前，便大声疾呼，尤其是在三年前，它说东部西伯利亚立刻将被侵犯。现今"满"方的这篇坦白的宣言，虽说在莫斯科那种结论之外很难得到其他的结论，但在真正的危机展开之前，还须经过相当的时间。库伦毕竟还离得很远！

同样，如今猜测红军于蒙古受攻击时将取什么态度，也不免为时太早。最关重要的事是，苏俄对蒙古的援助只限于物质方面呢，还是将使苏俄认防卫蒙古政府和她的领土与保护西伯利亚是有同样的义务。

一种迁延持久的战略，可以避免严重的危机，并可限制征服蒙古所需要的兵力，正与蒙古自身所有的资源相适合。真的，在这种情形之下，只有采用野战的战略才能谈抵抗，还要继续退到库伦以西，那种无人烟的荒野去，防守者便在任何企图侵入贝加尔湖区域的军队的侧面，然而日本空军要在外蒙设立空军根据地，自然给苏俄很大的威胁。反之，苏俄的红军和空军如公开来干涉，将加速极大战争的爆发，恐怕这部分东亚都要卷入。这次蒙古政府代表到莫斯科去，当有重要的决议，但是从报纸上还不能看到在这问题上是否将有一线光明。

同时外蒙古内部的情况也是很可注意的。最近有位上海某报的通信员达恩君（Edward Dunn），作了一本关于蒙古问题的小书，作者是何许人，我们不清楚，他好像也没有到过蒙古。他的材料大概都得自库伦政府最高机关的议事录。集产主义实施在游牧民族上的失败，和各地的暴动，使政府的政策发生剧烈的变动，这比近来苏俄所行的还要显著。据达恩说，蒙古政府公开承认，从来所采用的左倾的政策，不能达到所希求的革命目的，而"蒙古是一个布尔乔亚的、民治的、反封建的、反帝国主义的共和国，并且以逐渐转向非资本主义的生产为基础"。因此又恢复了私人所有权，各种专卖权也大加限制。

据说，恢复革命前的物权和自由，已经证明了正和树立社会主义制度同样的困难。乡村渐渐恢复了旧的习惯，游牧人民离开自治团体越来越远，牧畜生产减少得可惊，政府也不免失望了。这事激动了苏俄，并在一次蒙古赴俄京使团之后，去冬举行第七次大会，决定将政策大加改变。达恩说：该大会的报告，"很可惊异的，是在莫斯科所希望为一块富饶的地方，驳斥了共产主义实验。在一九二九到一九三一年采用极端政策的时候，牲畜的数目减少了七百万头。国内经济和专卖公司都宣告破产。改变游牧民族为农耕民族的尝试也失败了。发展汽车运输，减少牲口运输的办法也证明错误。现在只有手工业工会和中央合作社，是唯一独占输出贸易的机关，和苏俄同性质的机关相似。对于私人所有者的金融上的帮助业经扩大，对于贫穷的所有者的租税也减少了。结果经济情形立见进步，而所失去的牲畜的一半，在第二年便恢复了"。

总而言之，一年前蒙古的改革正和苏俄加入国联后的改变一样，范围非常广泛。虽然因莫斯科对于外蒙的情况极端保守秘密，在达恩的著作里或其他方面却找不到什么证据，但我们可以说蒙古改革的影响之大，也是一样的明显。虽然蒙古没有建筑铁路，但据云除了西伯利亚铁路筑了双轨以外，其他铁路也在计划中，一是从库伦到维克尼乌丁斯克，两条支路从土克西布铁路到新疆的极西，靠蒙古边界，还有一条从塞米巴拉丁斯克到乌里雅苏台，长二千公里。但是这些铁路对于目前局势似乎并不切合。

（十二月十五日）

《西北刍议》（月刊）
南京西北刍议社
1935 年 1 卷 11、12 期合刊
（王芳　整理）

西公旗政变

作者不详

　　绥远通讯：乌拉特旗（即西公旗）前东协理额宝斋之子曼头，亦名金子均，与梅力更召活佛咯咯大喇嘛依锡达屹登等，为谋夺王位，颠覆旗政，曾于本年四月十五日发难，反对该旗札萨克（即旗王）石拉布多济，拟拥戴依锡大喇嘛之侄巴图石益尔继任为王，并推额宝斋为东协理（旗王以下最后执政官）。越日曼头等亲率步骑游勇百余名，围攻王府，情势迫切异常，石王当即向各方乞援，由绥省府及驻包第七十师方面数度调解，历两旬之久，始告平息。

《秦风周报》
西安秦风周报社
1935 年 1 卷 29 期
（朱宪　整理）

西公旗纠纷转趋严重

作者不详

关于西公旗纠纷原委，业经本报上期介绍甚详。本周蒙藏会派遣鄂奇光调解无效，情形转趋严重，蒙各旗王公致电中央，请保障世袭旧制，蒙政会电请蒋、汪，仍坚持免罢石王札萨克职。双方态度如此，一刻恐难融洽，蒙政会定十月九日举行第三次全体大会讨论，兹再将经过各情志后。

鄂奇光调解无效

（北平消息）西公旗纠纷，经蒙藏会派赵丕廉、鄂奇光调处后，因双方态度均甚坚决，尚无具体办法。鄂奇光刻在百灵庙接洽，日内将来平晋京复命。蒙政会已将此事经过详情，致电驻平代表包悦卿，令报告军分会，转电何应钦，向中央陈明，并表示一切服从中央命令。目下绥军王靖国部，共有两营，在乌拉山已〔以〕南黄河以北之鄂尔登召，蒙军约一团，在浑德伦庙，成对峙形势，双方相距仅十余里，情况颇严重云。

蒙政会将开三次大会

（北平消息）关于西公旗纠纷，经蒙藏会驻平办事处副处长鄂奇光，往返于绥远、百灵庙间调解，卒因云王、德王，不改原来主张，坚决保持罢免权，致无良好结果。接此间蒙政会留平某要人接百灵庙来电称：鄂奇光定昨日离庙，过绥不停，径行来平转京，报告进行调解经过。蒙、绥两方军队，距离仅三五里，情势异常严重。蒙政会仍盼中央另派大员入蒙调处，早息纠纷。蒙政会定下月九日举行第三次全体大会，将讨论此事。又讯，蒙政会定十月九日召开第三次大会，在京委员白云梯、吴鹤龄等，顷已接到正式通知，定下月初赴百灵庙出席。闻大会对西公旗纠纷，将讨论具体意见，呈中央核夺。

蒙政会态度仍坚

（北平消息）蒙政会委员长兼乌兰察布盟盟长云端旺楚克，为西公旗〈事〉件，有敬（二十四日）电分呈蒋、汪，文长二千余字，对事件经过，详细申述。并提出两项要求，（一）为请令绥省府勿干涉西公旗事件，撤退军队。（二）请罢免石拉布多尔济之西公旗札萨克职，以巴图雅尔代理。该会驻平代表包悦卿，已将原电转呈蒋、汪。巴图雅尔现在西公旗，当地蒙民颇表拥护。蒙军刻抵梅力更召，绥军仍驻浑德伦庙，形势无大变化。蒙藏会驻平办事处副处长鄂奇光，调解西公旗事件失败后，已于二十六日离百灵庙，抵绥稍留，二十九日可抵平云。

蒙王公要求保障世袭

内蒙乌兰察布、伊克昭两盟各旗札萨克，以蒙政会罢免西公旗石王札萨克职，世袭制度，将失保障，二十六日联电中央请重申明令，保障旧制。兹探得文如次：（衔略）查蒙古原有盟旗制度，自逊清以来历代相沿，已数百年。国民政府成立，十八年一八一次中央政治会议，十九年蒙古会议，及最近颁布之《解决蒙古自治问题办法原则》八项，均明定对于盟旗原有管辖理治之权及王公制度予以保障，不加变更。令文辉煌，举世共鉴。良以我蒙民历史习惯，相异内地，抚绥维系，全赖旧制。中央明令保存王公，即所以保存蒙古；王公等亦仰体中央扶植盛意，屏藩边疆，矢志无二。乃者道路传言，有不经中央核准自动撤销王公，改革旧制之说，如此恐蒙旗失却重心，边地势将多事。札萨克等为保存四百年基业，维护二十万蒙民安宁起见，披沥上陈，恳请中央重申明令，保障旧制，以安远人，毋任悬企。

政院电云王务息纠纷

　　（本报南京二十八日下午十时五十分专电）蒙政会委员长云端旺楚克电蒋、汪，报告蒙古西公旗纠纷处置经过，请明令罢免石王（石系西公旗札萨克）职。蒙藏会正副委员长黄慕松、赵丕廉，二十八日谒汪，请示处置办法。行政院已电云王，务息纠纷，免肇意外事变。又据北平消息，西公旗纠纷，因绥当局坚持须维持蒙政会收回石王免职命令，云王则坚持须维持蒙政系统，罢免石王，调解现已暂告停顿。关于中央另派大员入蒙调解事，因人选困难，蒙藏会拟请蒙籍中委白云梯、克兴额，于出席蒙政会大会时，就近相机处理，白、克二人下月四日可由京□平赴百灵庙。至蒙、绥两军，刻虽相距密迩，但情况尚属平静。惟各盟旗地方，时有某方飞机前往侦察，热河某军亦时赴热蒙边界棱巡。又云王呈蒋、汪敬（二十四日）电，业于二十四日由百灵庙直接拍往南京。外传该电系由包悦卿删改转发，说不确云。

《秦风周报》
西安秦风周报社
1935 年 1 卷 30 期
（李红权 整理）

解决西公旗纠纷

丕 撰

自从上月间，蒙政会与西公旗扎萨克（石王）发生纠纷之后，双方的态度，时紧时弛，迄至现在，仍在僵持着。

本月九日蒙政会的三次大会，在百灵庙开幕，一般人都期待着该会对纠纷能想出具体办法，不料届开会时，云王有病莫有出席，而其他委员也多数未到，仅由该会的秘书长德王主持开幕仪式，正式集议，当然要在各委员出席以后。大会的成就，又须待多日的延搁，对此纠纷，尚不知能有怎样的结果？

其实双方在对峙局面之下，都盼待着中央解决，行政院在本月一日的院会席上，决派交通次长俞飞鹏氏入蒙彻查，因俞氏坚辞不就，所以行政院的八日会议又改派北平军分会委员何竞武氏担任，谁知何氏也同样的苦辞，行政院不免又得另定人选。我们中央的行政，往往都是如此，然而一切事件，决不能延宕一下，便会满意解决的。

在这国难严重期间，尤其边疆省份，不敢再起事端，我们一方企望蒙政会各负责当局，放弃成见，研究公允的调解方法，一方希望中央，速决对蒙的根本大计，保障各王公的固有地位，以坚其内向之心，无任该问题的扩大，使强邻又得借口，以施其挑拨离间的诡计!

《秦风周报》
西安秦风周报社
1935 年 1 卷 32 期
（丁冉　整理）

德王在燕大讲内蒙问题

惟有精诚团结共御外侮　拥护中央保全整个领土

作者不详

德王前应燕京大学法学院之请，讲演内蒙自治问题，并偕蒙政会参事宝道新及敖云章氏，行抵该校。首由该校法学院院长陈其田，在校务长住宅，设茶会招待，四时在该校大礼堂讲演，到教职员及学生五百余人。听众于四时前即已齐集礼堂，德王入场时，掌声雷动，主席陈其田首致欢迎词，指出欢迎德王之三点意义：第一，德王为一受过高等完全教育之蒙族领袖，于文则政治、经济、国际大势无不了如指掌，于武则骑术、枪法超越常人。第二，德王为一平民化之王公，身为贵胄，而不甘养尊处优，能与下层民众同甘苦。第三，德王为弱小民族之英雄，当兹西蒙为强邻耽视之际，中国边境最大危机，潜在其间，德王能不畏艰巨，团结训练蒙古民众，堪称我国民族之干城。词毕，德王以蒙古语演说，由宝道新翻译。演词大意谓：蒙古民族虽散该〔居〕欧亚两大陆上，向乏统一之政治中心，但从未遭受其他民族之侵凌与征服。中华民国成立之初，蒙古以五大民族之一资格，参与中国民主共和之共同奋斗，益感自身之伟大。泊乎民十，外蒙宣告二次独立，九一八后，东蒙之一大部又亡于日本，庞大蒙古疆域，乃缩为西蒙之一隅，而此一隅之地，亦因此而沦于异常险要之境。本人有鉴于斯，故于二十一年曾至首都谒蒋委员长，为内蒙前途，提出重大建议，当时卓（索图）、昭（乌达）两盟尚未失守，内蒙命运未濒绝境，只以首都正开三中全会，党政大计，诸多待理，致本人之建议，未见实行。未几，热河云亡，卓、昭亦失，内蒙之犹在中华民国政府领导下苟延残喘者，只余锡（林郭勒）、乌（兰察布）、伊（克昭）三盟，前途益呈岌岌不可终日之势。内蒙觉悟之领袖，既不能生以待毙，乃不得不实行自治，于中央政府领导之下，为保全蒙疆之最后努力。德王此际追述客岁四月间成立内蒙自治政务委员会，以及中央尽力辅助，颁布内蒙八项自治原则，拨定经常费与事业费等事实经过。继谓"西蒙之犹能苟全至今者，不得不归功于此种努力"云。德王最后郑重宣言"目前内蒙自治运动之负责者，所有抱负可归纳两点而陈述之：第一，促成内蒙之完整，使各盟旗间，精诚团结，共御外侮。盖自逊清以来，内蒙未脱封建制度之窠臼，地方散漫，缺乏政治中心，现国难当前，不容长此放任，故必借蒙政会之现有基础，促成内蒙之团结与政治中心之树立。第二，激发民族精神，打破养尊处优之积习，提倡政治精神，造成国家观念，而以拥护中央保全大中华民国领土完整为总原则。外人无论有何猜忌以至进行阻碍，本人及内蒙之负责者，决矢志如此，始终弗渝"云。又德王演说完毕，即由陈其田氏陪同乘汽车赴燕大社会学系主办之清河试验区参观，当车欲开驶时，燕大男女学生多人纷纷恳请德王题署汉字，德王几应接不暇，历十分钟，始于喝彩声中驶离燕大。

《燕京新闻》（半周刊）

北平燕京大学燕京新闻社

1935 年 1 卷 91 期

（朱宪　整理）

外蒙现势

保德 译

蒙古的地域

蒙古的总面积约二十三万方里，即约为中国本部五分之二，当日本之十倍。外蒙幅员，东北〔西〕六百二十五里，南北二百五十里，即东至南满铁道与中东铁道之东线，北至北满铁道干线与阿尔泰山脉；南以万里长城为界，西由中国西北角伸至西北方，在此西〔四〕边内包围成不正四方形者即为蒙古。然而中间隔以大戈壁沙漠，戈壁以北为外蒙古，戈壁以南名为内蒙古。将外蒙内之西北角唐努乌梁海除去，其余分为五部，由东起分为车臣汉〔汗〕、土谢图汉〔汗〕、三音诺言汗、扎萨克图汗、科布多汗五部。将内蒙分为三部，由东起为热河省、察哈尔省、绥远省三部。热河省之东北方的东部内蒙古及车臣汗东方、大兴安岭西方区域的呼伦贝尔称为兴安〔领〕省，热河省与兴安省现已为"满洲国"之一部。

地形概要

蒙古之北方，有西兴安领〔岭〕、东萨彦、西萨彦的各山脉为界而与俄罗斯境线〔接〕壤，越过东方大兴安领〔岭〕及东南方之阴山山脉而即通东三省及中国内部，西南方以阿尔泰山脉为界与甘肃省、新疆省相连，为一高度达一千米达的大平原。西部富于山岳、河川、湖沼，为一交通不便而极其复杂之地带，但在东部则反是，成一平坦的沙漠的地带。西部复杂地带绕以山岳，阿尔泰山脉乃由西北境延至东南，至于戈壁大沙汉〔漠〕，与东萨彦、西萨彦、唐努、罕盖四山脉互相连接，其转向东方，天山山脉稍相分离而并立，其各山脉之东南端远入没沙漠之内。

唐努乌梁海绕以萨彦、唐努二山脉，深居四围之山脉中而成另一天地。西南方科布多附近湖沼极多，交通不便，人烟稀薄之故，已耕之地极少。由科布多附近越过国境，沿奥比及伊尔资英河谷而下，即可进出俾伊斯库，及色米巴拉几斯库附近平地，所以将来交通发达，产业兴盛，则即可成俄蒙国境之要地点。

东方高原地带之库伦附近住民最多，且库伦为交通之中心而为道路之辐辏，但南方之戈壁大沙漠则由东起而延至西南，仅见杂草与矮小之灌木，而不能称之为树木，乃成旷野廿千里之地带。在张家口、库伦的交通线的百里内，地质坚硬，交通较易。称为砂地者，幅宽二三百米，长至二千米者不等，各处皆见潴水。在此以西之地域，砂层较深，且西行即渐宽广，尤以阿尔泰山脉以南之阿拉善旗、额济纳旗地区，屡起飓风，沙漠覆天，交通常为之断绝。

越过沙漠地带进至东南方，乃为与阴山山脉相连之大兴安领〔岭〕的主脉，进至东北方，山岭蜿蜒起伏，比高多为二三百米，进至北方，幅员渐次宽广而入黑龙江省，如入山脉东南方内蒙地带，则其土地甚适耕作，近时汉人越长城移住此地者渐多，而开垦之地亦与年俱增。

交通通行

外蒙古之道路，完全以库伦为中心而通至四方，今举其主要者如左：

1. ⎧库伦——张家口⎫
　⎨库伦——平地泉⎬一千二百基罗米突
　⎨库伦——归化城⎬
　⎩库伦——五原　⎭

2. 库伦——恰克图——三百二十基罗

3. 恰克图——乌鲁夫纳〔诺〕几斯库——二百四十基罗

4. 库伦——满洲里——九百基罗

5. 库伦——海拉尔——一千基罗

6. 库伦——乌里雅苏台——一千基罗

7. 乌里雅苏台——伊鲁库资库——九百基罗

8. 乌里雅苏台——海米比几鲁——五百基罗

9. 海米比机〔几〕鲁——米奴几斯库——二百五十基罗

10. 乌里雅苏台——科布多——四万〔百〕基罗

11. 乌里雅苏台——古城——八百基罗

12. 科布多——俾〔伊〕斯库——五百基罗

13. 科布多——色米巴拉几斯库——一千基罗

14. 科布多——古城——六百五十基罗

15. 科布多——乌兰克穆——二百基罗

民国十四年，外蒙政府以其中央执行委员长塔巴德鲁几为全权，与苏俄技术会全权乌拉姆莫尼长及库伊斯基缔结恰克图、库伦、湾〔滂〕江铁路条约。

如依此条约，外蒙古可分三期由苏俄借得一亿元之借款，即以此铁路及其所属一切财产为担保，而且一切材料、大米由俄国购买，第一期土工费二千万鲁布，第二期运材料代价二千万鲁布，期限二十年，第一期无利息，第二、第三则付六分五厘之低利。

不待说，此借款为俄国经营外蒙之过程。但尚有其他的预定线，进行于两国之间。

在此铁道中，库伦、恰克图、乌鲁夫诺几斯库间一段，业已完成。其他目下正在着手修筑，或正在计划中之路线：

1. 俄领米斯几科斯库——乌梁海首都黑米片几鲁间一段。

2. 俄领比斯库——科布多间一段。

3. 黑米片几鲁——乌里雅苏台间一段。

4. 科布多——乌里雅苏台间一段。

5. 几库或达乌利雅——库伦间一段。

6. 库伦——桑贝子间一段。

铁路政策已如左述，但现在除向来所用之牛马车、骆驼外，尚有汽车。

没有自动车时，由十月初到四月末七个月间使用骆驼，在骆驼脱毛期之夏季五个月间，则使用牛马车。在民国六年库伦商务总会，开始在库伦与张家口，开用汽车运输，中国商人遂仿此创立汽车行，其次有英美继营此业。在徐树铮入蒙时代，有中国交通部直接经营之汽车十余辆，合之约有八十辆之数。其后外蒙变乱，影响于汽车交通，复一返于昔日之牛、马、骆驼时代。然而，大正十四年春，冯玉祥之国民军入察哈尔，绥远与蒙古之贸易复活，张家口之汽车行复有十七八家，在平地泉之同业二三家，又有十数辆汽车开行。不久冯玉祥与俄勾结，即用汽车运输由俄供给之武器，将汽车行之汽车强制收买，设立西北汽车运输公司。

其外，外蒙古购买合作社所有之汽车约二百五十辆，民用者五十辆，一时被称为总数约五百辆。

　　蒙古在民国十年革命后，即为〔有〕邮政制度出现，逐次脱离旧时状态，现在到处皆设有邮局，外国邮件则经西伯利亚递送。邮资甚高，外蒙内地者二角，国外者二角五，新闻纸八分，且检阅亦甚严。张家口——库伦间之邮政连络始终未成，只利用商队汽车为之递送。

　　库伦与乌鲁夫诺几斯库间已有航空传递。

　　电话、电信已有相当之设备，惟收费甚昂，非一般人能使用，不过专为官府之用也。有有线电信设于各都市间。

主要物产

　　蒙古人之生产，因主为狩猎与牧畜之故，因而主要之生产物为畜产及狩猎品。输入者甚多，输入品之重要者为麦粉、茶、烟草、织物、金属制品、药品、靴、文具、杂货。外蒙贸易总额输出为一千五百万元，输入为二千六百万元，一千九百二十七年度外蒙贸易之各国比率另表录之，但是总额之四分之三为俄国所占。

外蒙输出入国别比较表（概数）（单位：百万元）

输出 二,〇〇〇万元	输出 二〇·〇	中国 四·〇	
		外国 一六·〇	俄国 七·〇
			美国 六·〇
			德国 二·〇
			日本〇·六
			其他〇·四
输入三,〇〇〇万元	输入 三〇·〇	中国 一〇·〇	
		外国 二〇·〇	俄国 二·七
			日本 六·〇
			德国 一·五
			美国〇·五
			其他〇·三

外蒙之资源概括如下：

家畜

骆驼	二七五，〇〇〇头
马	一，四〇〇，〇〇〇头
牛	一，五五〇，〇〇〇头
羊	一〇，七〇〇，〇〇〇头
合计	一三，九二五，〇〇〇头

家畜品（生产额）

牛皮	三〇〇，〇〇〇张
马皮	四五，〇〇〇张
羊皮	二，五〇〇，〇〇〇张
马毛	二五，〇〇〇普特
羊肠	五〇〇，〇〇〇个
兽肠	三，〇〇〇普特
羊毛	八八九，〇〇〇普特
骆驼毛	六〇，〇〇〇普特

狩狼〔猎〕品

票鼠皮	三〇〇，〇〇〇张
其他皮	三，二〇〇，〇〇〇张
合计	三，五〇〇，〇〇〇张

此外，每年尚产石炭一三，〇〇〇吨，玉石产额亦相当丰富，塔克普附伊罗流域之金亦甚有望。

译自日本《边疆支那》

《泾涛》（不定期）

北平陇东留平学会

1935 年 2 卷 1 期

（李红菊　整理）

满清苏俄之对蒙［守］政策
〈及〉我国今后应取之方针

卓然　撰

一　导言

　　蒙古是我国北部的屏藩，面积共计三百三十三万七千二百八十三平方粁。以瀚海大沙漠为界，分为内外蒙古两部分，在瀚海以北，叫外蒙古，瀚海以南叫内蒙古。内蒙古现在已经改为热河、察哈尔、绥远等行省，和本部各省不相上下了。外蒙古仍然分为喀尔喀、科布多、唐努乌粱〔梁〕海三区，依旧保持独立的状态。但是自从日本图热以后，蒙古问题更是严重，因为边区的丧失，已经由东北、外蒙古逐渐的迫近到内蒙古了。

　　日本帝国主义者的野心，潜滋暗长，既然得了东北以后，又复增兵热边，想分这块肥肉，但是第三国际指挥下的外蒙"赤化"势力，也是不忍眼看内蒙的被人家吞并而要时思东侵，在这种极危险的局面之下，蒙古问题之重要，哪能说是不及东三省呢，所以我们今后除督促政府、辅助政府切实对日俄交涉东北失地之收复，和外蒙俄兵之撤退，外蒙独立之取消外，同时对于治蒙政策，也须深加注意。因为我们不怕边疆土地的沦丧，而是怕边疆人民精神上的携贰，果真能够使蒙民悦服归化我国，那末，不怕日俄兵力如何强大，也不能制服蒙民的。我们要研究出一个适当的对蒙政策，就不得不将过去苏俄和满清之对蒙所施的政策加以分析，把满清治蒙失策之处，作为我们的殷鉴，将苏俄对蒙侵略的成功，用作我们的参考。

二　清代对蒙政策及其失败

清代初兴的时候，看到前代边患之烈，对于蒙古，一味以消极的征服为依归，所以他所采取的政策，约有下列几点：

（一）利用喇嘛教

蒙古的有喇嘛教，始于十六世纪后半（即明万历四年，一五七六年），那时有名的俺答汗（归化城土默特部的始祖）、鄂尔多斯部之彻辰洪台吉和博硕克图济农、土谢图汗始祖阿巳〔巴〕岱、三音诺颜部始祖图蒙肯等人，都先后归依，极力奖励，所以喇嘛教因之大盛。很早有名的额尔德尼招的喇嘛庙，就在这时在和林建筑的。清初外蒙诸部，要想投降俄国，呼图克图（即活佛）劝他们事清，清廷很感激他，因此便封他做大喇嘛。康熙中叶，每年招活佛来京说法，乘黄车，住黄幕，宠任备至。到了雍正、乾隆两朝，更是非常注意此事。当康熙帝薨崩的时候，第一代活佛，马上就进京敬谒梓宫，在一七二三年（雍正元年）死在黄寺里面，雍正帝不听藩院的谏阻，亲临活佛棺前，供香茶，献哈达，恭谨致祭，并且派遣特使护送遗椟，安返库伦。不久第二代活佛，仍然转生在外蒙古，在乾隆初年来京，曾经得了特赏旅费一万两，并且在他所住屋子的墙壁上，特许垩以黄色，备受种种优待，以后到第四代末年，又来京朝觐皇帝，仍然给他乘黄舆、坐黄轿、住黄幕之种种特权。因为清代奖励喇嘛，所以外蒙寺院之多，所在都是，如多伦诺尔的汇宗寺、善因寺，热河的普仁寺、普宁寺、安远庙、普乐寺、普陀宗乘庙（布达拉庙）、须弥福寿庙（布什伦庙行宫庙），库伦的庆宁寺，诸大喇嘛庙，都是在顺治、康熙、雍正、乾隆四朝所敕建的。魏源《圣武记》有曰："蒙古敬信黄教，不独明塞息十五年之烽燧，且开本朝二百年之太平。"可见清代愚民政策的收效。并且喇嘛所读的经，都是藏文，因为喇嘛的力攻藏经，所以不知不觉的就放弃他们固有的蒙文而不顾，由此也可知清廷用意是很深刻的了。

（二）制限汉蒙之接触

清廷对于蒙古人民，禁用汉字名姓，不许学习汉文，凡是诉讼及其他各种请愿的公文，一概不准用汉文汉字。如果教授，代书，有学习汉文汉语的，不问何族，一律处罚。内地人民，居留蒙境，并不得与蒙古妇女结婚。内地商人，前往蒙古经商的时候，须先得理藩院许可，给予院票，并须在院票之上，注明姓名、货物、地点（如张家口、多伦诺尔、绥远等之类）和出发日期，以备到达经商地点所驻扎之官厅或札萨克，检查验明。至于贸易往来，必须货款先交，不准赊放，居留期限，一年为度，纵然因为收账而逗留，亦为例所不许，商民居室，须插毡幕，不能建筑家屋。至于唐努乌粱〔梁〕海地方，就绝对禁止华商前往，仅能在乌里雅苏台，收买乌粱〔梁〕海人携来售卖的貂皮而已。

以上都是清初对蒙所取的政策，可见清代的防闲蒙人，无所不用其极，所以终清代二百五十年间，蒙古得相安无事，未始不是此种闭锁政策的奏效。然而承平日久，防闲不免稍疏，到了康熙帝每年一度的热河巡狩，更开了汉人移殖蒙古之端。后来生聚日众，行止无定，禁垦之令，视等具文，内地人民的杂居蒙古，既日见增多，设治置官，势乃不能再缓。同时俄国势力，日益南下，对于蒙古，窥伺益亟，清廷感受压迫，才知禁垦愚民的不当，虽然亡羊补牢，为时已晚，然而热河、察哈尔、绥远三地的农业，得有今日的兴盛，张家口、归绥、包头之得成为口北三大镇，内蒙古之得免于赤俄之蹂躏，都未始不是这最后努力的结果。

（三）运用阶级制度

蒙古人民受阶级制度的遗毒最深，恐怕和印度比较，不相上下。其平民叫做奴才，奴才应该操作，世世服役于王公，奴才每有因不胜其苦，去而为喇嘛者。民国成立以后，蒙古王公还有着清时礼服，领顶辉煌，指颐使气，俨如前清大员气象一般，亦可见蒙人阶级制度遗毒之深。清廷利用此种弱点，故于尊崇喇嘛以笼络教众以外，对于蒙古王公，又极尽其优遇怀柔的能事，以为擒贼先擒王，蒙古王公，果真能够贴耳服从，那么蒙古平民，自不能再为我患。所以有清一代，满蒙通婚，盛极一时，如蒙古科尔沁部左翼中旗的一旗，其妇女［可以］充当清帝皇后的，前后有三人，清室公主的下嫁该旗王公的人，也先后有五个。至于清室公主的下嫁蒙古各公主之子孙者，为数更不知几千，所谓"备指驸马"的制度，就是清廷对蒙婚姻政策实施的法子。康熙帝曾说："我朝恩施于喀尔喀，使之防御朔方，较长城更坚矣。"可见清廷利用婚姻政策是收效的。

（四）厉行保护牧畜

清代对于蒙族，凡有十五丁口，就给以广一里、纵二十里的牧地，定为各部旗民所私有，其余则归一旗所公有，并且这种公有地，要非札萨克王公等所能私行处分，如果札萨克或王公等，滥用权力，强制招垦此等公地，希望得到荒价或地租的，实际上是不为法律所许可的。因为蒙古各地，王公台吉等人，大概比较的富有，至于属下人民，贫穷的实居多数，如果内地人民，前往蒙地开垦，在王公台吉，固所至愿，然而蒙旗人民，就益陷于困穷，最后的结局，王公台吉也不能不受其弊害呢，所以清代许多皇帝都以开垦蒙地有碍蒙民生计的牧畜，为其惟一理由，严申禁令，不许开垦蒙荒，这在当时情形看来，也有相当的道理。哪知道俄人就根据这点，时常说清帝曾与蒙古王公有约，蒙古领土，享有不可侵犯的特权。其实征诸事实，这是不对的，因为各个札萨克和王公等，时常贪得荒价或地租之利，清廷不能禁其招垦，内地人民，又以开垦为大利所在，争欲前往开垦，因而禁止开垦的法令，就更难实行了。自从蒙古边境各部，所有蒙民牧地，逐渐被汉人耕作侵融〔蚀〕，既成事实，蒙民就益陷于穷困，如果清廷到了后来，不纵令蒙民，使与富豪札萨克，及其他王公台吉，相持对抗，那么虽然没有满清末年的招垦政略，但是蒙古土地，早已变为汉人耕地，自是意中事了。

上述清廷种种对蒙政策，不外注重怀柔愚民，维持其秩序安宁，使对清廷不起纷扰，使与汉人关系疏远，并且和满人同敌仇〔仇敌〕忾罢了。清廷对此两大政策，大体总算成功，但是蒙人至今不解汉语，保持其民族的特有性，对汉人毫无同情心，这都是受了这两种政策的影响。不但此也，中国之对蒙，一以扰民为能事。在上者对于蒙情极为隔阂，不知因势利导，在下者也乏连络，于是蒙民不堪压迫，甚且有相率逃避者。综观清廷之处置失策，约有下列几点：

一、用人之不当　外蒙所派的大员，其位望之隆，事权之重，和明朝的九边督抚，几乎不相上下，在道光年代，委以斯任的人，非保举的旗员，即左迁的大吏，而库伦大员一席，更以美肥著称。满员营求者，非二十万金不能买得，其每年的进款，大约平均在五十万两以上。地处遐荒，中央既无法考绩，于是历任大臣，乃得任意妄为。以这般贪婪昏庸之辈，当这边疆的大任，要想不误国误民，还可能吗？

二、放垦蒙荒之失宜　放垦蒙荒，原为开发蒙古的要策，于汉于蒙，都能两得其利，不过清廷在事前既未剀切晓谕，使蒙人明了开垦之利，事后又不知道善为措置，致贻蒙人时起惊扰，不可终日。蒙人对此，一方面既以牧地日狭，时时存着土地尽入于汉人手里之虑，于是就群起而有袭杀垦务局官吏的举动，他方面又因为种种捐税，纷至沓来，蒙人疑惧交并，即无外诱，也已难免于叛变，何况还有俄人从旁作祟吗〔呢〕？

三、革去喇嘛名号之失策　宣统二年西藏达赖喇嘛，阴附英人，□图不逞，清廷闻讯，降旨革去喇嘛名号，以示惩儆，并且叫驻藏大臣，严密拿办，清廷此举，实予库伦活佛以狐死兔悲之感，同时库伦办事大臣三多，曾经因为喇嘛拒捕，严行处罚，活佛说情，当局也毫不假以辞色。这种雷厉风行的手段，在蒙实为创见，以视俄国的优遇活佛，与之周旋者，其间相去，真要差以霄壤了。

四、创办新政的贸浪　三多莅任不久，中央各机关，督促举办新政的文电，急于星火，于是什么兵备处、巡防营、木捐总分局、卫生总分局、车驮捐局、垦务局等，风起云涌，库伦一城，一时骤增机关二十余处，而一切开办经费之所需，又全数责令蒙古供给，蒙官勒令人民限期缴纳，蒙民不堪其扰，只有相率出之于逃避以了此事。当时参议官唐在礼，募兵建营于库伦之东，招募蒙人，以充兵伍，往往强迫游牧的蒙人，弃其旧业。又在建筑机关的时候，大兴土木，踵事繁华，随从之属，又时常趾高气扬，不可一世，对于蒙民，凌虐备至，一时库伦人心惶惶，大有不可终日之势。所以结果，虽然一事未办，一卒未练，但是蒙人已经是谈虎色变，恐怕大祸将临了。

三　俄国对蒙政策及其成功

俄国自从一七二七年（雍正五年）与清缔结《恰克图条约》以来，关于蒙古事件，屡次和清廷缔结续约，缔结续约一次，俄国就在蒙古取得种种权利。到了清末，俄国在蒙的势力，就深根固蒂了。其所以得致此者，则除条约上所获得权利而外，还有其他种种对蒙政策，现在分述如下：

（一）利用喇嘛教徒

俄国所属的布里雅特人纯粹是蒙古种族，和我外蒙诸部，语言上没有什么隔阂，得以互通情感，并且属于信仰喇嘛教徒，因此俄国便利用之，大讲蒙古怀柔政策了。原来布里雅特族，环住在贝加尔湖两岸，自从一六二七（明天启七年）以后，就渐次立于俄国权力之下。在十七世纪，归依喇嘛教，到十八世纪后半期，我国外蒙喇嘛教徒，就正式承认布里雅特族人，是和他们同教同种的，所以时常有蒙古派遣的传教僧及医生，往来其地。俄国人因于塞勒金斯克东南，接近中国国境的地方，建筑一所喇嘛庙，由俄国政府任命"锡呼图"（僧官官名）一人，主持教务。其后喇嘛教徒日增，锡呼图多至三十四人，俄国政府更任命名为班第达堪布喇嘛一人，使总其成。一八五三年（咸丰三年）俄国政府，规定该庙喇嘛人数，限三百人，哪知以后还增到一万五千人至二万人呢。就是鄂嫩河的姿哥尔斯克庙，也住着有甘卓尔瓦呼图克图的活佛。这都是提倡喇嘛教所利用的手段。民国二年（一九一三年）助成《蒙藏协约》缔结的朵尔哲夫也就是布里雅特族中有名的喇嘛，他实在是帮助俄国勾结蒙藏的功臣呀。

（二）　利用活佛

光绪初年，活佛第八世格根，随其家人同由西藏至库伦，当时年才四岁。到了十二岁，父死，母别居，其时活佛，很有孤寂忧伤之感，于是库伦领事以欧洲新制各种机械玩具、绘画雏形等进，使为随时娱乐之具。就此一端，可以想见俄人对于活佛的笼络，几乎无微不至了。

（三）　利用王公

当我庚子之役的前一年，就是一八九九年（光绪二十五年），有俄人潜赴广东，和两广总督李鸿章，缔结一种密约。如果中国和西欧诸国，不能避免冲突的待〔时〕候，我〔俄〕国当以财力和兵力援助中国，中国即许俄国占领满洲以为报酬。俄国并且希望中国，允许把蒙古土谢图汗、车臣汗二盟土地，置诸俄国保护之下，不过各蒙古王公反对之时，中国不负责任。其后一九〇〇年（光绪二十六年）有俄人名叫克罗脱的，因为向清廷获得土谢图汗境内的金矿采掘权，于是就想实行开采金矿，但是外蒙各部王公，于例开王公大会，在此大会席间，对于俄人采矿，多持异议。驻库俄领事昔昔马勒夫，竟躬临议场，操蒙语为巧妙之演说。其演词要旨，大概是说蒙古受俄保护，比较属于中国利益为多，况且现在又有十万卢布，散给你们王公吗〔呢〕？蒙古王公，惑于昔昔马勒夫之说，对俄反对的气焰，就一落千丈了。

以上关于俄国对蒙所施的政策，略为述及。现在且把他在外蒙第二次独立以后，各方面侵略成功的情形，也略加叙述如次：

在民国十年春间，俄国白党巴龙、恩琴两将①，得日本人的接

---

①　原文如此。巴龙恩琴是一个人。——整理者注

济，率领所部白军，攻陷库伦，继占恰克图、叩林、乌得、科布多地之时，我国居留外蒙军政商民及蒙民，都大受残杀。就中多数青年蒙人，还利用民族自决之潮流，招集中国、内外蒙古、俄属布里雅特蒙族代表，在俄境大乌里地方，组织蒙古全体临时政府。其时，俄国白党谢米诺夫，本为布里雅特族人，巴、恩又系谢之部将，所以谢很想利用此辈青年志士，团结中、俄蒙族，即以外蒙为根据地，建立旧式帝国。哪知道临时政府，不愿受他指挥，因被白党解散，这辈青年，既不见容于白党，乃与俄国赤党联络，会远东共和政府，亦因白党近在肘液〔腋〕，国土安危所系，极愿起而助之。外蒙青年，既得赤党后援，就和布里雅特同志，组织蒙古国民党，招编蒙古军队，设立蒙古国民临时政府，并派赤军会同外蒙军队，由赤塔长驱库伦，攻陷各地，击溃白党，于是外蒙全境，就入于国民临时政府支配之下了。

这个蒙古国民政府，名义上虽然仍推戴哲布尊丹巴呼图克图做君主，惟限制其权力，几等于零，而政府实权，完全操在赤党的俄人手里。

以上是把外蒙第二次独立的经过略为叙述，现在再来说到在俄国卵翼下的外蒙种种革新方面：

1. 内政方面

蒙古国民党，自从组织政府以来，对于各机关权限，都有很明白的规定，不容徇私乱法；就是对于民权问题，也能具体讨论，详订规章，如限制札萨克王公，及非札萨克王公条件，共有十四项，各部落和沙毕等处地方制度，又有五十八条。自从公布以后，各部、盟、旗王公，都只存有虚荣的爵位和微薄的年俸，所有从前的宗教袭封权，以及各项生杀予夺、为所欲为的实权，都被取消，而集其权力于地方自治议会范围以内，平民起为总长和主事人员者，所在多有。

地方制度的组织，系采选举委员制，划分外蒙全部（除唐努乌粱〔梁〕海）为八十六区，而以蒙古包（即毡幕）一百五十顶，做一地方行政单位。每区设一行政委员会，委员由各行政单位的选举机关选出，委员会组成以后，凡关本区行政，概须经由该会议决，呈请中央执行委员会，批准施行，虽是王公贵族，也必服从此项批准的议决案，又于委员会内，附设审判厅，管理地方司法事务。蒙古国民政府，又为防止各机关员司舞弊，特设一审查司，直隶于国务会议，对于各机关所办大小事务，随时暗探明查，以故国民政府人员，上自汗王、总长，下至书记、兵士，无不兢兢〔兢兢〕业业，勤奉职守，这都是内政改革的特效。

2. 军政方面

外蒙国民政府，现在所有军队，除由陆军部管辖一切而外，尚有蒙古全军参谋部，为其最高机关，凡关于军事计划，及训练或调遣，都由该部操其实权。现在所辖军队，都是骑兵、炮兵、机关枪队、飞机队、汽车队、骆驼队，也有小规模的组织。常备兵额，现有一万六千余人，预备兵额，现有三万五千余人。采取征兵制度，凡满十八岁的男子，均须入伍，训练六个月后，遣回本籍，作为预备兵士，一旦遇有战事，均可内外相维，随时应敌。苏俄在我外蒙的势力，委实惊人。

外蒙军事教育大权，皆操在俄人手中。常备、预备各营军官，多由俄人充任，而其教练编制，也按俄国营规，各营都有苏俄教官数人，主持一切训练。现在凡属军政大权，无不掌自俄人，无处不受俄员指挥，蒙人只供驱策罢了。

3. 财政与金融方面

外蒙财政，在未独立以前，政府岁收，极其简单，除牲畜税而外，其他可算没有什么收入。其时每年政费，全由清廷补助，定额年约一百万两，连同外蒙本地税收五十万两，年可收入一百五十万两。开支各项经费，每年尚有赢余。独立以后，中央接济既已断绝，各项庶政，复百废俱举，招募军警，创设学校，筹办市政，以及添设各项机关，种种支出，较前增至十倍，自不能不另筹款项，以支军政经费。按外蒙岁入，牲畜税居全额十分之八，其他收入，反居十分之二。若增征多额税捐，不但人民无此负担能力，并恐激起反抗风潮。以故，国民政府对此，一面逐渐加税，一面向俄借款。俄虽然自顾不暇，本无余力以济他人缓急，不过外蒙具有优异的条件，可以满足他的奢望，又有什么不可呢。蒙人自借了十万万元丝毫不值的卢布纸币以后，财政依然困难，又复以外蒙全部矿产作抵，向俄借金卢布一百五十万元。外蒙自得此巨宗现款以后，金融顿呈活跃，各项捐税，亦已渐次增收，各机关员司，更经实行裁减，开源节流，同时并举，财政遂不虞其支绌，直到现在，每年尚有二三十万两的盈余，故目前无须外资接济。

进论外蒙金融，在市面所流通的货币，计有中国银锭、银元，俄国金洋、银元，日本金票，拓边银行牲畜票六种。金票效力最微，牲畜票流通最广，不啻一种外蒙中央银行的纸币。因为拓殖蒙边银行，是俄商斯瓦尔斯基与外蒙喇嘛绷楚克车林所合办，资本五百万元，总行设在库伦、恰克图及其他诸地，就是俄属西伯利亚各大都会，都有分行，对于外蒙政府，取得纸币发行特权。

外蒙政府对于币制，现在虽以银两为本位，但是市场使〔元〕用，则须一律牲畜票，商民人等，手里虽有中国银锭、银、俄国金洋、银元、日本金票，均须换成牲畜票，方能使用。复次，外蒙国民政府，对于维持金融条例，也规定极严。凡属硬币，只许输入，不准输出，商民每人出境，只准携带现银二十两，或银元二十五元，如须携带一百两或一〔二〕百两时，必先呈报外蒙政府，缴纳值百抽二十的捐税，领取执照，方准出口，否则一经查获，全部没收而外，须再处以一倍以上五倍以下的罚款。只有苏俄商民，则不受此条例的限制，蒙员虽明知之，亦不敢向其检查。年来外蒙现金现银，流入俄国者，为数实已不少。如不亟筹救济之策，恐怕外蒙金融，将被俄国吞没净尽。不但此也，俄货入口，概免税厘，故库伦市面俄货，价很低廉。把已卖得的价款，类皆兑换现金现银，运回俄国，欧美各国商人，因而群起假冒俄商，图得免税免厘、运输现款之便宜，实际上条例能实行者，只蒙民和我华商而已。

4. 实业方面

外蒙物产，本极丰富，而牲畜、皮毛、皮革产额，尤超越全球。此类物产，向以南美洲巴西为最盛，而今已呈衰落之象。在二次独立以前，则除牧畜、渔猎而外，外蒙无实业之可言。自从蒙古国民政府建立，察知矿产到处皆是，弃利于地，未免可惜，因此有多数蒙人，主张利用外资，开发外蒙实业。此项计划决定以后，或卖给俄人自行开采，或由俄蒙缔约合办。近今已有煤矿四处、铁矿一处、金矿二处、银矿一处，先后实行开采。此项公司，都在库伦设有办公机关，从事招集股本。年来时有俄国实业家多人，前往外蒙各旗，调查矿产，择其质佳而苗旺者，与外蒙政府缔约开采，虽多无资实行，而其目的，则在取得开采权利，不愿他人染指于其间呢。

5. 交通方面

外蒙全境，大部都是草原、沙漠，虽有几条河流，但也不大。商旅往来各蒙旗，大都利用骆驼。民国成立以后，政府曾开辟一长途汽车路，三四日可达，最迟也不过五六日。自从外蒙国民政府成立，对于交通注意经营，逐年进步，具有成绩。现自乌得北至库伦，国民政府设有台站，用以递送公文。由库伦北至恰克图，除台站外，并驶长途汽车。民国十二年夏，外蒙国民政府，且于哈喇郭勒河上，特筑铁桥以通往来，自恰克图北达布里雅特新都的上乌金斯克，计程四百余里，除驶长途汽车而外，每年夏秋二季，并可航行轮船，故自库伦北抵西北〔伯〕利亚铁路一千一二百里间，水陆交通，都很便利。库伦城内，现已逐渐修筑马路，并有俄商马车约二百辆、汽车二三十辆，驶行其间。

所有交通枢纽，皆操俄人手中，譬如库伦至上乌金斯克汽车路，完全由俄款修筑，蒙人无复丝毫干涉权力。不但此也，库恰铁路（由库伦至恰克图）、西伯利亚支路（由恰克图北接西伯利亚铁路）以及库新铁路（即由库伦经八百里瀚海，以达新疆省城）都与俄人缔有条约，许以修筑特权。虽然现在俄国尚无能力谈到兴筑，将来俄国国库充裕，势必据约筑此三路，囊括我国西北半壁，其后祸患，真非吾人国所能预想了。

6. 文化方面

苏俄对于外蒙人民智识之启发，与共产主义之宣传，其活动尤为积极，一切学校课程，均仿苏俄现行学制，高等小学，就授俄文俄语，中等学校，完全俄语教授。各校教员，俄人居三分之二，蒙人仅占三分之一，又有蒙文报馆二处，皆系苏俄出资所办。俄文报馆一处，专事宣传主义。蒙古青年，因受苏俄之宣传，多热心倾向于共产主义，其由苏俄留学回来的蒙古青年，对于宣传共产主义，尤为激烈，且多组织"赤化"学术团体，以从事活动，蒙古的首都库伦，更为盛行。俄国考古学者有时在蒙古发掘汉人坟墓，发现多数古代武器、家庭用具及碑碣等，此外尚有文学〔字〕纪录，于历史研究上，皆有重大的价值。此等物品，都被俄人运至莫斯科，以便研究。

蒙古问题之所以如此紧张，以及苏俄"赤化"之所以成功，我们把它的原因分析一下，可以说：一、因社会及政治状态的关系；二、是经济上的关系；三、是地势上的关系。

蒙古的社会组织和政治状态，异常简单，只不过是少数王公、喇嘛支配多数游牧人民的专制统治体罢了，自从清朝采取愚民政策以后，于是蒙古人便完全和世界文化相隔离，闭锢在黑暗的地域。就因为他黑暗和无智识，对于新思想，乃易于掺入了，自己毫无冷静清楚的头脑，自无抉择批评之力，要想抵抗急进思想的在蒙传播，也是不可能的。

蒙古人民的最大多数，都是游牧人民，丝毫无"土地所有权"的观念。"土地所有权"自然是实施共产主义的最大障碍。蒙古土地，广漠异常，蒙人所有不过有什么叫"蒙古苞"的皮革幕舍，和牛、马、羊群罢了。如果蒙人要实行共产，仅需将家畜等物，平均分配便得，所以蒙古经济状况是助长共产主义之一原因。

至于说到蒙古的地势，对于苏俄的侵略，也有极大的关系。蒙古南部，以大沙漠和中国相隔，而其北方，和西北〔伯〕利亚接壤之地，反而交通便利，并且西北〔伯〕利亚境内，又住有和蒙人同种的布里雅特人，所以蒙人之易被煽惑，也是势所必然的。

四　我国今后对蒙应取之方针

外蒙和中国，自从民国以来，除外蒙撤销自治一短时期外，中蒙在形式上，都是断绝关系，不复往来，但是民初政府，尚不承认外蒙真有独立能力，仍揭五色国旗，号为五族共和，并设蒙藏院，专理蒙藏事务。直到现在，中央对于外蒙，仍以五族平等待遇，毫未歧视，而外蒙对于中国，亦似形式上的关系，虽经断绝，而精神上则仍多有关连之处。从前呼伦贝尔代表幅松亭，在上海欢迎会中演说，曾说："外蒙政府，因中国地方太广，省份太多，各省风俗习惯，尤极复杂，不愿共治，如能组织联邦国家，对外统一，对内分治，则外蒙甚愿通力合作。"可见外蒙对我的关系，精神上尚未完全脱离，只不过政府对于外蒙政策，没有加意讲求罢了。蒙古自受近代"民族自决"主义的影响以来，时思脱离中国，以为如此可以得到独立。殊不知扶助弱小民族，原为我国民政府所定的政策，并不需要于蒙人的要求。先总理曾说："中国古时常讲济弱扶倾，因为中国有了这个好政策，所以强了几千年……如果中国强盛起来……我们要先决定一种政策，要济弱扶倾，才是尽我们的民族的天职。我们对于弱小民族，要扶持他，对于世界列强，要抵抗他。"与苏俄假扶助弱小民族之名，实行其侵略之技者，迥不可同日而语了。

对于蒙古今后应取的政策，说来话长，现在就其最重要的，略举如次：

一、发展交通　交通之便否，不仅关系于实业的兴发，对于国防，实亦具有重大的关系。京、蒙相距数千里，中间隔着沙漠不毛之地，行旅尚且感觉不便，遑论行军。所以俄人曾笑中国是有国土而无国防的国家。先总理的西北铁路系统筹之至审，此外各铁道协会，全国道路协会等也都有所计划，很希望全国上下，努力促其实现。冯玉祥曾说："古者行军先取地理，今则交通与军事，相为表里，互为体用……请先言交通。第一当敷设铁道，现在西北方面，已敷设者，不过京绥一线，计长仅一千余里。原议之张多、张库、库恰各路，因工程浩大，款项过巨，均未举办，实为历年国防不振的原因。今则情见势绌，迫不及待，敷设之事，自难再缓。第二当扩充汽车。张库汽车，虽已通行，但沿途无护路军队，其效用不免减少，将来交通频繁，军运过多，亦非现有之汽车所能胜任。至于库北方面，如重要之恰克图，东面的车臣汗以达满洲里，西面的乌里雅苏台、科布多以达新疆，再则如宁夏、兰州、承德、赤峰之间，均尚付之缺如，自应急起直追，赶速兴办。"现在俄人正积极经营，外蒙问题，如不赶谋解决，则将来俄蒙交通，日益便利，这一片大地，恐怕永不能拿回来了。

二、振兴实业　上面关于蒙人的穷困，曾经略事述及，今后如欲实行补救，绝非政府竭力予以资助所能奏效，必须发展蒙地实业，始能普救其地众生，同时亦可为充实我国经济力的一助。

蒙地的农业，虽出产品甚少，但其原因，实由于本地的缺少需要，而非关于土地与气候的不良。试言土壤，则大部分系真土，或含沙砾的真土，极富有有机物质，最适宜于各种谷类与蔬菜的种植，接近恰克图与乌里雅苏台一带，盛产森林与野蔬，即其一证。至于气候，如杭爱山以北之地，则气候温和，水之供给也富，肯特山以西，气候也较为固定，故自杭爱山以北，肯特山以西，连绵而达库伦至科布多孔道的一片大地，实一极佳的农区。

外蒙的牧畜，因墨守旧法，不知改进，故每年增加的牲畜，为数极微，然而蒙古究竟是一个最适宜的牧场。先总理曾说："阿根廷为供给世界肉类的最大出产地，而蒙古牧场，尚未开发，以运输之不便利也。阿根廷既可代美国而以肉类供给世界，如蒙古地方能得铁路利便，又能以科学之方法，改良畜牧，将来必可取阿根廷之地位而代之。"同时羊毛、皮革等类，也为吾人平日所需要，如能本着总理的志愿，努力促其实现，则蒙古对于我国经济上的供给，实在不少呢。

说到矿产，也甚丰富。兴安岭和阿尔泰山的附近，有金、银、铜、铁等矿。库伦附近，有丰富的金矿，已开采的有十八处。清宣统二年（一九一〇年）时，沙金产额，达五万六千余两。此外又有鄂尔多斯部的铁矿，喀喇沁部的铅矿，阴山和阿拉善地方的煤、石棉、大理石、花岗石等。

由此看来，蒙古实业之大有发达的希望，和急待开发的必要，是很明了的了。要想开发蒙古，只有移民实边，这是总理在所著的《实业计划》中曾经详细告诉我们的。

三、实施自治　去年内蒙要求自治，中央已决定八项原则，中央迁就内蒙人士之意，由此已昭然若揭，而蒙汉感情，从此永固，亦可预卜。不过实施自治，本非易事，今后蒙古自治指导公署和地方自治政务委员会，最少应注意下列几点：（A）随时调查蒙古情形，呈报中央。已往蒙古问题的发生，大概都由于中央的漠视和双方的隔阂，今后自治指导公署，应该随时把蒙古情形、蒙民痛苦、蒙民意见，和蒙地应该兴革的事项，报告中央，以资中央有所研究，指示方针。（B）蒙民应参与政治。蒙古政治，向来操于王公手里，蒙民很少参与，现在已经改为自治，那末就应该设立民意机关，如"盟民代表会议"、"旗民代表会议"应该从事组织，努力筹备和训练，使蒙民得共同与闻政治。（C）顾虑蒙人利益。从前盟、旗、省、县的争执，多由于省县方面不肯谅解，或因隔阂误会。今后蒙古自治政务委员会当局，应抱与边疆合作的精神，如财政之划分成数，应由人口和事实方面，公平分配，须处处注意蒙人利益，以符中央允许蒙古地方自治的原旨。（D）外交权应在中央。今后如遇一切对外交涉事项，无论政委会或各盟、旗，都无权过问，须悉由中央处置，以免有受诱惑或鼓动之嫌。

四、充实边防　外蒙因为给予俄人以种种侵略上的便利，所以在一八九九年，俄国与英国缔结《英俄协定》，规定长江流域，为英人势力范围，至日俄战争，又有《日俄密约》，约定外蒙、北满为俄人势力范围，此后俄人就积极侵略外蒙，煽动外蒙独立，将来还要实行南侵，自意中事。至于内蒙地位，形势更为危迫，因为日人欲图俄，必先图蒙，已为其用兵一定的计划，况且由蒙以入俄，由新疆以入俄，都是国际交通要道，日人如果奄有蒙古，进略新疆，那么中国海陆两方，都受封锁了。再历年来蒙中匪军庞杂，政治不安定，都是由于日方在内作祟。这样长此下去，内蒙前途必然不保，自治运动，也难顺利推行。我们以为内蒙三盟，政府已经许其设区自治，而国防、军务，应归中央处理。现在察哈尔、绥远两省防军，都屯驻于已设县治境内，其盟、旗地方，设有各该王公所练的保安队，这都只能作防御盗匪之用，一旦有事，势必鞭长莫及，故今后急应在三盟地方，划定军区，择其居中便于调制之区，建牙开府，并且委派威望素著、韬略宏富的将帅，镇守其地，配以精兵，辅以空军，同时并就地添练蒙古骑兵以为之助。这样严为布置，或可稍弭敌人窥伺的野心，虽然胜算未必在握，但如此筹划，以防万一，或可收效于将来也。

五　结论

由上所述，吾人可知蒙古之成为问题，一方面固然是国际政治舞台上自然的趋势，然而满清在那时既不努力以图挽救，反而推波助澜，实行驱民与干涉等政策，则俄国在远东的活跃，纵然不受日本的打击，或蒙古无俄人的利诱和挑拨，我们也可以断言蒙古也无安宁之日。吾人鉴于过去治蒙的失策，知道只用武力压迫，固非其道，就是专和蒙古王公周旋，用羁縻政策，以牢笼蒙人，亦复无济于事。惟有全国努力，一本至公，发展蒙古交通，以便移民垦殖，开发地利，振兴实业，利用蒙古广漠肥沃的土壤，实施内蒙自治，顺应其地人民要求，同时注意贯输人民新智，培养人民组织力、创造力，以适应时势之需要。而欲实现以上三种目的，更须巩固边防，严加布置，以弭敌人之野心，毋再为热河之续。这都是我们目前刻不容缓亟待完成的责任啊。

一九三四，八，十四，脱稿于中央政校

《边事研究》（月刊）

南京边事研究会

1935 年 2 卷 2 期

（李红权　整理）

复兴民族声中之边疆问题

作者不详

我国自清道光二十二年以来，九十余年间，内治不力，外交失败，于是国势凌替，日俄争夺于东北，英法图逞于西南，沿边沿海各要隘，多被租割，内地矿山，多被攫取。外虽具亚洲独立国家之美名，实则殖民地之不如。但我有识之士，不愿三千余万方里之神州，五万万伟秀之民族，受异族之宰割支配，于是复兴民族之运动起焉。

复兴民族之方法甚多，有自文化方面立论者，有自宗教方面立论者，有自自然科学方面立论者，亦有自政治、经济方面立论者：见解不同，言皆成理。但吾所谓复兴民族，有先决问题，即一般人民，首须生活稳定。人民生活稳定以后，方能安心从事于生产建设事业，政治方可逐渐步入正轨，然后民族方可复兴。若此先决问题一日不得解决，则一般人民生活皆将不保，又安能谈及复兴运动？

但如何始可稳定人民之生活？则惟有共向边疆，努力开发。盖我国边省，如新疆、西藏、云南、察、绥等地方，宝藏丰富，农产则有米、麦、豆、麻、纱、丝、茶、棉花等物，矿产则有煤、铁、金、银、铜、锡、铅、汞、煤油、井盐各矿，畜类则备有牛、羊、驴、马、鹿、象、骆驼之类，山林则饶有松、杉、桧、柏之属。即动、植、矿无不俱备，且堪称为特产。吾人应一面鼓励边疆人民努力开发，一面集合有志人士，同往边疆，不惟可以解决个人生活问题，且可发展边疆富源，自经济上以建筑中国民族之复兴基础。故在目前，民族复兴，与开发边疆，实有不可分离之关系。望我同胞，对于边疆问题，多注意并努力焉。

《蒙藏月报》

南京蒙藏委员会

1935 年 2 卷 4 期

（丁冉　整理）

日俄争夺下之我内蒙

作者不详

　　自从东三省失陷后，日本"满蒙政策"算是得到初步的实现。然而他并不因此便心满意足，他还想继续的把蒙古地方也放在他的统治之下，以便对抗苏俄，更进而统治整个的满蒙经济，解决他国内的经济恐慌。所以热河横被侵占，多伦相继失陷，对于西蒙，尤其是锡林果勒盟，更作有计划的侵略。

　　日本能实现满蒙政策，固然是日本方面希望的，然而苏俄却是最忌妒最恐惧的事；因为满蒙的富源，如果被苏俄抓到手，同样也可以增进苏俄的经济建设。同时满蒙如在中国政府统治之下，苏俄在国防上可无东顾之忧，满蒙一旦为日本所占领，则马上给苏俄以重大的威胁。所以在帝俄时代，尤其是亚力山大以来，就非常重视满蒙的地位。并且被阻于欧洲，亟欲在远东觅一海口，以扩张其海军势力。一八九五年，强迫日本归还我辽东半岛，一九〇四至〇五年的日俄大战，都是日俄间因互争满蒙而起的冲突。其后俄国虽然打了败仗，但是他对于满蒙，却仍然没有一天忽视过。因之不久，即有日俄的三次协定，划分北满及外蒙为俄国的势力范围，南满及内蒙为日本的势力范围。苏俄革命成功后，国策虽有变动，然而为了国防上的安全，及其经济利益的关系，对于满蒙政策仍不稍变，故中东路的交涉，苏俄不惜出兵吉、黑二省，以示威胁，即其明例。这个问题，迁延至今，仍为悬案之一。

九一八以后，东北被日本拿去，迫使苏俄在欧洲方面组成了互不侵犯条约的网，将大量军队调至远东的国防上，更积极完成空军计划，以抵抗日军。日本也在那里扩充陆海空军，准备应付未来的日俄大战。因此，现在日本与苏俄两国在远东方面的冲突，已经到达箭在弦上，一触即发的时期了。

正在日俄关系紧张的时期，内蒙的锡林果勒、乌兰察布、伊克昭等盟，已在中央扶持之下，组成蒙古地方自治政务委员会。惟蒙古的社会生活，自元朝迄于今日，可谓无甚变化，土地广大，人口稀少。其经济生活，仍未脱游牧时代的生活状况。宗教思想，深入人心，无近代化的教育。又内蒙人口，不过三十余万，兵力只三四万人，且无完备的新式枪械，以之自卫，颇感不足。所以解决蒙古问题的第一原则，必须蒙古地方与中央合作。中央方面，则本扶植弱小民族的宗旨，切实促进蒙古各种产业，改良蒙古政治制度，改善蒙古经济生活，普及蒙古社会教育，使蒙古现代化。蒙民方面，则开诚布公，接受中央指导，努力促成现代化，然后中华民族才能够共存共荣，真正收到自卫的实效，而免日俄的瓜分。

《蒙藏月报》
南京蒙藏委员会
1935 年 2 卷 4 期
（李红菊　整理）

蒙古各盟旗行政人员研究所组织大纲

作者不详

第一条　蒙藏委员会为增进蒙古各盟旗行政效率起见，特设蒙古各盟旗行政人员研究所（以下简称本所）。

第二条　本所直隶蒙藏委员会，设于首都。

第三条　本所设正、副所长各一人，由蒙藏委员会委员长、副委员长兼任之，主任一人、事务员两人、翻译员三人、书记五人，由所长选派之，指导员若干人，由所长延聘之。

第四条　本所研究员之资格及名额依照左列之规定：

一、蒙古各盟部各选派现任参领以上人员一人；

二、蒙古各扎萨克或总管（前项扎萨克或总管不能离职时得各选派现任参领以上一人）。

第五条　本所研究期间定为六个月。

第六条　本〈所〉研究员在京讲习期间，其原任职务及应支俸给概予保留照支。研究员期满仍回任原职，其成绩优良者，并得以应升之职尽先补用。

第七条　研究员往返旅费由本所按照途程之远近酌给之。

第八条　研究员在研究期间，其膳宿、书籍等由所供给，并酌给津贴。

第九条　本所研究课目如左：

（一）党义；

（二）行政概要；

（三）现行蒙事法规；

（四）史地概要；

（五）国语国文；

（六）畜牧概要；

（七）卫生概要；

（八）农业常识；

（九）精神讲话；

（十）现行行政组织；

（十一）其他认为必修之课目。

第十条　研究员研究期满，由本［期］所给予证书，并呈报行政院分行内政部及蒙古地方自治政务委员会备案。

第十一条　本所各项章规另定之。

第十二条　本大纲自呈准之日施行。

《蒙藏月报》

南京蒙藏委员会

1935 年 2 卷 5 期

（朱宪　整理）

察省风波中应有之认识

米志中　撰

自"九一八"以来，我整个国家和人民呻吟于日人暴力之下，忍辱偷生，不敢言抗，这完全有事实证明，用不着我们再加申述。现在我们所要说的，是在这种不抵抗的情形之下，欲暂图一时的安定，日人还不允许，察东近来的炮声与日人在平、津、东北一带准备的忙碌，即是一个绝大的明证。由这些继续不断的事实演进，我们知道日本人独霸东亚的野心，对于中国，即仅存之国家形式，亦必欲摧毁尽净，不容存留。我当政者处此，不知应作何措施？我全国人民对此，又不知应作何想像？

我们回忆自东北事变一直到热河失守，由《塘沽协定》一直到最近察省炮声，日本人得寸进尺，节节进逼，确系一种预定的方策。我们在这个期间，举国上下曾有过很多激烈的言论和紧张的高潮；各国报纸和负责当局对于日人这种行动，也有过不少猛烈的攻讦与深刻的评述。可是日人一面甘言美词，极尽外交宣传之能事，以与列国相周旋；一面仍按着预定步骤，实行征服中国的梦想，毫不放松。终于使事实的进展证明了舆论与理想总属空谈，只有事实才是实在，各国的攻击日本，除了极少数人是站在人类平等的公义上发言以外，其余大多数都是站在自己国家利益的立场上立论，如国际调查团所发表之报告书，说东北是大家的，和日本人说东北是日本的，互相对立，一样可笑！至于我国朝野上下的激烈言词与紧张一时的情势，日久都消沉了，这两种空的表演与日本人实际的行动，刚刚是适得其反，所以形成了日本人现在和一只疯狂的狮子一般，把世界任何危害都不放在它的心上。

我们要认清楚现世界的情况与各国互相间综错的关系，空言的无用与理想不胜事实的有力；更应认清日本人的预定方针，和侵略进行的步趋，切不要在言词上同人拼命，应速在事实上快干，以图充实自己的国力，才是唯一的办法。况察省事变早在吾人预料中，其结果如河〔何〕，我们此刻不必妄谈，但即照日来相传和缓情形就地解决了，他日继察事而再发生的事件还多着呢！因为我们处处是站在被动的地位，日人随时随地，都可以造成中国严重的事变，使中国要疲于奔命，穷于应付。所以我们不要存侥幸成功和幸灾乐祸的心理，要由苦干及忍耐中去奋斗！关于各国实力上的援助，万不要作事实的希冀。

近几年来事实的教训，国人大多都感到环境过于艰危，不能迅速努力振拔，以至应外权疏，不免在国民心理上流露出一种侥幸的意图，不是说"日俄开战在即"，即是说"美日马上要战"，这实为充分的表现出无力而可怜的情态，其实并未考虑到"日美"或"日俄"若果真要打起来，究竟对于中国有如何的好处。本身不能自立，专靠别人扶持，总是很危险的。我们要认清此次察事之发生，是"九一八"以来日人征服中国行动的继续，是必然而无法挽回的事件，不要把它看小了。我们处在这样情形之下，只有苦干才是图存的正路。我们固应注意察事，但救危扶倾的基础工作，还在充实国力与修明政治上去努力，不能把年来疲于应付的工作，做为我举国活动的焦点。

《西北问题》（周刊）

南京西北问题报社

1935 年 2 卷 5 期

（朱宪 整理）

外蒙"共和国"的发展与其战略的重要性

[日] 尾崎秀实 撰　　张觉人 译

本文译自日志《东亚》一九三五年七月号，作者为尾崎秀实氏。

一

去年七月，蒙古"共和国"举行十周年纪念。当时参加纪念大会的苏俄代表加拉罕氏，曾经发表过一段这样的演说：

> 苏俄联邦政府特派兄弟来参加蒙古革命十三周年及蒙古人民'共和国'成立十周年纪念大会，兄弟是万分荣幸。蒙古在近年努力强化其国家，可说已获得了很大的成功。从这个国度里的封建遗制中所发生的困难，均完完全全地把它克服下去了，这是很难得的。

> 蒙古人民"共和国"之所以能继续至今日，盖在其生存的过程中，有三个根本的决定的胜利。第一个胜利，是政府与党的指导完全一致，同时勤劳大众能在自己的政府之下团结起来。第二个决定的胜利，是国民文化及艺术的进步很快，剧场与学校均尚普遍，而文盲的驱除亦已见效果。第三个胜利，是蒙古红军的组织，红军的存在，不仅能防御蒙古的国境，亦且能表示一种文化的力量，这是毫无疑问的。蒙古的红军，确实

已拥有最新的军事技术。

但是，这种胜利，并非全是勤劳大众及人民革命党的功勋，而指导蒙古政府的政治、经济及文化生活的人们，亦是很有功的。这些有功的人们，即是小富拉尔旦的议长阿莫尔氏、联邦苏维埃人民委员会议长根顿氏、陆军部长德米特氏及其他同志等等。

译者按：小富拉尔旦相当于苏俄的中央执行委员会；大富拉尔旦，相当于苏俄的苏维埃大会。详细请参看拙稿《共产外蒙古的现势》第二节《政治组织的实体》，见《天山月刊》一卷二期。

蒙古"共和国"，在经济的与文化的建设上，有很大的前途。我们回顾过去十年的成绩，蒙古是可以自夸其伟大的胜利的。这种胜利，不仅在国内有意义，即对外亦是很有意义的。这个蒙古的胜利，对友好被压迫国民，指示着他们应求解放的途径。

二

在现今东亚孕着危机的时期，蒙古人民"共和国"的存在，更有特别的意义。他的重要性，今后是会与日俱增的。因此，吾人在此来一回顾他革命以来的历史，我以为在认识他的现在及预卜他的将来之上，是极为必要。加宁尼可夫著的《蒙古的国民革命运动》（一九二六年），即是带有这种目的的东西之一。此外在最近出版的《今日的中国》中，克拉克与费利蒲二君写有一篇《赤色蒙古》的年代记。其次，加宁尼可夫最近（一九三四年）又著有一册《东洋的农业问题》，均是为着这个目的下笔的。吾人即拟根据这三种著述来一瞥最近蒙古的发展。

蒙古的广大沙漠，几如一切历史的坟地一样。古代的遗迹不用说，即"成吉斯汗与其诸子的雄图，亦是埋在这渺无边际的沙漠之中的"。在近代史上，蒙古民族，可说是站在最可怜的状态之下。但是，在现在，沙漠与草原之上，已出现着一个"次于苏俄联邦的世界第二的勤劳大众独裁国家"了。

蒙古国民革命党的结成，是在徐树铮远征蒙古把蒙古的众议院解散了的时候。党的使命，在于从列强的政治、经济的桎梏中解放蒙古民族，从王侯、贵族、僧侣阶级的压迫中解放蒙古大众，并以建设民主主义的新国家。为达到这个目的计，斯赫·巴德尔·巴德·旦赞及其他蒙古指导者，遂于一九二〇年春天奔赴苏俄联邦求助。

一九二〇年八月，白俄的温格伦男爵，率"亚细亚骑兵师团"侵入蒙古。与蒙古旧贵族及活佛联络，至一九二一年二月三日，把乌尔加（库伦）完全占领。温格伦自蒙古向苏维埃政权所施的攻击，遂成为一九二一年春天开始，自沿海州以至新疆的苏维埃包围战的重要的一环。

一九二一年三月一日，几个非合法团体的代表会议于克库它，以为时机不可错过，乃组织蒙古国民革命党，宣布包含十个项目的纲领。这纲领的内容，明白表示其目的在改造蒙古及蒙古国民政府，实现革命的社会主义；同时说蒙古的勤劳大众，对于苏俄联邦及世界革命，具有很密切的关心。四月十日，蒙古国民革命临时政府，对苏俄联邦提议对白卫军采取共同的军事行动。至六月五日及六日两日，蒙俄联合军把白军粉碎得不能成军。其后，红军仍继续扫荡国内的一切障碍，至一九二二年春，整个的蒙古，遂完全归属于蒙古国民革命政府的手里了。

革命政府，对于社会上、经济上的改革，堪称彻底。对于封建制度，施以压迫；对于教权，特别与以打击。活佛的权限，由是较前缩小了。

三

一九二一年革命以后的问题，是蒙古应走资本主义之路乎，抑应走非资本主义之路乎之争。内乱镇定后，外国资本的流入与封建的破碎，在表面上，似乎呈现着发展资本主义的良好条件。主张蒙古资本主义化的中心人物，是旦赞。这旦赞主义与非旦赞主义的抗争，在一九二四年八月，蒙古人民革命党第三次大会开会时，更为激烈。但是，旦赞派在这次的大会上，未得到胜利而失败了。

在开第三次大会稍前的五月二十日，自一九二一年革命以来拥有立宪国王空位的活佛吉布聪·旦巴·富特库特死了。富特库特的死，颇促进了新政府的树立。七月以来，蒙古变为无总统的共和国了。最高的权力，在大富拉尔旦（国民议会）的手里，政府的负责人员，全由大富拉尔旦选任。

四

一九二四年十一月，第一次大富拉尔旦宣布采用完全废除封建制度的蒙古国民"共和国"的宪法。"蒙古为独立'共和国'，一切权利属于勤劳民众。人民统制权由大富拉尔旦及其所选举之政府执行。"（《权利宣言》第一条）榨取劳动大众的封建的分子、喇嘛、商人及高利贷，根本没有政治上的权利。一切土地、矿物资源、森林及河川，均归国有。欠中国的借款，一笔勾销，同时勤劳大众的债权债务，亦完全废除（三条三款）。封建贵族在法律上的特权，全归废弃。至于宗教，则认为系各个人的私事，政府不加以任何干涉。从前支配贵族的称号、爵位及富特库特的支配，亦完全废止。蒙古国民"共和国"的最高权，在会期中，属于大富拉尔旦；闭会期中（注）属于小富拉尔旦。小富拉尔旦的闭会期中，其最高权则属于小富拉尔旦的常务委员及政府（第四条）。

（注）小富拉尔旦，由大富拉尔旦中选作〔出〕三十个委员组织而成。

大富拉尔旦的代表数，与选举区的人口成比例，任期为一年（外蒙古"共和国"宪法，见善邻协会编的《外蒙古的现势》及《苏俄联邦事情》第九卷第六号中）。

在这宪法上所宣言的封建制度的最后的废除，至一九二五年第三次大富拉尔旦会议时始见诸实现。这次最后的废除，把特别沙宾管区（喇嘛教会部）废止，对沙宾刺尔（教会所属民）特别附〔赋〕与权利义务，使之与解放了的勤劳大众处于同等状态之下。但是，封建制的经济的根据，并未完全除去，财富的分配状态，并未完全公平。据一九二八年的调查，在总人口中占八三％，在全国家计中占九五％的勤劳大众，不过仅仅领有全家畜的四五％，而旧贵族、僧侣及富农，在全国人口中仅占一七％，在全国家计中仅占五％，但其所有的家畜，则占全蒙古总数的五五％。这个分配的不均衡，是隐藏着有使封建阶级的权力强大的危险。从前教权的把握者，封建贵族及反动的喇嘛，与新官僚出身的布尔乔亚勾结，以扩大其在党与政府中的自己的地位。因为与各资本主义国家的贸易关系良好，蒙古的中国商人资本，遂利用政治的及经济的原因，伸长了他的农业包办之手。一九二四年至二七年间的资本家的蓄积与国民布尔乔亚的发达的比率，的确凌驾了旦赞时代。因此，右派的指导者，为要防御其国内的资本家的发展，特采取了破坏蒙古与苏俄联邦间友好关系的政策。反革命的阴谋，由是接踵而起了。

反封建革命的发展，在一九二五年至二八年的时期内停滞了的原因，在于封建的、经济的根据并未完全除去。因此，勤劳大众的反抗热潮，遂随反革命势力的复活而高涨起来了。

五

一九二八年六月党第六次大会时，左翼反对派指出右翼指导的危机，对右翼施以猛烈的攻击。在这个时期，对封建官僚的阶级的斗争，扩大至于全国。但这个斗争，至一九二八年末的党的第七次大会时，即已告结束。右翼派的主张，不论在理论上抑或实践上，均被左翼派打得落花流水了。

第七次党大会，在蒙古革命史上，是值得大书特书的一个重大会议。在这个大会上暴露了右派的危险，排除了他的指导权，回复了党的根本原则。并且，确认了蒙古的党的路线，应向非资本主义的方向迈进。为要实现这个主张，这次大会特决议与苏俄联邦在政治上、经济上发生密切的结合，同时决定反封建的农业革命的实行纲领，采取制度限制布尔乔亚的经济成长的方策。农业革命实行纲领的基础部分，是将封建的、宗教的、贵族所有的家畜没收一部分过来，用以分给贫困的勤劳大众及生产者的合作社。其次，为税法的改正。根据阶级的原则，采用累进的课税。对于贫困家庭，免税。对于中间层的勤劳大众减轻其税率。而对于大私有土地，则课以重税。

其第二个破坏封建制度的经济基础的方策，是没收旧封建贵族，与支配教权者及前时代的官僚的财产。这种财产的没收，展开为贫、中勤劳大众及富农的一团，与旧封建贵族间的激烈的阶级斗争。属于旧封建贵族及官僚的七二〇领地（单位不明——译者），即有六七〇被没收了。所没收的财产，计一四〇，八〇〇库比（一个库比等于三十个杜库利库，一个杜库利库约等于一个金卢布）。

　　继这个峻严的没收政策之后而行的是合作政策。苏俄合作实验的成功，当然要影响到蒙古的勤劳大众那里来。因没收政策的实行，勤劳大众的手里固然有土地和家畜，但尚没有完全利用这种土地和家畜的手段和组织。于此，唯有生产上的劳动力的集团组织，有在新的社会主义的原则上再建蒙古的经济的希望。根据这个新的发展，第八次大会即开始实现其非资本主义的建设的第一步。到了这里，显示着革命已经走到了第三个阶段（一九三〇年，蒙古国民革命党第八次大会的决议）。

　　这个原则，在一九三〇年第八次大会所选出的"党的指导部的实践活动"之上亦完全表现出来了。这个原则，到了一九三二年七月，被人家认为这是左翼的谬误。他们认为在蒙古要制造真正非资本主义的发展的前提条件，尚须经过许多过程。左翼指导方针的最大谬误，是蒙古的情形为极原始的游牧生活，单纯的牧草的集团收获或共同牧畜合作都很难办理，至于高度的集团化合作化，则当然更难了。

　　集团化的强行，是左翼的一个谬误。对喇嘛及佛教的斗争，亦是左翼的另一个谬误。蒙古革命党假定革命已进入非资本主义的时代，故在第八次大会时即开始其所谓 Diyos Company 的运动。这个运动，实行于一九三〇年的夏秋之交，强制一切僧院（Diyas）将其所属的家畜交与共同合作社。其目的在于一扫宗教的、封建制的经济基础，将蒙古的社会的、经济的关系根本改革。僧院所有的三百三十万头家畜中，二百万头系交与劳动大众，一百万头交与共同合作社，其余的则交与自营独立生计的贫困及中层的勤劳大众，下级喇嘛，亦强制他们参加这种劳动。但是，在政治上，这个运动有点不周到的地方。第一，它看过了"满洲事变"后日本势力对于蒙古人民的影响；第二，看过了勤劳大众后面的宗教的力量。故其结果，"使宗教的分子立于反党反政府的地位，使他们跑到反动的喇嘛的阵营里面去了"。

最后，最大的错误，是在商业与商品供给的分野之中。政府对于贸易的独占与国内商业的统制，是一九二四年第一次大富拉尔旦所宣言的。但是，这个方策的实行，乃开始于一九二九年右派倒台之后。政府对外贸易的独占，颇促进了蒙古与苏俄联邦间的贸易。其结果，即把蒙古与其他资本主义国家的经济关系遮断得不通风息，而当时风靡世界的经济恐慌——尤其是农业恐慌——遂没有跑进蒙古的境界（请参看后述罗曾哥尔兹的演说）。但是，因商业关系的改革过于急激，致新的制度新的设备缺欠完备。乌兰巴托尔（库伦）的商品，不能向各地方移动。蒙古的合作社，苏俄的通商机关，均设〔没〕有供给蒙古大众最低必需品的力量。交通停滞，整个的蒙古，发生了商品的饥饿。勤劳大众的穷困，终惹起了一九三二年夏天的动摇。

六

一九三二年七月的蒲列奴吾会议，曾下过一个论断说："使用的方策未曾对应蒙古的经济的、农业的实情，及把商业上的特殊性看得很轻的结果，革命党把其主要支持者的勤劳大众游离了。同时，使勤动大众的一部及其上层部反动化起来了。"但是，左派的这种错误，在一九三二年七月开蒙古国民革命党中央委员会临时扩大会议时，即加以矫正了。

至是，蒙古国民革命党的根本政策，有变更的必要了。一九三二年七月蒲列奴吾会议，将从前革命"第三段阶〔阶段〕"的决议，再加以检讨，并规定现在的蒙古，实际上不过是"人民革命的反帝国主义、布尔乔亚民主主义革命的新形态而已，其基础应放在非资本主义的渐次发展的方式之上"。根本的政策，即根据这个新的决定而具体化了。其中，有一个是"增厚国防"，这可算是东亚新局势的反映了。

生产力的增大，是比什么犹〔尤〕为重要的急务。因此，决定帮助勤劳大众采用牧畜上更有效率的方法。同时，对家畜的饲育，设有种种减税的特典。

以商品供给勤劳大众的消费者之事，因外国贸易的政府独占及与苏俄联盟的经济关系的强化，而得到了解决。工商部对于从事外国贸易的营利公司或个人，特别与以许可。盖因政府没有充分的配给机关，对于生产的配给，不能不委诸私人的商业机关。同时，家畜及原料品的仲介人，亦准其存在。商人可以直接向政府及合作的商业机关趸买，或零买其生产物品。同时，银行方面，根据一般普通规则，对需要金钱的商人，并与以通融。在新的法律上，手工业的自由生产，亦所允许。为欲使商品流入到僻远的地方去，政府并奖励私人的运输。例如准许组织商队，借用运搬兽，获得银行借款，雇佣劳力（根据法律之规定），购买运搬用之汽车等即是。政府对私人的运输，只征收百分之五的交通手续费，以为建设新道路之用。这种新的变革，即是一九三二年七月蒲列奴吾会议所采用的勤劳大众家畜饲育经济的根本变革。这种变革，是国内生产力发达的基础。

这种新政策实行的结果，资本家的分子，当然有一部分要随之而复活。同时，资本家的分子，并且获得有某种政治的权利。即：自是以后，商人即有了投票权。但是，并不许做官吏。封建贵族的财产及僧侣的所有物，原来设有特别课税法，但经过这次变革之后，都较前轻减了。一切契约（不问是口头的抑或是书面的）均须在地方政府登记。契约的解释如有纠纷，则由国家法庭裁判。法律上，并准许僧院有收回其在 Diyos Company 时代所被没收的家畜之权。当然，如果未完全履行其契约上的义务，则不能行使这种权利。

那末，这样变革的结果，共同合作社方面又是怎样呢？关于这点，政府以法律规定合作社员如果不赞成其合作社继续存在，即可以宣告解散。

不欲解散的共同合作社，如其资本尚觉充裕时，得令其依照法律的规定转化为生产合作社。共同合作社采取组合（亚尔特尔）的形态而具有经济力者，法律上准许其继续为一根据新规定的公司。要之，共同合作社，是根据新方针而使其转化为单纯的、勤劳大众的生产合作社。据法律上的规定，共同合作社有下列几个种类。即：

1. 勤劳大众的生产合作社；

2. 共同干草刈入合作社；

3. 由 Diyos 借的或自己的家畜饲育合作社；

4. 共同运输合作社；

5. Hosuen（旗）及家畜栏建设合作社；

6. 狩猎及渔业合作社；

7. 共同耕地合作社。

这些种类的合作社，因契约的规定，可以为永久的，亦可以为短期间的。当此之时，如无特别必要，私有财产可以不必共同化。此外，劳动法上，亦设有新的规定。其改正后的特征，是不论成年者抑或未成年者均得在同一条件之下劳动。幼年劳动，"只禁止激烈劳动及冬季劳动"。勤劳大众家庭的劳动时间，根据契约的规定。唯政府企业及无投票权的旧封建贵族的企业，采用八时间〔小时〕劳动制。雇佣劳动者，每周有一日之休息。最低的劳银：十二岁以上者，每月七杜库利库，冬季十杜库利库，十二岁以下之少年，夏季每月四杜库利库，冬季每月五杜库利库。如果劳动者同意的话，劳银的支付，用货币可，用动物亦可。牧场的劳动者，雇主要把马和夏冬的衣服给他。为保护牧场劳动者起见，家畜的死毙如系由于疾病或水灾，牧场劳动者不负其责任。一切书面及口头的契约，均须在地方政府登记（书面的契约，工会可用该劳动者之名作成。如系口头之场合，订约时工会可以参加）。破弃契约时，最少要有三日的豫告期间。同时，雇主能就其劳银中抽扣百分之一捐与地方的工会及文化机关。

七

前记的法律、法令及规则，是一九三二年七月，蒙古国民革命党中央委员会在蒲列奴吾开会时所决定的重要的变革。剩下来的问题，是地方政府实际上能实行这种政策到什么程度。

以上的变革，多少带有些危险性。封建的布尔乔亚的分子抬头的危险性，已经表现出来了一部分。又左又右的政策的变化，亦是一个问题。勤劳大众之中，对于封建分子弹压的缓慢，亦有很多表示不满的。但是，这种改革，是因内外情势压迫使然，原来是一种不得已的办法。

富拉尔旦的独裁、土地的国有、外国贸易的独占、合作社、国营牧场、农场、工场仍原是那样。此后的问题，是如何运用这些办法以谋非资本主义的发达。与教权结合的、封建势力的经济基础实深，其前途，一定有很大的困难。

对封建势力大让步的结果，现在的僧院所有地，在饲畜、商业及运输的领域内，有充分成长其经济基础的可能性。在此，有自上层阶级的喇嘛中产生新蒙古布尔乔亚阶级的危险。现在的蒙古，正面着一个再资本主义化乎，抑非资本主义化乎的难问题之前。一九三二年七月会议后，曾即开了小富拉尔旦第十七次的会议。

人民委员会主席根顿在这个会上，说明这次方向转换说："我们的新方策，决不能认为是短时间的。我们要认为这个新秩序，能够继续相当的时间。然后凭借社会主义俄国的援助，沿着非资本主义的发展之道以到达社会主义的目的。这个历史的段阶〔阶段〕所要的时间，我们不能预断其长短。其期间的长短不论何人都是不能断定的。其长短，完全决之于我们成就其达到社会主义社会的基础条件的整备速度。"

八

其与苏俄联邦的关系，由前记历史的关系看来，即能明了。它们的关系，完全是不可以分离的。

我们在这里，只一述这两国的经济（尤其是贸易）关系。

一九一九年以来，苏俄西北利亚地方的消费合作社，在外蒙特别活动，是以至一九二四年为止，贸易不振。至一九二四年，羊毛输出部、西北利亚国营商业部及 Nofte Syndicate 等苏俄的公司，相继开始活动，并开设蒙古中央消费合作社，苏俄的对蒙贸易，由是大为发展。同时蒙古银行，经莫斯科国立银行出一半资本之后，亦于是年宣告成立。贸易的机关既已完备，而俄蒙的贸易，自一九二六年以来，遂更益益发展。至一九二八年，苏俄在外蒙的贸易机关，合并为一俄蒙贸易公司。外蒙的在〔对〕外贸易，遂完全操诸苏俄的手里了。苏俄的对蒙输出贸易之中，以谷物与石油为最多。谷物与石油的数量，断然凌驾其他的品目。外蒙之于苏俄，是输入苏俄货物品目最多之国家。在现今，外蒙又是苏俄商品的东方最大输出国。

苏俄之对蒙贸易（单位：千卢布）：

一九二八—九年	一九三〇年	一九三一年	一九三二年（十一月止）
输出：一六,四〇〇	一七,八一九	三七,三四一	四一,三九五
输入：一五,二〇〇	一九,七四五	二八,八三三	一九,二七八

（注）上列数字根据《外蒙古的现势》。

据柏林出版的《苏俄经济与外国贸易》（苏俄通商代表部的报告），一九三五年三月第二部的记载，蒙古在苏俄外国贸易上所占的地位，有如下记（单位千卢布，其百分比为贸易总额之百分比）：

一九三三年	%	一九三四年	%
输出 三八,五六二	七·八	四四,八〇六	一〇·七
输入 一七,二六九	四·九	二〇,五六一	八·八

一九三五年一月，贸易人民委员罗曾哥尔兹氏，在苏维埃同盟第七次大会席上，曾言及苏俄与东方诸国的贸易关系。他说苏俄自废除与东方诸国缔结的不平等条约之后，其通商关系，完全与帝政时代不同。并谓苏俄联邦，是这些国家的有力的输出市场（尤其是棉花、羊毛、生皮等原料品）。"蒙古与汤奴·托卫的对外贸易，几百分之百是对俄的贸易。苏俄与蒙古及汤奴·托卫间的贸易，是与年俱增的。这种事实，是证明苏俄联邦与这些国家的通商关系、经济关系异常发展异常密切。不仅这点，为这无〔些〕国家的经济发展计，苏俄还不惜予以技术上的援助。前记诸国与苏俄的关系密切，吾人可以说这无〔些〕国家已获得少受经济恐慌的影响的实效。这点，在蒙古与汤奴·托卫的国家经济上，表现得很清楚。"

俄蒙两国经济的紧密化，不仅是由于两国的经济情形使然，其中多少含有战略的意义，亦是不难想像而知的。

九

外蒙在现今东亚政局下的重要性，能在军事的意义中见之。我们在前面的历史的记述中，曾经知到〔道〕一九三二年七月蒲列奴吾会议以后的变革，在外面是对应着九一八事变以后日本的进出。日本势力的侵入华北的扩大（尤其是以内蒙外藩的热河为基地，而向察哈尔及绥远侵略的扩大），在苏俄联邦，是一个最大的威胁。所以，外蒙之于苏俄，是有特殊的重要性的。据军事技术家的见解，日俄开战之时，日本对俄的攻击，经过蒙古前向西北利亚进攻的效果，比较由俄"满"进攻的效果更大。苏俄对蒙古的军事有特殊的关心，亦原于此。苏俄联邦对于蒙古红军的期待是如何之大，吾人即就本文劈头所引用的加拉罕的演说词而观，亦可以明白了。

关于蒙古红军的现在势力，《苏俄联邦事情》（第九卷第十一号）中述之如次：

一、首都库伦，在陆军部长德米特的直接指挥之下，置有一个军团（由三师而成的），战车二十台，飞机八台，装甲汽车许多；并有飞机场二个及化学兵器工厂二个。

又据《满铁调查月报》一九三五年二月号所载《外蒙的现势》的记述，则尚有：

A. 骑兵师在距库伦线北六华里的地方。兵约二千。

B. 军官学校在距库伦东北方五华里的地方。学生五百。

二、桑贝子驻有第五、第七两联队，约有骑兵一千，山炮六门、大野炮二门。

三、乌哥吾尔为"三迫斯"之第一支队，有骑兵五百，野炮十八门。

四、哥尔丰贝为"三迫斯"之第二支队，有具有各种兵器之骑兵五百。

五、它吾斯库为"三迫斯"之第三支队，有骑兵约六百，炮兵一大队。

其他国境地方，均配有军队，名〔各〕处并设有监视所。（据前揭《满铁调查月报》之记载，在内外蒙古接壤地带，在那兰（伯力乌北六十华里）置有一大队；在它吾利加布拉加（犹库鸠尔庙、桑贝子之中间地区）置有一大队。）

一个德国军事通，于其论述日俄战争时，对于外蒙，曾经这样说过：

> 俄国的贵重同盟者，大概是蒙古的援军如满洲的义勇军罢。谁都知到〔道〕：外蒙是苏维埃的组织，又是完全依存于莫斯科的。俄国的专门家，其数虽少，但于训练有战斗力的蒙古军，总算成了功。固然，其主重的军队，是适合于广大平原的骑兵。少数步兵中，已一部分机械化了，并且整备有一些机关枪队及炮兵。各队的服装及兵器均摩登化。战车及飞行队的蒙古人的干部将校，亦极努力训练。轻飞机与中飞机甚多，在日俄战时〔争〕发生时，俄国对蒙古军，会附与一种优势的活动任务。蒙古军的侵入，大概由两方面进行。其一为克尔伦（巴尔加方面），其一为德洛纳尔（热河方面）。据最近的情报，两年来俄国强行着蒙古军的组织。在将来的战争，蒙古军大概能发生一个很大的作用（亨斯·瓦古纳少尉《远东危机的要因》）。

十

关于蒙古的战略的重要性，这是谁都不能否认的。但是，最后能决定这个真的重要性的，既不是地理的情势，亦不是军的编制，而是蒙古的社会情势。像蒙古这样最落后的封建社会，要在其社会内急速发展社会主义，在其内部当然包含着种种矛盾及某种弱点。当战争之时，敌人决不会忘记直捣他的弱点所在的地方。由此看来其重要性的决定，结果还在外蒙能够获得勤劳大众的援助，以实现其非资本主义社会与否的将来的问题之上。

《边事研究》（月刊）

南京边事研究会

1935 年 2 卷 6 期

（朱宪　整理）

冀察事件前途的展望

段嵝荪　撰

在中日互换大使，日倡亲善之际，忽然晴天霹雳，自上月二十九日迄今陡呈紧张之势，咄咄逼人，全国皆为之震惊。复不想一波未平，一波再起，河北事件，尚未得告结束，而张北又频传警报。河北事件，为天津日租界两报社长之被暗杀及孙永勤匪部之侵入遵化，日人认该县县长曾予庇护。张北事件，则系借口于日人大槻旅行团之受检查。就事论事，当非极端严重而有大不得了者，乃双方经二旬之交涉，犹未见有具体之解决，人则兴风作浪，以为千载一时之机至矣。我方当局复抱讳莫如深之态度，严守镇静。究竟此事内容如何，全国人似皆处在闷葫芦之中，诚令人朴〔扑〕朔迷离，是非莫辨。据事端发生以来之连日报纸窥之，事之能否解决则须视日军部之意向如何以为言。对华交涉，日外务省已退居仅止传达军部意向之地位，一切折冲责任，皆由驻华日军为之；越出外交常规，故外报极论日本军部之独断专行也。日军部所采之交涉途径，吾人亦只能知其大概。据长春九日电通社电，天津日驻屯军，于五月二十九日向华方所提出之解决华北问题最后通牒要求内容约为六项（二、六两项因从略吾人没由而知）。十一日报载，已由我政府接受要求，河北问题，可告段落。而在十二日报上又见到"日方更欲华北有亲日政权"之消息，据载，日方期望今后出现强有力的新河北政权，而即以是为基础，向中、日、俄、"满"四国间之政治、经济提携，树立种种方策。日本仪我大佐并发表谈话："河北各问题，均可望解决，度华方于其解决后，将使河北在今后复处于更良好状态，而令中、日、'满'三国间关系，为之一转。要之，吾人现望新河北政权，确属于亲日、'满'的，且较诸先时更成为强有力者也。"又载，日陆军中央部方面，拟即令在华日军当局，依据中日停战协定，向华方作彻底驱逐排日势力之交涉，而期克在平、津方面，出现毫无不安情形之状态，其结果或将实质的成为一种缓冲地区，亦未可知云云。而五月三十日，日外务省电驻英、美、法、瑞各国大使，向各国政府解释华北形势的训令中，则谓关东军所要求的是依据《塘沽协定》，恢复非战区的和平与秩序；华北日本驻军所要求的是更严格的履行《辛丑和约》。此真是五花八门，极尽要求之能事矣。

张北事件，据十五日专电，关于扣留日旅行团事，经秦德纯与日方交涉，亦可和平解决。又据消息，察省张北事件，我方对日方所提各项条件：一，道歉；二，撤一三二师参谋长职；三，惩办一三二师军法处长，均允照办后，察事已不若前此之紧张惟具体解决，今尚停滞不闻。我国政府抱十二分之诚意，敦睦邻邦，不惜忍辱求全，接受一切，迁河北省府于保定，撤退北平驻军，结束河北省、市党部，调于学忠赴陕，并免察哈尔主席宋哲元职，而人仍不谅解，步步相逼，亦难乎立国于今日之世界。于学忠在冀毅力镇压反动，使宵小不得一逞，宋哲元过去长城血战，抵抗不屈；人故均以眼中钉视之。于既调去，宋又免职，尤不愿善罢甘休，其必欲如何而后已乎？纵使能顺日军部之意，在河北成立亲日政权，然能保其再无事乎？何谓"亲日政权"？亦不无研究之余地。人之欲望无穷，我之土地有限，无餍要求，我能一一照办履行乎？如将来欲将河北成立之"亲日'满'政权"扩张至整个华北及西北我又〈如〉何应付？日本《外交时报》曾著论曰：

"中国之国民性，非道理或温情所能感动，惟于强力之前始肯脱帽。"我果忍受斯言而以强力是畏乎？传驻华日大使有吉将亲赴河北视察，并将正式访蒋，要求严重取缔排日运动，并传达广田对华之具体工作计划。夫"排日"、"抗日"等名辞，已早为历史的过去之陈语，今日中国，何人尚敢排日耶？果有真心排日者，日人现在其能消化所吞下之东北四省乎？我旅日侨胞，被逐回国，及受人虐待者，报章已不胜其纪载，谁人排谁，岂不显而易见！何故必欲以此为借口耶？近日日飞机在我平、津一带及沿平汉线之领空频频侦察，并在各地遣军调将，似大有厉兵秣马以待之势，我亦只能听其为所欲为，谁敢以其为非而论之耶？所谓"严重取缔排日"，吾不知含义何在也。

东三省亡后，因采不抵抗主义，始继之而有热河之陷落。如今复威迫冀、察，并视其为囊中物，将来之存亡，真未可以蓍龟卜之矣。河北不保，整个华北震动；察哈尔有失，绥远必感难守，而山、陕及西北亦将完全受其影响。趋势已明若观火，何待详言！从前不抵抗之成绩，尚不足取为殷鉴乎？

我国政府年来颇致力于戡定内乱、绥靖地方之工作，人民深表信赖，一切皆听其处理；虽对外有不恰人意处，民众亦能谅其苦衷，不予深责。政府此时正好利用万众一心之时会，努力建树，湔雪国耻，遵守总理之遗教，发扬救国之真精神。乃不幸国难日深，国土日蹙，使妇孺含羞，志士扼腕，其将何以慰全国民众殷殷之望乎？昔宋数割地以畀金，而不能餍足金人贪暴之欲，徽、钦二帝被掳后，康王犹不舍其割地求和之政策以自误，终至亡国。史实如此，能不伤心！今日日本军人一则曰，"监视中国方面实行要求事项"，再则曰："以宽容的态度，严重监视其行动，否则将出于断然处置之方针。"其尚视我为平等独立之友邦乎？让步亦必有一定之限度，自不能有求皆应。当局如不能在委曲求全中打开难关另想对策，不惟西北之危机，不能免除，中国整个国家之前途，亦有不堪言者矣。

《西北问题》（周刊）

南京西北问题报社

1935 年 2 卷 15 期

（李红权　整理）

应如何繁兴察哈尔

杜赓尧　撰

　　失之东隅，收之桑榆，亦犹亡羊补牢之意；然东隅既失，羊已云亡，桑榆何以收，羊牢何以补？当前之急务也。夫东北四省，其东隅也，其亡羊也；西北广漠，其桑榆也，其圮牢欤？东北惨被割据之后，国人咸大声疾呼曰"开发西北"，然开发西北，须从事研究，逐步实行，非徒呼口号之事也。查现在之所谓西北者，为陕、甘、新、青、察、绥等省，陕、甘等省已在积极开发，新、青因道路弯远，交通不便，人口稀少之种种关系，以云开发，尚须有待。惟察、绥两省，极须着手，绥省业已步步走向开发之途，然察哈尔果如何乎？本年八月，南京开发西北协会诸君子莅止张垣，从事考察，下走以著《张库通商》一书，见知于国人，一时畅聚，十分欢洽，对于繁兴察省之策，亦曾有所论列。今《开发西北》主编王文萱兄，以仆忝领察省交行，现在交行适为部定"发展全国实业银行"，则开发地方，须赖金融界之努力，故不耻下问，并远道再三函索繁兴察省之策，兼问进行途径，力嘱撰文，以便列入《察绥专号》。再辞不获，遂于西行组设平绥线支行之会，客邸偷闲，忘其谫陋，率尔草成本编，殊不得谓之至计，亦只一得之愚，借供当国诸公，并时贤俊之参考云尔，尚祈海内鸿达有以教之，则幸甚！

一　招贤以资筹策

凡百事业之兴，非人才集中，无以宏其筹策。察省各级社会，均极度感觉人才之缺乏，是故欲有作为，首应注重人才。名流硕彦，济世匡时，人同此心，非必厚币而始应，要亦视当道之诚意如何耳！当道果能提倡于前，各级团体，自必标榜于后，则举凡民、财、建、教、党、政、军、商各集团，无形中必可养成一"举能用贤"之共同意识；夫然后方能广征专门人才，而专门人才亦方能为所效用。察省建设，经纬万端，必须集群彦于一堂，共筹繁兴之策，详为设计，逐步实践，庶其有豸！否则徒存望治之心，其如盲人瞎马，歧途徬徨何哉！

二　整军以固国防

四省沦亡，察哈尔已成国防第一线，欲固国防，先固省防，省防如何固？曰：必须整我军旅，修我军器，充我军实，利我军运。其尤要者：应利用廿九军喜峰口战胜余威，再加极度训练，造成更坚强之国军，使敌人不敢正视，更不敢轻易启衅，自不仅省防可固，亦所以减中央北顾之忧，土匪汉奸，更无从售其技俩，人民乃能安居乐业，夫然后方可安心建设，日臻治理矣。

三　筑路以便交通

欲谋荒僻区域之开发，使其繁荣，则筑路以便交通，实为先决问题。盖交通便捷，商运固畅，军事亦利赖焉。为察省计，应先行完成全省汽车路，然后谋筑张库轻便铁道，及必要之培养线，既可利用兵工，又可以工代赈，费省效宏，愿当局注意及之。

四　减税以利商务

免除苛杂一案，本年中央财政会议已付表决，察省固亦决拟实行；其奈省瘠民贫，军政费月须四十万元上下，以今日状况月入不及三十万元衡之，所亏实多，减税可利商务，当局固亦筹之熟矣，只以无法弥补，遂致忍痛兴嗟！然多伦虽在外人铁蹄之下，以其捐税独轻，商民乐于就之；绥远道路虽遥，商民图省涓滴负担，亦有绕道往就者，在此种情势之下，察省实有赖于痛下工夫，从事改革，否则，必致为渊驱鱼，为丛驱鸟。且依照地方财政之原则，税愈高则民愈困，而财亦愈穷，是故与其饮鸩止渴，曷若开源节流。吾以为察省官困民疲，当此之时，允宜地方与中央切实接洽，商筹善策，中央有力能，由中央接济，固属万全，若中央无力，宁可发行省债，亦必谋苏察省之喘息。吾敢断言，减税以后（尤以取一次征收制为便），商务必繁，税收必能逐渐增多，财政可在最短期内，走入轨道，彼时停止中央接济，亦可自立。窃意在此严重过渡期中，地方政府倘依此理由要求政府，政府或能谅解也。

五　移民以资拓殖

筑路开矿，扩充牧畜，建设工厂，在在均须人力，故必先行设法移民。商请铁部免费输运，使劳动同胞，甘愿西来，仿东三省昔年成规办理，方可完成各项农、矿、工、牧。盖兴办事业，非借重相当力量不可，移民实边，实为增厚力量之要图也。

六　开矿以兴地利

察省矿产，煤铁俱佳，产区为宣化、蔚县、阳原、怀来、怀安、龙关、延庆、涿鹿、赤城、张北、商都、康保、宝昌、沽源，计十四县，矿之种类以煤为第一位，其次为晶石、赤铁、银、铜、硫磺、磁铁、金、铅等，总计矿产面积八十八万一千八百七十二亩九分七厘，而煤矿一则，则占四十三万七千四百五十六亩一分五厘，煤质皆较晋北口泉出品为高，但现在煤矿仅开采十五万一千三百七十六亩九一，硫磺九千〇十九亩，其未开者，尚有七十二万一千余亩，蕴藏地下，实为可惜！允宜集中省力，宣传倡导，诱致外省投资开办，以兴地利，而广收益，并可抵消入超。

七　设厂以增生产

察省因地利之便，应兴之工厂，如织毛、制革、面粉、罐头、制糖、造酒、织地毯等不一而足，盖原料皆土产也，果各得专家矢志经营，不数年而成绩斐然，殆可断言。

八　垦牧以厚民生

察省地广人稀，待开垦之土地尚多，省民半属蒙胞，习于牧畜，故垦、牧二事，实系察省民生之根本大计。垦植之种类甚多，如大小麦、稻、谷、荞麦、稷、豆、马铃薯（俗称山芋蛋，可制酒精）、葫麻、菜籽，果品如苹果、葡萄、梨、苇〔柿〕……牲畜如牛、羊、马、猪、驼……等，均察省特产也，欲使充分发达，必须赖政府设计，灌输农民科学知识，充分运用科学方法，从事改革，方能收效。他如水利、农林，亦不能偏废，皆所以振产业，增民力者也。

九　兴学以宏造就

察省设治多年，迄仍民智固蔽，风气不开，实教育不普及有以致之。全省小学仅一千七百余处，高小九十二处，初中八处，高中仅二处，大学尚属缺如，文盲占十之七八，欲察省之兴，岂可得耶？故必兴学以宏造就，使文盲日少，而专科人才日多；繁兴察省之初期，借重外才，嗣则群贤辈出，繁兴之任，即可由察哈尔人自负之矣。

以上所述，实为根本要图，殷盼当道诸公，量为采择，期诸实行，固不应以浅识者所谓，大敌当前，一切无法进行，致蹈东省因努力而遭外患之说见误。一年以还，关于建设，已有相当成绩，然尤希望从有系统有计划之下，逐一进行；否则枝枝节节，未见其能有显著之效也。

虽然，凌驾前述之上，尤为本省十万商民所昕夕引领翘企者，则为张、库通商问题。张、库交通梗断数载，遂致察省经济一蹶不振，本国经营外管商业（作蒙古商业之通称）之数十万商人，顿遭失业。东北沦陷，失去欧亚陆路交通孔道，是故恢复张、库交通，不仅加惠察哈尔一省之商民，而全国经济亦多利赖，其于欧亚孔道之东省未收复之前，尤为迫切需要。所冀当代群公，就外交趋势之可能，痛下工夫，打通此路，实为目今切要问题中之尤切要者也。

此外关于繁荣工商，救济农村，银行业当极力协助政府。交行现有仓库十余处，尽量承作押款，并办理押汇，俾工商业有周转之资，农村粮食押款、押运之机。况目前金融界风起云涌，向西北进展，将来自不患实业之不发达也。再，繁兴地方，又不妨借重外资，招致各省资本家来投资，以速其效。

虽然，天下事忽其所当急者，比比是也，机会纵来，不知利用，亦徒然耳。以上下走所述，仅其原则，欲如何繁荣察省，尚需有详密之设计，惟坐言起行，亦何易易，是在衮衮诸公之贤明英断，实际努力耳。

《开发西北》（月刊）
南京开发西北协会
1935 年 3 卷 1、2 期合刊
（李红权　整理）

一年来的绥远民政

袁庆曾　撰

日月如流，又更岁月，在这岁首的元旦，我们对未来怀着无穷的希望，同时也愿意把过去一年的设施，作一次总检阅，衡量得失，以为决定本年施政计划的参考。鉴往可以知来，惩前可以毖后，对于改进绥远民政，也算件有意义的事罢。兹将二十三年绥远民政实施经过情形，择要分述于下。

一　厉行忠实廉洁

绥远地处边陲，风气蔽塞，大多数民众，对政治多没有深刻的认识，对官吏亦多不能尽监督策励的责任。如果政府再不慎选官吏，严行考核，那么，吏治很难有清明的希望。因在二十三年中心工作中，对任用及考核二事，非常注意，除于公务员任用前，施以考试、训练外，并按照次序委用，以免除钻营奔竞的恶习。同时严密编练各县政务警察，制定取缔政务警察下乡需索办法，以免骚扰民间，并委派自治视察指导员，随时实地查察，以求贯彻澄清吏治的目的。

至于新生活运动，乃复兴中华民族必经的途径。在这国难期间，已于去年饬令各县治提倡礼、义、廉、耻，并切实训练民众以明耻教战，唤醒同胞一致团结起来，以挽回颓势；并曾经颁发新生活纲要，通令各县治切实遵照推行，以期于恢复国民固有的道德，振奋民族精神上，得收实效，且可因道德的陶冶，补助法令的不及。

二　训练自治人才

筹办地方自治，乃训政时期的主要工作，但在实施的时候，必须储有相当人才，才能推行顺利。以前虽曾办过三期区长训练所，但在百政待举的绥远，人才仍觉不敷分配，因在二十三年中心工作中，决定办理自治人员训练所，招考学员五十人，现正在积极训练中。

三　办理积谷建筑仓廒

积谷备荒的重要，是尽人皆知的了，但绥远因连年灾荒，办理时异常困难，虽经不断的努力，尚难收很大的效果。二十三年度，民厅除令各县继续积谷建仓外，并于中心工作内，严令各县拟定积谷具体办法，以期推广积谷的功效。

四　登记公民

公民登记，是民主政治的初步工作，行施各种选举权，均以登记公民为基础。关于办理此项工作，并非以二十三年为开头，但在从前没有显著的效果。二十三年度，始于中心工作内切实规定，认真实行。现在各县公民，多已宣誓登记，不久就可完全结束。

五　整理保卫团

中国目前最重要的工作，是安定社会，社会不安定，一切政治经济建设，都无从作起。保卫团是直接负安定社会责任者，因之整理保卫团，为安定社会必不可少的工作。绥远各县的保卫团，向来极为纷乱，虽经历年的整理，仍有不少缺陷。二十三年度，民厅将历年整理保卫团未完成的工作，继续努力，以期渐臻完善。现在收有相当功效的，为名称的划一、系统的确定、人事的整理、经费的统一。而训练工作中，更开办干部训练所、班长训练班，并分组训练团丁。如是对安定社会的工作上，又稍稍奠定一点基础。

六　整顿警政

警察乃政府的耳目手足，人民的监护者。警政完善，则社会的一切，自然会趋于秩序化；否则零乱纷杂，处处不免显示出畸形的现象。所以整顿警察，实为绥远民政中当务之急，惟年来虽几经努力，只以财政支绌，仅完成预期之一部而已。在省会公安局，对于交通、消防、卫生、教育诸端，尚能粗备；包头公安局，亦略具规模；然省会警额，只五六百人，包头尚不足二百。至于各县，则多则七八十名，少则仅二十余名而已。在此种有改善的必需而无财力整顿的场合，只有穷干苦干，别求补济。所以前曾制订警团合作办法，以期利用保卫团剿匪剩余的力量，来辅助警察，更在中心工作中，规定确定警饷及充实警力之方法，以资逐渐改进。

以上各点，事极平常，本无足述，但处此世界经济恐慌，农村日趋破产的时期，举办较大的事业，又受人力、财力的限制，兹篇所述，不过在困难中，挣扎着苦干而已，拉杂写来，聊当一年的回顾。希望邦人君子，不客气的予以指正，使边省的政治，更能走上合理的路子。

《开发西北》（月刊）

南京开发西北协会

1935 年 3 卷 1、2 期

（丁冉　整理）

土默特旗之沿革

作者不详

　　土默特旗境内古城之最早者，即云中城。自战国时，赵武灵王破林胡、楼烦，始建筑此城，在今托县境内。到秦始皇时，于此城置云中郡。前汉时，分云中郡为云中、定襄二郡。云中郡属县有名北舆县者，即今归化城所在地也。再迤东南大黑河东为原阳县，古所称为赵武灵王骑邑者也。汉亦于此置县，隶定襄郡。考定襄郡治成乐县，后汉时谓之盛乐，即今和林县界之土城子是也。又武泉县，前汉置，属云中，在今之哈拉沁村附近处，均在土默特旗境内。汉时北蒙古首领为呼韩邪单于，迨建武时，其势已不能达，是时分为南北匈奴，土默特即南匈奴。曹魏时，此间系犄卢主持西部，姓拓拔，为鲜卑种，居于新盛乐。后魏时，改称新盛乐为旧盛乐城、云中城、云中宫，后拓拔鲜卑名北魏，即在此为根据地，嗣迁都于大同，后又迁都于洛阳。隋文帝时，突厥启民可汗，居于金河县大利城。〔隋文帝时〕雍虞间攻破启民可汗，经隋炀帝击败雍虞间，仍安置启民于金河县。到唐时，有将师〔帅〕李靖、余〔李〕勣，逼突厥于汉〔漠〕北，金河县设振武军节度使，后置单于都护府。五代时，有朱邪氏、李克用尝于此地任云中守提使。石敬唐〔瑭〕时代，将燕云十六州归于契丹，后遂为辽之属地，有辽时所见之丰州城，在归化城东五十里白塔村。明隆庆年间封土默特部长谙达为顺义王。万历十五年，始改其所居拜牲为归化城，今河西鄂尔多斯各旗，与本旗系属一宗派。在明朝时，岱总汗小王子，不时扰乱边界，其墓在今之和林县东，距凉城十五里山湾之内。岱总汗后人达延汗即谱达，彼时其势力达于今之西盟各部。自清至现在均为土默特独立旗，不属于任何一盟。

《开发西北》（月刊）

南京开发西北协会

1935 年 3 卷 1、2 期合刊

（朱宪　整理）

蒙古青年的责任

李国镇　撰

蒙古地方，处在边陲，人民的知识，非常简单，至于种种生活状况，那是人人都知道的，也无须再赘述了；加以政府抱着"鞭长莫及"的政策，所以文化也就渐渐的落伍了。可是在闭关自守、门罗主义的时候，渴思饮饥思食，相安无事，固美无比；现在欧风美雨，卷海东来，差不多普遍了世界，凡百建设，日趋文明，弱肉强食，天演公例，幼稚民族，再要不"急起直追"，立图改造，前途渺渺，也就不堪设想。同时难免不受天然淘汰，像那朝鲜、印度从前怎样？现在隶属英、日势力之下，受那黑暗的痛苦，有多们〔么〕可怜啊！我青年蒙古同胞，我对于你〈们〉的抱负，非常高远，并且你们的责任，也非常重大，将来给蒙古谋幸福，给中国国防上做后盾，舍你而谁欤？照这样说来，在求学的期间，正像春花怒放，欣艳无比，应当朝攻夕错，孜孜不倦，因为父兄拿血汗的金钱，来栽培我们，他的希望和目的，也不外乎使我们学成之后，把蒙古旧有的一切"革面洗心"，重新建设，恢复古元的威名。我们既然担负这样重大责任，更当奋勉、竞争；赶到学有渊源的时候，把蒙古地方使其焕然一新，和内地先进各省"并驾齐驱"，才不负父兄们一番血心，我也远远的馨香祝祷。有毅力和勇敢性的青年蒙古同胞，看了这篇拉杂俗俚文章，不免受些感触，诸君脑筋新颖，思想灵敏，国镇是"望尘莫及"，如果本着天

赋的本能，聚精会神，一心向学，把各种学科"精益求精"，研究
起来，日后服务到社会、国家，一定有绝好的结果，万不要随波
逐流，"好高务〔骛〕远"，只图皮毛，不求实际，把大可有为的
光阴，白白的抛弃。要知道"少年不努力，老大徒伤悲"，猛醒！
猛醒！鹰瞵虎视的日俄，眼巴巴的要强吞我们了，觉悟！觉悟！
睡狮一吼，给他们看看，努力！努力！祝你们前途曙光！

《蒙旗旬刊》

沈阳东北政务委员会蒙旗处

1935 年 3 卷 1 期

（朱宪　整理）

蒙古的将来及其出路

关起义　撰

提到蒙古的将来，吾人不能不连想到蒙古的现在。蒙古自九一八事变以后，东蒙沦陷，撤去藩篱，于是久为内地的西蒙，一变而为国防的要地，再变为国际的角逐地。蒙古的倾向也十足左右赤白帝国的存亡，换句话说是握有世界再战的导火线。所以世界上一般关心国际情形的，莫不深加研究，以推算蒙古的出路，以卜占世界战争的结果。上海《密勒士评论报》有《歧途上的蒙古》，美国《亚细亚月刊》有《东蒙之运命》，去岁《华北明星》有《蒙古前进轨道，非满洲国即莫斯科》等等言论。凡此种种皆足证明，世界人士对蒙古出路的注意！

实际蒙古所处的情形，确是复杂。各国有各国的观点，各国有各国的目的。若拿中国全境整个领土而论，蒙古不过是北方的边境要地；若拿蒙古的自身而论，可以说是处于中、日、俄三大国之间。三大国对于蒙古，各有他的目标，各怀他的心志，其对蒙古的政策各有不同，兹分述之。

一　中国方面

中国自革命以来，虽有"扶助弱小民族"的呼号，实际的政策，仍本着满清换汤不换药的牢笼羁縻政策。自徐树铮经营西北失败，外蒙独立后，国内人士莫不谓"蒙古的性情无常，终必有变"。又兼彼时国内的多事，政党的倾轧，既无暇如满清的优遇王公，更无力如革命口号的扶助青年。于是王公们对国家未免失望，青年们对于革命也未免失望。这其间难免有怨恨的烦言，"物腐虫生"，外人自易掺入。加上执掌蒙事者，不谙蒙古的情形，为稳固其地位权利起见，不能不捏报蒙人的携贰，图谋不轨等等语言，以粉饰自己的调查能力，希图蒙蔽中央，稳固一己地位。故去岁九月内蒙自治会议通电后，全国震动，莫不说"背景已成"，"分离作用"。虽经黄部长绍雄先生莅蒙宣慰，对蒙古可以说稍明真像，但因中间的隔离分子太多，所以蒙政会成立已五逾月，中央仅月给维持费一万元，所允枪械，也未发给，大有给经费恐怕蒙古有了实力而背叛，不给经费又怕蒙古借口中央无诚意而起了祸难，真是"恐其生也强；恐其死也亡"，想近想远，扑朔迷离，而蒙古亦无所是从矣。

二　日本方面

日本自战胜俄国后，即一贯其大陆政策，即"欲征服中国，先征服满蒙；欲征服世界，先征服中国"。田中奏议即其施行政策的初步。九一八事变，日人既得着数十年梦想不到的东北，何肯甘心舍弃。为保障其东北计，对于西蒙不能不进行侵略；为防中俄携手，为进取新疆，更不能不将西蒙造成战争区域。所以她拟延长锦朝铁路至多伦，延长大〔打〕通路至开鲁。即以欧战前德国对比利时的方略对西蒙，一旦二次大战爆发，以武力临蒙古，恐怕蒙古没有像比利时抗德国的能力抗日本吧？日本现在既不有侵略蒙古的恶名，将来有占领蒙古的实力。所以在应付海会，应付中国及进取华北之计划未完成以前，她决不以武力取蒙古。但她利用浪人散布间言，隔离中蒙的感情，用小惠诱惑王公，用武力威吓王公，造种种可疑行为，使王公坠五里雾中，以便使蒙古就范，以便从中取利的鬼祟行为，未尝一日稍懈。

三　俄国方面

俄国自侵略外蒙成功后，自然要向内蒙进攻的。不幸在她第一次五年计划未完成的以前，东北事变了。东北失陷以后，俄国和主义相反累世积仇的日本作了直接冲突的邻居。彼虽有出外蒙侵内蒙以攻满洲的计划，但战线太长，行军困难，遂变她的军事计划，利用空军，以抗日本。据某美人（名隐）的调查，沿黑龙江省北边的苏俄空军，在一九三三的一年中间，增加有七倍以上。按他们实力效率，如日本没有防空准备，可于二十四小时以内，炸毁日本全境。由此可想见俄国的一般了。年来蒙古留俄学生及留学外蒙学生，先后踊跃的归来，虽未见出有若何政治的运动，对于蒙古前途的关系，可也不能说是没有。况且俄国标着"援助弱小民族"的旗帜，更足以使蒙古青年们，头晕眼花，无所是从！

据以上三方面的观察，蒙古的途径，究竟是走南京？日本？还是莫斯科？这不仅是蒙古自身的疑问，实际也可说是世界上疑问的一个。至于蒙古现在的情形，只是在三叉路口，彷徨着像迷路的小孩一样。

现在前题已确定了，再来分析这三条路的内容。

日本这条路，虽然是得有王公的同情，事实上是一条死路。不但死的像"满洲国"而已，还恐怕其他的国家在我的死尸上作战争，那时我们求死，死的怕不痛快！求亡，怕亡的不痛快！或者尚不如"满洲国"的现况。再日本已视蒙古为囊中物了！虽欲再向她求些小资助，都不可能了。且蒙古青年对于日本帝国主义侵略的面孔,有相当的认识,所以这条路不但走不通,而内部的阻碍力,正复不少。

莫斯科也是一条路,苏俄虽标榜着"援助弱小民族"的口号,但是若说帮助蒙古打日本,这也是梦想的话。况且苏俄的自身,欧洲方面有德国的威胁,不暇顾及远东,面对日本方面已变更以前的军事计划,地势上比较着已不需要蒙古了。加上王公的反对社会主义,内外蒙古之断绝关系,走这条道不特为现在的国际环境所不许,就是内部、外部的阻力也难于走通。

南京与蒙古有数千年的历史,共存共荣的关系,比较着日俄为重,但是因为治蒙当道,不谙蒙情的关系,致使蒙古这条路像运河的淤塞,已不可以行船了!自去年十月内蒙开自治会议,黄部长莅蒙宣慰后,中央对蒙古问题,虽有些认识,但为他人所阻挠也不少。所以蒙古地方自治政务委员会的经费,仅月给一万元,以维持生活。洎十一月六日蒋委员长莅绥远,蒙古自治委员会委员长云端旺楚克,秘书长德穆楚克栋鲁普赴绥欢迎,表示拥护党国的诚意,蒙汉关系更进一步,所以《国闻周报》有"使蒙古同胞,益殷内向之忱"的言语,而蒙政会的每月三万元的完全经费,亦于是时领到。所以南京这条路,现在可以说是又修筑的路,但前进途中尚怕还有障碍。是又在将来南京的谅解及蒙古的努力罢了!

总之,在蒙古有世界二次战争的危机,我们可以去观察一下,日俄之战争目的,为日本防止苏俄赤色势力东下;苏俄是恐日本势力北上,她的社会主义就根本动摇。这一场战争是资本主义和社会主义决斗的先锋,其争战地点的中心,将在东蒙、西蒙一带。无疑的是他人们战争,我们作牺牲品了!所以无论如何我蒙古要认清现在环境,与南京作确切的连络,整顿我雌伏千余年的蒙军,努力于政治和交通的建设,最小限度于将来的二次大战中,能作赤白帝国主义的军队的障碍物或绊脚绳，用有意思、有代价的牺牲，求民族的出路。虽不能如比利时抗德军七日，也不能令日俄军队轻视。然后于大战结果，我蒙古方有出头的一日。至于企图二次大战时，我们蒙古中立或超然局外，那可以说痴人说梦。如想利用二次世界大战的机会，得到不劳而获的利益，那更是自欺之语。但"事豫则立，不豫则废"，我们要有这样的豫备，还得从走南京这条路上做起！

　　　　　　一九三四，一二，一，于百灵庙无线电管理局

《新蒙古》（月刊）
北平新蒙古月刊社
1935 年 3 卷 1 期
（计麟　整理）

从蒙古沿革上鸟瞰中俄蒙的关系

作者不详　　草人　译

一　明朝以前

蒙古人，昔日称之为苗、匈奴、突厥、鞑靼等等，但到族长海都时代，就稍稍地强盛起来，降至第五世也速该出世，又渐渐地增大势力，为金之附庸，而游牧于黑龙江之畔。更至其子成吉思汗的时候，合强邻诸族而会盟于敖嫩河畔，号称皇帝，宣誓统一世界，时当西历一千二百〇六年。后来征战二十年，以至于死在甘肃六盘山，服满、汉，收中央亚细亚，降俄国南部，平中国北半，出兵印度、波斯，乃以吞并亚细亚之大部与欧罗巴之一部为目的，所谓元太祖是也。

次则太宗、定宗、宪宗等，相继即位，但是，太宗从里海北面攻陷莫斯科、卡赞、基辅而侵入波兰、匈牙利，又帖木儿远征土耳其及印度，欧美人所谓"黄祸"是也。然而元朝百年的荣华，因为皇族诸侯的不和与汉人文化的关系，终为明所灭，以后虽然不断地从关外搅扰明朝，而终久在清朝康熙之时，西历一千六百八十八年为其所统治了。

二　清朝时代

清朝初叶，蒙古是群雄割据的状态，但因为惧怕准葛尔王葛尔丹来攻，而求康熙帝的援助。其实葛尔丹是受西藏达赖喇嘛之命，要出兵平定外蒙的内乱，可是蒙古王侯只因不明其真相，率然地依托清朝而误后事，成了所谓蒙古史上一大憾事，至今尚为智者所痛恨的污点。蒙古诸王一听到葛尔丹来攻，就开会议而图聚首善后之策，但是他们因为疲于内争，结果除掉依赖外力则别无他道，而且协议无论怎样，必须依托中俄，可是议论纷纭，甲说乙驳，而终无决策。然而因为活佛哲布尊丹巴说："中国与蒙古人种相同，笃于人情，服装又类似，笃于礼让，其风俗有如仙人一样，所以为子孙万代的大计，要依靠中国。"因此，诸王从之，遣使往清朝向康熙求援。康熙一见时机来了，非常地喜欢，而派大兵讨伐葛尔丹，优待来避难的蒙古人，特别把蒙古诸王侯集合在多伦诺儿，开王侯会议，款待而宴飨之以山珍海味，结果他的怀柔政策大大地成功了。

像这样以来，漠南、漠北的内外蒙古末了都成为清朝的附庸了，可是清朝很熟悉中国历代北边的祸根，所以颇以巧妙政策，减削其势而怀柔之，后来二百多年使之雌伏，乃是一大成功。现在摘录他的政策概要如左：

一、增加王侯的数目，各各分封为小王侯，使他们彼此互相控制，以减削其势力。

二、令诸王在北平建筑王府，常常引见，而使在北平朝觐。优待之以酒色游山，使他们驯染中国式的游惰风习。又使他们浪费金钱，以夺其雄志。

三、振兴喇嘛教，使之沉于迷信，即诱惑他们安于蒙古荒凉的沙漠与草原的寂寞的生活，而期来世的安乐。一家之中除去男子一名外，其余必须都入道，喇嘛可以免除纳税及其他一切的义务，除掉染了无妻——即多妻——的恶风、念经而外，尚统治着所谓学者、博士，又站在名望万能权力的立场，又掌管着葬祭、诉讼、教育、医疗、媒介等一切的事情。民众有奉养喇嘛的义务，财物无论，甚至连妇女的贞操都供献之。

四、对于活佛，赋之以政权与军权，使之扶持而且增大喇嘛的势力，在北平、热河、五台山等要地建设大寺院，而使民众竞相参拜，因此以消费他们的积蓄。

五、清兵配置在库伦、乌里雅苏台、桑贝子以及其他要塞，与官吏协同着监视活佛及王侯，极力防范反叛，加之中国商人乘着蒙古人不能营商，而以狡猾的手段欺瞒他们那种纯朴的良民，以骗取土地财物，使他们以至于穷乏，所以蒙古人非常烦恶中国商人，甚至于连并室而居都讨厌的样子。

三　清朝末叶俄国侵略时代

蒙古与俄国的关系，曾经一时中断过，但是他们的渊源颇久。当成吉斯汗建蒙古大帝国之时，俄国曾为其版图的一部分，然而俄国对于东亚领土的野心，乃始自十六世纪末叶，由本节末尾列出所缔结的那些条约就可以明白了。后来，因为传统的不断的努力，从帝政时代经济的野心，一变而为领土的侵略，更加以在思想方面，蒙古人是不及俄国人的，所以又行思想的侵略。俄国那种巧妙的活佛、王侯的怀柔与对中国圆滑的强硬，是俄国政策的特征。西历一千九百年，俄国人枯路斗撒布以十万卢布给外蒙古，另外又赠与活佛哲布尊丹巴呼图克图一万五千卢布即是一个例子。在外蒙古，特别重用布利亚特人智识分子而怀柔之，对于现在外蒙古共和国的建设有绝大的关系。例如宾巴也夫、那木萨来、昆布巴特马加布等，是其主要的人物。宾巴也夫曾任过邮政局长、野战病院院长、陆军谍报上校等之优遇，为外蒙古共和国建设者。及初任国务总理的斯枯巴透路，乃是从俄国严格训练出身的青年。

　　不久，在五百年前，西伯利亚是纯粹蒙古民族的游牧地，以后被利用为俄国的流刑地之后，逐年地商人、农民都被派遣为屯垦队，即西伯利亚"卡札枯"，在现在的国境一带被配备设置哨所，附〔付〕与耕地优先权、居住自由、免除租税及其他特权。而且又在俄蒙国境一带，更缔结多少回九十九年的长期租借条约，把这块土地以俄国政府的名义，从蒙古手中租借，其实权为俄国资本家所掌握。结果，塞嫩诺河的上流、恰克图东边伊娄河畔连亘十三矿区的砂金地带、俄蒙国境一带的森林地带及农田，事实上都归俄国人所有。蒙古人因为他们随便地放弃而也不怪乎那种横暴，真正是可怜。又"卡札枯"及放逐的人们没有带去妇女，所以自然占用蒙古妇人者很多，因此，产生了许多混血儿，而且又盛行地传播花柳病。现在看看：

中、俄、蒙关系条约一览表

西历一七二七年	《恰克图条约》
一八五一年	《克鲁加条约》
一八五八年	《爱珲条约》
一八六〇年	《北京条约》
一八六二年	《北京条约》
一八六四年	《知多条约》
一八八一年	《伊犁条约》
一八八二年	《卡西卡鲁条约》
一八八三年	《乌里雅苏台条约》
一八九九年	《中俄密约》

一九一二年	《俄蒙协约》
一九一三年	《北京条约》
一九一五年	《恰克图条约》
一九二一年	《俄蒙条约》
一九二四年	《中俄通商条约》

四　中国革命时代

俄国对于外蒙的野心，因清朝之对蒙政策，而不能如愿的伸展，时常在俄蒙国境上弄出小冲突，不过是趁着中国的内争而虎视眈眈地伸其骥足罢了。但是在西历一千八百五十八年，牟拉比约夫将军缔结《爱珲条约》，从此领有了黑龙江以北的土地。

首先，俄国想伸足到地中海而大胆地与西欧诸国干了数世纪惨酷的战争，结果，大志未成，继则以"东方不冻港"这个标语为目标，遂引起日俄战争，反而为日军打的一败涂地，但不止于放弃了满洲、朝鲜就算完事。后来倒专心地拿出全副精神，积极地企图向蒙古发展，乘着中国的革命而教唆煽动蒙古，首先使蒙古独立，接着使呼伦贝尔挂了叛旗。这是一千九百十一年的事情。于是俄国以为良机到了，马上就侵入外蒙，在这其〔期〕间与中国及蒙古继续举行数次会商，渐渐地伸张了他的势力。继而在库伦设立五年制的俄蒙语言学校，教给俄国人蒙古话、中国话、西藏话，同时实施蒙人俄语教育。在此，将俄国人的教育详述如下：充实以三年基础教育课程，次一年每人建设一个幕舍。因此，与蒙古人同居，而不仅语学，甚至于生活、人情、风俗微细的事情，亦加之以研究，最后一年分为蒙古、中国、西藏各专门去旅行各地观察，可以说是极其周到的制度，所以俄国将校之中，在此校毕业的，精通蒙古、西藏实情者极多。

五　俄国革命以后

当俄国革命一爆发的时候，中国就乘机而进，在一九一九年十一月任徐树铮为西北驻〔筹〕边使兼西北边防总司令重要之职，因而指挥亲兵四千而长驱直入外蒙古首都库伦。

当时蒙古独立的气势又以后贝加尔附近——以布利亚特的乌路夫爱吴加司库为中心——为导火线而发动了，在呼伦贝尔附近以斯密约诺夫将军为背景，而在满洲里西边大乌里编成蒙古军，复在贝加尔湖东岸乌路夫爱吴加司库开各地代表大会，远而绥远、科布多、乌里雅苏台各地代表都来参加，可谓之盛会了。又遣使者赴日本乞援，然而当时日本国策不便允许，可是军人方面到摩拳擦掌跃跃欲试，终于出兵了，不过可怜的蒙古由日军撤退后贝加尔，不出数月，在恰克图北边赛嫩诺河畔，陷于为赤军全数扑灭的悲运。

以后中国直奉之战的结果，安福系失败，徐树铮退职，陈毅之代之驻扎库伦，负镇压外蒙之责，但与其部下队长堵〔褚〕其祥意见不合，常起内讧。另一方面，谢米诺夫的猛将巴伦·温克路于一九二〇年十月率信〔俄〕兵三千（有一部分是车臣汗蒙古人），从大乌里经过桑贝子而入蒙古，翌年二月占领库伦，所惨杀之中国人数达四万，团长高在田及其部下若干，免强地沿俄蒙国境而逃往满洲里，外蒙古在白俄援助之下再行独立了。

然而，日本军队撤退后贝加尔之后，谢米诺夫军队即被压迫在满洲里附近，为中国军队解除武装，另一方面，苏俄总领事馆台布司透以及司库巴透路等，声援亲俄蒙人企图入蒙。首先，对于中国形式上催促共同出兵，乘中国忙于内乱之际，举兵攻击巴伦·温克路，在库伦东边将其击溃，于一九二一年七月八日占领此地，马上就缔结蒙俄密约，指导亲俄蒙人，设议会制度，此乃走入"赤化"之第一步。

而立刻召集小国民会议，但在国民党中新旧两派很剧烈地起了轧轹，成吉斯汗以来七百多年所传下的蒙古思想是不能容纳过激的"赤化"，新派始终受旧派的压迫，但是见机而作的苏俄乃拥活佛以虚位而极力缓和民心。制定"黄旗飞舞以固宗教基础，赤旗飘荡而建国基，歼灭谢米诺夫余党"这样的国歌。由此看来，也可以明了其中的内幕了。

以后苏俄由新派的请愿，驻步兵一联队、炮兵一中队，赤军于库伦，始终压迫旧派，即喇嘛、王侯。可是后者的势力依然在新派之上，末了实行放逐、监禁、枪决等暴力主义，约有二年的恐怖时代。

接着一千〈九百〉二十四年三月，活佛哲布尊丹巴呼图克图就逝世了。哲布尊丹是次于西藏达赖喇嘛（第一活佛）、班禅喇嘛（第二活佛）的大活佛，一千八百七十年生于西藏，五岁的时〈候〉为外蒙法王迎去做第八代库伦活佛，初代以后曾有二百七十年失去其位。

对于蒙古活佛的信仰完全是盲目的，以至现在大多数蒙古人尚且从远方来到库伦而在废宫周围巡游，好像是礼拜的样子，看来是很可怜，他们相信苏俄是要把活佛毒害了，心里非常地痛恨。

苏俄在赤军入蒙三周年，即一九二四年七月八日，建设外蒙共和国，十一月召集国民大会，制定苏维埃式政纲。

译自《满蒙调查月报》十一月号

《新蒙古》（月刊）

北平新蒙古月刊社

1935 年 3 卷 1 期

（訾茹　整理）

对于整顿喇嘛教者进一言

霍宝书　撰

　　最近《申报》载蒙藏委员会拟整顿喇嘛教，大意谓组织喇嘛寺庙整顿委员会，推定章嘉为委员长，朱庆澜为副委员长，负责进行事宜；其主要目的在整顿喇嘛教规，恢复宗教观念，使喇嘛长久存在，蒙藏可望无问题发生；并言此后如在〔再〕发生喇嘛携眷住庙者，予以取缔等言。这整顿喇嘛教的名词确不错，可是实行的目的真令人可发一噱！在这去旧布新巨轮不断向前进展的今日，蒙藏会本负有领导蒙藏民众趋向于适当前进的轨道，迎头题〔赶〕上这生气勃勃的新时代责任和使命的；中央发给巨款决不是让它拿来作推倒车的把戏的。像这有消灭蒙藏种族危险的办法来用在这二十世纪文明日进千里的今日，总有点不大适当罢！况且喇嘛本身也都感觉到喇嘛的弊害甚于鸦片及洪水毒蛇，而希望它及早断根……

　　宗教与民族的存废实有莫大的关系清朝不过利用宗教以羁縻〔縻〕蒙古，感化其人民耳！而现在利用它以羁绊蒙民，使有绝对服从并避免发生一切运动，那就恐怕不如以先那样的灵验罢！同时蒙民亦不能像过去似的坐以待毙的。请中央及蒙藏会改变方策，开诚布公，真实扶助弱小民族罢；不要再作那理想中黄金般的美梦了！

　　下面我对于整顿喇嘛的意见写上三条，希即采纳并施行：

（一）蒙藏会通知蒙政会，由蒙政会派员前往各盟旗，偕同各盟旗长官考试各该属境内寺庙之喇嘛，取录者给予俸金，以示提倡经文并优待蒙民之意；名落孙山者，为谋相当之职业，以免流落之苦。

（二）蒙藏会提出若干经费，在各旗部各庙内设立学校，俾使一般儿童受相当之教育，然后再准其入庙充当喇嘛，并免去一切考试；不愿入庙者，也给予相当营业，以给其生活。

（三）由蒙藏会提出若干经费，在各庙内设立手工业之毛织工厂（或其他适于当地环境之工业），俾使喇嘛得有操作之技能，再给予优厚之工资；如此则不暇奔波他乡，作不法之行为，破坏教规。

以上三条均有连带的关系，倘采纳施行，不但喇嘛得维持生活之希望，即蒙藏民众亦有莫大之利益，亦巩固边疆之一途径也！

总之，希望中央及蒙藏会自今而后，将那消极的办法完全免去，而确实迈进于实际扶助弱小民族，俾使弱小民族得有相当之知识，从黑暗的途径引领到光明的路上。不然徒以纸上谈兵，敷衍为宗旨，则在这中、日、俄三国中间的蒙古，就不免高唱谁有益于吾者，即吾之主人翁也的声调了！

　　　　　　　　　　　　一九三四，十二，三十草于旅次

《新蒙古》（月刊）

北平新蒙古月刊社

1935 年 3 卷 2 期

（朱宪　整理）

中、俄、蒙的外交关系

王开江　撰

A　引言

　　万物都逃不出力学原则的支配。甲力大，则物将向乙方移；乙方〔力〕大，则物将向甲方移；甲乙力均，则物将停留中间成静止的均衡状态。自然界以〔的〕法则是如此，社会现象、国际关系也是如此。我以为这种现象，很可以解释中、俄、蒙三方面的关系。蒙古介于中俄之间，他的文化皆较中俄为低，因此他的政治力也甚薄弱，而必须依附于中俄之任何一方，或动荡于两方之间。所以由蒙古的往何方摆动，遂复杂了中俄的外交关系，由他的摆动上，也可以看出中俄文化的升沉和政治力量的消长来。蒙古成为中俄间之钟摆，此摆又成中俄两大国家文化、政治的测验器。

　　蒙古的与中俄发生关系，本起源甚早，但发生真正复杂的剧烈的外交关系则是近代的事情，我们现在就从近代说起。

　　起于斡难河畔的成吉斯汗，曾征服过中国，也曾征服过俄国，这是蒙古之力的极盛时代，但是这种暴风雨般的势力，倏忽即成过去，以后遂入蒙古的衰弱时期。到了清初，遂被崛起于满洲的满人征服，满人对他用麻醉的宗教政策，用喇嘛统治蒙古的政策，二百余年间，蒙古总是很忠顺依附于中国的。可是当着清室强盛时代，俄国也正逢着有英主出世，到了清室衰弱下来，俄国还在强盛，中俄两大势力既发生了变化，蒙古社会的静态也遂被打破，此后遂开始了三方混沌杂复〔复杂〕之外交关系。

B　向俄方摆去

清廷对蒙古的主要政策，既在麻醉与牢笼，只求他叛旗不举，并无积极政策的经营，尤因交通的困难，统治上很成不便，所以到蒙古去的官吏，一方可以欺蒙民的愚昧，一方可以欺清廷远隔不明真像，因此他们可以任意妄为。荒远的蒙古的戍〔戍〕官，遂成了肥缺，成为存心发财的王爷们竞争的目的物了，当时驻库伦办事大臣一职，满员营者非二十万金不能得。运动费既已如此之大，则到任后自必有数倍于此额的收入才可。因此凡驻蒙大臣无不贪污从事，尽力搜括，盖他们去的目的在发财，不在政治也。

清季变法维新的潮浪，也流到蒙古，举办新政的文电，交驰于道，急如星火，尤以内阁、军咨府为最。库伦一城，一时新添机关有二十余处，一切用费，自然取之蒙民，官吏更可借端剥削，蒙民不堪，近库伦各旗的人民遂逃避一空。这时俄国就有机可乘，从此就迅速的展开了复杂的外交。

宣统三年六月外蒙借会盟为名，遂密议独立，杭达亲王等赴俄求援，驻北京俄使遂向清廷提出如下之通知：

> 奉本国政府电，现库伦王公、喇嘛多人，持书向本政府求援，声称中国在库伦地方，举办练兵兴学、开垦加税各新政，蒙情不服，迭恳裁免，中国官吏不肯允准，不得已，请本政府派兵援助等语。查库伦与本国边境接近，中国应念中俄睦谊，将上项新政，即日停办，以释蒙人疑惧，否则俄国不能漠视，

当在边界方面，求一对待办法。

从此中、俄、蒙三方的关系，遂成互相纠结之绳。

宣统三年八月，俄国马步兵八百余人及车辆、辎重络绎向库伦进发，中国驻库伦大臣遂向蒙方提出如下之质问：

> 要求停办新政，本大臣已奏请奉准，乃复如此反覆，汝等有何负曲，不妨详细直陈，尽可由本大臣奏明办理，何必求援外人，竟自调俄兵入境，究竟是何用意？

更托人向哲布尊丹巴婉商，求他将已来之俄兵退回，或电俄勿再续派，然后再议善后办法，千回百折，活佛虽允，可是由恰克图来库的俄兵还是继续不止。

三年九月，武昌起义，消息传到库伦，中蒙两方人心都汹汹不定。十月十日，蒙古四盟王公及喇嘛联名呈递驻库中国办事大臣，提出独立的要挟：

> 现闻内地各省相继独立，革命党人已取道张家口来库，希图扰乱蒙疆。我喀尔喀四部蒙众，受大清恩惠二百余年，不忍坐视，我佛哲布尊丹巴呼图克图，已传檄调四盟骑兵四千名，进京保护大清皇帝，请即日按照人数，发给粮饷枪械，以便启行。是否照准，限本日三小时内批示。

旋哲布尊丹巴又派蒙古王公数人，向办事大臣提出独立并驱逐办事大臣的通知：

> 奉我佛哲布尊丹巴谕，本日午后各王公所递之呈，尚来〔未〕奉批，想难邀准，刻蒙古已定宗旨，将蒙古全土自行保护，定为大蒙古独立帝国，公推我佛哲布尊丹巴为大皇帝，不日诹吉登极。惟念与贵大臣有私人交谊，不忍用强硬举动，特派我等来请贵大臣明日即速带同文武官员、兵丁等出境，如愿取道台站，本蒙古仍可照旧供给。

当日晚哲布尊丹巴又有正式公文通知驻库办事大臣，内开：

为札饬事。照得我蒙古自康熙年间隶入版图，所受历朝恩遇不为不厚。乃近年以来，满洲官员对于我蒙古欺凌虐待，言之痛心。今内地各省既皆相继独立脱离满洲，我蒙古为保护土地、宗教起见，亦应宣布独立，以期万全。现已由四盟公推本哲布尊丹巴呼图克图为大蒙古独立国大皇帝，不日即当御极，库伦地方已无需有中国官员之处，自应即时全数驱逐以杜后患。合行札饬三多（驻库伦办事大臣名），札到，该三多即便凛遵，限三日内即便带同文武官员暨马步兵队等，赶速出境，不准逗留。如敢故违，即以兵力押解回籍。此饬。

次日晨（十月十一日），俄蒙兵到中国防营实行缴械，由西库伦至大臣衙门，遍布俄蒙军队，往来华人亦被阻止，华人商店亦被搜索或勒令关闭，此时中国在蒙古所处之地位，完全是劣败的，坐待宰割的。

蒙古的敢有此次举动，完全是因俄国的操纵和助力，可是表面上还是蒙古出头和中国交涉，俄国乃是隐匿幕后若无其事。中蒙的关系既已到了正式对立不可收拾的地步，俄人遂以第三者的资格露于舞台之上。俄总领事遂派译员通知中国办事大臣：

此次蒙古王公不肯听从敝国总领事之劝阻，致忽发生独立之暴动，想贵大臣不免受惊，且蒙情叵测，如仍居官署，恐有他虞，敝署已备有房屋，拟请贵大臣率同眷属既〔暨〕属员等迁往暂住，以便保护。

中国驻库办事大臣，接受了这种办法，以后由俄派兵护送出境，前往恰克图，取道西伯利亚回京，自是所有中国在库官员，遂风流云散，中国在蒙势力，遂如土崩瓦解了。这时清政府本要派员往蒙查办库伦事件，驻京俄使就露出舞台了，谓"此时如往库伦，为有重大危险"，查办之举，遂未果行。以后哲布尊丹巴遂正式登极，以"共戴"为年号，宣布独立大蒙古帝国。外蒙完全动荡在俄国方面，在中、俄、蒙的关系上，中国可谓惨败。

C　中蒙间的重要磋商

民国元年二月，共和告成，大局粗定，袁大总统遂致电哲布尊丹巴，请求取消独立：

> 外蒙同为中华民族，数百年来俨如一家。现在时局阽危，边事日棘，万无可分之理。贵喇嘛慈爱众生，宅心公溥，用特详陈利害，以免误会。各洲独立之国，必其人民财赋，兵力政治，皆足自存，乃可自成一国，而不为外人吞噬。蒙古地面虽广，人数过少，合各蒙计之，尚不如内地一小省之数。以蒙民生计窘迫，财赋收入至微，外蒙壮丁，日求一饱，尚不可得，今乃责令出设官、养兵、购械诸费，不背叛，则填沟壑，何所取给。若借之外人，则太阿倒持，必至喧宾夺主。又自奉黄教以来，好生忌杀，已成天性，各部壮丁，只知骑射，刀矛尚不能备，何论枪炮？欲议攻战，必无可恃。政治则沿贵族之制，行政司法，以较欧洲强国，万无可及，更难自立。且各蒙并未尽能服从，贵喇嘛号令所及者，仅图、车、赛音三部，且闻尚未尽服，阅时稍久，人怨财匮，大众离心，虽悔何及！试问百年以来凡近于蒙古而不隶中国之蒙回各部，有一自存否？有不为人郡县者否？各蒙与汉境，唇齿相依，犹堂奥之于庭户，合则两利，离则两伤。今中国力量，足以化外蒙之贫弱为富强，置于安全之域。旧日秕政，当此新基之始，自必力为扫除。此外若有要求，但能取消独立，皆可商酌。贵喇嘛识见通达，必能审择祸福，切勿惑于邪说，贻外蒙无穷之祸。竭诚致告，即希见覆。

哲布尊丹巴呼图克图，旋即覆电如下：

顷承电示，谆谆告诫〔诫〕，感愧莫名。客冬外蒙以时势危迫，宣布独立，共推本哲布尊丹巴呼图克图为蒙古国君王。不得已俯顺舆情，已允其请，布告中外，良用歉然。此次起义，本为保种、保教、保存领土起见，并非别有希冀，亦非惑于邪说，实困于虐政耳。所谓外蒙人数过少，贫弱已极，并不知兵，难期立国，均属实情。足征大总统策划至远，转危为安，秦镜高悬，无微不至。至祸福利害，惟仰贵大总统曲体与否，傥荷玉成，俾资勤修内政，敦睦邦交，妥筹边防，巩固国基，则不惟外蒙得以保全，即中国亦无北顾之忧矣。本哲布尊丹巴生虽不敏，亦知处邻之道，端在乐天畏天，言念及此，殊深翘企。如云杀人盈城盈野，率土地而食人肉，仁者不为，文明大国亦不忍言此。外蒙僻处绝域，逼近强邻，势如垒〔累〕卵，四皆强霸，傥有不虞，必为台湾、朝鲜之续。中国远隔海峤，鞭长莫及，军民虽众，恐将无所用之，外蒙间于列强，进退维谷，苟不独立，何以自存？本哲布尊丹巴舍弃独立，犹弃敝屣，但独立自主，系在清帝辞政以前，业经布告中外，起灭何能自由？必欲如此，请即商之邻邦，杜绝异议，方合时势。外蒙之存亡，在公之操纵，操之过激，不溃即溢，则何异为丛驱爵？尚希广发佛心，大施汲引，玉成此举，以免群生沟壑之忧，即造万世无量之福，何幸如之！大局攸关，用敢冒昧直陈，仍祈不弃，时锡南针，俾免陨越。

哲布尊丹巴这封电上，提〔推〕到"商之邻邦，杜绝异议"，这分明是说"要外蒙如何，先要与俄国商量妥贴"。外蒙事件的复杂内情，从此语也就可看出一斑了。袁总统再致哲布尊丹巴电：

电悉。贵呼图克图慈爱众生，维持大局之苦衷，并辱奖誉，殊深惑〔感〕愧。近年边吏不职，虐待蒙民，以致群怨沸腾，激成独立，此等情况，内地胥同，贵呼图克图之歉忱，固国人所当共谅。刻下国体确定，汉蒙一家，必须合力以图，新基方能巩固。来电操纵一节，深知归重中央，不欲戀〔恋〕无谓之虚名，贾汉蒙以实祸，致人坐收其利，天地圣佛，实鉴此心。今联合五族，组成民国，本大总统与贵呼图克图，在一身则如手足，在一室则成昆弟，利害休戚，皆所与共，但使竭诚相待，无不可以商榷，何必劳人干涉，自弃主权。前此各省，怨苦虐政，相率独立，自共和宣布，相继取销，盖皆不忍人民涂炭之心，而无争地争城之念。来电词旨，大惬鄙怀，务望大扩慈心，熟观时局，即日取销独立，仍与内地联为一国，则危机可免，邦本可固，民国对贵呼图克图，同深感戴，必当优为待遇，即各王公及他项人员等，亦必一体优待。此后一切政治，更须博访舆情，详为规定，定有以餍蒙族之希望，为进大同之化，共和幸福，其各无涯，否则阋墙不已，祸及全国，将有同为奴隶之悔，以贵呼图克图之明智，当不出此也。至蒙古与内地宗教、种族、习尚相同，合则两利，分则两伤，前电已痛言之。所有应行商榷各节，电内未能尽达者，已派专员前往库伦趋谒住锡，面商一切，到时切望赐晒，至所企祷。

哲布尊丹巴接此电，见中国与之委曲求全，竭诚商洽，而彼又实有进退不能自主之隐衷，遂覆电谢绝中蒙直接交涉，而明指须先商之强邻，电文如下：

贵大总统，量含大海，联合五族，创造共和新基，大为中外景仰。惟我蒙旗，遭此竞争时代，处此危险边境，所有一切，究与他族迥不相同。其中委曲，不待细陈，谅在洞鉴。旁人干涉，有碍主权，略知梗概，只此时势所迫，不得不如此耳，否则鹿死谁手，尚难逆料。再四思维，与其派员来库，徒事跋涉，莫若介绍邻使，商榷一切之为愈也。

以上这段中蒙的交涉，虽没有俄人露面，表面上似是中蒙两方的事，其实处处有俄国的力量存在，无形中成为中俄交涉，而表现借蒙为转关吧〔閾罢〕了。

D　俄对蒙的外交政策

俄人对蒙古的手段，一言以蔽之，曰"愚弄而已"。原来西伯利亚土人奉喇嘛教的也很多，其迷信也不在蒙古之下。其中之布里雅特人，无论男女老幼时有越境来到蒙古瞻拜活佛以祈福免祸的，因此俄政府遂顺而利用之，想尽方法笼络活佛。凡俄到蒙，必先以美物献之活佛以肆其欲，活佛庙中，亦渐有俄女出入之迹，其他奇异的珍玩，凡可以得其欢心、坠落其志气者，悉力供给之。当光绪初年，活佛弟八世格根随其父母由西藏至库伦，年仅四岁，至十二岁，父死母别居，因此活佛时以孤寂为苦，于是库伦俄国领事遂进与欧洲之各种新奇玩具、画片等，因此活佛在幼时对俄国就有好的印像。俄人又为王公等建设俄式之房屋，室内设备，皆使之充满俄风，以期同化蒙人于无形。其他更佐以医院之设备，机械之制造，在在都可以博得蒙人的好感。

但是蒙古独立以后，俄国对蒙的外交策略，却有两派：

（一）不干涉主义　以为当俄国先前革命时，各省亦多运动独立，然终不能成功。将来蒙古的独立，也必失败。库伦政府，实不足轻重，而中国政体无论共和或君主立宪，必同趋于不放弃蒙古之途。将来中国兴师问罪，其推倒活佛实为至易。此次驱逐中国驻库办事大臣，乃多年高压之反动，绝非蒙人有独立自治之能力。今蒙古的独立，而俄公然助之，即使事果有成，列强也指俄为有干涉中国内政之嫌，将来俄国外交上，必有甚困难之一日，所以俄政府对此事变，应取不干涉态度。

（二）干涉主义　以为蒙古此次运动，乃本于"蒙古为蒙古人之蒙古"的自危〔治〕运动，俄人实应扶助之，并宜利用此机会以扫除中国之势力。中国既无主权，他国即不能反对。俄蒙近邻，完全可以英对埃及、德对土尼齐之政策行之。再就经济关系上说，俄蒙商业日有进展，若使中国的权力巩固起来，则俄人经济利益，必大受打击。所以对此事件，应积极扶助蒙人。

俄政府的方针，参酌两者，而趋重第二派之主张。当民国元年四月二十六日，俄外长在议会之演说，更可看出其露骨之表示。他的话大意如下：

世人往往单称蒙古，其实蒙古乃数部落之总称，与南满铁路相接处，属于满洲，外蒙古隔戈壁沙漠，本与中国分离，乃天然一独立区域，制度、风俗亦与中国不同……今蒙古已脱离中国独立，然蒙古若完全独立，既无一统御之人，又乏资力，且少军队，若任其自然，则不久又为中国所征服……为俄国利害计，岂忍坐视？我国民对蒙方针，计有二种，一则不以一切举动为然，一则亟欲取为保护国，此二者皆趋极端。其不以向蒙古活动为然者，即等于不欲向东方活动，是直限制我国家之运命；其欲取蒙古为保护国者，又易使人知我有并吞亚细亚之野心，亦非得策。以余意见，宜采二派而折衷之。使中国嗣后对蒙古，不移民，不派兵，不干涉政治，现即以此三者为调停之条件。近日中国误会我国之意，坚欲独立解决外蒙，而排斥我国在蒙之势力，此我国决不能容忍……今日欲马上并吞蒙古，其势有所不能，故俄之目的，不在领土之扩张，而在邻邦不有一强大国。

俄人对蒙政策，在此演说中，可谓表露无余，中、俄、蒙三方的外交关系，亦完全以此为中心而摆动，再看以下事实更可证明。

库伦独立的时候，有兵不过千人，中国虽弱，平蒙有余，劳师远征，固然困难，然奉、吉、黑、新疆各路之兵，本已络绎于途。

元年春间，国内时局既平，塞外天气又暖，阁议将大举北伐，此时俄人乃出而阻挠，一则谓：

> 华官将由黑龙江调兵前往蒙古，俄人不能漠视。

再则谓：

> 中国拟由黑龙江、新疆进兵，又将遣乌里雅苏台将军带兵赴任，似此举动，俄政府决不承认。

三则谓：

> 无论如何，苟向外蒙进兵，必有后患。

同时俄外部更向我驻俄代表声言：

> 中国在内蒙境内，可以自由行动，若进兵外蒙，俄当干涉。

由这些事实，一方可看出俄国态度的凶横，一方也可看出俄国外交的巧妙。盖俄人本知蒙不足恃，一经开战，蒙兵必败，蒙败则俄又不能坐视其多年侵略的收获。若实力干涉，亦有干涉他国内乱之嫌，故不如阻我出兵，使战事不成，而俄可以安保其在外蒙权利。所以在中、俄、蒙三方的外交关系上，中蒙都是被牺牲的，只有俄人是完全胜利的。

E 错综的会议与条约

1. 俄蒙的条约

民国元年九月，俄密派前驻京公使廓索维慈前赴外蒙，与外蒙各王公选开会议，该使力言蒙古宜速决定对中俄之关系，并劝诱订立《俄蒙协约》。时外蒙方热心于建造国家，以为条约的缔成，必可自成一国，故不及旬日，《俄蒙协约》即行成立。约文如下：

> 蒙人全体，前因欲保持蒙地历来自有之秩序，将中国兵

队、官吏逐出蒙境，举哲布尊丹巴呼图克图为蒙古之主，旧日蒙古与中国之关系，遂以断绝。现俄国政府因此情形，并因俄蒙人民友谊，及需确定俄蒙商务之关系，特遣参议官廓索维慈与蒙古主及执政各蒙王委任之议约全权，蒙古总理大臣、万教护持主、三音诺颜汗那木囊苏伦，内务大臣沁苏朱克图，亲王、喇嘛策零赤薎得，外务大臣兼汗号额尔尼得达沁，亲王杭达多尔济，陆军大臣额尔德尼达赖，度支大臣土谢图郡王扎克都尔扎布，司法大臣额尔德尼郡王那木萨来，会同议定以下各条：

（一）俄国政府扶助蒙古，保守现已成立之自治秩序及蒙古编练国民军，不准中国军队入蒙境及华人移殖蒙地之各权利。

（二）蒙古主及蒙政府准俄国属下之人，及俄国商务照旧在蒙领土内享用此约所附专条内各权利及特种权利，其他外国人自不能在蒙古得享权利加多于俄人。

（三）如蒙古政府以为须与中国或别外国立约时，无论如何其所订之新约，不经俄政府之允许，不能违背或变更此协约或专条内各条件。

同日又订《商务专约》十七条，其主意〔要〕者如下：

（一）俄国属下人等，照旧享有利权，在所有蒙古各地，自由居住、移动并经理商务制作、其他各事项。

（二）俄人贩运各国出产货物，免纳出入口各税。并自由贸易，无论何项税课捐，概免交纳。

（三）俄国银行有权在蒙开设分行。

（四）蒙古境内无论何种公私公司令〔会〕社或各处所、各个人，皆不得有商务制作专卖权。

（五）俄人得在蒙境内各处有租赁土地建造房屋、货栈，开垦耕种之权，惟不得作谋利之举（指买而转卖言）。

（六）俄人可与蒙古政府协商关于享用矿产、森林、渔业，及其他各事项。

（七）俄有权向须设领事之处设派领事，蒙古在俄沿界各地，亦可协商派遣蒙古代表。

（八）俄人在蒙可以设立邮政。

（九）凡蒙古域内流至俄国境内各河及此诸河所受之河流，俄人均有航行权，俄政府并帮助整理各河航路。

（十）俄商有权由水陆各路行走，并可自行出款建造桥梁、渡口，并有权向径〔经〕过桥梁之人索取费用。

（十一）俄人牲畜于行路时，如遇停息多日时，地方官须拨给足用地段以作牧场，如用牧场过三月之久时，即须偿费。

（十二）俄国沿界居民，向蒙割草、渔猎，不得稍有变更。

（十三）俄人、蒙人、华人所立契约如有争执，当通知俄国领事官，与领事会商，将所出误会，公开判决。

民元十二月更订《俄蒙开矿条约》，重要者如下：

（一）蒙境内矿产，允俄人自由开采。

（二）公司资本由俄筹集，但蒙人亦得加入五分之二。

（三）他国不能加入资本。

（四）俄人由矿务公司之介绍得向蒙政府请求采矿证书，已得证书后，无论何时不失效力。

（五）以矿砂输出税百分之一补助蒙古练兵费。

（六）每年由红利内对蒙古之资本额给予三成之报酬。

民国三年九月订《俄蒙铁道条约》，重要者如下：

（一）库伦政府承认俄国在其领土内永远有铁道建筑权。

（二）蒙古将来铁道路线及计划，由俄蒙政府协同议定。

（三）库伦政府若自认有建筑铁道之利益时，应先咨询俄国，经其承诺。

民国三年九月又订《电线条约》，重要者如下：

蒙古政府因谋俄国国境与乌里雅苏台间及乌里雅苏台与库伦间通信便利之故，按左列条件，将从俄国依尔库次克省之孟达至乌里雅苏台之电线架设权，让与俄国交通部：

（一）俄国交通部负担架设经费。

（二）所需采伐木料及搬运他项必要品，蒙古应竭力援助。

（三）全线之电报局及建筑物所需之土地让于俄国。

（四）蒙政府不得架设前线之竞争线。

（五）蒙古欲于别方架设电线，须先以其权给予俄国交通部。

（六）卅年后，蒙人可以相当评价赎回，五十年后，无条件归蒙所有。

2. 中俄的会议与条约

由以上俄蒙所订条约看，蒙古已成俄之保护国，然俄却强词为夺理，狡辩强硬。民国元年十一月七日，中国外交部以公文致俄使库明斯齐提出抗议，谓：

蒙古为中国领土，现虽地方不靖，万无与各外国订约之资格，兹特正式声明，无论贵国与蒙古订何种条款，中国政府概不承认。

翌晨俄使遂访外交总长梁浩如于外交部，出示俄蒙私约全文，并转达其本国政府之命，谓：

俄蒙订结条约，实出于事情之不得已，俄与中国商议蒙古问题，叠经岁月，而贵国迄置于不问，俄国在外蒙之商业及他种利益，因之大受影响，不可不亟事保护。且库伦活佛哲布尊丹巴提倡独立，自行政治，为外蒙实际上之政府，故俄国政府与之缔结条约；惟措词甚慎，始终未提及蒙古脱离中国之语，望贵国政府对于条约中之主旨，先表同情，如不幸而不得贵国之赞成，惟有设法维持条约中之主旨，其大概不外与贵国提议之三端，即中国在外蒙不殖民、不驻兵、不派官是也。

梁总长回答他的话，是：

共和民国继承前清之权利，外蒙仍为中国之一部分，不能擅与外国订约，此为当然之事。中俄两国素敦睦谊，此次与外蒙订立条件，实难视为友谊之举动。我国对于贵国各种交涉，向以和平为主，今乘中国多事之秋，而迫我权利之让予，当为贵国所不为。乃忽承认外蒙独立，殊所不解。要之，外蒙之事，全属内政问题，中国自有相当之办法，决不受第三国之干涉，本部昨已声明，凡外蒙与外国所结之条约，无论何种，万难承认。

数日后，又送正式抗议公文于俄使，内容是：

提倡独立者，仅外蒙之一部，而非蒙古全部。贵国谓"汉蒙关系，系属前清之事，今为民国，当然分离"，不知民国之组织，由五族协同而成一国，蒙古之关系，当然如旧。俄蒙条约，断难承认。

不过俄使却屡次声言，如中国能承认《俄蒙协约》，则更可另订中俄条约，否则俄国亦无改订中俄条约之必要，只有去履行《俄蒙协约》了。这些话对于中国之威迫与引诱，可谓极尽技术之巧妙了。

〈3.〉北京会议——中俄为外蒙问题第一次正式交涉

我国提出抗议后，就上段所述，可知俄之态度十分强硬。嗣后陆征祥接充外长，遂与俄使在北京开第一次正式交涉。俄使提出基础条件四款：

1. 中国担任对蒙古历史上及种族上之行政制度，毫不更动。承认蒙古人民在其领土内，自有防御及保护治安之特权。得有军备及警察之组织。并不许外人在境内有殖民之行为，中国人亦在内。

2. 俄国担任尊重蒙古领土之完全，除领署卫兵外，若不先行知照中国政府，不得遣派军队。

3. 中国愿欲蒙古恢复旧状，宣告允许俄国调处，以便规定中蒙交际上及领土范围事宜，并蒙古自治发生之权利。

4. 俄国人民及商务，在蒙古享受权利，当列于本约之附件内。

以上四款，比较宣统三年十一月所要求之款，其范围更广，其侵略程度更苛。中国提议仍以宣统三年十一月之五款为讨论张本，而俄人以境过时迁为词，坚不肯认。十二月，中国以修改之条件提出讨论：

1. 俄政府应尊重中华民国在蒙古完全之领土主权。

2. 俄国应尊重中华民国政府，办理或主办关于蒙古商务上及其他事项对外之一切交涉主权。

3. 中华民国政府声明其所有之治蒙权，按照前清旧例办理。

4. 俄对于中国为维持蒙古旧有之治体而随时举行之政策，概不干涉，亦不妨阻。

5. 中国政府声明非先体察外蒙人民之意愿，不于旧例外派兵、设官及鼓励移民。

这五项条件，俄使不以为然，仅允电告其本国政府。此外更诘责中国有备战行动及各处拒用俄行钞票的情事。以后俄使发表俄政府之覆训：

中国将俄之意愿，甚不重看，且完全忘却蒙古宣告独立之事。查一九〇九年八月十一号，庆亲王有照令〔会〕至俄馆，推其辞意，甚至不准俄国在蒙古通商……中国若予延宕手段，则俄蒙将直接交涉，若中国出而阻挡，则俄国视为不睦之举。

蒙古屡拟派使至俄，谢俄之助，当时俄均婉却，现在俄皇陛下已允接待蒙使。如此则蒙古在国际间之位置，必渐巩固。

这些话，直是咄咄逼人的威吓之词了。

十二月七日，陆总长再以修改的六条款，面交俄使：

1. 中国担任对于库伦，遵照向行制度不加更动。库伦之蒙古人民在其域内有防御及维持治安之责。中国因此亦许其有军队及警察之组织，并担承〈不纳〉非蒙古籍人在其境内有殖民之行为。

2. 蒙古既为中国之完全领土，俄国担承永远尊崇中国在彼之主权，并担承不派遣军队，不在彼殖民，又除条约所许之领事外，不派他官。

3. 中国愿用和平办法，使库伦恢复旧状，故允许俄国调处。

4. 凡关于蒙地之一切中俄国际问题，仍由中俄两政府协商办理。

5. 如蒙人许予外国或外国人以特权，非经中国允许，不生效力。

6. 俄政府担任，凡于中国维持库伦旧状之行动，概不妨阻。

此条款，俄使以其政府之覆电未到为词，遂置之不议。以后彼乃另提五款：

1. 俄国承认蒙古所有连结于中国之种种系连，兹担任不谋绝断此系连，并担任尊重中国由此系连上流〔生〕出之种种权利。

2. 中国担任尊崇外蒙古历史所有之国家行政制度，因外蒙古之蒙古人在其领土内有防卫及维持治安之责，故又承认其有军备、警察之独有权，及不许非蒙古人在境内殖民。

3. 俄国担任除领署卫队外，非先知照中国，不派兵至外蒙古。并担任不殖民及除领事外，亦不在彼处设立别项制度代表俄国。

4. 中国声明受俄国之调处，以便照上开各项张本，置定中国与外蒙关系之要纲。

5. 以后外蒙如与俄政府协定关于政治或领土问题，未经中国允可，不可有效。至通商问题，则认为外蒙官员独管之事件。

俄参赞于送达此条款时，并表明其政府毫无将蒙古收入版图之意，亦不愿以蒙古为保护国，惟不愿在蒙已得之权利，稍受损伤。于是中国政府再修订成五款，提交俄使：

1. 俄承认蒙古为中国领土之一部，兹担任不谋断此项系连，并担任由此系连上生出历史上中国之种种权利。

2. 中国担任不变更外蒙历来之地方自治制度，因外蒙之外蒙人在其领土内有防卫及维持治安之责，故又许其有组织军备及警察之权利。及不纳非蒙古籍人在其境内殖民之权利。

3. 俄担任除领署卫队外，不派兵至外蒙，并担任不殖民及除条约所许之领事外亦不在彼设立别项制度代表俄国。

4. 中国施用外蒙之主权，愿用和平办法，愿受俄之调处，以便取消库伦之独立，并照上开各项张本定立中蒙之关系要纲。

5. 如外蒙与俄国商订关于商务问题之契约，未经中国允许不得有效，至他项问题，则认为中国政府独管之事件。

这样的两方互相磋商，反覆提议，会议至十七次之多。到了五月廿日，磋商的结果，大致就绪，计有六款：

1. 俄承认外蒙为中国领土完全之一部，兹特担任于此领土关系之继续，不得间断。又此领土关系上所生之历来所有的种种权利，俄国并担任尊崇。

2. 中国担任不更动外蒙历来之地方自治制度，及允许其有组织军队、警察及拒绝非蒙籍人殖民之权。

3. 俄担任除领署卫队外，不派兵至外蒙，并担任不将外蒙之土地举办殖民及除条约所允许之领署外，不在彼设置他项官员代表俄国。

4. 中国愿用和平方法施用其主权于蒙古，兹声明由俄调处，照上列各条之本旨，定立中国对待蒙古之办法大纲，并使该处中央长官，自认有中国所属部内向有之地方官吏性质。

5. 中国因重视俄国政府之调处，故允在外蒙古地方将下举之商务利益，给予俄民（加入十七条：文）。

6. 以后俄国如与外蒙官吏协定关于该处制度之国际条件，必须经中俄两国直接商议，并经中国政府之许可，方得有效。

这六条基础草约，在中国众议院内，有多次的推敲，但结果卒将原案通过，但是参议院方面则将原案否决。俄使闻之，因亦推翻前议，遂以其政府名义，致令〔照会〕中国外部：

本国政府开议蒙古问题，向中政府详细表明，拟定依据千九百十二年《俄蒙协定》条款及专条所发生之主义，如继续中蒙法律上之法〔结〕合，承认蒙古依据其人民同意，享用完全自治，自行组织行政机关，编成军队，并不准中国施行殖民政策各主义，筹办此项草案。并迭次声明，万不能改易各条之主义。乃会商之时，贵政府别有意见，拟借字句之间，便将主义更改，舆论亦误解蒙古草案实际之真像，视为规复中国统治蒙古之策。议院与报纸，从而附和之。此次协约之条款，若实行办理，恐两方面按照各条，致多误会，故本国政府，将末次所拟更改之字句，不能不推翻否认。俄国并甚惜所商无效，故于蒙古问题留有自由之地步，惟深望两国仍和衷商结，另附条件，若能彼此互换，颇属妥协。

并附新提出的条款四大项：

1. 除内蒙地方外，中国承认蒙古之自治，及该地方由自治上生出之权利。

2. 俄认中国为蒙古之上国，并认其相联之权利。

3. 中国愿听俄国调处，查照一九一二年《俄蒙协约》所载之本旨，以定其与蒙古后来之办法。

4. 凡关涉中俄两国在蒙之利益，为该地方之新局面而发生者，由中俄政府日后商议。

此照会遂将以往数十次的会议，全数推翻，翻覆无常，殊失外交上的价值。袁总统大愤，陆征祥因亦辞职。自是停议者两月，及孙宝琦接充外长，始再与俄人继缲〔续〕交涉，始勉强得一结果。现在把孙宝琦向大总统报告交涉经过的呈文引录如下，以见此次交涉的始末：

　　查俄人干涉外蒙古，始于前清宣统三年。以我国在外蒙移民练兵，于邦交甚有危险，要求裁撤兵备处。去年冬，库伦、乌里雅苏台等处，相继独立。民国元年十一月间，报载俄派廓索维慈赴库伦议约，当经外交部照会俄使，并电驻俄公使刘镜人，向俄政府正式声明：蒙古为中国领土，无与他国订约之权，无论俄蒙独〔订〕立何项条约，中政府概不承认。旋经俄使面交《俄蒙协约》条文，亦经外部拒驳。迨前总长陆征祥抵任，于十一月卅日与俄使初次会议。首主张取消蒙约，俄使不肯允议，另行提出四款，此为中俄直接谈判外蒙问题之始。此后迭次协商，互提条款，历时半年之久，会议至卅次，始克议定条文六款，颇费苦心。迨本年五月廿八日，提交众议院，讨论日久，七月初八日始行议决，复于七月十一日提交参议院，竟至否决。而俄使因此亦顿翻前议，谓俄政府变更宗旨，将前议六条取消，于七月十三日复提出四款，实无磋商余地，只得暂行停议。然大势所趋，殊难延宕，库伦独立，俄既阻我出兵于前，协约告成，外蒙更有恃无恐，若不从速解决，终为民国北顾之忧。宝琦接任以后，即与俄使重申前议，要求仍就原议六款协商，俄使以时过境迁，不肯重议旧款，经与再三磋商，另提条款。会议至今已经十次，兹始议定《声明文件》五款、附件四款。虽较原议条文不同，然我国所注重者为外蒙古为中国领土一语，几费争持，俄使迭电政府，始允列入附件第一款，其关系政治、土地交涉事宜，允与俄国协商一节，亦列入附件，似于土地主权，稍获挽救。此迭次会议拟定办法之情形也。此次协商，系属声明文件，与订约不同。兹将拟定《声明文件》五款、附件四款，抄呈钧阅，恭候批准，以便由部备汉、法文件，订期分别签字互换，以昭信守。

自中俄交涉以来的经过，此文中叙述无遗了，现在把最后议定《声明文件》五款、附件四款，写在下面：

《声明文件》五款：

1. 俄承认中国在外蒙之宗主权。

2. 中国承认外蒙之自治权。

3. 中国承认外蒙古人享有自行办理自治之内政，并整理本境一切工商事宜之专权。中国允许不干涉以上各节。是以不将〈军〉队派驻外蒙，及安置文武官员，且不办殖民之举。惟中国可任命大员偕同属员暨护卫队，驻扎库伦。此外中国亦得酌派专员驻扎外蒙地方，保护中国人民利益。按地点仍按本文第五款商定。俄国担承除领署卫队外，不得于蒙驻军，不干涉各项内政及有殖民举动。

4. 中国承受俄国调处，按以上各款及一九一二年《俄蒙商约专条》，明定中国与外蒙之关系。

5. 凡关于俄国、中国在外蒙之利益，暨各处因现势发生之问题，均应另行商定。

民国二年十一月五日

附件四款：

1. 俄承认外蒙为中国领土之一部。

2. 凡关于外蒙政治、土地交涉事宜，中国政府允与俄国协商，外蒙亦得参与其事。

3. 正文第五款所载随后商订事宜，当由三方面酌定地点，委派代表接洽。

4. 外蒙自治区域，应以前清驻扎库伦办事大臣、乌里雅苏台将军及科布多参赞大臣所管辖之境为限。惟现因无详细地图，而该处行政区域，又未划清界域，是以确定外蒙疆域，及科布多、阿尔泰划界之处，应按《声明文件》第五款所载日后商订。

这是中俄两方的交涉，以后便按此附款第二项所载，开始了中、俄、蒙三方面的会议了。（未完）①

《新蒙古》（月刊）

北平新蒙古月刊社

1935 年 3 卷 2 期

（李红权　整理）

---

① 未见后续刊载。——整理者注

中央当局与蒙古知识分子双方应有之反省

姚敬斋　撰

今之世界大势，演到不真干不能生存的一个阶段。此种情形，不惟中央人士，早已了然，即我蒙古明达，亦多知所觉悟。在过去一年中，中央对于蒙古问题，积极谋开发，谋整顿，谋联络，派员调查，交换意见，报纸此项消息，几于日不绝书。蒙古方面，亦组织蒙古自治政务委员会，分官设职，请款领车，通邮设局，代表专员，仆仆道途，双方交警，一切表现，莫不虎虎有生气。果似此直前迈往，理应焕然改观，计日呈〔程〕功矣。乃一察今年今日之蒙古，较之去年今日之蒙古，不敢说有进步，果能维持原有状况，且不可得。譬之医病，方药很多，中西杂投，初病未愈，又添药病。吃药添病，药岂不能治病乎？岂头痛医脚，欲盼其人之死，偏故求医问卜，为遮饰人之耳目乎？

所谓进步与退步者，非章程有所改变，名目有所订正，机关多所骈枝，口号多所宣呼也。俗语谓"打肿脸充胖子"，肿并不是胖；又曰"挂羊头卖狗肉"，狗并不是羊。蒙古之积弱，不发胖不能有转机。中央之救济，譬之需要羊，狗肉如何顶事！以退步之办法，求进步之美名，即章程改变，完全仿照德国，名目订正，完全取法日本，机关增设，口号宣呼，其繁杂热烈情形，直驾英美而上之。所谓胖者，肿消而益瘦，所谓羊者，入口而作呕，尚望积弱者，渐转而为强，望救济者，不久而现昭苏之象，难哉难哉！

吾以为双方相处，第一不要存丝毫客气，形成双方互相投报，互相敷衍之假事故；更不要存丝毫意气，形成双方互为水火、互争胜负之相敌对；尤不要偏重个人情感，牵涉到用人行政，形成拥甲倒乙、入主出奴之政潮斗争。须知蒙古之拥护中央，是整个的蒙古拥护中央；中央之提挈蒙古，是中央代表全国的意志。中央的蒙委会，蒙古的政委会，全是代表整个的中央、蒙古，直接谋双方交利互益，同舟共济，完成其唇齿相依之关系者也。所谓委员长、常务委员，政务委员长、秘书长等等，皆是奉中央明令，民众推举，执行提挈或拥护诸职事，是全中央、全蒙古之职事，非一家一姓之私事也。事非一姓一家，自不得以一姓一家之偏见，处理整个中央、蒙古应兴应革种种应办各事件。此理固尽人能明之，居最高地位者，宁反不知之乎？

你说向东好，我偏往西，看你把我怎么样。你说他不好，我偏要用他，看你把他怎么样。现在的长官，满是挟持着一种惟我独专的势派、朕即国家的气焰，最忌讳人反对。有人反对，他就要悻悻然的说上面那样的话。人本是感情动物，有血气的动物，人与人相处，最好是双方留意避免彼此感情之冲突，消弭血气之忿争。若借中央威权，行使私人意气，或恃地方信任，自作个人威福，势必引起内地的纠纷，外人之觊觎。替中央维系边防，结果使边防愈形危岌；为蒙古联合政府，结果使政府不敢信任。凡此种种，为大局计，固罪无可辞，即为自身计，亦且同归于尽。是不可不放大眼光，在夜郎自大、盛气凌人时，加以深切之考虑也！

中央对于蒙古，不客气的说，总是居指导的地位，所以蒙政会之成立，中央有指导长官之设，既曰指导，当然表示蒙古人士，独当一面，知识能力，或感不足，由指导长官，从旁予以矫正补救之意义。中央对于蒙古之态度，自须有教师对学生之态度，学生对导师，固宜竭心受教，导师对学生，尤须竭诚劝诱；甚或学生对导师，有时有所疑误，不免有过当之要求，而导师对学生，则决不容因其要求近于非理，或行动出于常轨，亦以无理相应付，亦以出乎常轨之办法相周旋也。何则？导师地位，是先知先觉地位，不得与后知后觉者比长絜短，作胜负之争，不得用不屑教诲之态度，弃而不顾也。今之中央要人，往往与蒙古方面，作意见之争；不办事，只斗气；宁玉碎，不瓦全。此等行径，不但无味，亦且贬损导师尊严，自退处于学生之列，是又不可不深切考虑者也。

譬之公司，蒙古是股东，中央是总经理、会委长、秘书长，其余各高级职员，皆伙友也。俗语云，买卖好做，伙计难搭。只要伙友和睦，互助所短，互尽所长，生意兴隆，不卜可知。吾乡有合伙作小营业者，资本有限，只为谋生。乃同伙相处，如父子兄弟，过相规，善相劝，有时意见歧出，动色相争，亦各为公家利害，恐其有失，绝无个人私见存乎其中。事一过去，杯酒流连，一望欢笑如故也。今不到〈一〉年，富甲一乡，有由来矣。今之政界中，在私人交际方面，极少因公事利弊而占脱辐者。对于国事，则往往因私人关系，即至丧权辱国，亦所不惜。是不免于私人方面，看的太重，于国家大事，看的太轻。一重一轻，颠倒错乱，推其究极，因私人情感，致陷国家于万劫不复之域，是又不可不深切考虑者也。

身为长官，或地方上领袖人物，自然要本着良心作事，结果反闹得怨声载道，求誉得毁。遇此请不必灰心，更无须动怒。当知人类恩怨，若有定式，爱人者人爱，敬人者人敬，未有爱人招憎，敬人致侮者。长官高坐堂皇，领袖深居简出，耳目所寄，只二三亲信之人，行止无方，惟公文呈报是凭，后先疏付。果尽得人，夫复何说，万一不慎，则民众受其殃，长官尸其咎。不加明察，老羞成怒，利用群小，滥用职权，激动公愤，势不至身败名裂不止。常见有为主妇者，爱惜子女，交之保傅，保抱提携，衣食所需，全权代理，以为可万无一失矣。夫岂知为保傅者，面慈心狠，对主妇则怡色柔声，对子女则逞凶肆毒，子女受其残酷，诉之主妇，主妇先入保傅浸润之言，反嗔子女不听管束。今之居高位者，偏信保傅之言，不及一察其真像，则子女失所，有冤无处诉，甚且激起家庭之变，是又不可不深切考虑者也。

古诗云："作天莫作四月天。"有的愿暖，有的愿寒，或则愿温〔湿〕，或则愿干。长官应付群众，群众心理，如看杂戏，听鼓儿词，一拳撞死恶霸，小鬼拘走奸魂。以此望之长官，但求快意，不思其他。须知长官作事，须顺轨道，须循条例，须顾体制，须分缓急轻重。若事事尽如人意，即一人对付一人，亦不可得，况在日理万机者乎？《左氏传》云："小大之狱，虽不能察，必以情。"又曰："重耳在外十九年，民之情伪，尽知之矣。"可知居上治下，须察舆情。救济农村，反增加农村负担。三年之病，求七年之艾；挹西江之水，救涸辙之鱼。不顾实情，一切救国之举，皆可作亡国之媒介。是则居上居下，皆不可不深切考虑者也。

现在新官僚，不一定会办官事，却无一不会说官话。明明残酷虐民，偏说刁风宜惩；明明临阵退葸，偏说独力难支；出力则曰异常，获谴则曰因公。一纸空文，不知颠倒多少是非；几本报销，不知吞没若干公款。高坐堂皇者，终日消磨于见客、赴宴、吸烟、打牌、玩女人、巴结上司，对本身职务，精神无百分之一顾到，一切委之秘书、科长。秘书、科长，又复有所委派，笑话百出，充耳不问〔闻〕，偶觉舛误，还要将错就错，顾全官厅体面，掩盖私人劣迹。于是诬良为盗，借剑杀人之事，时有所闻。如某省某律师，举发一重要赃案，开审前夕，忽被某军诱至一处严拷，嘱以诬控自行消案，否则处死。长官犹谓政平讼理，快度其壶中岁月，安享其神仙生活。朝方歌舞，暮已投缳；耳目不灵，害人自害。在批阅公文，接见僚属时，文字则理正词圆，言论则皆曰予智。人非望〔圣〕贤，孰能无过，是又不可不深切考虑者也。

人苦不自知耳！居边徼之地，处荒凉之区，文化则落后，经济则困敝，形势危急，能力薄弱，不借他山之助，终归没落之途。此时惟有同心协力，与中央合作，有艰苦则公开讨论，有计画则共同审核。某也助我繁荣，则一致欢迎，不分畛域；某也欺我过甚，则共起反对，不论亲疏。处处求其实益，事事持以热诚。我之立场，既甚光明，人之相待，亦必公正。不可挟外人以自重，不可为个人而变心，有智慧不可太露，有疑忌先要自讼。常常自问有何德能，常常自审有何足恃。遇事力争，究竟是公是私；遇事退委，究竟为义为我；遇事怨人，究竟己有何长；遇事快意，究竟人谓我何？何故喜，何故怒，何故惧，一举一动，必有所由，是又不可不深切考虑者也。

现在时局紧迫，风鹤频惊。蒙古与国民政府，可谓辅车相倚，相依为命，合则两利，分则两伤。故中央维持蒙古，仍是以维持蒙古者维持中央，不必希望蒙古人来领情；蒙古拥护中央，仍是以拥护中央者拥护蒙古，不必对中央面有德色。两家办的一家事，在情感上越没隔阂，越能同心一德，共济危亡。在事实上须认清孰为当务之急，要于最短期间，发现最显著之效率，不必两方面互相敷衍，不要两方面互相诋诳；不要你笑我无能，不要我笑你尚诈；不要以少数人利害关系，影响全局治安；不要徇多数人悉迷识见，破坏一贯政策；不要自由独裁的发表些够不上谈的语言文字，不要名马美人的表示些无关重要的礼上往来。昔宋靖康年间，金人肆扰，朝廷措置，多不中肯要，时人为之语曰："不管山东，却管陈东；不管东京，却管蔡京。"今之中央、蒙古之间，为个人位置问题，不惜呼朋啸类，专与异己者为难，遑顾其他。或对中央已定方案不惜推翻，或对蒙古真实利益不惜破坏，此等举措，可谓两误。所可虑者，今之中国，已到最后决斗时期，不堪再令所设官僚、政客、流氓、地痞演那把持操纵、诪张为幻、错误到底的把戏。今不反省，后虽欲反省，其如机会已失，大势已去，即吃若辈之肉，亦何补耶？

《新蒙古》（月刊）

北平新蒙古月刊社

1935 年 3 卷 2 期

（丁冉　整理）

危险线上的蒙古

云 占 标　撰

日本与苏俄，早已到了剑拔弩张、风云紧急的时期了。自九一八事变以来，日俄趋势愈演紧张。据欧美诸国预料，在最近的将来，日俄间的战争，断难避免。但是日俄二国间的冲突［研］究竟如何呢？

日俄战争之必然性

苏俄政府以为日本的对满蒙政策，与俄国的利益难以两立。苏俄施行的远东政策，始终是以侵中国、侵满蒙为其唯一目的。现在，除外蒙古已遂心如意的入其范围以外，尚无时无刻不想继续在远东发展。俄国侵占北满的唯一根据地就是中东路。日本自九一八事变后，其满蒙政策，已先后如愿以偿，其尚未完成的大陆政策，亦有大半之完成可能性。与东北接壤的苏俄，岂能坐视自己手里的北满一切权利叫日本侵占去吗？照这样观察，那不是等于一块肥肉，二虎相争吗？那么若想解决，除了依实力以外，还有第二办法吗？

苏俄的军事　苏俄自信它的飞行机、担〔坦〕克车、毒瓦斯等，对付日本是绰有余裕的。日俄战争，一旦爆发，用它的爆击机四十架，从海参崴飞到日本，把东京、大阪等地炸毁后，还可从容归去。

苏俄的外交　苏俄自信西方邻近诸国，与俄有亲密的关系。所以在国际方面，极安全。它以为与日本作战，是毫无顾虑其他国家的必要。它以为国际环境与日本不利，假使日俄战起，日本不但在世界上孤立，就是在远东亦要受朝鲜与中国的反抗。在这种环境下，不但伪满洲国感受危险，就是日本亦感危急。

日俄是否今年开战

依据上面的事实，证明日俄战争之爆发是有必然性的。并且李维诺夫说过："必有一天，吾人不能不被迫而实证斯达林'吾人不放弃寸土'之语。"其中暗含意思，就是"我们早晚必有一战"。

但是日俄战争究竟何时爆发呢？是否今年开战？吾人敢大胆的答一句："不是今年开战。"其理由如下：

（一）俄国现在，对于内部，还没有整理好，人民不但是不信仰政府，而且他们只要在什么时期得到机会，就要爆发内乱。这是苏俄政府很忧虑的一件事。所以俄国暂且与日本保持和平态度。

（二）日本今年并没有进攻苏俄的企图，又知空军不能胜俄国。因为要准备制造精而且多的杀人利器，故欲缓期开战。既然如此，则今年的远东，还能在密云不雨之形态下，安然度过去了。

从上面的事实亦可证明，日俄战争，既不能避免，且期不在远。

危险的我蒙古

我们既处在这风云紧急的日俄两大国间，我们绝不要以为是别人的事，而隔岸观火，漠不关心。吾人诚恳的敬告我蒙古同胞们，日俄战争，就是我们整个蒙古民族的生死关键，如果还是抽〔袖〕手旁观，吾人敢一言以蔽之："战后的蒙古在世界上可有无踪迹之险。"这的确不是随便瞎说，有相当的事实，列举如下：

（一）据从前某报登载，日军对于后方积极准备，在东北新编蒙军；又设蒙古军官学校于齐齐哈尔，以训练蒙古军官人材；并设独立同命部，专门招纳内外蒙古青年，以作侵略我蒙古之主力。又将东蒙一带以及兴安领〔岭〕一带划分为蒙古自治区域，并予我蒙古以种种特殊待遇，实行诱惑，以消灭我蒙古刚勇之性及反抗他们的心。更可痛恨的是，日本在热河将我蒙古之各盟旗，改为县治，缩小辖境，以便统治我蒙古同胞，消灭我蒙古同胞。

（二）有人说日军进攻苏俄的要道有二：1. 由北满进攻西伯利亚；2. 由内蒙进占外蒙后，扰乱俄国边境。俄国亦有相当之准备，据一般人说，苏俄派往外蒙的军队，现已达三万以上，以库伦为根据地。即俄国对日本作战所有的军队都由库伦出动，据说是经张库大道向热河推退〔进〕。

我蒙古应有的认识

据最近一般人推测，日俄战起，必定要卷起世界二次大战的巨波。对于此点，又有人说是我蒙古民族复兴的良机。这些传说，我们当然认为是不可靠的，不过我们要想使这种传说实现，绝非坐视所能成功。我们一定要在日俄战争未爆发的时期内，唤起我们的同胞，使他们亦认识帝国主义是残忍的，是不讲公理的，而是以强凌弱的。所以我们不能依靠他们，我们在这强争霸战的酣热中，惟有"群策群力"、"集合众志"、"精诚团结"，挺起胸膛向前干。尤其是担负重大使命的青年们，前面的许多艰难阻碍也是我们预料中的。你看由古至今，国家的兴起、民族的复兴，哪个不是经过层层的艰难阻碍呢？我们要知道事之成功，绝非一举手之力，乃事〔是〕有坚强之意志、威武不能屈之精神而用头颅热血奋斗成功的。就在世界近百年史上我们也很可以找出标〔榜〕样。

在亚洲的土耳其，本和我蒙古过的是同样的游牧生活。它于十八世纪以后，人家称他为近东病夫，与中国之远东病夫，不相上下。在十九世纪，欧洲帝国主义特别发达之后，土耳其更被各野心国认为待决的"近东问题"，个个企图瓜分，和他们所同时企图瓜分的中国，是同病相怜，遥遥相对。一九一四年欧战爆发，土耳其当时与德国亲善，便加入同盟国，结果完全失败。欧战告终，与协约国缔结《摩德洛斯休战条约》，所受之一切束缚，大有亡国灭种之危险。在此种凄惨危亡的局面下，土国国民忍无可忍了，于是一般有志青年霹雳一声，同在凯末尔领导之下，竖起革命之旗，拼命的奋斗。他们先后奋斗了三年，流了不少鲜血，结果把垂危的祖国救了出来。

吾人写到此处，不得不推求其理。远东的蒙古民族和近东的土耳其有何不相类似的地方呢？为何土耳其能由这样危亡中拯救出他们的祖国，而我们又何常〔尝〕不能呢？这完全在我们干与不干。

南京晓庄

《新蒙古》（月刊）
北平新蒙古月刊社
1935 年 3 卷 2 期
（丁冉　整理）

内蒙独立谣传

云飞 撰

内蒙组织政府独立之说迩来甚嚣尘上，据传以〔已〕于张北组织内蒙自治政府，德王首任政治大臣兼自治政府主席，伪军李守信任军事大臣兼第一军军长职，或云拟在百灵庙设立独立政府，传说纷纭，莫可测度。

据报载德王覆敖云章艳电证明绝无组织独立政府其事，我们为〔惟〕愿它是子虚乌有，无风起的浪花，但按诸眼前的事实，诚有不能已于言者，兹笔之如后，望我政府当轴及全国同胞有所惊惕焉。

（一）日本乘欧陆多事之秋，为独霸东亚，不惜阳示以反苏联作共同目标，阴行蚕食华北，迩来苏蒙协定成立，更积极向我侵占，为不可讳言的事实，兼之苏"满"边境突冲〔冲突〕屡出，尤以先并吞内蒙为当务之急，包围德王，利诱威胁，势所难免。（二）蒙政会经费规定本少，据闻领到手还需打折扣，经费拮据情〈形〉又难免，新旧派倾轧，更使蒙当轴施政困难，中央政府之国策延挨不决，日本利诱威胁之势日甚，处此复杂之境地，不为金钱之所动，飞机炸弹之所惧者几稀，况简陋之德王乎。（三）德王同伪军李守信关系极密切，或云伊等为拜把兄弟，不为无因，果然，李守信之拉拢德王，怂〔怂〕其成立自治政府，求兴〔助〕于日关东军司令，于情于理俱为可能，况伪军内组织有其太上皇日本参事，能不竭智尽力为日本谋耶。

目前成立独立政府似乎是谣传，但我人如何样才会使谣诼不至再兴，望我政府深加注意焉：一、增加蒙政会经费；二、融洽新旧派别，勿使许多青年为伪军所拉拢，为日本所利用倾轧；三、补充蒙军械，增加自卫力量；四、中央派军事干部人材深入蒙军切实训练，但统师〔帅〕之权仍归蒙人为宜。并切盼我领袖诸公急应决定国策，帅我将承祧之亿万同胞，咬紧牙根，为保全领土收复失地以抗强权之谋，拯救陷于水火中之东北同胞，时不我再待，岂容常推延！

最后吾人忠告伪军李守信等及日本、朝鲜人士，日本抓到内蒙，即李守信卸去军职之时，不然吾人将看日苏较武之强〔疆〕场，尔等灰化！理智昏瞆之德王犹不戒之在怀耶？饮砒霜吞炸弹之日本人士，吾人为尔等惜，尤为尔等子孙怜！！！

《西北生活》（旬刊）

西安西北生活旬刊社

1935 年 3 卷 3 期

（丁冉　整理）

忠告蒙古青年学生

小月　撰

　　当我拿起笔来想写这篇文字的时候，不由得心中发生了很大的犹豫，惟恐怕一旦发表出来，要引起一般蒙古青年们的反感和不满。因为我这篇拙作的内容，是不客气的指出蒙古青年们心理上所最容易犯的共同毛病的，同时我又认为这种心理是一切进取心的极大障碍！基于这种观点之下，所以纵欲缄默不言，总觉心有未安，好在我写这篇文章的动机，当然是有所感而发，自与无的放矢者不同。我惟有竭诚盼望蒙古青年们"有则改之，无则加勉"！至于对笔者的感想如何，皆非所计，想蒙古青年队中定不乏明眼之士也。想到这里，我这篇短浅的东西，就在这样的决心下毅然的产生出来！

　　现在的蒙古青年，的确是幸运，而且是大大的幸运！因为在中学时期，有政府为我们专门设立的义务教育（例如北平蒙藏学校、南京政治学校附设蒙藏学校等），到了毕业以后去投考各国立大学，又为我们具备了许多特别优待的规章，不但考试的课目是非常的简单和容易，在费用方面学宿费又一律皆免。所以我们求学的环境，就各方面而言，是较比内地一般的青年们有志升学而彷徨岐〔歧〕路不得其门而入者要"有造化"的多多了！但这是我们的幸运吗？要知这是幸运处而同时也正是我们的倒霉处！说严重些，也或者因为这"优待"二字，戕折了我们个人的甚至蒙古的前途，未来光明！因为"优待"二字，并不是一种多么好得了不起的名词，既然一个人需要受人"优待"，才能有所作为，这无疑的是表示自己的无能、无才和甘拜下风了。就好像我们这偌大的中国必要仰望着《九国公约》来维持我们的领土完整一样的无聊和可怜！要还以此自甘，那不是自暴自弃，便是显示懦弱，事之可耻，孰过于此？！

　　说到这里，或者要有人指责我立言不恕，抹杀事实。理由不外乎是蒙古文化落伍，来至内地接受新文化，自与生于内地者，不可同日而语，倘若不受政府优待，则蒙古有志上进青年，恐不免要被摒除在各国立学校校门以外了！岂不糟心？

　　是的！这是一种颠扑不破的至理，也是一种不可否认的事实。但我今天所要说的话，并不是说政府对蒙古青年不应当"优待"，而是说蒙古青年们不要以受"优待"而自足，换句话讲："人能以落伍民族视我，而我不应当以落伍民族自居！"而应当以受"优待"为可耻，大奋发，大自励，一步步的迎头赶上，期与并驾齐驱。这虽然不是一日之功，甚至说不定何年何月才能做到，但这点勇气，这点决心，是不可一日忘掉的！所谓"莫问收获，但问耕耘"就是这种道理。作事就怕自己泄气，但请问以落伍者自居是不是泄气呢？青年人树立目标不妨远些大些，因为目标远大，虽不能够见得完全做到，但总能鼓舞你上进的勇气，进取的精神，这是可以断言的，何况俗语说的好，"天下无难事，就怕有心人"呢？

　　我时常听见蒙古青年说，蒙古文化落伍断难与人并驾的话，并且有些安于现状的意味，这不是等于说蒙古文化落伍要落伍到底吗？我们就事论事，抹杀现实，固属不当；但一切现实的存在，并不是一种铁板不易的东西，而是为人力所能左右的。否认现实固不对，安于现时怎见得不是糊涂？难道蒙古文化落伍是命运注定的吗？受人"优待"是一种荣誉的头衔吗？如果我们不承认这些话为对的话，那么就应该让这种落伍现状无限期的延长下去吗？

再进一步说，假设我们——至少是有一部分——视落伍为当然，那末又何需乎远来内地，从事学业？惟其我们是较人落伍，所以需要更努力、更奋发；不然，就永远不会再有长进了！岂为热血澎湃的血气青年所应尔？我们独不见那些亟待兴革的各种事业都正在等待着我们去努力吗？我认为这种自馁的划地自限的心理一天不铲除，则进取的精神一天不能发达，那么所谓蒙古文化落伍者，也就永不会有抬头之一日了，何等可怕？

蒙古青年们，我们果以为我这几句话"不大中听"吗？那么我唯有请我们不要忘记了"苦言药也"这句名言！

《新蒙古》（月刊）

北平新蒙古月刊社

1935 年 3 卷 3 期

（朱宪　整理）

蒙古社会之阶级的鸟瞰

[日] 村上知行 著　　炎秋 译

我最近偶然在和蒙古极其邻近的北平，得到和一个蒙古青年会谈的机会。如果我在这里叙述到关于他的身世、他的生长地，和他在北平所做的事情，读者也不至于说我过于取巧吧。

总而言之，不管他穿的是完全的中国服装，只要由他精悍的双眸、黧黑的面孔，和刚健的躯体等等来看，就可以在一见之下，使你引起"沙漠"之感。他所操的虽是流利的华语，可是这也不能隐盖起他的身世。飞到我脑里来的印像，是在"沙漠"的感觉之中，还带着一种难于捕捉的、东洋被压迫民族所共通的、忧郁而脆弱的感触。

我自然是不至于忘掉捉住这个机会，来试问他平素所关心而有疑问的，关于蒙古的阶级问题。会见的时间虽然很短促，他的答语虽然简单，可是这些内容，并不是由各种文献所搜集而来，乃是以他的体验为背景而得的，所以更加得要领，更加确实。我听到他所说的，一方可以证明我平时的想象，没有什么错误，一方也可以明了在部分的方面，有不少的差异。

我就把他所说的叙述一下吧。不过在这里有一点需要声明：我对于这段叙述，除却"润色"以外，没有别的责任。

你对于我，不问问蒙古的沙漠，到底埋藏若干的金，而来问及我们社会的阶级制度，在我是觉得非常的愈〔愉〕快。

所以我也不客气，在我们会见的时间所允许的范围内，将我所有关于这方面的知识的全部，向你倾吐。

现在我们蒙古民族，是你所知道的，正彷徨于完全衰亡的境域。这事决不是偶然的。我们一般愚昧的民众，所见若何，〈是〉另一问题，但至少在我们这些知识阶级方面，都确信我们民族的衰颓，并非偶然。世人常常追溯成吉斯汗的伟业，因而悯惜现在的蒙古民族，可是你须想想看，在成吉斯汗伟业之中，已闪现出我们民族衰微的原因来了。他固然震撼了当时的全世界，可是他的业绩，不过是在沙漠上逞威风于一时的暴风雨而已。沙漠或沙漠的旷野，使我们对于一切的事物，忘却计划这件事。

请看看我们蒙古人民的活生〔生活〕，这是一种逐水草而居的生活，在有草料可以饲养畜群之间，则止住于这一定的地点，到了饲料完了的时候，则又迁徙于他处。在这种生活里头，哪里有什么计划。又请看看规律我们的生活的法律，这些法律，在成吉斯汗所制定的以外，差不多可以说不加以什么改变。这件事实，岂不是可以证明我们民族对于计划的冷淡。这种蒙古人民的性格，一言以蔽之，系沙漠作祟之故，换句话说，乃环境使然。环境之为祟，且不止此。

对于喇嘛教的令人可惊的迷信，虽说其背后有政治背景在那里发生作用，可是究竟还是由于被沙漠所威服的、怯懦的我们的民族性使然。

又蒙古文化水准之所以老处在极可怜的低级程度者，也是因为蒙古民众被环境所支配而来，因为他们老是停顿于文化史上所谓游牧的阶段，一步也跳不出这个圈。固然在有些地域的蒙古民众，是屈服于农业的侵略之下的，可是他们的心，依然无异于游牧时代。

　　沙漠这个自然的环境对于我们民族性所赍来的可悲的影响，还有许多可以举出。我们要复新〔兴〕蒙古，非先向征服环境迈进不可。此外还有一个我们斗争的对象。这是什么？不是别的，乃是今天你所要问的蒙古的阶级的黑暗。我们对于这个执拗的、可咀咒的、窒息民族的妖器，不能不勇敢争斗。蒙古的产业、经营、生活，以及其他一切事物的合理化，是以这个斗争为前提的。

　　可是到底在蒙古中有什么阶级，他可以成为铁锁，来扼住蒙古民族的咽喉呢。

　　至感遗憾，现在没有工夫在这里详细叙述，只可大略说说吧〔罢〕了。

　　要把蒙古民族在阶级上加以分类，简单说来，可以分成贵族和奴隶两种。在今日的世界，还有这一种大民族栖息于此，岂不是魔诃不可思议。

　　同是贵族，还可以分成两种：一种可以叫作一般贵族，另一种则为特别贵族。所谓一般贵族，系王公、贝勒、贝子等爵位，和保有这种爵位的世袭权之人，"塔布囊"和"台吉"等，即属于此。

　　这些贵族，都是出自博尔流特，或乌梁海两系。关于他们的素性，可拿台吉作例来说。他们乃是成吉斯汗的子孙，而受封的人，均是元朝的后裔，唯同属台吉，还有由一等到四等的区别。因为有了这种关系，所以上述的贵族，可以说是正当意义上的贵族。但是这些贵族的尊严，以及其他等事，姑且不论，至于他们果值得尊敬呢，还是值得咀咒呢，则须在他们现实的行为上，加以尺度，才可断定。

　　这一种贵族之外，另外还有特别的贵族。这就是寄生于亘在蒙古的全版图、恰如海滨的砂砾，散在各寺庙的喇嘛。他们因为没有一定的系统，所以由阶级的地位来说，自然的结果，要比上述一般的贵族，处在低一段〔等〕的地位。可是话虽如此，他们还是享有奴隶支配权。喇嘛的弊害，无论在消极的方面，或积极的方面，实在是不胜枚举，其中特为显著的，有两种：其一件为差不多可以说是拥有一大民族的他们，竟然营游闲寄生的生活；再一件是他们对于蒙古的基础阶级的奴隶，竟自由地加以压迫的支配。

奴隶阶级是呻吟于贵族之下的。这个奴隶阶级，可以分成平民和家奴两大别；不过蒙古的平民和他国的平民概念，全然不同，它所指的，也是奴隶的一部分。

平民的内容可以分为箭丁、随丁、陵丁、庄丁和庙徒。此外奴隶之中，还有一种叫作家奴的，也算属于平民，可说是被奴隶所饲养的低一级的奴隶。兹为使蒙古的阶级的所属关系一目了然起见，把它画成系统图如次：

$$
\begin{array}{l}
\text{一般的贵族} \left\{ \begin{array}{l} \text{箭丁} \\ \text{随丁} \\ \text{陵丁} \end{array} \right. \\[1em]
\text{特别的贵族} \left\{ \begin{array}{l} \text{庄丁} \\ \text{庙丁} \end{array} \right.
\end{array} \right\} \text{家奴}
$$

现可以把这些奴隶的内容，大略说一说了。

第一，所谓箭丁，系替他们的所有主，对于所属旗公署，负缴纳一定的税金和服兵役的义务。他们里头，有学识和才能者，可当管旗章京或更下一等的微贱的文官，但绝对不能当旗长。在蒙古比较的像平民的平民，大约是属于他们。不过他们仍是隶属于某贵族，在这一点上，和普通意义的平民，有很大的距离。

随丁系贵族的随从者，一方面须所对属的贵族纳他们所要求的各种税金，服各种徭役，一方面又须替所属的贵族，对于所属旗公署，负一切的义务。他们和箭丁一样，可以当某种文官职务。

陵丁则为守墓的人，他们不但为所属贵族看守墓陵，且须贡纳一定的祭祀金，有时还须服役一般的差役。他们的社会的地位，自然要比箭丁和随丁更低一级，所能当的，只是极下级的官吏。

至于隶属于喇嘛的奴隶，其中所谓庄丁者，不但对于所属贵族须纳一定的税金，和服所指定的差役，且须替他们负担贵族所应负的一般差役的义务。至于所浴到的权利，也只和陵丁一样。

所谓庙徒者，须对于所属寺庙，纳一定的税金，服一般的差役。他们系信奉喇嘛教，修习经典的，所以连当〔担〕任最下级官吏的权利也被剥夺。

所谓家奴，则和专制时期的俄国的农奴，恰恰相同。他们完全为平民的私有财产，对于所有主，恰如物品一样，可以任意买卖，且可以当作担保品，提供于他人。他们连人类所应有的户籍也没有，禁止和贵族或平民结婚，对于行政，绝对不许他们干预。

以上所述，虽极简单，但蒙古的阶级系统和他的性质的大略，也就可以知道了。至于奴隶阶级所受贵族阶级的蹂躏，则非一言可尽。

现举出两三个例，以供参考。例如平民而对于主人所要求的税金不能贡纳的时候，他们就须和家奴一样，无条件去服役一切的差役。除却箭丁和随丁以外，也可以和家奴一样，转卖或作担保品于他人。

这种实例是可以频繁地见到的。因为贵族而有恒产的人，固然可以由财产所生的利得，和由奴隶所来的征税，去过富裕的日子；但是没有恒产的人，只能由奴隶的税金，或把他们出卖，以作糊口之计。又贵族的女儿出嫁的时候，可将平民的女儿作为侍婢赠送出去，平民的女儿就须服一辈子的劳役。在这点上，平民的女儿对于家奴的女儿，也可以如法泡〔炮〕制。

在奴隶上头所加下去的虐待、压迫等事，现在也没有工夫多所叙述，总说一句话，它有决定的弊害，因为它几乎把蒙古的经济生命完全封杀下去的。为什么呢？因为奴隶和贵族的比例，由人口上看来，差不多是八对二的样子，这十分二的人口，对于那十分八的人口，不准其自由，而强加以压迫。蒙古民族全般的衰微堕落，岂不是一件当然的事情？

这种情势，到底可以继续到什么时候呢？所谓王公贵族等，乃因偶然出于非合理的社会，竟能受到这样大的非合理的个人幸福，他们自然是希望这一种病态的蒙古社会构造的延长，对于无论哪一类的改革，均不表赞同。甚或至于采用卑劣手段，以企图继续他们非合理的享乐。

不过蒙古的民众，不，蒙古的奴隶之中，已经撒布了知识的种子了。人数或者还嫌少，可是这少数的人们，已经十分自觉，鼓吹多数被压迫阶级的合理的福音，并已渐次成为大众势力了。

你可以看看这个证据。在民国十二年，哲里木盟长（现在的"兴安总署长官"）不是曾经对于猛然勃兴起来的奴隶解放运动，察到了压制的不可能，表示过让步了么。他承认奴隶的女儿，如果不愿意随伴贵族的女儿出嫁，也可以拿出金钱了事。这桩事在事实上虽不过是微微的让步，可是对于已经成了化石的、王公的头脑，也能使它感到不得不让步，这很可以有力地证明蒙古奴隶阶级的觉醒了。

总而言之，奴隶的解放，只是时日的问题而已。如其不然的话，我们民族的文化，必被永久阻止，好像中国妇女的缠足，渐趋萎缩，沙漠和旷野，永远逞其咀咒。

阶级的彻底的打破和环境的征服，这两种斗争得到凯旋的时候，亚细亚这片巨大的腹地，必可以投进世界的经济连锁，成为新生命，而活跃起来吧。

译自日本《国际评论》新春扩大号

《新蒙古》（月刊）

北平新蒙古月刊社

1935 年 3 卷 4 期

（李红权　整理）

内蒙革命纪

阿克达纯　撰

绪言

内蒙古之所以革命，除为谋蒙古民族本身之解放外，也就是为求中国之自由平等，也可以说是世界革命之一部。在其纵的观点上，约可分为三个时期。第一是发动时期，第二是全胜时期，第三是失败时期。在此三个阶段中我们应当注意的，就是那第三个时期，换言之也就是大家要知道，他因为什么要失败？有人说，内蒙革命没有失败，现在不过转转方向罢了！我认为这个论调，是弱者欺骗他人而粉饰自己的话。试问那方向要是转得"游骑无归"，那么这伟大而神圣的内蒙革命，究在何年何月成功呢？恐怕也就落个长期的失败，失败的没了影，永久是不会成功的了吧？又有人说，中山先生不是说过吗？"革命最后一定成功"，你现在说永久不会成功，有点不对吧？可是，这是只知其一，不知其二的话。中山先生虽然说了那话，但是接着又曾说过："革命尚未成功，同志仍须努力。"现在我们也知道"革命最后一定成功"的，但是我们内蒙的"同志仍须努力"现在哪里？努了多少？我现在武断一点的改句成语，以结此论，就是说，"努力者事竟成"。所以作者现在无所顾忌、殚精竭虑的，把我们内蒙革命的旧日记，从新整理出来，希望参加工作的老同志们，看看过去的努力，回味从前的奋斗，再把那原有的精神拿出来，联合起我们的新同志和群众，在此已放的革命之花上，结个灿烂的果。

历史与文学，本来是无分别的。所以好历史的人，也必好学文，好文学的人，也无不学历史。我们敢说，历史是由大部分文学构成的，历史和文学要是失了他那连环性，也就失去其为历史、为文学了！现在我们内蒙革命这段事，在我们革命的立场上，既认为有"史"的价值，那么又何妨加点文学上的油盐椒姜，把他调和出来呢？再从文艺方面去说，内蒙地带，多属黄沙白草，革命事业，重在实行，要是只照事实一面去讲，时间一长，不单是使读者要觉得干燥，就连作者，也似乎有些"那个"，是的，所以在以下的正文内，约略加点风月文章的原因，也就是这个意思。不过，作者在此要先声明一下，就是正文全篇中那些风花雪月的点缀，绝不像梦溪谈、困学纪一类似的，近于过火的描写，可以说都是实在的玩意儿。

内蒙革命，在空间上，除占内蒙全部而外，并有呼伦贝尔及外蒙之一部。至于宁夏、青海、陕西、河北邻边内蒙各省，也有相当的关系。在时间上，除如上边所说分为三个时期外，总计自一九二五年张家口"内蒙国民党"第一次"全蒙代表大会"起，至一九三五年止，已有十年以上的长久历史。以空间和时间上，都占着这样广大与悠久的事业，要是没有一个详确记载，为我们的继往开来打算一下，凡我革命的战士们，也都要认为是很可惜的一件事吧？况且革命与宣传，是有密切关系的；除了当年内蒙革命在全胜的时候，国内外新闻纸上，稍有片段的记载而外，截今内蒙各地，因为封建势力的阻压，和交通、文化之未开，内蒙群众，对于革命真谛，殊少了解，在这一点上，内蒙革命的经过，也似乎应当有个"纪"或"载"了吧？

近一二年来，我们的同志们，也时常提到，关于内蒙革命这事，要有个系统的整个的书面东西出来；但是大家因为职务和参考、记忆等关系，截今还没能够偿夙愿。就中，除了职务和记忆两项而外，最可惜的，就是那参考一项；因为一九二七年冬，党军大本营在绥西韩生七窑子地方，遇匪烧劫以后，所有文件，一个没剩，现在要作参考实在无从参起。所以作者这篇纪述，也仅仅根据个人的残破日记叙述出来，错误遗漏自所不免，尚望读者有以教正。

纪者

一、加入革命阵线，从事改革内蒙运动

一九二五年的二月初旬，由"京师宪校"毕业后，初步踏进了社会层，适在度着流浪生活的我，一天在那北京的东北城角里边，门口上高悬着"十地圆通"坊额，金碧辉煌的琉璃瓦，满呈着"宗社"彩色的"雍和宫"中，与好像误入歧途当了喇嘛似的白福元乡亲的谈话里边，得知了我们的内蒙民众，也被世界的革命思潮所激荡，而起了革命的事；我就很感兴奋的去见适由张家口方面到北京的"内蒙国民党"委员长白云梯氏——白为内蒙古卓索图盟喀喇沁中旗人，中等身量，年约三十几岁。在白氏私邸的会客室里，与他见面寒暄后，即申述我的来意与志愿，当时深荷白氏嘉纳，他马上就作了一个入党介绍人，回头我又找了一趟白福元乡亲，就这样经过了二白的介绍，正式的加入了"内蒙国民党"了！

同时，在当日的上午，我又到东城的"大兴公寓"，见了乎伦贝尔蒙古人，"内蒙国民党"秘书长郭道甫先生，相谈之下，知道了他的蒙古名是"默尔色"，又叫"孟立生"。相谈约十分钟后，郭君就在他那大马靴中，掏出了适由"远东银行"拿来的钞票，点出了十圆的两张交给我，说声"旅途零用"吧，就笑嘻嘻的带着他那"戎马书生"的样子，送我出到门口，使劲的握了握我的手，又说声"努力奋斗"，就回去了。

过了一忽儿，我就同着新相识的内蒙古昭乌达盟克什克腾旗人，"内蒙国民党"常委，兼前方内蒙党军司令的乐景涛氏，及同志白云梯、于兰泽等数人，到了北城的旧鼓楼街乐宅，开了个谈话会。当时因为我是一个行伍出身，即席就决定在军事方面去工作，接着因为前方军事的重要，在那第二天的晨光曦微中，我就握别了内子屋人，同着乐、于等同志及随员卫队，乘本党军用汽车，"风驰电掣"的出了北京的安定门，经过了怀柔、密云、古北口、长山峪、滦平等处，不停的向着东北，直奔热河承德，我们军事重心所在地的南营子去了。

二、热河的风景，及百岔之行军

说起南营子，是在热河省会承德南四五里，地当僧冠帽山下，热河水迤南，东有红石峦、棒锤山、蛤蟆石等名胜，北有布达拉、千佛寺、札什伦卜等金碧辉煌的大庙。据说这些巍峨的大建筑，是仿照西藏的拉萨、日喀则等来筑成的。再看那对着布达拉正面的南山上，就是所谓"皇帝幸驾"的满清行宫了！真是那宫墙鹿囿，迤逦十里，苍松翠柏，冬夏常青。我们将进承德的街市前，看过了那热河八景之一的双塔山，就深深的感了些故乡风味；而在那炊烟笼暮、鼓号齐鸣中下车的时候，尤觉得心灵上的十分快活及此行之趣味浓厚了！

至于全热河的风景，实在是一言难尽，美不胜收。您想，满清乾隆时候他们就拿国家的力量，来修筑宫庙、廊宇于此天然山水之间，其文物之盛，当然要冠绝塞北了。我们要是站在承德附近的高处往下一看，那伟大而又不同的各式各色建筑，真是令人有点"高低明迷，不知西东"呢！在天时上，夏有避署〔暑〕山庄，松下煮茗之快，冬有狩猎围场，人马饱载而归之乐。至于那"红石峦稀酥磅硬，白河水翻滚冰凉""水月院鱼跃兔走，山海关虎啸龙吟"以及"棒锤倒，蛤蟆跑，僧冠帽上挂札草"这些土词和歌谣，都是热河的文人俗子们，时常念道的。

　　一天，同着军部的副官，蒙古金瀛洲同志，到承德的市内，购办军实，一进西街的坊口，那"八表同风"、"万寿无极"等等的满清遗物，就首先触入了我的眼帘。因为下午就要行军北上，也顾不得细看这些东西。我们俩刚出街口，就见乐同志的传令兵丹色楞打招呼，说："司令就在那边，请你们去呢！"等我们进了热河商会院里，见了乐同志，这才知道，受命于冯玉祥，帮助我们的热河"都统"宋哲元氏，已加委乐同志为"热河蒙旗民兵训练处长"，要积极从事于蒙旗民兵的训练了！我们略谈后，即同着全部骑兵千余人，分为两路，辞别了美丽而又热闹的承德，于旌旗招展、尘土飞扬中与那金黄色的太阳将入西山的时候，吹打着行军号鼓，开拔北上了。

　　塞外天气寒冷，是人所共知的；但是距海面在八九千尺的百岔岭，在那三九天的早晨，其冷点的高度与厉害，要非身临其境的人，是难以想像而知的。我们大队人马，经过了隆化、半截塔等处，长途的行近百岔岭的时候，就见那北面，一望无际的白雪，随着向南直扑的冷风，层层相逐的排倒而来。等那过去那高巅以后，只见到蜿蜒下行的人马，都成了半面的白色。大家虽然遇着了这样的冷天，可是都很兴奋的鼓勇前进。我为着换一口气，转面向南的时候，忽见那遥远的锥子山，其层峦叠起的阴坡上，都成了一片的银色。走了三十多里，进入长峪之后，可算是暖和一些了，可是我唾了一口吐沫，还没着地，就变成好几个小冰块，飞散而去。这与那北冰洋爱斯基摩的冷度，有点相仿吧？可是我没有"玛拉"那样强健的体魄呀！

三、经乌兰博桐战场渡希拉木伦河，至目的地之经棚

说起乌兰博桐战场，据《额鲁特蒙古史考》为噶拉丹与清兵交战最烈的一地。当年清高宗因噶拉丹之屡次犯边，不断的内侵，曾亲率二十万大军分为左、右、中三路，由喜峰、古北两口及归化城大举进攻。但是前敌大将费扬古，虽有善战多谋、用兵如神之称，可是在这乌兰博桐一役，被噶拉丹的"驼城战略"所挫，大败。当噶拉丹与清兵战时，利用地形，将他那骑兵辎重队的骆驼，原旧的都负着辎重，使它们一律的卧倒；并按其甲、乙、丙、丁以次各连号，使那些常聚熟视的骆驼面面相对，列成一个蜿蜒曲折的城式阵线，再将那兵帐毡包用河水浸湿后，盖在各各骆驼的上面。战士们都持着兵器伏在驼后，由驼峰或驼膊的湾孔内，瞄准着敌人，静候他们的来攻。这样一来，既可以避清兵的炮火——火药炮，又能够隐去了自身的目标，并且这骆驼因为熟视相亲的关系，动作非常整齐，绝无错乱之弊。倘若打了败仗，一提骆驼的鼻绳，马上都可以站起来就跑。这种因地利形、以逸待劳的灵巧战法，可谓蒙人所独创有的。所以我们要认为，古时有古时的作法，笨人的［的］有笨人〈的〉打算，况且他们这种玩意儿，未必是笨吧？

闲话少说，书归正传。我们的大队人马，一行近乌兰博桐的时候，在下就马上加鞭跑到一个高冈上，悄然的凭吊了一番。见到那战场的四周围，隐隐约约的都围绕着蓝山，这平沙无垠的战场

上，除了那阴惨的北风，吹得黄沙上的白草，频频南点头而外，那驼、马、牛、羊的白骨，乱羼着沙滩上的碎石，仿佛都向着青天白日求援。当年这沙场上的英雄们呀！你们在战死前所喊的"北斗星远胆气高，夺取黄河做马槽"的壮语，现在是听不见了，现在是听不见了！可是那"战场沙上骨，春闺梦里人"呢？也看不见了！也看不见了！

希拉木伦河的"希拉"，蒙古语即"黄色"的意思，"木伦"是"江"或"大河"。那下边的"河"字，恐怕是汉人后添的。这希拉木伦，正在乌兰博桐之北，一过这河，就是内蒙古昭乌达盟克什克腾旗"旗务公署"所在地的经棚。经棚这个名称，是在彼地的汉人或回人才这样叫的。那本地的蒙人，则都叫它为"比儒"。我们过了乌兰博桐不久，就接到"前卫尖兵"及两翼"斥候队"的报告，据称前面就是希拉木伦河。在这时候偏巧黑风骤起，黄沙蔽天，那太阳老儿又渐渐的隐没于西北的高沙梁。等到斜顺着风势，渡过这冰冻深厚的希拉木伦河进入经棚市的时候，已竟〔经〕是灯火万家了！

四、训练军队，创办政治学校

内蒙国民党的中央首脑部，感到革命力量之不足，曾有整训军队、创办政校的决议。这个决议案成立的理由，就是中国国民党尚在长江以南奋斗，距抵塞北的内蒙，为时尚远。且事实上两"党"间处于相等的地位，除仅能南北呼应、联合战线而外，要打算内蒙革命之完成，非本身上先有坚强的军事力量，与夫多数的政治人才不可。至于上边所说的中央首脑部者就是下面的这些人：

常务委员兼〔兼〕委员长　　白云梯——色楞栋儒布——内蒙

常务委员兼秘书长　郭道甫——默勒〔尔〕色——呼伦贝尔

常务委员　金永昌——日本士官出身——内蒙

富明泰——呼伦贝尔

乐景涛——内蒙

李凤冈——曼都拉图——内蒙

包悦卿——赛音巴雅尔——内蒙

执行委员——吴子兴——阿拉他——已故——内蒙

旺德尼玛——喇嘛——已故——内蒙

伊德钦——日本士官出身——内蒙

尼玛札布——已故——外蒙

金鹤年——已故——布特哈

汪海清——内蒙

尼玛鄂特索尔——察哈尔

路级三——内蒙

博彦诺模呼——外蒙

吴冠卿——恩和卜林——内蒙

博彦吉勒格尔——内蒙

达密林札布——察哈尔

巴秃峰——喇嘛——内蒙

○○○○——内蒙

候补执行委员——博尼雅巴色尔——内蒙

多布丹——内蒙

吉雅泰——内蒙

李若愚——已故——内蒙

包宝臣——内蒙

赵柱林——内蒙

梃○○——内蒙

那么这整训军队与创办政校是怎样办的呢？就是由内蒙国民党中央部，一方面命令着担负军事责任的同志们分别去积极进行，一方面又请"国民军"首领冯玉祥以次宋哲元、张允荣、陈希文等来帮助。在这时候的不久前，宋、张等以"总司令"、"总指挥"等名义指挥着"特别民军"第一、二、三路，已竟〔经〕把张作霖的奉天军打出热河。那"特别民军"的第一路司令负责者，就是受着"内蒙革命党"的支配，与"国民军"分工合作的乐景寿氏。其第二、三两路，是郑丕烈与陈镜湖。郑与陈都是热河土著军的首领，也就是热河汉人中与"国民军"比较接近的一分子。所以因着上边种种关系，"内蒙国民党"属下的这第一路，也曾由张作霖手内，收回过热河的赤峰、乌丹、经棚、林西各地。可是在当时的战功上论，虽有些尚堪告慰之处，一转想到扫除以后的革命障碍上，仍不免令人有所顾虑。"内蒙国民党"的中央部想到了这一层，所以赶紧命令着由南营子班师经棚，先把他集中整理起来，再由中央部派去干部、军事同志，予以"党"的积极训练。那时候先行派去的就是阿克达纯与白海风，这是整训军队的部分。

创办政校呢？也就按着下来了！"特别民军第一总司令部"，与"热河蒙旗民兵训练处"都设立在经棚的前街，当时的全部军队，为骑兵第一、二、三团及步兵两营，卫队一营。"政治学校"也就受着中央部的指挥与乐同志的协助，也设在经棚东街的娘娘庙。当时因人才的缺乏，除了同志们都兼任课程外，并推金永昌同志为校长，同时金并任司令部的参谋长。由这一点看去，也就知道这事干的很有点儿劲了！这个以外，还有一个值得报告的，就是那"校旗"的样式，校旗旗杆高九丈五尺，直竖校前操场中，旗布为蓝色大长方形，中缀一白色飞马，向左奔腾，其取意，据制旗者金永昌同志的解释，为蓝色的蒙古民族，如佛经上的指示，要在这二十世纪中必能飞起来的。

　　（未完）①

《新蒙古》（月刊）

北平新蒙古月刊社

1935 年 3 卷 4、5 期

（李红权　整理）

---

　　① 未见续文。——整理者注

蒙古问题与国难

小月　撰

　　我想读者们看到了我这个题目的时候，都会不期然而然的说上一声"不通"吧！这很显然的事实是：蒙古的人民，是整个中华民族的一部分，蒙古的领域，也是整个中国版图的一部分。那么说到我们的"国难"，当然蒙古民族也应当包括在内。为什么特别的将"蒙古问题"与"国难"二字相提并论呢？这不是荒谬之甚吗？是的，这些理由我完全承认，这些指责我完全接受，但经我一再考虑的最后结果，却是终于又用了这个"不通"的题目。这不是我有什么特别的用意而故意的标奇立异，实在有我不得不然的理由在。因为我觉得蒙古民族除掉和四万万同胞共同遭受严重的"国难"外，尚有他自己本身比"国难"更要可怕的"家难"；同时我又觉得蒙古这种"家难"一天得不到适宜的解决，而整个中国的"国难"也就一天得不到挽救，所以，我好像觉得解决蒙古目前的"家难"，反成了解决整个中国国难的初步。也或有人会说我未免过甚其词，那么只有让"明眼人"来判断。不过，我个人总以为我的话是不无相当的理由的。明乎此，就知道我所以将"蒙古问题"特别提出的原由了。

　　我们都知道，今日的蒙古是受赤色帝国主义与白色帝国主义的两大势力所包围，不但使我这站在国防第一线的蒙古不能够从事发展，而且是无时无日不在风雨飘摇的危险状态中。但我认为，这些倒不是蒙古危机的根本原因所在。我现在用一个很浅近的比喻来说，假设有一个人，原来是一个患贫血症的苟延残喘的病夫，一旦因天气的忽寒忽暖而受了感冒，从此便卧床不起，于是只知道归咎于气候的不良，那不是滑稽而何？以目前蒙古的本身讲，却正是一位患着贫血症的苟延残喘的病夫，而外患的时张时弛，最大限度也不过像是一种忽寒忽暖的天气，假如本身是一位壮汉子的话，难道还不能抵御这种不测的气候吗？再退一步来讲，即令不幸而受了感冒，也不至于卧床不起吧。明白了这一层，我们所以敢断言蒙古的根本危机"是在内而不在外"！说刻薄些，是镇日价自己向死的路上迈进。现在一般研究蒙古问题者及一般蒙古人士，都感觉到外患的可怕，而忽略了蒙古本身的问题，这不能不说是全都患了"远视症"了！固然我们知道这种内忧的由来，并不是蒙古人自作之孽，但最奇怪的是一般蒙古知识界，已经明明的觉察到这种危机，却没有一种极大的决心与勇气去谋改革。甚至于连这种计划都没有，这倒是令人百思而不得其解的一桩怪事！那种危机是什么？人人可以说是那种"杀人不见血"的喇嘛教！我们都承认那是满清政府不明五大民族共存共荣的关系，用这种狠毒的政策来束缚蒙古民族的发展，甚至于说是想设法消灭蒙古民族存在的。明知其为吃人的恶魔，为什么不赶快设法加以铲除呢？我记得蒙藏学校于三月十一日，请二十五师关师长（麟征）讲演的时候，关氏很沉痛的这样说："……蒙古人口在成吉斯汗的时候差不多有一千多万，但现在的人口究有多少呢？据由外蒙来人谈，数里间常不能路遇一人，人口的总数不过十余万，尚不及内地一个普通城市的'徐州府'多，这固然是由于受俄人赤化的影响。但最大的原因，尚是由于'喇嘛教'的缘故，内蒙人口的逐渐减少就是一个很好的例证。因为那是满清政府采取一种帝国主义的政策，利用喇嘛教来毁灭蒙古民族的。我们固然知道喇嘛教在成吉斯汗的时候即已发生，但不过是一种普通的宗教而已，满清政府从而利用之，遂造成今日蒙古人口的危机，而有遭受天然淘汰的可能。"我想这些恳切的话头，当然能够唤起蒙古人的反省，不过如何解决这个问题，关氏并未提及，也许是这个问题未免太大了。据我素日常接近的一般蒙古青年，他们有些人提起喇嘛教来，都觉得那是断送蒙族的一个恶魔，而有矢志改革的热诚。现在既然蒙政会成立了，而任事会内者又多为留学内地的一些青年，望他们本着以往矢志改革的热诚，对此问题要加以特别的注意！此外蒙藏委员会最近易长，向为蒙人所诟病的石青阳氏既辞职以去，而以两度亲赴边疆的黄慕松氏继其后，望黄氏能对此问题作一根本打算，别再蹈前任的覆辙！想黄氏亲赴边疆，目睹一切，当然发生无限的感触。值此就任伊始，谅能采纳我们的意见，设法与蒙政会合作，共同努力于此种重大问题的改造，而蒙古知识界尤应力促其成！首要的条件，当然要使这许多寄生的喇嘛们，能够得到一种生活技能的训练，详细办法因时间及篇幅关系，这里不备论了。

其次，就是要从速改良现在生活。我记得中央古物保管委员会委员兼西北科学考察团团员黄仲良先生，于三月十四日，在蒙藏学校演说时有云："……现在蒙古人，仍然是过着那种逐水草而居的游牧生活，因此，毫没有稳定的社会组织，这实在是值得我们特别注意的大问题！我们要知道什么是文化，不仅仅是设立学校及各种文化机关而已。凡人类生活上的一切活动，无不可目之为文化。因此，如欲提高一个民族的文化程度，首先要从改造一个民族的日常生活着手。譬如，诸位打算毕业后回故乡办教育的话，但往哪里寻觅校址，即便有了校址，又往哪里招收学生？所以我希望诸位要特别注意才好……！"黄先生说到此处的时候，曾再三致意于蒙古学生，借以唤起他们的注意。不过，怎样改造生活，或许因为时间的关系，黄先生并未提及。但按着我个人的主张，我是极端赞成胡梦华先生的意见的（见笔者所记胡先生演词全文）。蒙古人们要明了农垦的重要性，在可能的范围内，将可耕之地完全改为农田。我想这并不是一件多么困难的事件，试观现在蒙汉杂处的地方，蒙人的土地改为农田者已不在少数（如热、察、绥等地），可见蒙古地方的土地并不见得尽是些不毛的荒地。望直接负改造蒙古重责的蒙政委会，设法奖励劝导一般同胞们从事于荒地的垦殖。要知道有了巩固的社会组织，才能产生一种伟大的力量和高深的文化。不然，纵致力于皮毛的改革，又何补于百年之大计。再者，蒙政会已经成立一年多了，究竟有无成绩表现，社会上自有定评。不过，要连作这点事业的决心都没有，试问何以对那些喁喁望治的蒙民呢？此外，关于蒙古实业公司，我觉得实有早日实现的必要。现既经有力之蒙古人士所倡导，想不难得到政府的允许。这件事直接可以发展蒙古经济，促进蒙古社会之开发，间接可以增加边疆与内地接触的机会，而从事于文化的沟通，蒙古与内地的关系当能日趋密切，我们愿俟目以待其实现！

执笔至此，忽然见到报载蒙绥税务纠纷的消息，我们也愿意在这里说上两句。不过在真实情形尚未判明以前，笔者雅不愿妄加批评。但我们至少可以得到一个论证，那就是从此可以看得出，地方政府与蒙政委会的利害冲突和感情的未尽融洽来！据报载北平军分会高级参议萧仁源氏谈话云："……德王首提出驻黑沙坨军队有阻挠货运之处，亟应撤退，当向其解释，该地驻军，完全为防范匪患，实无他意，不必误会。德王谅解，遂成立税收协定二项：（一）在黑沙坨等四处，设绥蒙联合稽察处；（二）所有税收按绥七成蒙三成分配。双方共同签字后，本以为此项纠纷可告结束，乃德王突又提出附件，要求张家口至甘肃汽车，应由蒙政委会保护，绥省府不能过问，此种节外生枝之办法，牵涉及于察哈尔，令人感觉为难……"萧氏之言，言外怪德王之翻云覆雨，推翻前议，但我也不敢尽信一面之词，惟双方愈弄愈僵，则为毫不可掩蔽之事实。我们念国难之严重，忽然又听到这种"兄弟阋于墙"的不幸事情发生，实令人感觉有莫大之痛苦与不安。现在我有一点浅薄得可笑的意见，写出来贡献于当事的双方：

第一，双方要解决此种纠纷，应当把眼先放大些，不要昧于目前的小利，而使得方告粗安的边疆又发生重大的波澜！古语说的好："精诚所至，金石为开。"同为一国的人民，同属一政府之官吏，只要相见以诚，任何事无不可以磋商。不要只顾了本身的利益而忘掉整个国家利益才好！我们敢请蒙绥双方当轴注意，如该处税卡在于某方的应辖范围内，即应归某方来征收。如要认为该处税收的损失妨碍于本身政务之发展，便不妨据实呈请中央来补助。而在中央方面，亦应按着情形酌予津贴。这样，双方既有解决之诚意，再加以中央政府指导其间，想这点区区的纠纷并不至于算了什么。

此外，我由这次蒙绥的税务纠纷，联想到一件比较重要的大事，那就是蒙古自治指导长官公署的延不成立了。假设是指导长官一席何委员长不能兼任的话，那么中央就应另行委派，为什么到了现在，既听不到何应钦氏就职的消息，也听不到中央有另派的拟议。我记得去年何应钦氏曾一再坚辞，最奇怪的是中央既不照准，又不促其就职，把这件重大的事件就这样一声不响的迁延下去了！宁非是咄咄怪事！中央发表何氏兼代指导长官时，因蒙人对何氏向表好感，信使往还，促其就职，但直到今日想中央及举国人士都把这件事情快忘的干干净净了，这更是怪上加怪！假设当日指导长官公署组织成立及何氏毅然就职的话，则主持有人，职责有归，一切的事件想不难"大事化小，小事化无"，又何至于使地方政府与蒙方相持不下呢。我们希望政府当局不要因时过境迁，即将此事置之度外，要知以后的纠纷，恐怕还要多着呢。即便不至于翻起边疆的轩然大波，而闹到多么严重的地步，但恐于双方的官吏及人民的感情上树一棵仇视的根苗。"人无远虑，必有返〔近〕忧。"我希望政府能因此次的蒙绥税务纠纷，从速将指导长官公署组织成立，以便负责有人，相机处理！

　　啰啰嗦嗦，说了以上这一些东拉西扯的话，最主要的目的，无非是使国人明了蒙古真正的问题所在，在中央、在地方政府（察、绥两省为尤要）、在蒙政会及一般国人，都要对此加以深刻的注意与认识。蒙古是在国防第一线，它是整个华北的屏蔽，而中国目前最紧急的外患又恰巧是正在北方。蒙古不保则门户洞开，唇亡齿寒，势所必至，国难的危险程度将逐日而增加。所以在这国难严重的当儿，蒙古的存亡问题，倒使我们有特别加以注意的必要了！

一九三五，三，十五

《新蒙古》（月刊）

北平新蒙古月刊社

1935 年 3 卷 4 期

（李红菊　整理）

蒙藏会调查内蒙西公旗纠纷

作者不详

内蒙乌克昭盟乌拉特西公旗〈札〉萨克（即旗王）石拉布尔济，前因被其部下额宝斋之子曼头，率兵围困，于王府发生事变，经各方调解，事始平息。旋石王离旗赴绥，向绥省府报告旗变经过，彼之敌党，又于旗内起事，拒王回旗。最近乌克昭盟盟长兼蒙政会委员长云王，谓石本非萨札〔札萨〕克嫡裔，不应充任，下令将石免职，并派兵赴该旗防石抗命。石在绥闻讯，以渠爵位世袭，已数百年，且罢免权属中央，表示拒绝，并托绥省府代电中央请示。兹悉行政院接电后，已交蒙藏委员会酌情调处。据记者顷询蒙藏会蒙事处长楚明善，据云，此事内情复杂，本会奉令后，已电令张家口台站鄂处长赴绥，先晤傅作义主席，商调解方法，现已往包头，拟入西公旗，着手调处，纠纷当不致扩大。（七日《中央日报》）

《行政效率》（月刊）

南京行政院行政效率研究会

1935 年 3 卷 4 期

（李红菊　整理）

外蒙与日俄之关系及其右倾政策之前后

江铎　撰

一　东亚之日俄关系与满蒙边境纠纷

九一八后，伪满成立。日本在大陆方面势力，遂直接与伪满接壤之各地方，发生利害交错关系，而极东俄领与我国北方，自引起日本之注意焉。尤其与伪满接壤约七百公里之外蒙，吾人意想中，早为日人所注意。然自伪满成立，迄至去岁初，以日人忙于部署伪满内部，无暇顾及，对于外蒙，未另生枝节，而伪满与外蒙间，安静如常。但至去岁一月，忽发生哈尔哈庙事件，双方关系急转，为解决此事件，曾开满蒙会议，卒以双方不协，至于决裂。更自去年终以来，满蒙边境，常发生冲突，满蒙问题，竟惹起世界人之视听。

世界人重视满蒙问题之原因，为日俄两国势力，以满蒙问题关系，在东亚大陆，发生对峙现象。先就苏俄而言，既在我国版图内制造伪蒙古人民共和国，更将新疆置其势力下，进而窥伺西藏，对于荼毒我国腹地之"共匪"，企图其"赤化"绥远，连接外蒙，造成横断中国之赤色势力。此举若成功，则我国之"赤化"势力，有牢固阵容，非似前此赣、蜀之"共匪"易于扑灭者。然迩者晋、陕"剿〈匪〉"军事胜利，将来"赤匪"不能到达绥远以通外蒙无疑也。至日本，既制造傀儡伪满，则以之为大陆势力之根据地。先行收买中东路，驱逐苏俄势力于伪满外，其次以遮断中国"赤化"势力为词，树立准傀儡之察冀政权。对于苏俄在东亚根据地之外蒙，置于自己势力区域之包围形态中。是二者已形成对峙局势，使将来日俄在东亚大陆，非出于一战不可。因此，日本对于苏俄根据地的外蒙之态度如何，大起以左右东亚之形势。

兹述满蒙边境冲突如次：

满蒙边境纠纷，发端于哈尔哈庙事件。此事件系日伪官宪于去年一月二十四日，赴满蒙边境哈尔哈庙附近，实地视察，受外蒙兵之射击，死伤数名。至本年一月三十一日，日伪军取报复手段，以武力对待外蒙兵。伪满方面，对于本事件之解决，提议开满蒙会议，外蒙方面，亦承认之，并于六月三日，在满洲里开会。

满蒙会议时，伪满方面，谓防止将来发生此种纠纷，主张双方应在对手方首都及边境地带，派遣代表常驻，否则每次发生纠纷，每次派人处理，是无意味。惟外蒙方面，始终以边境冲突，由地方解决，拒绝互派外交代表，双方之主张，大相悬殊。

会议中之六月二十三日，日关东军测量手，在哈尔哈庙附近测量，被外蒙兵捕去，此事件，对于本会议，顿生一挫折。

然此会议，自始即无生气，因两国间之主张，不能发见妥协点，致会议及半载之久，仍无何等结果，以去年十一月二十五日决裂而散。

日本之欲伪满派外交常驻代表于外蒙，固不外外蒙独立以来，即采闭关政策，欲叩开外蒙之门，以为侵略之渐，而外蒙拒绝伪满互派外交常驻代表原因，兹则揣拟如次：

1. 苏俄以外蒙系政治上、经济上，均完全在其支配下，无与伪满发生邦交之必要。

2. 外蒙政情之不安（常发生暴动）及经济状态之不良，不欲使外人知悉。

3. 日俄关系紧张时，恐将外蒙军事上情报泄漏。

4. 因政情不安，恐与伪满通款，企图政治的改革。

会议决裂，伪满方面，同时发表今后关于边境纠纷，依自主的解决之声明，满蒙关系，忽然紧张，不久又发生左列事件：

十二月十九日事件　（去岁）会议决裂不久之十二月十九日，日伪军于贝尔池西南，乌兰呼都克附近，攻击越境驻扎之外蒙国境监视队，捕获外蒙兵十余名。伪满对此事件，却不谋之外蒙，而以实力行使积极的自主解决方法。

呼里木特事件　以前满蒙在边境冲突，常发生于贝尔池附近，迄今年一月十五日，则延及于离此池约三百五十公里之呼里木特地方。是日外蒙兵约三十名，袭击呼里木特之伪满方面国境监视所，捕去伪满哨兵七名。此举，在外蒙方面目的，欲借以交换去岁十二月十九日，由伪满捕去之外蒙兵十〈余〉名。旋一月十七日与二十二日，双方又在该所发生小冲突，各死伤数名。

二月十二日事件　自去岁末以来，为"满"蒙冲突中心地之乌兰呼都克，至本年一月十四日、十六日、二十六日及二月五日，各有小冲突，迄二月十二日，则更发生较大冲突。盖是日日伪军于乌兰呼都克附近，将占领伪满境之外蒙兵约二百余名击退，夺还其所占领之地，日伪兵死伤达十八名，双方交绥时，并闻有苏俄飞机二架参加作战，轰炸日伪军。

最近在珲春长岭子，亦发生冲突。然究以乌兰呼都克冲突，为"满"蒙边境冲突之最大者。乌兰呼都克冲突，日俄两国欲以外交手段解决，于本年二月二十一日，由日本驻俄大使大田与苏俄人民委员会副委员长斯托蒙尼亚哥夫会谈，拟组织"满"蒙边境调查委员会，以处理之。

惟日使不知以如何根据，关于外蒙事，直接向苏俄交涉，而苏俄政府，亦与之交涉。在日本虽以俄蒙有特殊事实足为借口，而苏俄则既明白承认外蒙之中国宗主权，又有何法的根据，与外蒙发生国交，且进而为蒙事，僭作外交之主体。

然吾人对于斯托蒙尼亚哥夫氏之不论违反中俄条约与否，关于外蒙事，直接与日本交涉，且认定苏俄政府，为保护外蒙独立，有予以援助之必要。又述及外蒙与苏俄接壤，第三国势力，加诸外蒙，即直接威胁苏俄云云。吾人早已逆料苏俄暗中与外蒙有攻守同盟，如《日满议定书》之类，果至最近，苏俄政府，公布所谓《苏俄〔蒙〕互助协定》。

苏俄提议设立"满"蒙边境调查委员会，伪满已承认之，在近将来此项委员会可告成立，然伪满所希望与外蒙成立正式外交关系，其得成功与否，尚不易断定。由此以观，去岁末以来，满"蒙"边境纠纷之紧张状态，或不致更趋严重，反归平静，亦未可知。

二　苏俄与外蒙

一九二一年，外蒙于赤俄援助下，叛我独立，组织新国家。一九二四年，暗杀活佛，颁布共和制度，称为蒙古人民共和国。在外蒙独立时，俄蒙双方，即采一种为其他独立国家间所无的特殊协调政策，简言之，如现在日本之与伪满然。

先由政治关系观之，外蒙独立仅有苏俄一国承认。交换外交代表，俄蒙双方领袖人物，常常往返，而数百外蒙政治机关，在俄人指导下。

特可注意者，独裁外蒙，是蒙古人民革命党，该党名称，非共产党。苏俄共产党所指导下之第三国际，仅许其参加，而无表决权。现在党员，达一万七八千人。

俄蒙经济关系更深，苏俄为本国经济利益计，利用俄蒙特殊关系，创办国营贸易，以代旧式私人经营贸易。因此一九二九年以后，外蒙市场，殆完全为其独占。盖一九二七年，俄蒙输出入额，仅占外蒙输出入总额之三四％，一九三四年，则达九〇％，苏俄之能独占外蒙市场者，原由外蒙之援助。因一九三〇年末，外蒙政府颁布贸易国营法，统制贸易，尔后，外蒙仅与苏俄一国通商，其有不得已必须与他国输出入时，亦须借苏俄机关，经过俄境而为之。由此以观，外蒙在经济上，对于苏俄以外之各国，采闭关主义。

苏俄在外蒙不仅获得贸易独占权，并获得铁道敷设权、国内河川航行权及通信、航空等特殊权益，又计划俄、蒙合资创办汽车运输业及工业企业。至其他一切经济部门，亦均由苏俄援助，或与苏俄共同经营之。

由上述俄蒙政治、经济之情形，以论俄蒙关系，则与其谓俄蒙关系之密切，不如谓俄蒙已一元化。

据苏俄谓置外蒙于其保护下之最大理由，以外蒙与俄领西伯利亚接壤，由国防见地，有重大意义。如苏俄更以日本为假想敌，在战略上，则外蒙尤为最要战线，吾人试一阅西伯利亚与“满”蒙边境地图可知也。又日本对海拉尔及“满”蒙边境之苏俄军事根据地桑贝子，与俄境贝加尔湖各方面之军事布置，若告成功，则日俄战争，趋重外蒙。盖贝加尔湖以东极东俄领地方，全部红军之军事运输，悉赖一西伯利亚铁道，如日本从此方面将其归路打断，则可制其全军之死命。

然日本与苏俄，战争于外蒙之野，则外蒙地理上特殊性，于苏俄有可为自然的重要防备物。盖邻近此等地方之外蒙，为广漠无水之沙漠地带，战线延长，则粮秣之供给不便利，而大部队之移动，甚感困难，因此，贝加尔湖附近地方，不易占领。大部队之移动，既不容易，其战斗，势必以行动敏捷之汽车及战车等机械化部队为中心，而赤军于此，又有相当把握。

不仅此也，外蒙战时，尚有二千余万头之家畜资源，可作苏俄军马与食粮之需。

职是之故，苏俄对于外蒙，具有不惜任何牺牲，维持其原有势力之决心。

三　外蒙右倾政策之前后

外蒙面积，为一，五〇三千平方公里，人口约八十万，家畜约二千余万头。

外蒙自叛我独立以来，对于苏俄"赤化"政策，既已接受，然尔后数年间，因政策之左右化，发生几次变乱，其结果，仍采右倾政策。惟一九二八年末，打倒右翼分子获得政权之左翼派，由一九二九年至一九三二年初顷，实行急激"赤化"政策，此政策，为一般国民所反对，发生大变乱，政府不得已，急改为右倾政策，外蒙之急激"赤化"，至此发生一挫折。

外蒙国务总理恩托宛氏，承认此政策之谬误，其言如次：

> 左翼派政策之谬误，是将外蒙入于社会主义的发展阶段，建设社会主义国家。然现在外蒙，却为非社会主义国家，于非资本主义发展过程中，因建筑逐渐进行之基础，而为新型民族革命的、反帝国主义的、反封建的，第三阶级民主主义共和国。（一九三四年末第七次国民大会演词）

当时极左政策，于各方有何影响？何故为一般国民所反对？以及现在状态如何？试分述如左：

外蒙之生产业，以牧畜为主，此牧畜业之收入，占国民总收入中十分之八，极左政策方实行之一九二九年一月，其家畜数目如次：

骆驼	四七二（千头）
牛	一，八五九（千头）
山羊	三，三三九（千头）
马	一，五七五（千头）
羊	一四，七〇四（千头）
计	二一，九五〇〔二一，九四九〕（千头）

　　外蒙原为游牧经济，无土地私有，无不动产，资产之多寡，恒以家畜之多寡为断，民间贫富，无大悬殊，社会阶级之分化，尚未显著，在经济上之富裕层，大体为旧王公贵族及大喇嘛僧院等。

　　外蒙政府，以此等个人经营之牧畜经济，改为共营经济，此种共营经济之组织，则以中农及贫民为中心，其基础财产，既没收自僧院及富农，而政府对于僧院及富农，更另课高度累进税，其结果，一九三一年末，外蒙全世带数三二·五％，已共营化。

　　然共营经济，一方面，参加共营之中农及贫农，只知遵照政府命令，无偿拿出家畜，不理解共营经济之有如何必要；一方面，富农恐重税与没收，即将所有家畜，或拍卖或屠杀，而沦为赤贫，因此实行极左政策三年，外蒙家畜数目，减少七百万头。

　　其他诸部门所施行极左政策，亦同归失败，例如以农业与牧畜业同样共营化，农业耕作面积激减。

　　工业及手工业，过于统制，其生产额甚减少。

　　废除私人商业，代以国营商业，各处惹起商品之饥馑。

　　积极的打倒宗教，如没收寺院财源之家畜及强迫下级喇嘛还俗，致引起一般宗教心甚强群众之反感。作激烈的扑灭文盲运动，在无知识文字必要之游牧民，徒使其困惑。

　　因此许多极左政策，致引起民众露出反政府气势，而政府尚不急于讲求缓和之策，反加以高度压迫，其结果，旧王公贵族及上级喇嘛相联合，于一九三二年春，发生颠覆政府举动，其动乱区域，已遍及于外蒙产业中心地带，外蒙政府，自己之力，莫克镇定，遂请求苏俄援助，于是年秋始渐告平息。

此次变乱，外蒙政府，即将其政策右倾化，以图安定民心，撤废牧畜业及农业之共营，缓和高度累进税，许可商业私营，其他一切部门，均改行右倾政策，要之：此时已恢复极左政策前之原状也。

此次大乱后，迄今四年间，外蒙状态又如何？兹分述于左：

牧畜业：在施行极左政策时，家畜头数，急激减少，其后政策转变，则逐渐增加，迄至现在，约达二千一百余万头，然现在外蒙牧畜业，若不改变原来经营方法，施以合理化经营，则无发达希望，但目下财政匮乏之外蒙政府，急于改弦更张，是一困难之事也。

农业方面：现外蒙农业耕作面积，仅四万三千黑苦达，虽然，蒙古人食肉最多，对于食粮谷物，需要较少，其需要量，约五万五千吨，其由外蒙本处供给者，尚不及四分之一，此盖地质与气候使然，以故由外蒙地质与气候观之，则外蒙农业，将来无发达希望，可以断言。

工业方面：羊毛及兽皮加工工场有二三外，仅有铸造机械工场、制酒工场、小规模炼瓦工场及制木材工场。至外蒙之矿物资源，无详细调查，将来恐无大希望，而现在掘煤业、采金业亦不发达。又以前劳动者全部为本部人，最近蒙古人渐多。

国内商业方面：废止政府独占主义，允许私人经营，以图物质供给之调节，从事此私营商业者，大部分为本部人。又商工业上，在大资本的经营者，仍由政府独占，但除酒精及酒类制造，由政府保留自营外，其余则一般人，皆得经营之。

外蒙国营贸易，自开办迄今，均由苏俄一手包办，输出品大部分为畜产品，输入品大部分为粮食及棉花等品，最近煤油、铁及汽车等输入，亦日见增加。然最为吾人所注意者，厥为逐年由出超而变为入超。

[4] 俄蒙贸易关系（单位：千金留）

年度	向苏俄输入	由苏俄输出	入超	出超
一九二九年	一〇·〇四六	一五·二七六		五·二三〇
一九三〇年	一七·八一九	一九·七四五		一·九二六
一九三一年	三七·三四三	二八·八三三	八·五一〇	
一九三二年	四一·三九四	一九·二七八	二二·一一六	
一九三三年	三八·五六二	一七·二六九	二一·二九三	
一九三四年	四四·八一〇	二〇·五六一	二四·二四九	
一九三五年	一一·六三三	七·九一一	三·七二二	

吾人可注意者，继续入超之外蒙，自一九三五年，采最紧缩方针，以图减少入超，其结果，去年度入超，较前〈年〉度减少四分之一。

宗教方面：在外蒙"赤化"过程中之最大障碍者，为喇嘛教与国民之有密切关系，极左政策撤废后，除去年喇嘛教高度压迫，交还其没收家畜，然外蒙政府，却视喇嘛教为反革命之根源，对于大喇嘛庙，委派人员，监视其一切行动。又喇嘛僧无选举权及兵役义务。

教育文化方面：外蒙教育程度甚低，在一九三四年末，政府职员，尚有四分之一为文盲，同年度肄业初等及中学学生，不及四千人，蒙古民族教育与文化程度，如此低下，故不论外蒙政府对于"赤化"运动如何努力，其进步则甚缓。

以上所述外蒙经济、文化之落后，在事实上，"赤化"进步，甚为不易，苏俄不此之顾，以外蒙政治上受其支配，尚不满足，亟图外蒙"赤化"之成功，然喇嘛僧、王公、贵族及一般国民之反政府，虽在政府严重取缔中，仍匍匐进行，因此，苏俄及外蒙政府，深恐他国从中策动，是当然也。

　　然外蒙原我领土，今竟受苏俄支配，而并为日俄角逐之场，吾人为国家领土计，为保存藩篱计，岂可坐视之乎？

《边事研究》（月刊）

南京边事研究会

1935 年 3 卷 5 期

（李宣莹　整理）

内蒙问题的面面观

朱中良　撰

一　星罗棋布的内蒙盟旗组织

长城以北，新疆以东，辽宁、黑龙江以西，俄属西伯利亚以南，有一个广大的平原，就是我们通常所称的蒙古。在这个平原之内，因为戈壁大沙漠的横亘，自然地分为两部，漠以北就是外蒙古，漠以南就是本文主体的内蒙古。在行政区划上说，内蒙古包含热河、察哈尔、绥远三省，它的疆域东与辽宁、黑龙江接界，西与甘肃、新疆接界，南与河北、山西、陕西分界，北与外蒙古分界。

盟旗政治组织也是内蒙古的一个特点，大概在封建的游牧时代的经济状态之下，所产生的政治组织也脱不了封建的世袭制度。所谓盟旗组织不过是类似于古代的部落，换句话说，不过是一种酋长—家族的集合而已。旗的长官是札萨克，盟的领袖是盟长，旗是内蒙政治组织的最小单位，而且是惟一的自治区域。清代的怀柔政策是旗之形成的一个重要因素。至于部，是同族的集合名称。盟是建立于若干旗之上，略等于内地的省，但是不能直接干涉旗的行政，旗内发生重大事件也必须会同札萨克处理。

内蒙古是以察哈尔部为中心，原来分为六盟，是哲里木盟

（Cheriul）、卓索图盟（Chosotu）、昭乌达盟（Chaouda）、锡林果勒盟（Silinghol）（以上为东四盟）；乌兰察布盟（Ulanchab）、伊克昭盟（Ikh Chao）（以上为西二盟）。还有察哈尔部（Chakhar）、归化土默特部（Kukukhoftn）的内属蒙古。但是二十三年二月察哈尔部也改称为察哈尔盟，内属蒙古不过归化土默特部的四个特别旗而已。大致内蒙盟旗分布情形，以及盟旗所编入的省境，与其占有之疆界位置当如下图所示。

　　按下图所列，凡蒙古全部所有盟旗均包括在内，不过我们粗略地看起来：哲里木盟十旗分布在辽宁、吉林、黑龙江三省，其疆界东至长春，西至昭盟札鲁特旗，南至盛京，北界索伦，面积约一百七十万方里，是内蒙各盟中最大的一盟；卓索图盟七旗分布在热河、辽宁二省，其境域多在喜峰口东北；昭乌达盟十三旗分布在热河省，位于古北口东北及喜峰口东北六百里一带；锡林果勒盟十旗，分布在察哈尔省，位于独石口东北及张家口东北六百里一带；乌兰察布盟六旗，分布在绥远省，位于张家口西北及绥远城西一带；伊克昭盟七旗，也分布在绥远省，位于陕西、甘肃二省长城之北（即河套）；察哈尔盟八旗四牧群，也在绥远省境内，大多位于独石口、张家口、杀虎口外，内属蒙古四特别旗，分布于黑龙江、绥远、宁夏三省。

　　从历史上看来，盟旗组织的变迁也有可以一述者。自从明末崇祯八年（一六三五），内蒙诸部相继随林丹汗子额尔克孔果尔额哲投降了满洲之后，崇祯九年，科尔沁又率内蒙诸部，承认皇太极继承蒙古可汗的大统。到了康熙二十四年，科尔沁部领袖布尔尼被诛，内蒙的自治权就被满清削夺了，于是直接受满清的管辖，一方面又设立盟旗制度以分散其势力，所以内蒙在近年倡议自治以前，始于内附。民国十八年，中央改建热、察、绥三特别区为行省，这是内蒙盟旗和省县双重组织的发端。及民国二十年"九

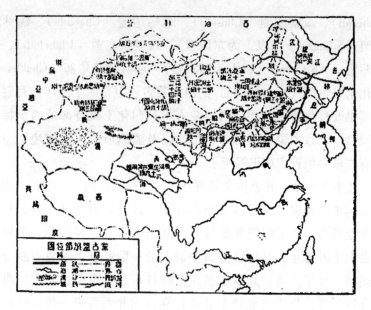

采自黄奋生《内蒙盟旗自治运动纪实》

一八"事变以后，哲里木盟先随辽、吉、黑三省而沦陷；二十二年日本进占热河，昭乌达、卓索图两盟，也随着热河之沦亡而丧失；到了最近，日伪军遂占据了察哈尔六县以后，内蒙的形势便益加岌岌不可终日了。

二　过去自治运动的检讨

民国二十一年冬，德王（锡林果勒盟副盟长）、卓王等十余王公赴京，向中央贡献治蒙意见，并且想整理蒙藏机关，向当局再三接洽，都不得要领，德王等乃愤然通电离京。二十二年五月间，乌兰察布盟盟长云王与德王及锡盟代表数人，在百灵庙集会，讨论自治问题；七月二十六日又在百灵庙召集内蒙全体长官会议，通过采用高度自治议案，建议组织内蒙自治政府；八月十四日乃正式通电中央请求自治。是年十月九日，锡、乌、昭三盟先已联名发出文告，召集平、津及驻各地的王公委员赴百灵庙，于是日举行自治会议，前后凡举行会议五次。主席概由云王担任，通过《内蒙自治会议组织大纲》、《内蒙自治政府组织法》及内蒙政府人选等要案多起。

中央得悉内蒙自治的消息以后，一方面确定蒙事的原则三案，即（方案内容概从略）：

(1)《变更蒙藏委员会组织法方案》；

(2)《改革蒙古地方行政系统方案》；

(3)《蒙古行政之用人标准方案》。

一方面再派内政部长黄绍雄氏前往巡视内蒙各盟旗，并派蒙藏委员会副委员长赵丕廉氏襄助办理。中央的态度可以在十一月十二日行政院分发的文告中看出："现在吾内蒙古人民希望推行自治，中央政府不惟无靳而不许之意，且极愿扶植辅导，俾底于成。惟自治之先决条件，为人民在政治上有相当之训练，在经济上有相当之余裕，预立计划，逐步前进，而后能达到所期之结果。内蒙古地方教育、文化及经济生活，均尚亟待发展，政治训练尚未有准备，若一旦实行高度之自治，亦将不过虚有其名，人民之不能行使权利如故，经济之不能适应需要如故，甚至功效未见，而纷乱徒增，此尤政府之所洞悉而深虑者也。"黄绍雄氏在这种态度之下，进而和内蒙王公洽商的结果，决定接受内蒙云王、德王所提的甲种办法。在不违反中央所定原则之下，设蒙古第一、第二两自治区政府，管理各本区内各盟旗一切政务，并设联席会议以商决各自治区共同事宜，自治区政府均直隶于行政院。二十三年一月十七日，中央政治会议通过《蒙古自治办法》，蒙古代表请求修正，中央乃于二月二十八日又通过《解决蒙古自治问题办法原则》八项，决定设一蒙古地方自治政务委员会，直隶于行政院，并受中央主管机关之指导，经费由中央发给。各盟公署改称为盟政府，旗公署改称为旗政府。三月七日又派何应钦为自治指导长官，于是内蒙自治问题乃告圆满解决。至于最近形势的开展，以及中央的处置当俟下节再述。

以上是内蒙各盟旗要求自治运动及其处置经过的大概情形，我们却更进一步把内蒙自治运动的动机和原因来仔细地分析一下。

近几年来，国内政治或经济上的变动，大多由于外力侵略的急进，边疆问题的发生与严重化，也同样的脱不了这一个规律，所以外侮的刺激是促成内蒙自治的重要因素。日本自从强夺东四省以〈后〉，为了贯彻它的满蒙政策，很想在内蒙同样的设立一个傀儡式的蒙古自治政府，所以一方面它出兵占据多伦，作为蒙古自治区，定为进窥西蒙的根据地；一方面又在多伦设立日伪特务机关，作为策动的中心；同时又嗾使蒙汉不协，以便乘机取利。内蒙王公虽然洞晓利害，但是在这种危急存亡的形势之下，中央既鞭长莫及，无力远顾，不得不谋之于自身。所以内蒙宣告自治以后，德王（是一个精明强干的青年，富新学识）曾经对黄绍雄氏说："近年外患濒〔频〕临，尤以西蒙更觉危险，时有日本飞机、汽车开往威吓，并派军人时来内蒙各地调查地势，各旗无从抵制。经共同商议自救之法，大众认为各旗单独应付不易见效，有联合三盟旗必要。日本军人曾建议组织'蒙古国'统制蒙古地域，蒙人为便于对付日人及减少日人之借口，故要组织自治政府。"

其次因为中央的措施不能尽和内蒙王公、青年的意见相合的缘故，也是促成内蒙自治的一个因素。简言之，中央对蒙事的态度，军阀时代采愚弄政策，党政时代改采放任政策。然而对于蒙事缺乏整个的认识则一，于是蒙情不能上达，政令不能下行；王公又因为年俸断绝，不得志于中央，往往生离贰之心，同时又眼见民主、民权之说日盛，封建世袭的王公地位势必发生动摇，这种恐佈〔怖〕心作用，益加增强了离心力。还有些蒙古青年，因为在中央活动失败，不得不回到老家去另辟一条蹊径，所以自治运动的中坚分子，便是这批失意青年。同时，热河、察哈尔、绥远改为行省以后，内蒙人民在省县和盟旗的双重组织之下，颇感重复课税的痛苦，尤其是那些王公和札萨克，时常因为与省县的权限冲突而发生意外问题。

还有蒙古土地的开垦问题，也是促使蒙汉不协，内蒙自治的原因。因为在盟旗组织之下，旗地的分划很严密，蒙民依牧场为生，但是民国成立以来，垦地日广，牧场益狭，蒙民为保障生计起见，当然对垦殖当局生出一种反感，这种反感的心理就是自治运动的开始酝酿。

三　最近暴日侵略的急进

日本的侵略内蒙，是它满蒙政策内容的一部分，更是所谓大陆政策中的一小部分。本来，蒙古既有广袤的土地、丰富的物产，日本又焉得不垂涎呢？田中义一的奏折中说："内外蒙既以王公旧制为治，其主权明明在王公手中。我如欲进出内外蒙，可以与蒙古王公为对手，而缔结权利，便可〈有〉绰绰机会，而增我国力于内外蒙也。"则其野心也可以略窥一斑矣。所以二十年，东三省的沦亡是它满蒙政策的一部分成功；二十二年，热河沦亡是侵占蒙古的开端；到了最近，事态便愈加严重了。

大致日本侵略内蒙的步骤有四：

（1）将内蒙的政治形态分化，旧有的政治组织打碎，置于"满洲国"的体系之下。

（2）挑拨满汉感情，施行以华治〔制〕华之毒计。

（3）用种种方式煽惑西蒙王公，造成半独立的局面，然后将东西蒙溶〔融〕成一体，实现"蒙古大源共和国"的计划。

（4）将东西蒙的交通打通，如西蒙王公不受煽惑，则袭用攫夺东四省之故智，以武力占据西蒙，然后成立"蒙古大源共和国"（见黄奋生君编《内蒙盟旗自治运动纪实》）。

现在，因为西蒙王公的不易煽惑动摇，我们便可以看到日本第四项武力占据政策的出现了。

最近的华北至少有三种所谓"自治"运动进展着，一种是殷汝耕所主持的"自治区"，设立了一个"冀东防共自治政府"；一种是正在演变中的冀察政务委员会；还有一种便是日人眼中的第四号傀儡，据日本军事的计划，这傀儡将包有内蒙古的全部。于是最近，察哈尔全部的"蒙古"区，已完全被日本主持下的"满洲国"军队所占据了。日伪军在去年十二月九日至二十四日间，所占据的察哈尔六县——沽源、宝昌、康宝、化德、商都和张北，是察哈尔省最富裕的区域，一定将被迫加入"满洲国"的蒙古区了。但是去年十二月十八日，日本的阴谋家土肥原，与美国记者谈话中，还在否认日本曾提出将察哈尔六县归并"满洲国"的要求。他又否认在"满洲国"兴安省附近建立蒙古独立国的企图，他假作虔诚的说："蒙古是中国的领土，日本决无权扶助或鼓动任何的蒙古独立运动。"然而，他又说："蒙古现在是正被'红军'的苏俄威胁着，而中国自己又没有自卫的力量，为维持东亚的和平起见，中日'满''合作'起来以保护蒙古，使不受'外力'的侵略是必要的。"这就是建立第四号傀儡政府的伏线。

果然，一月十九日的报纸上发现了内蒙独立的新闻：十八日路透电，据可恃方面消息，德王与卓世海已署发通电，宣布脱离中央而独立。此间检查甚严，此电详文无从觅得，但闻宣布文所填年月为成吉思汗诞生后七百三十六年云云。或谓德王系受日威胁而独立，张北将为新独立国的都城。一月二十日，《申报》北平通讯（十八日）也说："蒙古保安队卓世海部到达张北后，十七日发出异动通电，电末署成吉思汗七百三十六年。察北方面之李守信部伪军，十七日开抵商都汽车路之要隘大清门地方。"但是据报载，德王曾经竭力否认内蒙脱离中央独立之说，德王驻平代表也表示否认。从这点看来，上述谣言似未可信，不过德王所处地位的困难却显而易见。因为被日伪军所占据的张北，位于张家口、库伦的要道，是中外通商的中心，也是蒙古人货物的集散地，日本只要统有张家口和平绥路，要使内蒙维持任何与日本敌对的地位是不可能的。本来，日本的占据察哈尔六县，有两种意义可说，因为这区域是通到内蒙古必由的途径，又是指向外蒙古的箭头，所以在这种形势之下，内蒙古要对抗日本也很困难的。

同时，广田的三原则中已经显示出日本在最近已经具有侵略外蒙古的企图。去年十二月十八日，贝尔湖附近所发生的冲突，外蒙古曾经向"满洲国"提出抗议。莫斯科方面报告宣称，日本帝国主义的侵略行动，已在外蒙首都引起甚深的愤激。但是"满洲国"方面却以为这完全是苏联"不合法"的行动。同样，最近外蒙政府曾经牒致"满洲国"，抗议日、"满"混合军侵入边境内十五里之汛地，并使用机枪射击蒙兵事。据蒙方消息，蒙军曾奋力反抗，卒将侵入者驱退云；但是同日长春及东京电讯却说外蒙兵不法越境，反向外蒙代外相约鲍三发出最后警告。从这一点上，我们可以看出，日本急于完成它的满蒙政策，不仅内蒙的形势是岌岌可危，就是在苏联卵翼下的外蒙古，有被进攻的企图，也是很显然的。

四 最近内蒙事态的严重性

近一月来，内外电讯均传滂江、集宁间已经发生严重事态，及日伪军队占据察哈尔六县以后，察省精华之区，几乎沦陷其半。中央为因应环境，保全部分领土及主权起见，乃于一月二十五日，明令公布《绥远省境内蒙古各盟旗地方自治政务委员会暂行组织大纲》，以期志节忠贞的，不再为素丝之染。但是内蒙事态的严重性却并不因此一纸命令而消灭无形，其潜滋暗长正在有加无已，兹略加分析如次。

察哈尔六县被占以后，绥远边境便日趋危急，虽然北平当局也曾苦心孤诣和日方商磋解决办法，或则曰县长人选由蒙古政务委员会遣派，再由察哈尔省政府正式委任。但是日本侵略的急进，已如前节所述，照目前的形势推测，日本一定是得寸进尺，决不甘心将已经占据的地方再行奉还的，要想日本停止沿平绥路迈进，便无异痴人说梦，天下也决没有这么便当的事咧！因为察北的军事行动不过是日本侵入外蒙进攻苏联的一个开端，决不肯随便罢休的。

在日本得一步进一步的形势之下，内蒙事态的严重性约有下述几点：

1. 影响西北，牵动内地　自从外蒙古宣布独立以后，实际上中国北方的边疆，已经缩短到漠南的内蒙；九一八事变以后，东北四省相继沦亡，东部内蒙也随之亡去。硕果仅存者，不过察、绥两省的西部内蒙而已。所以现存的内蒙，实在是民族生存线所寄托的西北各省的第一道国防线，东可以窥〔规〕复已失的四省，北可以窥〔规〕复独立的外蒙。而且在中国之领土中，自东至西，如辽宁、黑龙江、热河、察哈尔、绥远、山西、陕西、甘肃、宁夏九省都和内蒙有密切的关系。现在除了辽、黑、热三省以外，因为内蒙事件而有发生纠纷或受到牵动的可能的还有六省；假如内蒙不保，则藩篱尽撤，西北的生存线，也被人截断，民族复兴便会受到更重大的阻碍。因为内蒙事态的扩大，势必至使中国的外祸从东北而逐渐延及西北，从白山黑水一直延到黄河上游。

2. 锡、乌、伊三盟发生动摇　内蒙七盟中，哲里木盟、乌〔伊〕克昭盟、卓索图盟三盟，在九一八事变后就被日本强夺，改制析为四兴安省。最近日本的再图扩展，于是从察、绥到甘、宁的锡林果勒盟、乌兰察布盟、伊克昭盟三盟及新改称的察哈尔盟也发生动摇了。因为日本自从一手造成一个东北伪组织之后，就以其中的内蒙三盟，作为侵略内蒙全部的根基，逐步进展，程序也很显明。假如我们再不作适当的措置，则将来延及绥远，而入西北也是必然的事。除了锡、乌、伊三盟发生动摇以外，还有一个严重的问题横陈在目前的，便是绥远、山西的被威胁。本来，在日本军人心目中的华北问题，至少包括河北、山东、察哈尔、绥远、山西五省，现在绥远、山西当局既不受诱惑，于是它的计画便遭到挫失，就不得不嗾使李守信部伪军联合蒙人保安队由察西趋绕潢江，威胁蒙古王公共犯集宁，遥制大同。一方面以之诱致全部内蒙；一方面进迫绥、晋，希望华北问题得一解决。

3. 就被占的六县地理形势而看　张北、沽源、宝昌一带，西北可以控制张库汽车路，东北又可以控制张多汽〈车〉路；张库汽车路是中国、外蒙、苏俄交通的干线，张北的地位正扼交通的咽喉，这六县被占，无异截断交通咽喉，中俄商务就无法进行，库伦和北平间的交通也就无形断绝。从张北南下至万全，就可以控制平绥铁路，而平绥铁路却是内蒙的命脉所在。日本占有之后，东可以遥制北平，西可以遥制大同，于是绥、晋二省的形势便愈形危险。但是日本的计画并不以此为满足，它不但想把南满路和北宁路相接（日本之所以一定要冀察政委会任命陈觉生任北宁路局长者以此），而且更想把北宁路和平绥路接轨，在它操纵之下，可以把它的军队从大连来的，既然可以由南满、北宁、平绥三铁路而直达内蒙，又可以由各路连接张库汽车路，陈兵于外蒙境界，以威胁库伦。因为从平绥路的张家口（万全）可以直接由公路到张北，连接张库汽车路，由平绥路的中点集宁（即平地泉，最近电传已被李守信部伪军占据），也可以由公路直达明安，与张库汽车路的干线衔接。这种计划假如竟实现的话，朝鲜和绥远便可以直接通车，内外蒙和西北各省势必在日本的优势控制之下，永无宁日了。

4. 百灵庙政权之动摇与外蒙不安　本来，日本在满蒙的行动是有它满蒙政策的具体计划的，沽源六县的被占，不过是侵入内蒙在察哈尔境内盟旗的先声。在日本人的眼中，对于目前"蒙古大源共和国"的制造较之"满洲国"以及一切分裂我国国土的傀儡组织尤见重要。因为只有控制蒙古，才能控制全中国，达到它控制亚洲大陆迷梦的目的。从历史上看，也只有长城以北的势力可以长久控制中国；在地理形势上看，不控制内蒙，它——日本帝国主义者，决不敢昧然西进或南下，那末，于它的大陆政策势必有很大的阻碍，因为蒙古既不在自己掌握之下，无论何时都是有后顾之忧的。所以在满洲伪国产生的时候，日本人就把原在热河境内的内蒙各盟旗划为兴安自治省，给以相当的自治权，又优予年俸，使成为"大源共和国"计划的策动地，又出兵占据多伦，成为策动的中心。本来在兴安省内的蒙古人有二三百万左右，占蒙古人口的一半，日本便以之威胁外蒙政府，引诱内蒙诸王公。虽然内蒙并不堕入它的阴谋诡计，但是政治认识幼稚的王公也未免有些怦然心动了。在内蒙自治问题告一段落，蒙古地方自治政务委员会成立以后，一切政权大致概出自百灵庙，现在日伪军队既占据察哈尔，百灵庙方面的政权当然也随之动摇了。外蒙方面，虽然也受着日本的威胁，但靠着是苏联强大的后盾，虽然对于日、"满"的侵略一再让步，但是也有限制的。库伦方面，今日也已经感觉得到威胁的最高度了吧！

5. 分裂国土之傀儡的再出现　日本对付中国最毒辣的手段，就是所谓"以华制华"，在我国领土之内，制造许多傀儡国家，先由日本军队占据，由日籍官吏统治。今日的华北，有已经完成的第一傀儡"满洲国"，有正在酝酿中的"冀东自治区"，有变相自治的冀察政委会。内蒙方面，日本也想以兴安自治省为核心，制造又一个扩大的傀儡组织，这是日本的故技，毫无疑义的。虽然有各盟旗的世笃忠贞，又岂是筹边的好办法。

6. 经济方面的损失　内蒙在整个中国的经济上，实在具有特殊的性质。因为内蒙的人口每方哩只三十七人，内蒙的富源则牲畜与畜产，盐碱与矿产，都是内蒙经济上的特质。尤其是蒙马为我国国防上骑兵劲旅所必需的，其它如羊皮、牛皮、羊毛、骆驼毛、马尾毛、乳类每年输出于内地的也不少。内蒙四大区的盐碱，假如能够尽量开采，不但可以供给内地各省的食用，而且也可以成为出口货中的大宗。大青山有烟无烟等煤产，毋庸开采，俯拾即是。然则大好财富而一旦论〔沦〕落于外人手中，岂不可惜！

五　我们应有的认识及对策

据一月二十日报载：蒙古保安队二千余人五日前即向绥西方面开动，据闻该部保安队已开至距绥远平地泉七十里之地点，刻仍进行中。蒙古保安队卓世海部到达张北后，十七日发出异动通电，末署成吉思汗七百三十六年云。又讯：察北方面之李守信部伪军，十七日开抵商都汽车路要隘大清门地方。据上以观，绥远东境形势也非常吃紧。中央于一月二十五日乃发布绥远境内蒙古各盟旗自治政务委员会之命令，希望能够部分的保全领土与主权。本来，在民国二十三年二月二十八日，中央政治会议所通过的《解决蒙古自治问题原则八项》中，其第一项为：

在蒙古适宜地点，设一蒙古地方自治政务委员会，直隶于行政院，并受中央主管机关之指导，总理各盟旗政务；其委员长、委员以用蒙古人员为原则，经费由中央发给。中央另派大员驻在该委员会所在地指导之，并就近调解盟旗省县之争议。

三月七日，中央政治会议第三九八次会议通过自治政务委员会长官人选，并公布《蒙古地方自治政务委员会暂行组织大纲》。四月十二日委员长云端旺楚克偕各委员就职于百灵庙，其实在《暂行组织大纲》第二条所称"办理各盟旗地方自治政务"者，应该包括所有内蒙内附的各盟旗在内。现在中央鉴于形势紧急，不得不另设绥远境内蒙古各盟旗地方自治政务委员会，其苦心孤诣，吾人应有正当的认识。

促成蒙古地方自治的原动力是外力的侵略，其间形势的一张一弛，也莫不由外力侵略的急进所造成。中央之所以准予蒙古地方自治者，希望各盟旗在不分裂国土、不受外敌利用的原则下，以坚其翊戴之忱。现在所以另设绥境各盟〈旗〉地方自治政务委员会者，也无非在使被外敌威胁下，志节忠贞的各盟旗，不至于再遭素丝之染，政府因应的苦心由此可知。

日本对于"大源帝国"的企图，或是"蒙古大源共和国"的企图，已经是司马昭之心，路人皆知之。它所采取的步骤，也不脱武力占据、以华制华的故智。自从李守信在多伦成立所谓察东自治区行政长官公署以后，锡盟的乌珠穆心〔沁〕旗就被他划入"自治区"，锡盟各盐滩也被迫到多伦盐务所登记。锡盟的地势本来孤露在外，受人钳制，然而当日倡议自治最力的是锡盟各王公，政务委员会的组织也以锡盟王公为中心，锡盟的形势恶劣，最易受异动分子之摆布。在土肥原辈的眼底，也早把蒙古地方自治政务委员会作为夺取的目标了。绥境各盟旗深恐大好名义被人挟之以利用，不能不有绥境各盟旗地方自治政务委员会之设立，这是我们应该认清的。因为这不是普通官制的兴革，也不是分离豁境的举动，这是有关于边疆的保存问题的。

简单地说，我们的对策是希望当局努力筹边，例如蒙古民族的心理建设；整理内蒙的财政、司法、教育、卫生以及牧畜事业；尤其是交通建设，如公路的开辟、邮政、无线电驿站的普遍化，以及一切合作社、贸易运输公司的设立；盐、煤矿产的开采；骑兵的编练；党务的推进；使蒙民彻底认识吾党的主义。中央方面更应该贯彻扶助政策，使其自治自决，不背于本党的主张。目前最主要的关键尤在绥远、山西两省当局，能够竭全力做绥境各盟旗的后盾，则残疆或可幸保，否则仅恃各盟旗的世笃忠贞，是绝对靠不住的。

《边事研究》（月刊）

南京边事研究会

1935 年 3 卷 5 期

（李红菊　整理）

外蒙的现势及其对外关系

果锐　撰

　　最近的察东问题甫告解决，而外蒙与日伪间所发生的哈尔哈事件又行将谈判。这在目前所谓中日亲善的进展声中，本来是一件值得注意的事情。不过外蒙为我国领土，而哈尔哈事件又系地方问题之一，但在事件的解决进行上，我国政府却无权过问。自从东北事变发生以来，国人对于边陲各地虽有渐知注意的倾向，然以种种关系，对于外蒙的情势，仍不免是依旧的隔绝。实际外蒙在今日无论政治上、经济上以及思想上，已经是完全隶属在苏联的支配之下了。苏联一方面用宗教的策略以怀柔蒙民，同时更利用外蒙的阶级制度，将奴隶阶级诱致在他的势力内。这种侵略的手段，较诸日本之强夺东北，是同样的毒辣。在苏联以为外蒙不仅是他们的一个资源宝库，而更是"赤化"东进敌对日本的根据地。这在他们的政策推行上看，外蒙比较新疆所占的地位更要重要得多。东北事变后，日本与苏联间的国际关系，已渐趋于密接的尖端，所谓缓冲地带的外蒙，现在却已变为危机的爆发地带，而成为东亚的重心了。当这国际风云日臻险恶的大战前夕中，我们观察远东政局的动向，不能不先对外蒙的情势要有明确的认识。作者借此次哈尔哈事件发生的当儿，谨将外蒙的现势及其对外关系略加缕述，以期促国人对于外蒙问题之注意。

外蒙的行政组织

在满清的末叶，当时政府为防制帝俄之东侵，对于移住外蒙之汉民族，颇行奖励。辛亥革命时，帝俄乘机鼓动外蒙宣言独立，其后因《恰克图条约》曾明定外蒙为中国之领土，但许外蒙有自治之权。一九一七年俄国革命发生，一时无暇东侵，中国政府遂于一九一九年宣言取消外蒙自治，并拟派遣西北筹边使徐树铮入库伦，旋因直宛〔皖〕战争而未果。及一九二四年七月外蒙又宣言成立共和国的组织，脱离中国的主权而独立。嗣此，因国内频年变乱，对于边疆各地，遂有鞭长莫及之势，对于外蒙的独立更无力过问。十年来的外蒙，国人似早已不大注意了。

兹先就外蒙的政治言之。现在外蒙的组织，据外蒙的宪法中规定，有如下表：

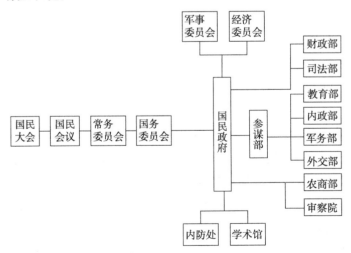

外蒙的最高机关，要算是国民大会。所谓国民大会，是由外蒙市民及军队所选出之代表所组成。议员的额数是按选举的人数而

规定。第一次国民大会决议议员的额数为九十五人，任期一年。会期通常每年举行一次，由国民会议召集之。临时大会除由国民会议决定外，经国民大会议员的三分之一或选民的三分之一的请求，亦可召集之。外蒙一切的权力，按宪法中的规定，是属于一般的劳动民众。人民的最高权是在于国民大会及由国民大会中所选出的政府。所以在国民大会闭会后，关于权力之运用属于国民会议。国民会议在休会中，则由其干部会及政府执行一切。国民会议的组织，很类似苏联的中央执行委员会，在国民大会闭会后，他便是国家的最高机关，他所执行的职务是对国民大会负责的。议员的人数，现在为四十五人。每年举行常会二次，临时会议由干部会决定之。此外由政府或其议员中三分之一的请求也可以召集。干部会系由国民会议中所选出的五个人所组成，其掌管之事务为指导国民会议的议事，准备国民会议的会议材料，监督国民会议实施之决议，指导政府，解决大赦及特赦问题，任免政府中之各部长官，解决各地方间之争议及问题，对国民会议提出法律案等。

外蒙各地方的行政单位，主要的仍是按居民的多寡分为盟、旗、十户等等的组织。只有库伦一地，现在因是外蒙一切的重心，称之为市。

关于政党的组织，经外蒙政府所承认的，现在有蒙古国民党与革命青年党及其所属的团体。蒙古国民党之起源，是发端于一九一九年北京政府取消外蒙自治后的亲俄派青年所组成。

一九二四年五月活佛逝世后，外蒙的政界波澜，因之而起，同年八月之第三次蒙古国民党大会又决议了党的基础是在于一般的劳苦大众，而主张实行劳动阶级独裁，依非资本主义的方式以发展外蒙的经济。由此以后，所谓蒙古国民党的势力，遂完全被左倾分子所操纵。在该会中所选出之党的干部人员，虽然每年也举行改造的手续，但直到现在却并没有什么变动。

外蒙的财政与币制

外蒙的财政收支情形，在从前无所谓预算的编制。到一九二三年才规定了中央费与地方费的区分。但所分的项目，仍是极其简单。大体各级机关通常在支出方面都分为薪俸支出、办公费、房舍维持费、各项修理费、交际费、杂费及预备费等七种。关于预算的编制，也都是漫不统一，各机关将收入核定后即向预算委员会直接提出，预算委员会是由各地方代表所组成，他专管审核各机关的预算。外蒙财政的出纳，是厉行中央集权主义，全蒙预算的十分之七集中在库伦一地。会计年度每年由三月一日开始，自一九二五年以来才改行阳历。政府的收入，多半是仰仗租税来维持。在租税政策中，政府又力肆避免直接税的征收，而采行间接税的方式。间接税中最主要的是关税，按外蒙现行的关税法中规定，全蒙的税关有四十一处。关税之外，对于工商业的课税则有所谓资本税及营业税等，对于一般牧畜的人民则课以牧畜税。自一九二七年来，外蒙的国民大会又决议实施课税的根本原则，废止地方自治机关的独立课税权，一切税率皆由政府制定，实行累进课税，对于极贫苦的免税，寺院所有的家畜亦须课税，缴税的期间，分为二月及七月两期缴收之。

外蒙在宣言独立的当时，还没有独立的货币制度。从来外蒙是使用银块，而各地方更用茶砖及毛皮等为交易媒介。所谓外蒙的国民政府，他们也深感长此使用外国的货币，不仅金融上要受他国支配，即在经济上也有不良的影响。所以一九二四年的外蒙国民大会决议改革币制，一九二五年遂发行蒙古银行的银行券。银行券的种类分为一、二、五、十、二十、五十、一百东克里克等七种。货币的铸造则委托苏联的造币局代铸，硬币本位分为一东克里克及五十孟沽二种（每东克里克等于一百孟沽），每一东克里克内含纯银十八瓦。他的成分是银九铜一的比例，所以一东克里克硬币的总重量为二十瓦。此外银辅币则有二十、十五及十孟沽三种，铜辅币则有五、二及一孟沽三种。

外蒙的资源与产业

依探险家及地质学家的调查，外蒙所蕴藏的资源是相当的丰富。关于各种资源的统计，虽无确实报告，但就实地的调查所得，大体可以推测在外蒙的中部、东部及西部一带，是储藏着有待于采掘的大量煤炭。克鲁伦河及喀喇乌苏湖沿岸地方，更是外蒙有希望的产煤区域，可惜外蒙虽然也有所谓五年计画，而现在对于煤矿的投资，却只不过在六十万元左右。

外蒙的金矿，现在已经发现的为土谢图汗之巴图尔贝勒旗金矿，及三音诺颜汗南部之拜达哩河盆地金矿等二处。此外尚未采掘的还有在三音诺颜汗中之蒙古阿尔泰山的砂金床。关于采金的作业及产量，因为外蒙当局的秘密，所以详细无从探知。

银矿现在只有在土谢图汗的一处。其余在车臣汗部虽然也有银的蕴藏，但尚未开采。铅的埋藏量比较丰富，已经开采的在土谢图汗部有二处。亚铅则较少，仅车臣汗部有一处。

外蒙因为自然环境的辽阔，及经济发展的迟滞，所以他的基本产业，还是保持着原始状态的狩猎与牧畜业，外蒙人口的百分之九十以上是从事于牧畜生产。在外蒙的经济机〔结〕构上，家畜不仅是普通人民的生活基础和运输交通的原动力，而更可以用他缴纳租税及作一般的支拂。外蒙的牧畜事业所以如此特盛的原因，除了地大（一，五五三，五〇〇平方哩）、人少（七六〇，〇〇〇

人）之自然环境外，高原地带之空气干燥与草原野草的品质更适
宜于牧畜的饲养。牧畜的种类，主要的为羊、牛、骆驼及马等，
其中尤以羊占第一位。据调查，自一九二四年以来，外蒙家畜数
目的动态情形是这样：

年度	家畜总数	对一九二四年之比率 （一九二四为一〇〇）
一九二四	一三，七六六，一一九	一〇〇
一九二五	一六，四五〇，六五七	一一九
一九二六	一九，二二一，七二四	一三九
一九二七	二〇，一四一，八六五	一四六
一九二八	二一，四三五，四二九	一五五
一九二九	二一，八五〇，〇五一	一五九 〔一五八〕
一九三〇	二四，五五二，七五〇	一七八
一九三一	二五，二〇五，一三〇	一八二 〔一八三〕
一九三九 〔一九三二〕	二六，〇六六，九四〇	一八五 〔一八九〕

　　外蒙的民众不仅因牧畜的发达而不注重农业，同时更因为宗
教的迷信观念，使他们也不愿意从事耕种。蒙民以为掘地杀害蚯
蚓这件事，非惟触犯杀生的戒条，而且由此致惹地神之怒，将使
家畜有恶疫的流行。所以从前在外蒙绝没有人肯从事于耕种。近
年以来，自汉民族及苏联人移住开垦后，蒙古政府也开始奖励农
业。不过因为没有确实的调查与统计，现在外蒙耕地的面积还不
可知。一九二四年的外蒙国民大会，决议各种奖励农业的政策，

更设立了国营农场及农业讲习所。外蒙的工业，比较现代化的是炼瓦工业，现在总投资为四十万元，有二百三十名左右工人，每年可生产炼瓦十万以上。机械铸造工场，虽然在一九二九年成立，但是因为外蒙对于铁并不感觉有什么必要，而铁矿在外蒙又很缺乏，所以名义上现在虽是一个机械工场，而实质上已成为苏联的一个兵工厂。现有固定资本为三七八，〇〇〇元，每年产品可值二百五十万元左右。造酒工场成立于一九三〇年，资本为八三九，〇〇〇元，每年生产酒精一七八，六三〇加伦。这样大量的生产，在外蒙虽然并不需要，但是他同机械工场却有同样的意义。

在所谓外蒙五年计划中，对于上述各工场皆预定有整理及改良的计划，此外对于新的企业如制鞋工场、绒毡工场等亦拟在五年计划中完成。

外蒙的交通及贸易

外蒙的交通，以库伦为中心以达于各地。主要路线如次：

1. 库伦——张家口（一千二百哩）。

2. 库伦——平地泉（一千二百哩）。

3. 库伦——归化城（一千二百哩）。

4. 库伦——五原（一千二百哩）。

5. 库伦——恰克图（三百二十哩）。

6. 库伦——满洲里（九百哩）。

7. 库伦——海拉尔（一千哩）。

8. 库伦——乌里雅苏台（一千哩）。

9. 乌里雅苏台——伊尔库次克（九百哩）。

10. 乌里雅苏台——古城（八百哩）。

11. 乌里雅苏台——科布多（四百哩）。

12. 科布多——古城（六百五十哩）。

13. 科布多——乌兰科穆（二百哩）。

民国十四年外蒙与苏俄缔结《恰克图库伦滂江铁路条约》。以铁路及其所属的财产为担保，分三期由苏俄借款一亿元修筑，现在工程尚在进行中。最近我国政府为巩固张家口至库伦的交通网，拟由平地泉至乌得间修筑汽车公路，沿途设停车场及无线电台，计划以八十辆大汽车专供该路运输之用。是则今后内地与外蒙间之交通当更形便利。

关于外蒙贸易的现势，现在可以说是完全被苏联所独占。在一九一八年我国内地对外蒙贸易与苏俄的对外蒙贸易为八与一之比例，到一九二七年双方就相差无几，而现在内地对外蒙则只不过有少量茶的输出而已。外蒙所特产的羊毛及毛皮等，在今日内地市场上已经少见，羊毛的百分之八十都被苏联所拢〔垄〕断了。

苏联对外蒙的输出，以谷类及石油为大宗。以前东北所产的高梁〔粱〕在外蒙市场上很占有相当的地位，现在却被苏联所产的高粱〔粱〕及麦类所代替了。计苏联对外蒙的输出额在一九三〇年为一七，八一九，〇〇〇卢布，而一九三一年则增加到三七，三四三，〇〇〇卢布。在欧战以前，苏俄对外蒙贸易通常是入超，而现在外蒙则变为苏联在远东的最大市场了。

外蒙的对外关系

去年三月十六日，外蒙的代表迪立瓦到南京晋谒行政院长汪兆铭氏，报告外蒙的现状，同时更要请中央对于穷苦蒙民施以救助，并在外蒙筹设工场及开垦荒地等事。这充分的证明外蒙离〔虽〕宣言独立，但对中央政府内向之诚，仍保持着固有的连系。最初在外蒙组织政府的当时，因为有苏联的背景，不承认我国在外蒙的主权。这据一九二五及二六年，冯玉祥与加拉罕所订的密约中，就可判明苏联鼓动外蒙独立的内幕。该约的内容如下：

一、中俄间在外蒙敷设铁路事宜。

二、中国西北军防区在五年内不得施行苏联制度，但须聘用苏联之教官六十名以上。

三、苏联对西北军每月协助十万金卢布。

四、一九二五年二月十三日在北京签订之军火契约，其价格自一九三〇年起分十年偿还之，中途如不践约则在协助金中扣除之。

五、苏联人民在西北军区域内有居住及宣传之自由，但不得为集团的讲演。

六、苏联之宣传员对于西北军防区内之政治，不得加以批评及为反对之言动。

七、苏联如与帝国主义作战时，西北军须出其全军之三分之一援助之，帝国主义如与中国开战时，苏联政府亦出四万之兵力以援助之。

八、西北军不得侵入库伦、苏联共和国之国境。

九、对于在新疆及内蒙古之英、日的政治势力，中、苏、蒙须相互提携以对抗之，至主权恢复完成之日为止。

附：

一、军火定单（价格一百万金卢布）。

二、西北军防区地图（包括陕西、甘肃、新疆及河南）。

三、由双方互派连络员常驻于张家口及莫斯克。

四、西北军虽可援助广东政府主义之实行，但不得为物质的及兵力的接济。西北军在中国如受反对派军队所攻击时，苏联依西北军之请求得出兵援助之，但其兵力以二万人为限。

一九二六年八月冯玉祥与苏联政府再成立协定，当时阿拉娄夫以苏联中央执行委员会的名义曾为以下之声明：

一、苏联政府对于为中国之自由与独立而战争的国民军，继续其从前一切之亲善关系。

二、苏联政府无论对中国或他国不缔结任何与国民军行动相反之条约或协定。

三、苏联政府在本协定调印时，如不能对西北军行直接军事行动之援助，则须供给西北军弹药及军需品以补充之。

四、苏联得继续对西北军派遣军事教官及政治指导者或其他专门家，其范围不得较前缩小。

五、苏联政府对于冯玉祥将军以无期借款之形式贷与英金七万镑。

六、苏联政府不许中国以任何武装兵力侵入蒙古共和国，如侵入时以武力对抗之。

冯玉祥氏当时也用国民军总司令的名义声明如次：

一、中国国民军对于苏联国民及莫斯克政府之热诚的亲睦之谊，深表感谢。

二、中国国民革命运动，乃以求得在保守的势力与军国主义的势力压迫下之解放为目的，而更努力于废除一切不平等条约。

三、国民军司令及多数国民党承认蒙古共和国之独立，并声明将来在中国国民中央政权确立后，立即正式承认蒙古政府。

四、将来中国共和国国民政府（以下简称将来中国政府），对于苏联在中东铁路特别区域内所有之一切特权，将单独收回之。

五、将来中国政府以承认苏联在中国之优越权为基础，而与苏联缔结特别通商条约。

六、将来中国政府为改革中国之陆军及警察，得应苏联政府之推荐而委任苏联人民为顾问。

七、将来中国政府如聘用外籍官吏时，得与苏联人民优先之权利。

八、将来中国政府制定关税时，对于苏联通商之规定，须以本协定之第五项为基础。

九、将来中国政府如举行对外借款时，苏联有优先应募之权利，如不预先与苏联交涉，不得直接与他国缔结借款契约。

关于上述的协定，在当时很引起一般人的冲动。其后国民军失败，协定遂无形消灭。我们回溯苏联与外蒙的交涉，是以一九一八年莫斯科对外蒙自治政府所发表的声明为开始。其后一九二〇年的秋季，苏联〔俄〕的军队由满洲里进迫库伦，一九二一年二月遂将库伦占领，拥立外蒙的活佛而组织政府。一九二四年蒙古国民革命军在苏联的赤军援助下攻入库伦，正式的掌握了外蒙所有的一切政权，同时与苏联又互派使节及签订修好条约。在该条约中声明外蒙在已往与苏联所缔结之各种条约与协定，因新约之成立皆作无效，并规定今后各不得在他国内有敌意之行为。苏联到这时才放弃在外蒙的各种特权，而完全承认外蒙为我国之领土。一九二五年春，苏联将驻在外蒙的赤军除留一部（一大队约二百五十人）作为护卫库伦的代表外，其余全部撤退。东北事变后，苏联在远东增加警备，尤其对于外蒙的防卫，更特别的注意。为撤〔彻〕底巩固他的国防起见，在外蒙有相当的军事设施，又对于外蒙的军费自动的愿意负担其十分之三。这在青年革命同盟方面虽然是拥护苏联的立场，但外蒙的国民党中央执行委员会对此则颇反对，近来两派很有日臻绝〔决〕裂的趋势。去年七月外蒙举行建国十周年纪念，青年革命同盟发表清党的宣言，驱逐国民党分子而实行改组为外蒙古共和国共产党。又将旧有外蒙古共和国的名义改成外蒙古苏维埃共和国，同时逮捕国民党的领袖。所以现在外蒙在事实上已经整个的陷入"赤化"的境地。不过我们须知道外蒙所以"赤化"的背景，是有苏联作他推动的原动力，这由一九三三年外蒙革命党与苏联所订的密约就可证明，该密约的内容大要为：

一、外蒙古共和国以苏联之介绍而加入第三国际。

二、苏联政府及凡加入第三国际之国家，须一律承认改组后之外蒙古共和国。

三、在两国内不许有对于两国敌对团体之存在。

四、两国间互设军事防卫线，如发生军事行动时，两国共执一致之行动。

五、外蒙古苏维埃共和国承认苏联在外蒙邮电事业之建设，且由两国共同组织之。

六、外蒙必须援助苏联在远东之军事设施。

七、外蒙张库铁路及其他铁路之敷设权，苏联得占有之。

八、两国间之输入税率，不得超过其他之协定税率。

九、以上之条约，自一九三三年七月十日批准后发生效力。

苏联代表　加拉罕

外蒙代表　吉他儿

当时外蒙国民党的分子虽受革命派所弹压，但仍为继续之活动。国民党的党军二万五千余人，集中在西库伦及霍达森一带，推举巴冷布达为国民革命军总司令，在该地组织政府，声明反对苏联之侵略及讨伐共产党。同时在忽伦贝尔南部哈尔哈一带地方的蒙民，因不堪苏联的压迫，多有乘间出亡避难的。民国二十年六月，外蒙避难的民众由三音诸〔诺〕颜汗的活佛之交涉，许可他们在察哈尔及绥远各旗中居住。自一九三三年至一九三四年六月，蒙民出亡的数目，据调查如下：

　　锡林郭勒盟

　　　　东西浩济特两旗　　　　　　一，五〇〇人

　　　　东西阿巴哈那尔两旗　　　　六〇〇人

　　　　东西苏尼特两旗　　　　　　二，〇〇〇人

　　　　其他　　　　　　　　　　　七〇〇人

　　乌兰察布盟　　　　　　　　　　三，二〇〇人

　　　　四子部落旗　　　　　　　　二〇〇人

　　　　喀尔喀旗　　　　　　　　　三，六〇〇人

　　　　其他　　　　　　　　　　　八，〇〇〇人

　　我们看苏联对于外蒙的侵略，虽然在事实上也有很多的设施，如现代化的军事设备及主要都市中轻工业之发展等，但是这总不外为榨取外蒙的富源，而对于蒙民没有丝毫利益的。外蒙人口百分之九十以上是游牧之民，这些所谓中产阶级的民众，他们是完全脱离外蒙的青年革命同盟而归属在王公的派别内。现在外蒙青年同盟在实力上已经没有民众的后盾，苏联的对蒙政策在这点上将来必终归失败。

　　自从东北事变发生后，苏联东进的唯一出路，便是外蒙与察哈尔，而中苏间所接触的地方，除却新疆就是外蒙，事实上在今日形成中、日、俄三角关系的外蒙，对于远东政局的将来，实在蕴藏着极微妙而复杂的关系。日本自强夺东北后，现在更进一步利用苏联对蒙政策之弱点，而想完成他"满蒙"政策的野心。关于这次哈尔哈事件的谈判，日本首先声明不许第三者参加，便可证明他用意的所在。在中苏既已复交，而所谓"中日亲善"又在极积〔积极〕进展的今日下，我们深愿运筹帷握〔幄〕的贤明当局们，对于外蒙的情势在远东大局的将来上，也似乎有值待〔得〕

一顾的必要。

《黑白》（半月刊）

上海黑白半月刊社

1935 年 3 卷 5、6 期合刊

（朱宪　整理）

蒙古自治政务会筹设蒙古实验新村

作者不详

蒙古地方自治政务委员会为实施自治建设，实行新生活起见，拟将内蒙划若干区，设置蒙古实验新村，业经拟具组织大纲，呈送蒙藏委员会鉴核。兹录原文如次：第一条，本村定名为蒙古实验新村，直隶于蒙古地方自治政务委员会。第二条，本村以团结蒙古地方自治政务委员会所属各员实行新生活，并以所得经验建设各蒙旗新村之准则为宗旨。第三条，本村附设于蒙古地方自治政务委员会附近，其区域由蒙古地方自治政务委员会划定之。第四条，本村村民如左：（一）凡服务于蒙古自治政务委员会与所属各机关之员工及其眷属，除有特殊情形呈经蒙古地方自治政务委员会核准者外，均须住居本村；（二）前项以外人民呈经蒙古地方自治政务委员会核准者，亦得居住本村。第五条，本村以村民大会为最高权力机关，其决议事项由村长呈经蒙古地方自治政务委员会核准后执行之。第六条，本村设村公所，置村长一人，村副一人，均由蒙古地方自治政务委员会就村民中遴选派充，递承命令，综理村务。第七条，本村村公所视事务之繁简，酌用办事员及书记佐理各项事务。第八条，本村应有下列各项设备，除住宅一项，得由村民依照规定，准私建外，其余均由村公所建设管理之：（一）村民住宅；（二）公共宿舍；（三）礼堂；（四）宾馆；（五）食堂；（六）浴室；（七）商店；（八）菜圃；（九）积谷仓；（十）饮水井；（十一）小学校；（十二）体育场；（十三）阅览室；（十四）游艺会；（十五）公园；（十六）村路；（十七）厕所；（十八）其他必要之设备。第九条，本村公约及各项规则均另定之。第十条，本村建设费由蒙古地方自治政务委员会筹拨一半，其经常费由村民负担，并得呈由蒙古地方自治政务委员会酌量补助之。第十一条，本大纲遇必要时修正之。第十二条，本大纲自公布之日施行。

《开发西北》（月刊）

南京开发西北协会

1935 年 3 卷 5 期

（朱宪　整理）

蒙绥纠纷不可任其发展

作者不详

内蒙政务自治〔自治政务〕委员会与绥远省政府，因为税收的争执，牵延两个多月，最近军分会派往调停的萧仁源氏，也已无结果而返。同时绥远进驻黑沙坨、乌里乌苏和白延山岱的两团骑兵，和德王由各旗调集的保安队，双方相距甚近，大有盘马湾弓之势。

纠纷的根原，是鸦片过境税分配不均，这在本刊前两期曾指出来过。而最近的情势，则牵联到上述各地方的主权和张甘汽车的保护等问题。德王驻平代表包悦卿和傅作义代表石华岩，一再发表谈话，似乎两方都有充分的理由。但惟其两方理由都很充分，所有争执本身越难解决，其结果则终有引起武装冲突的可能。

本来内蒙察、绥两省，处于日、俄两大势力之间，已够岌岌可危的了，中东路问题解决后，必更明显地成为日、俄两国尖锐注意的一角，是不待言的。假使在这本来无国防可言的地方，再有不幸的战争爆发，必然会召致比其自身更严重的结果。这显然不是一个地方问题，而是全国的安危问题。对于这一问题，中央能常此漠视么？能任其发展么？

《开发西北》（月刊）

南京开发西北协会

1935 年 3 卷 5 期

（丁冉　整理）